喪禮精解

전통상례의 이해

李鐘五 著

북스힐

目 次

凡例(범례)

- 서책 이름은 『　』안에 넣었다.
- 목차에 나오는 초종부터 서식 까지는 초종(初終)조, 습(襲)조와 같이 조(條)라 하고, 각조에 1, 2, ... 등 번호를 붙인 것을 항(項)이라 하였다.
- ❑ : 항(項)에서 순서가 없이 나열할 때 구별을 위해 붙였다.
- 성복조의 복제와 복식은 부록으로 뒤에 설명하였다.
- 축문에 주로 보이는 모(某)는 번역하면 아무, 아무개, 어느, 어느 날 등 여러 가지로 번역되나 그냥 모라 하였다.

序(서)

예로부터 사람이 살아가면서 겪게 되는 큰일로 성인의 의식인 관례, 혼인하는 의식인 혼례, 돌아가셨을 때 행하는 상례 그리고 돌아가신 뒤 상기를 마치고 행하는 제례를 사례(四禮)라고 하여 중요시하였다.

나이가 들어가니 주변에 상을 당한 곳에 문병을 가는 일이 잦아지고 있다. 한 10년 전의 경우만 해도 집에서 상을 치르는 집이 더러 있었으나, 요즈음은 거의 장례식장에서 상을 치르는데 상례의 절차를 아는 이가 드물어 장례 도우미가 시키는 대로 따라할 뿐이다. 내가 예를 지키는 것을 좋게 여겨, 전에 구해 두었던 『증보사례편람』을 뒤적여 보고 그 절차가 복잡하기는 하나 절차와 그 의미가 자세함에 놀라, 상례에 대한 절차와 의미를 자세히 알아보기 위해 『증보사례편람』을 번역해 보기로 하고 『상례비요』와 『가례』를 참고로 하여 번역을 시작하였다. 근 1 여 년의 작업 끝에 초고를 마치고 보니 뒤로 갈수록 나아지기는 하였으나 중간 중간 뜻이 통하지 않는 곳이 한두 곳이 아니었다. 사례편람이 실용성을 강조하여 그 절차를 상세히 기술하였으나, 현재와 다른 점이 많고 배움이 짧은 나에게는 번역도 어려워, 생략할 것은 생략하고 절차와 그 의미를 알아보려고 했던 처음의 번역 의도는 살려, 『가례』의 차서를 절차로 하여 1차 번역한 것을 편집하여 새로 책을 쓰는 것으로 마음을 바꾸어 본서를 만들게 되었다. 본서는 『가례』, 『증보사례편람』, 『상례비요』외에 『예기』와 『의례』및 그 주(註)와 소(疏)의 원문을 모두 확인 하였고, 기타 원문을 확인한

서적과 함께 참고문헌에 수록하였다.

본서는 위에 언급한 것처럼 사고전서 본『가례』의 체제에 따르고 『증보사례편람』,『상례비요』 등을 참고로 하여 필요한 경우 수정한 곳이 있는데, 초종(初終)부터 길제(吉祭) 23개 항목으로 그 절차나 항목을 설명하고, 그 뒤에 합장(合葬)과 개장(改葬)에 대한 절차를 설명하였고 마지막으로『가례』에 있는 거상잡의(居喪雜儀)와『증보사례편람』의 서식(書式)의 순서로 이루어져 있다. 각 항목은 1, 2, 3,.. 등으로 번호를 부쳐 그 이루어지는 순서대로 절차를 설명하고, 각 절차는 차례대로 나열하여 의미를 설명하였고, 순서의 번호를 붙이기 어려운 항목은 내용을 나열하여 설명하였다. 이에 따라 책의 제목을 상례정해(喪禮精解)라 하였다.

내가 학문이 깊지 못하여 다만 여러 예서 및 제현의 설을 살펴 기록하는 정도로 졸작을 만들어 후대에 누가되지 않을까 걱정이 되나, 이 책을 읽는 한문을 알지 못하는 혹자에게 조금이나마 도움이 되길 바라며 후학을 기다려 더 좋은 결과가 있기를 기대한다.

그리고 책을 쓰는 중에 한국고전종합 DB의『가례고증』(정선용),『상례비요』(김능하),『가례집람』(정선용),『상변통고』(정경주 외)의 번역을 참고할 수 있어 원문의 번역에 큰 도움이 되었음을 밝힌다.

壬辰 四月初八日　未靜 序

01

喪禮(상례)란?

『의례』 상복의 소에 "차마 죽었다고 말하지 못해 상(喪)이라 말한다. 상(喪)이란 잃어버렸다는 말이니 저쪽에 온전히 남아 있는 것 같은데 이미 잃어버렸을 뿐이다(不忍言死 而言喪 喪者 棄亡之辭 若全存居於彼焉 已亡之耳)." 하였다. 이로서 사람이 돌아가신 이후 행하는 예절을 상례라 하는 것이다. 우리가 일반적으로 장례(葬禮)라는 말을 사용하기도 하는데 이는 묘소에서 매장하는 것에 한정해서 하는 말이라 할 수 있다.

상례는 죽음을 처리하는 예를 기록한 것이지만, 효자는 처음 어버이가 돌아가시면 가슴이 답답하고 마음은 슬프고 몸은 허둥거리고 의탁할 바가 없어, 평소에 예를 아는 이도 무슨 일을 제대로 할 수 없을 것이다. 『예기』 단궁에 "상례는 슬픔이 부족하고 예가 남음이 있기보다 예는 부족할지언정 슬픔이 남는 것이 낫다(喪禮與其哀不足而禮有餘也 不若禮不足而哀有餘也)."하였다.

『효경』 상친장에 "공자가 이르시되, 효자의 어버이 상을 당함에 예를 행함에 용모를 꾸미지 않고 말을 꾸미지 않으며, 좋은 옷을 입어도 편안하지 않으며, 음악을 들어도 즐겁지 않으며, 맛난 음식을 먹어도 달지 않으니, 이는 부모의 죽음을 슬퍼하는 정이다. 사흘 만에 먹음은 죽은 사람 때문에 산 사람을 상하게 하지 않고 훼손되어 본성

(性)을 잃지 않도록 백성을 가르침이니, 이것이 성인의 정사(政事)이다. 상(喪)이 3년을 넘지 않음은 백성에게 끝이 있음을 보임이다. 관곽(棺槨)과 의금(衣衾)을 만들어 시신을 들어 넣으며 보궤(簠簋)를 진설하여 슬퍼하며, 가슴을 치고 발을 구르면서 곡읍(哭泣)을 하고, 슬퍼하며 그를 보낸다. 묏자리를 점쳐서 안장하며 종묘를 만들어 귀신으로 제향하고, 봄가을 제사로 때로 그를 생각하여 살아계실 때는 사랑과 공경함(愛敬)으로써 섬기고, 돌아가신 뒤에는 슬픔으로써 섬기면, 백성의 근본이 극진하고 사생(死生)의 의리가 갖추어 질것이며, 효자의 어버이 섬기는 일이 끝날 것이다(子曰 孝子之喪親也 禮無容言不文 服美不安 聞樂不樂 食旨不甘 此哀戚之情也. 三日而食 敎民無以死傷生 毁不滅性 此聖人之政也. 喪不過三年示民有終也. 爲之棺槨衣衾而擧之 陳其簠簋而哀慼之 擗踊哭泣哀以送之 卜其宅兆而安措之 爲之宗廟以鬼享之 春秋祭祀以時思之 生事愛敬死事哀慼 生民之本盡矣 死生之義備矣 孝子之事親終矣).” 하였다.

『예기』 단궁에 “자유(子游)가 말하기를, 창문(牖 : 바라지) 아래에서 반함(飯含)하며, 지게문 안에서 소렴(小斂)하며, 조계(阼階)에서 대렴(大斂)하며, 객위(客位)에 빈소를 만들며 뜰에서 조전(祖奠)하며 묘소에 장사 지내는 것은 먼 데로 나아가는 것이다. 그러므로 상사(喪事)에는 나감은 있고 물러남은 없다(子游曰 飯於牖下 小斂於戶內 大斂於阼 殯於客位 祖於庭 葬於墓 所以即遠也 故喪事有進而無退).” 하였다.

본서는 전통 상례의식과 그 의미를 알아보기 위해 쓴 것으로 우리나라의 제도나 주거 환경이 중국의 그것과 다르고, 현재는 의식도 많이 변형이 되었으므로 잘 살펴서 그 의미를 새길 필요가 있겠다.

簠 : 제기 이름 보, 簋 : 제기 이름 궤, 擗 :가슴 칠 벽, 牖 : 창 유

02

初終(초종)

초종이란 막 돌아가심을 말하는 것으로 초종은 돌아가실 때 일을 밝힌 것이다.

예기 단궁에, "자장이 병이 들어 신상(申祥:자장의 아들)을 불러 말하기를, 군자는 종(終:마친다)이라고 하고, 소인은 사(死:죽는다)라고 한다. 내가 오늘 그것에 가깝구나(子張病 召申祥而語之曰 君子曰終 小人曰死 吾今日其庶幾乎)." 하였다. 그 주에 "죽는다는 말은 없어진다는 것인데 일을 마치고 끝나게 되면 소진되어 없어지게 된다(死之言澌也 事卒爲終 消盡爲澌)." 하였다. 그 소에 "만약 군자가 죽으면 그것을 종(終)이라 하는 것은 다만 그 몸은 끝나나 그 공과 이름이 오히려 남아 있음을 말한다(若君子之死謂之爲終 言但身終 功名尙在)." 하였고, "만약 소인이 죽으면 다만 그것을 죽었다고 하는 것은 기록할 만한 공과 이름이 없고 다만 형체가 없어져 다할 뿐이다(若小人之死 但謂之爲死 無功名可錄 但形骸澌盡也)." 하였다. 『가례집람』에 "종(終)이란 것은 시(始)에 대응하여 말한 것인데, 사(死)라는 것은 다 없어져서 남은 것이 없다는 말이다. 군자는 행실을 이루고 덕을 세움에 있어서 처음이 있고 끝이 있기 때문에 종(終)이라고 하고 소인은 뭇 사물과 더불어 같이 썩어 없어지기 때문에 사(死)라고 하는 것이다(終者對始而言死則澌盡無餘之謂也 君子行成德立 有始有卒故曰終 小人與群物同朽腐故曰死).” 하였다. 주자가 『논어집주』 태백편의 주에서 “군자는 그 몸을 보전하다가 죽음으로써 그 일을 마친다(君子保其身 以沒爲終其事也).”고 했다. 군자와 소인의 죽음을 종과 사로 구별함은 인간이 어떻게 살아야 하는지를 생각하게 한다.

澌 : 다할 시, 朽 : 썩을 후

1. 질병에 거처를 정침으로 옮긴다(疾病遷居正寢)

『가례』에 “병이 심하여 곧 돌아가실 때가 되면 정침(正寢)으로 거처를 옮긴다(凡疾病遷居正寢).” 하였다. 『의례』 사상례에 “적실에서 죽는다(死於適室).” 하고, 그 주에 “적실(適室)은 정침(正寢)의 방이다(適室正寢之室也).” 하였다. 『가례의절』에는 “집주인일 때 그러하고 다른 이는 각자 그가 거하는 방으로 옮긴다(惟家主爲然 餘人各遷於其所居室中).” 하였다. 『가례집람』에 『가례』의 보주(補註)를 인용하여 옛날의 “집의 지붕(堂屋)은 3칸 5가(架)로 되어 있는데, 가운데 가(架)에서 남쪽의 세 칸은 전체가 모두 당(堂)이 되고, 북쪽의 세 칸은 판자로 막아 나누어서 동쪽과 서쪽 두 칸이 방(房)이 되고, 중간 칸은 실(室)이 된다. 이곳이 바로 정침이다. 실의 남쪽과 북쪽에 창문(牖)이 있는데 병자는 북쪽 창문 아래에 거처한다. 임금이 볼 경우에 남쪽 창문 아래로 옮긴다. 그러나 정침으로 옮겨 거처하는 것은 오직 집안의 주인되는 사람만이 그렇게 하고, 나머지 사람들은 각자 자기들이 거처하는 실(室) 안으로 옮긴다(古之堂屋三間五架 中架以南三間通長爲堂 以北三間 用板隔斷 以東西二間爲房 中間爲室 卽正寢也 室

之南北有牖 病居北牖下 君視之則遷於南牖下 然所謂遷居正寢者 唯家主爲然 餘人則各遷於其所居室中).” 하였다. 가옥 구조가 시대에 따라 변하고 중국과 우리나라가 다르나, 사랑방에서 죽어도 객사라는 말이 있는데, 돌아가실 때가 되면 안방으로 모신다고 보면 될 것이다.

처음에는 정침으로 옮겨 침상에 모시는데, 돌아가시기 전에 남기실 유언이 있는지 묻는다. 『가례의절』에 “문병자에게 무슨 말할 것이 있는지 물어, 있으면 그것을 종이에 적고 없으면 그러지 아니한다(問病者 有何言 有則書於紙 無則否).” 하면서, “『대명집례』에 나온다(出大明集禮).” 하였는데. 『명집례』의 초종조에 “모시는 이가 앉아 손발을 잡고 말을 남기면 그것을 적는다(侍者坐持手足遺言則書之).” 하였다.

이후 병이 더 깊어지면 바닥으로 옮기는데, 『예기』 상대기(喪大記)에 “내외를 쓸고 군(君)과 대부(大夫)는 현(악기)을 치우고 사(士)는 금슬을 치우며 북쪽 창 아래 머리를 동으로 하고 침상을 치운다(疾病外內皆埽 君大夫徹縣 士去琴瑟 寢東首於北牖下 廢牀).” 하였고, 『증보사례편람』의 주에 “바닥에 둔다(置於地).” 하였는데, 『의례』 기석례 소에 “머리를 동쪽으로 함은 생기(生氣)의 장소로 향함이고(東首者 鄕生氣之所), 반드시 북쪽 벽 아래에 둠은 역시 11월에 한줄기 볕(一陽)이 북쪽에 생김을 취한 것으로 생기의 시작이기 때문이다(必在北墉下 亦取十一月一陽生於北 生氣之始故也).” 하였다. 한편 『예기』 상대기 소에 “사람이 처음 나면 땅바닥에 있는바, 침상을 치우(廢牀)는 것은 생기(生氣)가 돌아오기를 바라서이다(人始生在地 去牀庶其生氣反).” 하였고 진호(陳澔)의 『예기집설(禮記集說)』에는 “옛날 사람들은 병으로 장차 죽으려고 할 경우에 침상을 치우고서 땅에 병자를 두었는데, 이는 처음 태어났을 적에 땅바닥에 있었으므로 그 생기가 돌아와 다시 살아나기를 바라서이다. 죽음에 미쳐서는 다시 시신을 들어 침상 위에 눕힌다(古人 病將死 則廢牀 而置病者於地 以始生在地 庶其生氣復反 而得活 及死 則復擧尸 而置之 牀上).” 하였다. 『상례비요』에 고례(古禮)에는 침상을 치우는 절차가 있으나 “우리나라 사람은 평상시에 침상을 쓰지 않으므로 이 절차는 시행할 곳이 없다(我國人平時 不用牀則無所施耳).” 하였다.

『예기』 상대기에 “더러운 옷을 벗기고 새 옷으로 갈아입히고, (모시는) 남녀는 옷을 갈아입는다(徹褻衣 加新衣 男女改服).” 하였는데, 그 주에 “더러운 옷을 벗으면 입는 것은 새 조복일 것이다. 조복을 입히는 것은 그 마침을 바르게 밝히는 것이다(徹褻衣則所加者新朝服矣 加朝服者 明其終於正也).” 하였다. 『의례』 기석례에 “더러운 옷을 벗기고 새 옷을 입히되 모시는 이 4인이 앉아 손과 발을 잡고 남녀가 옷을 갈아입는다(徹褻衣 加新衣 御者四人坐持體 男女改服).” 하였는데, 그 주에 “옷의 때와 땀은 문병 오는 이가 더럽고 싫어하기 때문이다(故衣垢汗爲來人穢惡之).” 하였고, 남녀가 옷을 갈아입는 것은 “빈객으로 문병 오는 자는 역시 조복이고 서인은 심의이다(爲賓客來問病 亦朝服也 庶人深衣).” 하였다. 『증보사례편람』에 “남자로 병을 돌보는 자는 옷을 갈아입는데, 고례(古禮)에 비록 귀인은 조복(朝服)이오 천인은 심의(深衣 : 선비가 입던 흰 배로 만든 웃옷으로 소매는 넓고 검은 비단으로 가를 둘렀음)라 하였으나 지금은 도포(道袍) 나 직령(直領), 여자는 다만 새로 빤 깨끗한 것을 쓴다(男子養疾者 所改服 古禮 雖云貴人朝服 賤者深衣 今當代以道袍或直領 婦人服 但用新潔).” 하였다. 요즈음은 조복, 심의, 도포, 직령 등의 구분이 없으므로 깨끗한 옷으로 갈아 입어면 될 것이다.

『가례』에 “내외를 안정케 하여 기가 끊이기를 기다린다(內外安靜

以俟氣絕).” 하였다. 『예기』 상대기 및 『의례』 기석례에 “솜을 대어 기가 끊어지기를 기다린다(屬纊 以俟絕氣).” 하였고, 상대기의 주에 “광(纊)은 지금의 새 솜으로 쉽게 움직이므로 입과 코 위에 대어서 숨을 쉬는지 안 쉬는지 살펴보는 것이다(纊 今之新綿 易動搖 置口鼻之上以爲候).” 하였다. 『가례의절』에 “새 솜을 입과 코 사이에 놓고 기가 끊이기를 기다린다. 솜이 움직이지 않으면 이것이 기가 끊임이다(置 新綿於口鼻之間 以俟氣絕 綿不動則是氣絕也).” 하였다. 요즈음 같이 전자 진단장치가 없던 시대에 죽음을 확인하는 방법이다.

『가례』에 “남자는 부인의 손에서 죽지 아니하고 여자는 남자의 손에서 죽지 아니한다(男子不絕於婦人之手 女子不絕於男子之手).” 하였는데, 『예기』 상대기의 주에 “군자는 마침을 중하게 여기므로 서로 행동이 더럽게 될까 염려해서이다(君子重終 爲其相褻).” 하였다. 남녀의 분별을 중요시하는 것으로 볼 수 있다.

> 縣 : 악기 현, 庶 : 바라건데 서, 褻 : 더러울 설, 穢 : 더러울 예

2. 돌아가시면 곧 곡한다(旣絶乃哭)

『가례』에 돌아가시면 곧 곡을 하고 복을 한다(旣絕乃哭 復)는 조항이 있다는데, 『증보사례편람』에는 돌아가시면 곧 곡한다는 조항과 복을 하는 조항이 분리되어 있다.

『예기』 상대기에 유곡선복(唯哭先復)이라 하였는데, 그 소에 유곡선복(唯哭先復)이라는 것은 “기가 끊어지면 효자가 바로 곡하고 곡이 끝나면 이에 복을 한다(氣絕而孝子即哭 哭訖乃復).” 하였다. 그리고 『증보사례편람』에 “지금 사람들은 죽었다가 다시 살아난 자가 있는

데, 많이 말하기를 혼기(魂氣)가 처음 올라가다가도 여전히 형체를 그리워하여 돌아와 자리 잡고자 하나, 사람들이 빙 둘러 곡하고 부르짖는 소리를 두려워하여 다시 들어가지 못한다(今人有死而復生者 多言 魂氣始升 猶戀形體 欲還入宅之而怕人環哭叫聒 不得便入).” 라고 하였다. 속광으로 돌아가신 것이 확인되면 곡을 잠시 한 후 바로 그치고 복을 행해야 함을 말 하려는 것인데, 어찌 죽었다가 다시 살아나겠는가? 단지 죽음을 확인 하는 방법이 솜이 움직이지 않아 죽었다고 생각했는데, 실은 아직 완전히 죽지 않았을 것이리라.

怕 : 두려워할 파, 聒 : 떠들썩할 괄

3. 복(復)을 한다.

복이란 속(俗)에서 초혼이라 하며 죽은 이가 평소에 입던 옷을 가지고 지붕에 올라가 북쪽을 향해 옷으로 죽은 이를 3번 부르고 옷을 내려주면 죽은 이를 덮어 다시 살아나기를 바라는 것이다.

『예기』 단궁에 “복은 사랑하는 도리를 극진히 하는 것이다. 비는 마음이 그곳에 있다(復 盡愛之道也 有禱祠之心焉).” 하였고 그 주에 “복은 혼을 부르는 것을 말하고 정기가 돌아오기를 바람이다(復謂招魂 庶幾其精氣之反).” 하였다. 『예기』 상대기의 주에 “복은 혼을 불러 백으로 돌아오게 하는 것이다(復 招魂復魄也).” 하였다.

『가례』에 “모시는 자 한사람이 죽은 자의 평상시 입던 윗옷을 가지고, 왼손으로는 옷깃을 잡고 오른손으로는 허리를 잡고, 앞쪽 처마로부터 지붕에 올라 용마루에서 북쪽을 보고 옷으로써 부르기를 아무게 복이라고 3번 소리친다(侍者一人 以死者之上服嘗經衣者 左執領右

執要 自前榮升屋中霤 北面 招以衣 三呼曰某人復).” 하였다. 사고전서본『가례』에는 ‘앞쪽 처마로부터(自前榮)’가 빠져 있는데, 원록본『가례』에는 ‘自前榮’이 있고,『가례의절』에는 단지 ‘앞쪽 지붕으로부터(自前屋)’로 되어 있다.『예기』상대기에는 가지고 올라가는 옷이 죽은 이의 신분에 따라 달리 표시 되어 있는데, 사(士)의 경우 “복을 하는 사람이 조복을 입고 작변으로 동쪽 처마로부터 지붕가운데 올라가 용마루 위를 밟고 북쪽을 보고 세 번 부른다(復者朝服 士以爵弁 升自東榮 中屋履危 北面 三號).” 하였는데, 그 주에 “영(榮)은 지붕의 처마인데, 동쪽처마인 동영(東榮)으로 오른다는 것은 경대부나 사를 말하고, 천자와 제후는 동류(東霤)라 한다. 위(危)는 용마루 위다(榮 屋翼 升東榮者 謂卿大夫 士也 天子 諸侯言東霤 危 棟上也).” 하였다.『의례』사상례에는 “복을 하는 사람이 치마가 상의에 연결된 작변복을 왼쪽(어깨)에 걸치고 옷깃을 허리에 꽂고, 앞의 동쪽 처마로 올라 가운데 지붕에서 북쪽을 보고, 옷으로 부르기를 목소리를 길게 빼는 소리로 ‘모(某) 돌아오시오’ 라고 3번 한다(復者一人 以爵弁服 簪裳于衣 左何之 扱領於帶 升自前東榮 中屋 北面 招以衣 曰 皐 某復 三).” 하였고, 그 주에 “잠(簪)은 연결됨이고(簪 連也), 고(皐)는 긴소리이다(皐 長聲也). 모(某)는 죽은 자의 이름이다(某 死者之名也).” 하였다.『예기』상대기에 “무릇 복은 남자는 이름(名)을 부르고 여자는 자(字)를 부른다(凡復 男子稱名 婦人稱字).” 하였고, 그 주에 “여자는 이름(名)으로 행하지 않는다(婦人不以名行).” 하였다.

『가례』에 복이 “끝나면 옷을 말아 내려 시신의 위를 덮는다(畢 卷衣降 覆尸上).” 하였다.『의례』사상례에 “옷을 앞으로 내리고 대바구니를 사용하여 받아 동쪽 계단으로 올라가 시신을 덮는다(降衣于前 受用篋 升自阼階 以衣尸).” 하였고, 그 주에 “의시(衣尸)라는 것은 시신을 덮는 것으로 마치 혼이 돌아온 것처럼 하는 것이다(衣尸者覆之若得魂反之).” 하였다.

『예기』 예운(禮運)에 “그 죽음에 미쳐 지붕에 올라 불러 고하기를, 긴소리로 ‘모(某)여 돌아오라’ 한다(及其死也 升屋而號 告曰 皐某復).” 하고, 그 주에 “하늘에서 그를 부른다(招之於天).” 하면서, 그 소에 “하늘에다 그를 부르는 것은 정기가 위에 있음을 알기 때문이다(招之於天 由知氣在上故也).” 하였다. 북쪽을 보고 혼을 부르는 것은 『의례』 사상례 주에 “북쪽으로 향함은 그윽함에 구하는 뜻이다(北面求諸幽之義也).” 하였는데, 그 소에 『예기』 단궁을 인용하였는데, 『예기』 단궁에 “그윽한 곳에서 돌아오기를 바람은 모든 귀신에게 구하는 도이다(望反諸幽 求諸鬼神之道也).” 하였고, 그 주에 “귀신은 그윽하고 어두운 곳에 있다(鬼神處幽暗).” 하면서, “북쪽으로 향함은 그윽함에 구하는 뜻이다(北面 求諸幽之義也).” 하였다.

『의례』 기석례에 복을 하는 자는 “부르기를 왼쪽으로 한다(招而左).” 하였는데, 그 소에 이때 “반드시 왼쪽으로 하는 것은 초혼은 살아나기를 구하는 것인데 왼쪽은 양(陽)이고 양은 생(生)을 주관하므로 왼쪽으로 하는 것이다(必用左者 招魂所以求生 左陽 陽主生 故用左也).” 하였다.

『의례』 사상례 소에 “돌아오라는 소리를 반드시 세 번 하는 것은, 예는 세 번으로 이룬다(復聲必三者 禮成於三).” 하였다. 『예기』 상대기에 “반드시 세 번 하는 것은 한 번은 위를 향해서 부르는데 신이 하늘에 있어 오기를 바라서이고, 한 번은 아래를 향해 부르는데 신이 땅에 있어 오기를 바라서이고, 한 번은 가운데를 향해 부르는데 신이 천지 사이에 있어 오기를 바라서이다(必三者 一號於上 冀神在天而來也 一號於下 冀神在地而來也 一號於中 冀神在天地之間而來也).” 하였다.

『의례』 사상례에 “복을 한 자는 뒤 서쪽처마로 내려온다(復者降自後西榮).” 하고, 그 주에 이르기를 “앞쪽 처마를 통해서 내려오지 않는 것은 헛되이 돌아오지 않고자 해서이다(不由前降 不以虛反也).” 하였으며, 이에 대한 소에 이르기를 “무릇 초혼이란 것은 효자의 마음으로 인하여 혼기(魂氣)가 다시 돌아오기를 바라서 하는 것으로, 복을 하고 소생(蘇)하지 않았으면 이는 헛되이 돌아오는 것이다. 지금 뒤쪽으로 내려오데 이것은 헛되이 돌아오지 않고자 해서이다(凡復者 緣孝子之心 望得魂氣復反 復而不蘇 則是虛反 今降自後 是不欲虛反也).” 하였다.

『우복집』(愚伏:정경세)에 “어버이가 돌아가신 처음에 효자의 마음은 몹시 다급하여 어찌할 줄을 모르니, 무릇 살릴 수 있는 방법이라면 무엇이든 하지 않겠는가? 그러므로 예에 이르기를 복(復)은 사랑하는 도를 극진히 하는 것이니 기도하는 마음이 있는 것이다. 헛되이 하는 것이 아니다(親始死 孝子之心 皇皇焉 如有求而不得 凡可以求生者 可所不用 故禮日 復 盡愛之道也 有禱祠之心焉 非虛爲此也).” 하였다.

『예기』 상대기에 “복을 하여도 다시 살아나지 않으면 죽은 이의 일을 행할 수 있다(復而不蘇 可以爲死事).” 하였고, 『의례』 기석례에 “주인은 울부짖고(啼) 형제는 곡한다(主人啼兄弟哭).” 하였는데, 그 소에 “제(啼)는 슬픔이 심하여 소리를 낼 때에 기가 고갈되어서 숨쉬는 소리가 작거나 세세하지 않아 마치 나가서 돌아오지 않은 것 같다(啼是哀之甚 發聲則氣竭 而息之聲不委曲 若往而不反).” 하였다. 『예기』 상대기에 “부인은 곡을 하고 발을 구른다(婦人哭踊).” 하였고, 『가례』에 “남여가 가슴을 치고 곡을 하되 무수히 한다(男女哭擗無數).” 하였다.

복을 하는 사람은 여자상에는 여자로 하며 남자상에는 남자로 한

다. 『상례비요』에 "복을 하는 사람은 내상에는 여자를 쓴다(內喪用女御)." 하였다

『증보사례편람』에 복을 하는 윗옷(上服)은 "죽은 자의 옷으로, 초혼 할 때 사용하는 것이다. 벼슬이 있던 자는 공복(公服)이나 심의(深衣 : 위아래가 하나로 되어 있는 옷)고 서인은 심의다. 심의가 없는 경우는 도포 또는 직령(直領 : 깃이 곧은 무관이 입던 겉옷)으로 대신하고, 여자의 경우 단의(褖衣) 혹은 대의장군(大衣長裙 : 큰 소매의 상의와 긴치마)이다(卽死者服 用以招魂者 嘗有官者 公服或深衣 庶人深衣 無則代以道袍或直領 婦人 褖衣或大衣長裙)." 하였다.

복을 한 옷을 아래에서 받는 것은 대나무 광주리(篚)인데 『증보사례편람』에는 "없는 경우 버드나무그릇(柳器)으로 대신한다(篚 無則代以柳器)." 하였다.

> 禱 : 빌 도, 領 : 옷깃 령, 榮 : 처마 영, 霤 : 낙수물 유, 지붕 유(원래는 천막을 치면 가운데 빈곳으로 물이 떨어지는 곳을 말한다고 한다). 棟 : 용마루 동, 簪 : 비녀 잠, 이어질 잠(連), 篚 : 대광주리 비, 幽 : 그윽할 유(위 번역에서는 그윽하다는 뜻으로 번역하였다), 어두울 유, 검을 유, 귀신 유, 저승 유, 冀 : 바랄 기, 緣 : 가선 연, 啼 : 울 제, 褖 : 단옷 단,

4. 집사가 휘장과 상을 설치하고 시신을 옮긴다(執事者設幃及牀 遷尸)

시신을 가리기 위해 휘장을 치고 남쪽 창(牖) 아래에 상을 설치하고 시신을 옮긴다. 이 조항은 『가례』에는 목욕하고 습을 하고 전을 올리고 위를 설치하고 반함하는(沐浴 襲 奠 爲位 飯含) 조의 첫 번째

(執事者設幃及牀 遷尸 掘坎) 항에 있고 『상례비요』도 같다. 그러나 사람이 처음 죽었을 때는 상에 있지 않으므로 휘장을 치고 상을 설치하는 것이 먼저이므로 『증보사례편람』에 있는 데로 여기에 둔다. 『상변통고』에는 휘장을 치는 것이 설치 철족하고 전을 올린 후에 있다.

『의례』 사상례에 "당에 휘장을 친다(帷堂)." 하고, 그 소에 "반드시 휘장을 치는 것은 귀신이 그윽하고 어두움을 숭상하기 때문이다(必帷之者 鬼神尙幽暗故也)." 하였다. 『예기』 단궁에 "시신을 아직 꾸미지(염습하지) 않았으므로 당을 휘장으로 가린다. 그리고 소렴이 끝나면 휘장을 걷는다(尸未設飾 故帷堂 小斂而徹帷)." 하였다. 『상례비요』에 "휘장은 백포(白布)를 이어 만들거나 병풍을 쓰는데 시신을 가리는 것이다(聯白布爲之 或用屛 所以障尸者)." 하였다.

『의례』 사상례에 "적실에서 죽으며 염하는 이불(斂衾)을 사용하여 덮는다(死於適室 幠用斂衾)." 하였고, 그 주에 "병이 들었을 때는 북쪽 벽 아래에 처하고, 죽으면 남쪽 벽 아래로 옮기며, 상(牀)에 까는 요(衽)가 있다(疾時處北牖下 死而遷之南牖下 有牀衽)." 하였다.

幃 : 휘장 위, 聯 : 이을 련, 幠 : 덮을 무, 衽 : 자리 임(의례 기석례 주에 衽 臥席)

5. 이를 고정시키고 발을 묶는다(楔齒綴足)

사람이 죽어 시신이 식으면 굳게 되므로 굳기 전에 몸을 바르게 펴주고 반함을 위하여 입을 벌려주어야 한다. 이 항은 『예기』와 『의례』에 있는데 『가례』에는 없고 『가례의절』에는 있다. 『상례비요』, 『증보사례편람』 및 『상변통고』에 있는 조항이다.

『의례』 사상례에 “이를 고정하는데 각사(숟가락)를 쓰고 발을 묶는데 연궤(앉아서 기대는 탁자)를 사용한다(楔齒用角柶 綴足用燕几).” 하였는데, 그 주에 “장차 반함을 위하여 입이 다물어 지는 것을 걱정해서이고, 장차 신을 신기기 위해 발이 오그라들고 굽는 것을 걱정해서이다(爲將含 恐其口閉急也 爲將屨 恐其辟戾也).” 하였다. 『가례의절』에 “젓가락을 입 안에 가로로 물려서 입을 다물지 못하도록 하여야 반함을 할 수 있다(以筯橫口楔齒使不合可以含).” 하였다.

『증보사례편람』에는 “대개 설철은 이미 이것은 경전에 보이고 한갓 이것만 아니라 머리, 얼굴, 팔다리, 몸체로부터 눈, 속눈썹, 수염, 머리카락에 이르기까지 반드시 정 위치에 하도록 하고, 손 발 팔꿈치, 무릎 역시 마땅히 따뜻한 손으로 안마하여 펴지게 해야 하며, 몸의 모든 부분이 바르게 정위치하도록 주물러 펴준다. 혹 제대로 구비되지 않아 염(斂)을 제때 할 수 없거나 혹 소홀함이 있어 손발이 오그라져 장차 말하기 어려운 근심이 있으니 반드시 제 때에 들어 살핌이 가하다. 공자말씀 하시되 ‘공경함이 첫째이고 슬퍼함이 다음 이니라.’ 자사 이르기를 ‘몸에 붙이는 것은 반드시 성의를 다하고 반드시 믿음이 있게 하여 후회가 없도록 하라.’ 하니, 몸에 붙이는 것도 그러하거늘 하물며 신체에 대해서야 효자가 그 정성과 믿음을 다함이 더욱 주검을 바르게 하는 예절에 있어서 마땅하다(蓋楔綴 已是見於經者而非徒此也 頭面肢體 以至眼睫鬚髮 必令正直 手足肘膝 亦當以溫手按摩使其伸舒矣 或因凡具未辦 斂若 不能如期而於斯時也 或有泛忽則手辟足戾 將有難言之憂 必須以時 入審可也 孔子曰 敬爲上 哀次之 子思曰附於身者 必誠必信 勿之有悔 附於身者 猶然 況於身體乎 孝子之盡其誠信 尤當在於正尸之節也).” 하였다.

楔 : 문설주 설, 쐐기 설, 柶 : 숟가락 사, 鬚 : 수염 수, 肘 : 팔꿈치 주, 按 : 어루만질 안, 摩 : 어루만질 마, 辦 : 갖출 판

6. 상을 주관하고 일보는 사람을 정한다.

상주, 주부, 호상, 축, 사서 등을 정하여 상례를 치르는데 부족함이 없도록 한다.

❑ 상주(喪主)

『예기』 상복소기(喪服小記)에 "남자 상주로는 반드시 죽은 자와 동성(同姓)인 사람을 세우고 여자 상주로는 반드시 죽은 자와 이성(異姓)인 사람을 세운다(男主必使同姓 婦主必使異姓)." 하였고, 그 주에 "남자 상주를 세워 남자 빈객을 접대하게 하고, 여자 상주를 세워 여자 빈객을 접대하게 한다(喪有男主以接男賓, 女主以接女賓)." 하였다. 원래 상주란 상을 주관하는 주인으로서 뿐만 아니라 존귀한 자로서 빈객의 접대를 주관하는 자를 말하는 것으로 『가례』의 입상주 조에 "무릇 주인은 장자를 말하며 없으면 장손으로 승중하여 궤전(매장하기 전까지 제사 형식을 갖추지 않고 음식을 올리는 예)을 받들고, 빈객과 더불어 예를 행함은 동거하는 친척으로 존귀한 자가 주관한다(凡主人 謂長子 無則長孫用重 以奉饋奠 其與賓客爲禮 則同居之親且尊者主之)." 하였다. 한편 『가례의절』에는 호상 조에 입주빈 항을 보충하여 빈객 접대를 달리 정하고 있는데 "동거하는 존귀하고 친한 사람을 주빈으로 삼는데 만약 동거하는 자가 없으면 족속의 친한 어진 이를 택하고 족속이 없으면 친척을 쓰고 친척이 없으면 아버지의 친

구를 씀도 가하며 주인과 빈객과 더불어 예를 행하는 것을 전담한다(用同居之尊且親者一人爲之 如無同居者 擇族屬之親賢者 又無族屬則用親戚 又無親戚則用執友亦可 專主與賓客爲禮).” 하였다.

『예기』 분상(奔喪)에 “무릇 상에는 아버지가 살아 있으면 아버지가 상을 주관한다(凡喪 父在 父爲主).” 하였는데, 그 주에 “빈객과 함께 예를 행하는 것은 마땅히 높은 사람에게 하도록 한다(與賓客爲禮宜使尊者).” 하였고, 진호(陳澔)의 『예기집설』에 “이것은 아버지가 살아 계시고 자식에게 처자(妻子)의 상이 있을 경우에는 아버지가 상주가 된다는 말로 존귀한 자에게 통할되는 것을 말한 것이다(此言父在而子有妻子之喪則父主之統於尊也).” 하였다.

澔 : 클 호(浩 同)

❑ 주부(主婦)

『가례』에 “주부란 죽은 자의 처를 말하며 없으면 상(喪)을 주관하는 자의 처이다(謂亡者之妻 無則主喪者之妻).” 하였다.

『증보사례편람』에 사계(沙溪: 김장생)의 말을 인용하여 이르기를 “초상(初喪)에 망자(亡者)의 처가 당연히 주부(主婦)가 되니, 이때는 맏며느리(冢婦)에게 아직 집을 맞기지 않은 때문이오, 우제(虞祭), 부제(祔祭) 이후에는 상을 주관하는 자의 처가 주부(主婦)가 되니, 제사의 예는 부부(夫婦)가 그것을 친히 하는 까닭이다(初喪則亡者之妻 當爲主婦 時 未傳家於冢婦故也 虞祔以後 主喪者之妻 當爲主婦 祭祀之禮 必夫婦 親之故也).” 하였다.

❑ 호상(護喪)

『가례』에 “자제(子弟) 중에서 예를 알아 능히 주간할 수 있는 자를 호상(護喪)으로 삼아 상사(喪事)를 모두 그에게 맡긴다(以子弟知禮能幹者爲之 凡喪事皆稟之).” 하였고, 『가례의절』에 “친한 벗 혹은 마을 이웃 중에서 예를 익힌 자로 한 사람으로 예를 돕게 하여 상사(喪事)에 모든 일을 그에게 청하여 처분하게 하여 호상으로서 돕게 한다(親友或鄕隣中　素習禮者一人爲相禮　凡喪事　皆聽之處分而以護喪助焉).” 하였다.

『예기』 단궁에 “두교(杜橋)의 어머니 상에 빈궁(殯宮) 안에서 예를 돕는 자를 세우지 않으니 사람들이 거칠다 하였는데, 거칠음은 오히려 소략함이다(杜橋之母之喪 宮中無相 以爲沽也 沽猶略也).” 하였다. “예는 효자가 어버이를 잃고서는 비통하고 혼미하여 예절과 일의 법도(事儀)를 스스로 알 수 있을 여유가 없다. 모두 모름지기 다른 사람이 도와서 이끌어 주어야 한다(禮 孝子喪親 悲迷不復自知 禮節事儀, 皆須人相導).” 하였다.

稟 : 줄 품, 沽 : 팔 고, 소략할 고, 復 : 여유를 가질 복

❑ 축(祝)

축(祝)은 가례 습조 내설전(襲條 乃設奠) 항에 “축이 손을 씻고 잔을 씻어 술을 따라 시신의 동쪽에 올린다(祝盥手洗盞斟酒 奠于尸東).” 는 구절에 나오며, “축은 친척으로서 그를 삼는다(祝以親戚爲之).” 하였고, 『증보사례편람』에는 호상 항에 보이나 여기서는 따로 설명한다.

『의례』 사상례 소에 "하례(夏禮)를 익혔으면 하축(夏祝)이라 하고, 상례(商禮)를 익혔으면 상축(商祝)이라 한다(仰習夏禮則曰夏祝 仰習商禮則曰商祝也)." 하였다. 축은 신을 접하거나 전을 올리는 일을 한다. 따라서 친척 중에서 喪禮에 밝아 主人의 뒤에서 일을 맞는 祝을 정해 둔다.

斟 : 따를 짐

❑ 사서(司書), 사화(司貨)

『가례』에는 "자제(子弟)나 종복으로 그(사서나 사화)를 삼는다(以子弟或吏僕爲之)." 하였는데, 『가례의절』에서 사서는 "자제로서 글을 아는 자로 한다(以子弟知書者爲之)." 하고, 사화 항에는 "책력(曆)은 둘을 두는데, 하나는 사용하는 물건이나 재화 출입을 기록하고 다른 하나는 친척이나 손님의 부의, 수의의 수를 기록하니, 무릇 상사(喪事)에 쓰는 물건이 적합하도록 호상은 사화에게 명하여 미리 준비하게 하고, 사람을 쓰는 것 역시 호상과 더불어 의논하여 미리 사람을 구하여 모든 때에 임하여 부족이 없게 함이라(置二曆 一書當用之物及財貨出入 一書親賻襚祭奠之數 凡喪事合當用之物 相禮者 俱命司貨 預爲之備 及所用之人 亦當與護喪議 預求其人 庶臨時得用 不致缺乏)." 하였다. 『증보사례편람』에는 (책력을) "또 하나를 구비하여 조문자를 기록한다(又具一錄弔問者)." 하였다.

7. 이에 옷을 바꿔 입고 밥을 먹지 않는다(乃易服不食)

『가례』에 "부인, 자식, 며느리, 첩(妻子婦妾)이 모두 관(冠) 및 상복(上服 : 평상시 입는 옷)을 벗고, 머리를 풀고 윗 옷깃을 꽂고 맨발 버선을 하고, 나머지 복을 입어야 하는 자는 모두 화려한 장식을 벗는다(妻子婦妾 皆去冠及上服 被髮 男子扱上衽 徒跣 餘有服者 皆去華飾)." 하였다. 『예기』 상복소기의 소에 "어버이가 막 돌아가시면 자식 된 자는 베로 만든 심의(深衣)를 입고 관(吉冠)을 벗는데 오히려 비녀와 머리 싸게는 두고 맨발버선을 하고 윗 옷깃을 꽂는다(親始死 子布深衣去冠 而猶有笄纚 徒跣 扱上衽)." 하였다. 『상례비요』에 "피발(被髮)은 옛날의 예가 아니다. 『개원례』로부터 시작되었다(被髮非古也自開元禮始也)." 하였다. 내가 생각건대 위에서 말하는 冠은 吉冠을 말하는 것이고 上服은 벼슬이 있으면 朝服이고 벼슬이 없으면 평상시 입던 옷을 말하며, 이때에 吉할때 입던 평상복을 벗고 옅은 색 옷을 입고 화려한 장식을 때 버리는 정도로 보면 될 듯하다.

가례에 "양자를 간 자식이 낳은 부모를 위해서나 시집간 딸은 모두 머리를 풀거나 맨발 버선을 하지 않는다(爲人後者爲本生父母 及子已嫁者 皆不被髮徒跣)." 하였다.

가례에 "모든 자식은 3일 동안 먹지 아니하며, 기년 및 대공 구월의 복을 입는 자는 세끼를 먹지 아니하고 소공 5월이나 시마 3월의 복을 입는 자는 2번 먹지 아니한다(諸子 三日不食 期 九月之喪 三不食 五月三月之喪 再不食)." 하였고, "다만 친척이나 이웃 사람들이 미음이나 죽을 쑤어 먹이는데, 어른이 강권하면 조금 먹어도 된다(親戚隣里 爲糜粥以食之 尊長强之 少食可也)." 하였다. 『예기』 간전에 "사(士)와 염하는 자는 한 끼를 먹지 않는다(士與斂焉 則壹不食)." 하였는데, 『증보사례편람』의 주에 "사(士)는 붕우(朋友)다." 하였다. 『예기』 문상에 "어버이가 처음 죽으면 가엾고 애달픈 마음과 아프고 절통한 생각에서 콩팥이 상하고 간이 마르며 폐가 타며 물과 미음(漿)을 입으로 넘기지 못하고 사흘 동안 밥을 짓지 못하므로 이웃에서 미음(糜)과 죽(粥)을 쑤어 이를 마시고 먹게 한다(親始死 惻怛之心 痛疾之意 傷腎 乾肝 焦肺 水漿不入口 三日不擧火 故鄰里爲之糜粥以飮食之)." 하였다.

『증보사례편람』에 "예에 관을 벗는 것이 오직 부인, 자식, 며느리, 첩만이 있고 기년이나 대공의 복은 언급이 없으므로 후세에 의논하는 자가 많다(去冠於禮 惟妻子婦妾爲之而朞大功則不論故 後世 議者多歧)." 하였다. 요즈음에는 따로 관(冠)이 없는 관계로 기년이나 대공의 복을 입는 사람도 위에 언급한 것처럼 화려한 옷을 벗는 것이 도리가 아닌가 한다.

纚 : 머리싸개 쇄(사), 糜 : 미음 미, 죽 미, 粥 : 죽 죽(륙), 腎 : 콩팥 신, 焦 : 태울 초, 漿 : 미음 장, 歧 : 갈림길 기(岐 同)

8. 전을 올림(奠)

『증보사례편람』에 "고례에 시사전(始死奠)이 있고 『가례』에는 습(襲)을 한 후 습전(襲奠)이 있는데 『상례비요』에서 『가례』를 따른 것은 습(襲)이 당일에 있기 때문으로 만약 습을 당일에 하지 아니하고 심하면 혹 수일이 지날 수 있으므로 그 사이에 신으로 하여금 의지할 수 있게 하는 절차가 전혀 없으므로 어찌 미안함이 심하지 않은가? 여기에 고례에 의존하여 여기에 옮겨 놓는다(古禮 有始死奠而 家禮則有襲奠 備要 仍之 蓋以襲在當日故也 今或襲斂過期 甚或至於多日 其

間 全無使神憑依之節 豈非未安之甚者乎 玆依古禮 移置于此).” 하였다. 감(歛) 은 마땅히 염(斂)으로 써야 한다.

『예기』 단궁의 소에 “처음 죽음에 올리는 전(奠)이란 것은 귀신이 음식에 의존하는 바니 마땅히 뇌주(酹酒)가 있어야 하나, 다만 막 죽어서 다르게 바꾸기를 허용하지 않으므로 살아 계실 때 시렁이나 찬장 위의 포나 젓갈로써 전을 올린다(始死之奠者 鬼神所依於飮食 故必有祭酹 但始死未容改異 故以生時庋閣上所餘脯醢以爲奠也).” 하면서, “사상례에서 복을 한 후 포나 젓갈로써 동편 층계로 올라가서 시신의 동쪽에 전을 올림은 이것을 말하는 것이다(士喪禮 復魄畢 以脯醢 升自阼階 奠於尸東 此之謂也).” 하였다. 한편 『의례』 사상례에는 복을 하고 설치 철족을 마친 후 “포와 젓갈, 단술, 술을 올리는데 동쪽 계단으로 올라가 시신의 동쪽에 전을 올린다(奠脯醢 醴酒升自阼階 奠於尸東).” 하였고, 그 주에 “귀신은 형상이 없어 전을 올려 그를 의탁하게 한다(鬼神無象 設奠以馮依之).” 하였다. 그리고 그 소에는 “이 전은 찬장에 남아 있는 것으로 한다(此奠 閣之餘食爲之).” 하고, “단술과 술을 비록 함께 말했으나, 역시 품목은 그 중 하나를 쓰고 함께 쓰지 않는다. 소렴에는 단술과 술을 함께 갖추나 여기에서는 다 갖추지 못하니 이것이 그 차이이다(此醴酒 雖俱言 亦科用其一 不並用 以其小斂酒醴俱有 此則未具 是其差).” 하였다.

『증보사례편람』에 “만약 찬장에 남은 술과 포 같은 것이 없으면 따로 구입해도 역시 가능하다. 또 하루 한번 전을 올림은 진실로 그만 둘 수 없음이니 만약 여러 날 습(襲)을 하지 못하면 매일 바꿈이 마땅하다(如無閣餘酒脯之屬 雖別具亦可 且一日一奠 誠不忍廢 若累日未襲者 每日一易爲當).” 하였다.

『예기』 증자문의 주에 “무릇 상례에 친히 전을 올리지 않는 것은 주인이 비통한 부르짖음과 사모함으로 일을 집행하기에 한가하지 않은 까닭이기 때문이다(主人必不親奠者 以主人悲號思慕 不暇執事故也).” 하였다.

『의례』 기석례에는 “시사전(始死奠)에 길기(吉器)를 쓴다(用吉器).” 하고 주에 “그릇이 아직 변하지 않음이라(器未變也).” 하였다.

『서의』에 “옛날 사람은 항상 포와 해를 비축하였다. 그러므로 처음 돌아가심에 한가하지 않아 별도로 찬을 구비할 수 없으므로 다만 포와 해를 쓸 뿐이다. 지금 사람은 만약 포와 해가 없다면 가진 음식 중 한 두 가지와 술이면 가할 것이다(古人常畜脯醢 故始死未暇別具饌 但用脯醢而已 今人 或無脯醢 但中見有食物一兩種並酒可也).” 하였다.

> 庋 : 시렁 기. 閣 : 문설주 각, 찬장 각, 시렁 각(예기 단궁 소 閣 架橙之屬). 醢 : 젓갈 해.

9. 관을 준비함(治棺)

『예기』 단궁에 “유우씨(순임금)는 와관을 사용하였다(有虞氏瓦棺).” 하였고, 그 주에 “바야흐로 섶(薪: 땔나무로 이신을 덮는 것)을 사용하지 않게 되었다(始不用薪也).” 하였다. “하후씨(우임금)는 직(堲)을 사용하여 주위를 둘렀다(夏后氏 堲周).” 하였는데, 그 주에 “불로 익힌 것을 직(堲)이라 한다. 흙을 구워 만든 것으로서 관에 두른 것이다(火熟曰堲燒土冶以周於棺也).” 하였다. “은(殷)나라 사람들은 관(棺)과 곽(槨)을 사용하였다(殷人棺槨).” 하면서, 그 주에 “곽은 크고 나무로서 만들었다. 곽이 관보다 큼을 말한다(槨 大也 以木爲之 言槨大於棺也).” 하였다.

『가례』에 "호상이 장인(匠人)에게 명하여 나무를 골라 널(棺)을 만들게 하는데 유삼(油衫 : 송진이 있는 삼나무)이 가장 좋고 잣나무(柏)가 그 다음이고 토삼이 하등이다(護喪命匠 擇木爲棺 油杉爲上 柏次之 土杉爲下)." 하였다. 『예기』 단궁의 주에 "은나라 사람은 가래나무를 상품으로 삼았다(殷人上梓)." 하였다. 서애(西厓:류성룡)의 『喪葬質疑』에 "지금 송판 중에는 속이 단단하고 결이 거칠며, 색은 황적색으로 땅 속에 들어가 세월이 오래되어도 썩지 않는 것이 상품이다. 결이 작고 색은 희며 부드럽고 물러서 견고하지 않은 것이 하품이다(今松板中堅而粗理色黃赤 入土年久不腐者爲上 小理而色白 柔軟不堅者爲下品)." 하였다.

『증보사례편람』에는 "송판으로 널(棺)을 만들되 윗판 하나, 아랫판 하나, 사방 옆판 각 하나니 백변(나무의 心에서 바깥쪽의 희고 무른 부분)이 없는 것이 가장 좋다. 두께는 3치 혹은 2치 반이다(以松板爲之 天板一 地板一 四旁板各一 無白邊者爲上 厚三寸或二寸半)." 하였다.

『증보사례편람』에 칠성판은 "송판 한 조각으로 관 안의 크기로 하여 두께는 5푼이고 판에 북두칠성 상으로 일곱 개의 구멍을 뚫는다(用松板一片 長廣 準棺內 厚五分 板面 穿七孔如北斗狀)." 하였다. 퇴계(退溪:이황)는 『예론』에서 "칠성판에 북두성 형태의 구멍을 뚫는 것은 무엇인가?(七星板 穿用北斗形 何義歟)" 란 물음에 "남두성(南斗星)은 삶을 맡고 북두성(北斗星)은 죽음을 맡은 까닭이다(南斗司生 北斗司死 故也)." 하였다.

薪 : 섶(땔나무) 신, 堲 : 불에 구운 벽돌 직, 梓 : 가래나무 재, 理 : 결 리

10. 친척 동료 우인에게 죽음을 알림(訃告于親戚僚友)

『가례』에 “호상, 사서가 글을 쓰서 보내니, 만약 호상, 사서가 없다면 주인이 스스로 친척에게 죽음을 알리고 동료나 우인에게는 알리지 않는다. 기타 편지 문안은 다 정지한다. 편지로 조문한 사람에게는 모두 졸곡 뒤에 답장한다(護喪司書爲之發書 若無則主人自訃親戚 不訃僚友 自餘書問 悉停 以書來弔者 並須卒哭後答之).” 하였다. 부(訃)는 『의례』 기석례에 부(赴)로 되어 있는데, 그 주에 “부(赴)는 달려가서 고하는 것이고 금문에는 부(訃)로 되어 있다(赴走告也今文赴作訃).” 하였다. 그 소에 “금문에 부(訃)자로 되어 있다는 것은 『예기』 잡기(雜記)에 부(訃) 자로 되어 있는 것을 말하고, 뜻이 말을 가지고 서로 통함을 취한 것으로 역시 마찬 가지다(云今文赴作訃者 雜記 作訃者 義取以言語相通 亦一塗也).” 하였다.

『예기』 문왕세자에 “5묘의 자손은 조묘(祖廟)가 존속하는 이상 비록 서인이 되었더라도 관례, 혼례에 반드시 고하고, 죽으면 반드시 부고하고, 연제와 소상, 대상(練祥)에 고한다(五廟之孫 祖廟未毁 雖爲庶人 冠 取妻必告 死必赴 練 祥則告).” 하였으며, 그 소에 “족인이 비록 지극히 천하더라도 길흉을 반드시 서로 고한다(族人雖或至賤 吉凶必須相告).” 하였다.

『예기』 단궁에 “부형(父兄)이 부고(訃告)를 전할 자를 명한다(父兄命赴者).” 하였고, 그 소에 “부(赴)는 죽은 자가 살았을 적에 다른 사람과 더불어 은정(恩情)이 있거나 안면이 있는 자가 죽었을 경우에 그 집은 의당 사람을 시켜서 서로 부고를 전함을 말한다(赴謂死者生時於他人有恩識者 今死 則其家宜使人往相赴告也).” 하였고, 『의례』 사상례에 보면 “효자가 스스로 부고를 전할 자를 명하는데 만약 대부(大夫) 이상이면 부형이 대신하여 부고를 전할 사람을 명한다(孝子自

命赴者 若大夫以上 則父兄命之也).” 하였다.

『증보사례편람』에 『상례비요』의 “일이 있으면 고한다(有事則告)는 조에 이르기를 집에 상이 있으면 역시 당연히 고한다(有事則告 條云 家有喪亦當告也).” 는 것을 인용하고, “다만 사당에 고한다는 글이 없는 까닭에 세속(世俗)에 그것을 행하는 자가 심히 적으나 자식이 난 것을 고하는데, 그 죽음에 어찌 고하지 않으리오. 하면서 『가례』에 역시 보이는 바가 없으니 감히 끼워 넣어 재 멋대로 할 수 없어나 일은 죽음보다 큰 것이 없으니 태어날 때 고하려고 하는 것처럼 유사하게 부고하기 전에 있어야 할 것이다(但無告廟之文故 世俗行之者甚少 然子生旣告則其死也 安得無告 家禮 亦無所見 不敢擅爲補入 然事莫大於死 生如欲行之則似當在訃告之前).” 하였다.

■ 부고서식

某親 某人 以某月某日得疾 不幸於某月某日棄世 傳人 訃告
年 號 月 日 護喪 姓名 上
某位座前

모의 아버지 모가 모월 모일 병을 얻어 모월 모일에 불행하게 세상을 뜨니 사람을 통하여 알려드립니다.
모년 모월 모일 호상 모 올림
모 집앞

· 지금 세속에는 단지 모의 아버지 모가 숙환으로 모월 모일 모시에 돌아가셨습니다(某親 某人 以宿患 今月某日某時別世)라고 하고
· 여자의 상에는 모의 어머니 모씨(內喪云某親某封某氏)라고 한다
· 사람이 전하는 것이 아니면 전인(傳人)을 글로서 전한다는 전서(傳書)라고 고친다

■ 피봉서식

訃告 某位座前 부고 모 집앞

擅 : 마음대로할 천.

03

襲(습)

습이란 시신을 꾸미는 것을 말하는 것으로, 목욕을 시키고 닦고 머리를 빗고, 손톱, 발톱을 깎아 주머니에 넣고 수의를 입히고 반함을 하는 것이다. 죽은 날 당일 또는 그 다음날 하는 절차이다. 습 때는 수의를 입히는 것으로 옷의 팔, 다리에 몸을 꿰지만 염의 경우는 옷이 있지만 옷의 팔 다리에 몸을 꿰지 않고 감싸는 역할을 한다.

1. 구덩이를 판다(掘坎)

『의례』 사상례에 이르기를, "양쪽 계단 사이 조금 서쪽이 되는 곳에 구덩이를 파고 또 서쪽 담장(西墻) 아래에 동향으로 아궁이(垼)를 만든다(掘坎于階間少西 爲垼于西墻下東鄉)." 하였다. 그 소에 "목욕시키고 남은 쌀뜨물 및 수건이나 수저 등은 이 구덩이에 버려 묻는다(沐浴餘潘及巾柶等 棄埋之於此坎也)." 하였다. 『가례』에는 "으슥하고 깨끗한 땅에 구덩이를 판다(掘坎于屛處潔地)." 하였으니, 반드시 계단 사이에 팔 필요는 없는 듯하다.

垼 : 아궁이 역, 도자기 역, 潘 : 쌀뜨물 반

2. 습의를 준비한다(陳襲衣)

『가례』에 "탁자를 당(堂) 앞의 동쪽 벽 아래에 진설하고 옷깃(목부분)을 서쪽으로 하되 상석을 남쪽으로 한다(以卓子陳于堂前東壁下 西領南上)." 하였다. 『의례』 사상례에 "방에 시신을 염습함에 쓸 의복을 진설해 놓는데 옷깃을 서쪽으로 가게하고, 상석을 남쪽으로 하여 한 줄로 나란히 진설해 놓는다(陳襲事于房中 西領 南上 不綪)." 하였고, 그 주에 "습사는 의복을 말한다. 쟁(綪)은 竫(쟁)으로 읽고 굽힌다는 뜻이다(襲事謂衣服也 綪讀爲竫 屈也)." 하였다. 이에 대한 소에 이르기를 "의복을 진설하는 법은 방문 안에 하는데, 문의 동쪽에 옷깃을 서쪽으로 가게 남쪽을 위로 하여 진설한다. 의상은 적어서 남쪽에서 북쪽까지 진설하면 끝나서 돌아가며 놓을 것은 없다(不綪) 문의 동쪽에 진설하는 것은 편리함을 취하였기 때문이라는 것을 알 수가 있다(所陳之法 房戶之內 於戶東西領南上 以衣裳少 從南至北則盡 不須竫屈 知戶東陳之者 取之便故也)." 하였다.

『예기』 상대기에 "무릇 옷을 진설할 때는 개지(詘) 않는다(凡陳衣不詘)." 하였는데, 그 주에 "불굴(不詘)은 펴되 말지 않음이다(不屈謂舒而不卷也)." 하였다.

『예기』 잡기에 "부인 옷으로 습하지 않는다(不襲婦服)." 하였고, 『상례비요』에 "잡기에 부인 옷으로 습하지 않는데, 여자의 상에 역시 마땅히 남자 옷으로 습하지 않는다(雜記不襲婦服 女喪亦當不襲男服)." 하였다.

『의례』 사상례에 "습의(襲衣)는 세 벌이다(乃襲三稱)." 하였는데, 세벌은 의례 사상례에 첫째 작변복, 순의(純衣)라 하였고, 그 주에 "작변(爵弁)에 착용하는 복장을 말하고, 순의에는 훈상(纁裳 : 분홍빛 치마)을 입는다. 옛날에는 관(冠)에 따라 옷의 이름을 지었으나, 죽은 사람은 관을 쓰지 않는다(謂生時爵弁之服也 純衣者 纁裳 古者以冠名服 死者不冠).” 하였고, 둘째 피변복(皮弁服)이라 하였고, 그 주에 “피변(皮弁)에 착용하는 복장이니, 백포의 윗옷(衣)에 흰 치마(素裳)를 입는다(皮弁所衣之服也 其服 白布衣素裳也).” 하였다. 셋째 단의(褖衣)라 하였는데, 그 주에 검은 색의 의상(黑衣裳)이고, “겉에 입는 포(袍)다(表袍者也).” 하였다. 그리고 그 소에 “『의례』 사관례는 세 가지 옷을 진설하는데, 현단(玄端)과 피변(皮弁)과 작변(爵弁)으로 현단은 있는데 단의(褖衣)가 없다(士冠禮 陳三服 玄端 皮弁 爵弁 有玄端 無褖衣).” 하였다. “이 사상례에서 습을 할 때 역시 세 가지 옷을 진설하는데 더불어 그것과 같은데 이곳에서는 현단이 없고 단의가 있다. 그러므로 이 단의가 또한 현단이라는 것을 안 것이다. 다만 이 현단은 상의와 하상이 서로 연결되어 있어서 부인의 단의와 같다. 그러므로 바꾸어서 단의(褖衣)라고 이름한 것이다(此 士喪 襲 亦陳三服, 與彼同 此無玄端 有褖衣 故知此褖衣則玄端者也 但此玄端連衣裳 與婦人褖衣同 故變名褖衣也).” 하였다.

· **복건(幅巾)** : 옛날에 남자들이 머리를 싸매던 두건으로 여기에 다리를 달아 복두(幞頭)가 되었다. 복두는 관의 일종이다. 『서의』에 “옛날에 죽은 사람에게 관을 씌우지 않았고 단지 비단으로 머리를 싸 엄이라 하였다(古者死人不冠 但以帛裹其首謂之掩).” 하였다. 『의례』 사상례 소에 “엄은 지금의 복두와 같은데 다만 죽은 자는 뒤의 2 다리로 턱 아래에 그것을 묶는 것이 산 자와 다르다(掩 若今人幞頭 但死者以後二脚於頤下結之 與生人爲異也).” 하였다.

· **충이(充耳)** : 『가례』에 “충이는 둘인데, 대추씨 크기의 흰 햇솜

으로 귀를 막는 것이다(充耳二 用白纊 如棗核大 所以塞耳者也).” 하였다. 『의례』 사상례에 “진(瑱)은 흰 솜을 쓴다(瑱 用白纊).” 하였고, 그 주에 “진은 귀를 막는 것이다. 광(纊)은 새 솜이다(瑱 充耳 纊 新綿).” 하였다.

· **멱목(幎目)** : 『가례』에 “멱목은 비단 사방 1자 2치로 얼굴을 덮는 것이다(幎目 帛方尺二寸 所以覆面者也).” 하였다. 『의례』 사상례에 “멱목은 검은색 비단을 쓰는데, 사방이 1자 2치이다. 붉은색 천으로 속을 하고 그 안에 솜을 채워 넣으며 끈을 매단다(幎目 用緇 方尺二寸 䞓裏 著 組繫).” 하였다.

· **악수(握手)** : 『가례』에 “악수는 비단을 사용하며, 길이는 2치고 폭은 5치로 손을 싸는 것이다(握手 用帛長尺二寸 廣五寸 所以裹手者也).” 하였다. 『의례』 사상례에 “악수는 검은색 비단으로 만드는데 속에는 붉은색 비단을 댄다. 길이는 1자 2치이고, 너비는 5치이며, 중앙 부분의 양쪽 가에서 1치씩을 줄인다. 속에는 솜을 채우고 끈을 매난다(握手用玄纁裏 長尺二寸 廣五寸 牢中旁寸 著組繫).” 하였는데, 그 주에 “牢는 읽기를 루(樓)로 하는데 루는 악(握)의 중앙 부분을 줄어들게 해서 손을 편안하게 하는 것이다(牢讀爲樓 樓謂削約握之中央以安手也).” 하였다.

· **리(履)** : 『상례비요』에 “검은 명주(黑紬)에 종이를 발라 만드는데, 두 개의 흰 띠를 사용하거나 2자 남짓 되는 끈을 사용하여, 신의 뒤쪽 발꿈치에 가로로 꿰매고, 또 신 머리에 끈(絛)으로 신코 장식(絇)을 하여 매는 끈을 받아 꿰뚫을 수 있도록 한다(黑紬糊紙爲之 用二白帶或組長二尺餘 橫綴於履後跟又於履頭以絛爲絇所以受繫穿貫者也).” 하였다.

· **포오(袍**襖**)** : 『예기』 상대기의 주에 "포는 설의(褻衣)이다(袍 褻衣)." 하였다. 『예기』 옥조에 "묵은 솜을 넣은 것을 포라고 한다(縕爲袍)." 하였는데, 그 주에 "온(縕)은 지금의 광(纊) 및 묵은 솜을 말한다(縕謂今纊及舊絮也)." 하였다. 내가 살펴보건대 밖에 입는 옷으로 긴 것을 포(袍), 짧은 것을 오(襖)라 한다.

· **모(冒)** : 『예기』 잡기의 소에 "모라는 것은 시신의 형체를 가리는 것이다(冒所以揜蓋尸形)." 하였고, 습을 하고 나서 소렴을 할 때까지는 비록 시신에게 옷을 입히기는 하였지만 모로 싸 두지 않으면 시신의 모양새가 드러나 보이게 되어 사람들이 싫어하게 된다. 그러므로 습 이후 모를 가지고 시신을 싸 두는 것이다(自既襲以後以至小斂之前，雖已著衣，若不設冒，則尸象形見，爲人所惡 是以襲而后設冒也)." 하였다. 『의례』 사상례에 "모는 검은색의 질(質)을 쓰는데, 길이는 손과 나란하며, 붉은색의 쇄를 써서 발을 덮는다(冒 緇質 長與手齊 經殺 掩足)." 하였다. 『상례비요』에 "먼저 쇄로 발을 싸서 올리고, 뒤에 질로 머리를 싸서 내린다(先以殺韜足而上 後以質韜首而下)." 하였다. 내가 살펴보건대 모는 자루 같은 것으로 상하 두 개인데 상체에 사용하는 것은 질(質)이라 하고, 하체에 사용하는 것은 쇄(殺)라 한다.

『가례』에 "심의(深衣) 하나, 큰띠(大帶) 하나, 신발 두개, 두루마기(袍襖), 중단(汗衫), 바지(袴), 버선(襪), 늑백(勒帛 : 허리를 둘러매는 띠), 과두(裹肚 : 배를 감싸는 것) 같은 것은 사용하는 많고 적음에 따른다(深衣一 大帶一 履二 袍襖汗衫袴襪勒帛裹肚之類 隨所用之多少)." 하였다.

綪 : 붉은 비단 천, 굽힐 쟁, 幞 : 두건 복, 脚 : 다리 각, 襆 : 두건 복(幞 同), 瑱 : 귀막이 옥 진, 幎 : 덮을 멱, 赬 : 붉을 정, 著 : 솜으로 채울 착(康熙字典에 『의례』 사상례 주를 인용해 '著 充之以絮也' 라 하였다.), 握 : 쥘 악, 纁: 분홍빛 훈, 紬 : 명주 주, 糊 : 풀 호, 跟 : 발꿈치 근, 絛 : 끈 조, 絇 : 신코장식 구, 揜 : 가릴 엄, 韜 : 감출 도, 勒 : 굴레 륵, 묶을 륵, 肚 : 배 두

3. 목욕 도구와 반함하는 도구를 준비한다(沐浴 飯含之具)

『가례』에 "탁자를 당(堂) 앞의 서쪽 벽 아래에 두고 남쪽을 상석으로 하여 진설한다(以卓子陳于堂前西壁下 南上)." 하였다

『가례』에 "동전 세 개는 작은 상자에 넣고, 쌀 두 되를 새 물로 씻어 깨끗하게 해서 주발에 담는다(錢三實于小箱 米二升 以新水淅令精實于盌)." 하였다. 『예기』 단궁에 "반함을 할 적에는 미(米)와 패(貝)를 쓴다. 이것은 차마 비워 둘 수 없어서이다. 이는 음식을 먹이는 방도로써 하는 것이 아니라, 아름답게 하기 위한 것일 뿐이다(飯用米貝弗忍虛也 不以食道 用美焉爾)." 하였다. 『예기』 잡기에 "천자의 반(飯)에 패(貝)가 아홉, 제후는 일곱, 대부는 다섯, 사는 셋이다(天子飯九貝 諸侯七 大夫五 士三)." 하였다. 『의례』 사상례에는 "패(貝) 3개를 변(笲)에 담는다(貝三 實於笲)." 하였고, 그 주에 "변은 대나무 그릇이다(笲竹器名)." 하였다.

『상례비요』에 "금(金), 옥(玉), 돈(錢), 패(貝)가 모두 가하다(金玉錢貝 俱可)." 하였고, "속(俗)에는 구멍이 없는 구슬(珠)을 쓴다(俗用無孔珠)." 하였다.

『증보사례편람』에 미(米)는 "벼쌀(稻米)이니 정미한 백미를 씻은 것으로 입에 머금게(含) 하는데 쓴다(卽稻米 淅令精白 並用以爲含

者).” 하였고, 『의례』 사상례에 “도미(稻米) 4되를 광(筐 광주리)에 담는다(稻米一豆實于筐).” 하였다.

『가례』에 “빗(櫛)이 하나, 머리카락 말리는 수건 하나, 몸 닦는 수건이 두개로 상하 몸에 각각 그 하나를 사용한다(櫛一沐巾一 浴巾二 上下體各用其一也).” 하였다. 『의례』 사상례에 “빗은 단(簞)을 사용한다(櫛用簞).” 하였고, “머리 말리는 수건 1개와 몸을 말리는 수건 2개는 모두 거친 칡베(綌)를 사용하고 변에 담는다(沐巾一 浴巾二 皆用綌 於笲).” 하였다.

『의례』 사상례에 “머리를 감는데 벼(稻)로 한다(沐稻).” 하였는데, 『예기』 상대기에는 “시신의 머리를 씻길 적에 임금의 경우는 기장(粱)를 사용하고, 대부의 경우는 차기장(稷)을 사용하고, 사의 경우에는 기장(粱)를 사용한다(君沐粱 大夫沐稷 士沐粱).” 하였다. 『의례』 사상례와 다른 것은 제후의 사는 도(稻)이고 천자의 사는 기장으로 『의례』 사상례에 “상대기에서 사(士)가 기장으로 머리를 감는 것은 천자의 사(士)이기 때문이다. 반함과 머리를 감기는 것은 쌀로 같다(此云士沐粱 蓋天子之士也 飯與沐米同).” 하였다.

『국조오례의』에 국상(國喪)에는 “내시(內侍)가 기장을 씻은 뜨물과 탕(湯)을 각각 동이에 담아 들여온다(內侍以粱米潘及湯各盛于盆).” 하였고, 그 주에 “반(潘)은 쌀을 씻은 뜨물이고, 탕은 단향(檀香)을 달인 물이다(潘淅米汁湯煮檀香水).” 하였다. 몸을 씻는 향탕은 임금에게만 사용하였고 사는 물을 사용하였다.

『증보사례편람』에

- **식건(拭巾)** : “상 하의 몸을 닦아 말리는데 쓰는 것으로 아울러 한자 정도의 명주 혹은 포를 사용한다(用以拭乾上下體者 並用

紬或布尺許).” 하였다.

· **조(組)** : 『의례』 사상례를 인용하여 “머리카락을 묶는데 쓰며, 검은 비단(黑緞) 혹은 비단(繒)으로 만든다(用以束髮者用黑緞或繒爲之).” 하였다.

· **계(笄)** : 『의례』 사상례를 인용하여 “뽕나무를 쓰고 길이는 네 치니 머리카락을 안정되게 하는 것이다(用桑 長四寸 以安髮).” 하였다.

· **소낭(小囊)** : 『상례비요』를 인용하여 “색 있는 명주로 만들어 쓰니 종이 다섯 조각을 사용하여 머리카락과 발, 손톱을 싸고 종이 겉에 머리털, 좌측 손톱, 우측손톱, 좌측발톱, 우측발톱이라고 쓰고, 또 주머니 겉에 역시 각 표식을 쓰고 혹 더 만들어(加造) 떨어진 수염(鬚), 빠진 이를 위해 준비한다(用色紬爲之 用紙五片 裹髮與爪 紙面 書以頭髮 左手爪 右手爪 左足爪 右足爪 又於囊面 亦各書識或加造 以備落鬚落齒之用).” 하였다.

· **멱건(幎巾)** : 『상례비요』를 인용하여 “포 사방 두자로 만들어 쓴다. 혹 명주를 쓴다(用布方二尺爲之 或用紬).” 하였다.

· **숟가락(匕)** : “쌀을 뜨는데 쓰는 것이니 속(俗)에 버드나무를 깎아 만든다(用以抄米者 俗斲柳爲之).” 하였다.

· **명의(明衣)** : 『의례』 사상례 소에 “명의로서 몸을 가린다(明衣以蔽體).” 하였다. 목욕을 시킨 후 몸을 가리는 옷이다

淅 : 쌀일 석, 笄 : 폐백 상자 변, 篚 : 대 광주리 광, 煮 : 삶을 자, 拭 : 닦을 식, 緞 : 비단 단, 繒 : 비단 증, 鬚 : 수염 수, 抄 : (숟가락으로)뜰 초

4. 이에 목욕 시킨다(乃沐浴)

『가례』에 "시자가 데운 물을 들이면 주인 이하 모두 휘장 밖에 나가 북쪽을 향한다(侍者以湯入主人以下皆出帷外北面)." 하였다. 『증보사례편람』에 "시자(侍者)가 손을 씻는다(盥手)." 하였고, 『상례비요』에 "쌀뜨물과 물을 각각 동이에 담는다(潘及水 各盛于盆)." 하였다. 『의례』 사상례에 "주인 모두 문 밖으로 나가 북면(北面)한다(主人皆出戶外北面)." 하였고, 그 주에 "평상시 살아 계실 때 목욕할 때 옷을 벗으면 자손이 곁에 있지 않음을 본뜸이다(象平生沐浴裸裎子孫不在旁)." 하였다. 『상례비요』에는 "곡한다(哭)." 하였다.

『상례비요』에 "병중에 입었던 옷과 복에 쓴 옷을 모두 벗긴다(悉去病時衣及復衣)." 하였다. 『예기』 상대기에 "병중에 새로 입힌 옷과 복을 한 옷이다. 그것을 벗기고 목욕을 기다린다(病時所加新布及復衣也 去之以俟沐浴)." 하였다.

『가례』에 "시자가 머리를 감기고 빗질을 하고 수건으로 말리고 머리카락을 모아 상투를 튼다(侍者沐髮櫛之 晞以巾 撮爲髻)." 하였다. 『의례』 사상례에 "빗질로 머리를 씻기고 수건으로 털어 말린다(乃沐櫛挋用巾)." 하였고, 『상례비요』의 주에 "머리를 감는데 쌀뜨물로써 한다(沐髮以潘)." 하였다. 『상례비요』에 "끈을 사용하고 곧 비녀를 지르며, 여자 상(喪)에 역시 끈과 비녀를 사용하고 떨어진 머리카락은 주머니에 담는다(用組乃施笄 女喪亦組笄所落髮盛于囊)." 하였다. 『증보사례편람』에 "종이를 사용하여 떨어진 머리카락을 모은다(用紙承落髮)." 하였다. 『의례』 사상례 소에 "빗질을 마치고 수건으로 머리카락을 닦아 깨끗하게 하여 쌀뜨물이 없게 하되 마르기를 마치면 그대로 두고 아직 상투를 만들지는 않고, 아래 문장의 손발톱을 깎는 것이 끝나기를 기다렸다가 이에 끈을 사용하여 머리카락을 묶는 것은 그 다음의 절차이다(以其櫛訖 又以巾拭髮訖 又使淸淨無潘瀾 拭訖 仍未作紒 下文待蚤揃訖 乃鬠用組，是其次也).” 하였다.

『의례』 사상례에 “수건을 사용하여 몸을 씻고 욕의(浴衣)로 닦는다(浴用巾 挋用浴衣).” 하였다. 『증보사례편람』에 “먼저 낯을 씻기고 다음 손을 씻기고 바야흐로 이불을 들어 몸을 가리면서 씻기되 먼저 상체를 다음에 하체를 씻기고, 물은 당연히 각각 따로 한다(先靧面次盥手 始抗衾而浴 先上體 次下體 水當各用).” 하였다. 『의례』 기석례에 “그 어머니의 상에 여자 어자가 몸을 씻긴다(其母之喪則內御者浴).” 하였다.

『증보사례편람』에 “멱건으로 얼굴을 덮는다(以幎巾覆面).” 하였다. 『가례』 반함 조에도 멱건으로 얼굴을 덮는다. 하였는데, 내 생각에 멱건은 임시로 시신의 얼굴을 가리는 것으로 필요할 때 덮었다 제거하기도 하는 듯하다. 그리고 나중에 구덩이에 묻는다.

『가례』에 “손톱을 깍는다(翦爪).” 하였고, 『상례비요』에 “좌우 손톱, 발톱으로 주머니에 넣는다(左右手足瓜 各盛于囊).” 하였다. 『증보사례편람』에 “먼저 좌우 손톱을 깎고 다음 좌우 발톱을 깎는데, 만약 떨어진 털 및 살아 계실 때 빠진 이가 있으면 역시 주머니에 넣는다(先剪左右手爪 次剪左右足爪 如有落鬚及平日落齒則亦盛于囊).” 하였다. 『의례』 사상례에 손톱을 살아계실 때처럼 한다(蚤揃如他日) 하였다.

『의례』 사상례에 “끈을 사용하여 상투를 틀고 비녀(笄)를 하고 명의와 치마를 입힌다(鬠用組 乃笄 設明衣裳).” 하였다. 『의례』 기석례에 “여자의 상에 머리를 묶되 비녀가 없다(鬠無笄).” 하였다. 『상례비요』에 “명의를 입히고 또 이불로 덮는다(設明衣還覆以衾).” 하였다.

『의례』 사상례에 “머리 감고 남은 데운 쌀뜨물과 몸을 씻어 더러워진 물은 구덩이에 버린다(渜濯棄於坎).” 하였고, 그 주에 “목욕하고 남은 쌀뜨물과 물, 수건, 빗 및 욕의(浴衣)는 역시 아울러 그곳(구덩이)에 버린다(沐浴餘潘水 巾 櫛 浴衣 亦並棄之).” 하였다. 『가례』에는 “목욕하고 남은 물, 수건, 빗은 구덩이에 버리고 묻는다(其沐浴餘水巾櫛棄於坎而埋之).” 하였다.

『의례』 사상례에 “주인이 들어가 제 위치를 잡는다(主人入 即位).” 하였고, 그 주에 “이미 명의를 입었으니 들어갈 수 있다(已設明衣 可以人也).” 하였다.

『증보사례편람』에 “아플 때(病時) 입던 옷은 버리고 복(復) 한 옷은 따로 챙겨 옆에 두었다가 영좌(靈座)에 둔다(悉去病時衣及復衣 置旁側 以竢置靈座).” 하였다.

『상례비요』와 『증보사례편람』에는 목욕이 끝나고 수의를 입히기 전에 설빙(設氷) 조가 있는데 『가례』에는 없다. 살펴보건대 『예기』 상대기에 사(士)는 “얼음이 없고(無冰) 얼음을 사용하지 않는다(士不用冰).” 하였고, 그 소에 “사는 낮기(卑) 때문에 얼음이 없다(士卑 故無冰).” 하였으며, 『의례』 사상례에는 “사(士)가 얼음이 있으면 이반을 쓰도 된다(士有冰用夷槃可也).” 하였는데, 그 주에 “더운 달에 임금이 얼음을 준 것을 말하고 이반은 시신을 올리는 쟁반이다(謂夏月而君加賜冰也 夷槃 承尸之槃).” 하였다. 또 『예기』 상대기에 “대부는 이반을 설치하고 그곳에 얼음을 넣는다(大夫設夷槃 造冰焉).” 하였는데, 그 주에 “이 일은 모두 목욕 후이다(此事皆沐浴之後).” 하였다. 이로 보면 얼음이 있다면 목욕 후에 시신 아래 둔다. 『통전』에 “당나라 제도에 여러 직책의 관원 중 3품 이상과 산관(散官) 중 2품 이상으로 더운 달에 죽은 자에게 얼음을 지급하였다(大唐之制 諸職事官三品以上 散官二品以上 暑月薨者給冰).” 하였다.

裎 : 벌거숭이 정, 晞 : 마를 희, 撮 : 取할 촬, 髻 : 상투 계, 挋 : 닦을 진, 爛 : 밥 지을 란, 揃 : 자를 전, 髻 : 머리 묶을 괄, 還 : 돌아올 환, 다시 환, 또 환, 渜 : 목욕물 난, 竢 : 기다릴 사, 槃 : 쟁반 반.

5. 수의를 입힌다(襲)

『가례』에 "모시는 이(侍者)가 별도로 휘장 밖에 습상(襲牀)을 설치한다(侍者別設襲牀於幃外)." 하였다.

『가례』에 "자리(席:왕골로 만든 것)를 펴고 요를 깔고 배게(枕)를 놓는다(施薦席褥枕)." 하였다.

『가례』에 "먼저 대대(大帶), 심의(深衣), 두루마기(袍襖), 중단(汗衫), 바지(袴), 버선(襪), 늑백(勒帛), 과두(裹肚) 같은 것을 그 위에 놓는다(先置大帶深衣袍襖汗衫袴襪勒帛裹肚之類於其上)." 하였다. 『증보사례편람』에 먼저 심의로부터 중단에 이르기까지 첩첩이 겹쳐(複) 목 아래 바로 바느질한 곳과 좌우 소매 끝까지 선을 사용하여 연이어(綴) 가고 바지(袴)와 속바지(單袴)를 역시 겹으로 겹쳐 그 허리를 연이어 간다(先以深衣 至汗衫 疊複之 領下直縫處及至左右袖端 用線綴住 袴與單袴 亦疊複而綴住其腰)." 하였다.

『가례』에 "드디어 습상을 들고 들어가 욕상(浴牀)의 서쪽에 놓는다(遂擧以入 置浴牀之西)." 하였다. 『증보사례편람』에는 시신을 습상으로 옮기기 전 바지를 입히는 것으로 되어 있는데, "욕상(浴牀)의 옆에 모시는 이 네 사람이 좌우로 나누어 서서 시신의 하체를 약간 들고 별도의 새 자리를 그 곳에 깔고, 한 사람이 바지허리를 잡고 바지에 죽은 이의 발을 넣고 바지를 점점 위로 당겨 입히고, 좌우 양말을 신기고 늑백을 사용하여 정강이(脛)에서 무릎까지 합하여 그 끈을 묶고 거듭 바지허리를 당겨 가지런히 하여(整) 그것을 거두고 소대(小帶)를 묶고(結) 과두(裹肚)를 사용하여 배와 허리를 감싸 그 끈을 묶는다. 여자의 상엔 치마를 사용하여 과두 위에 입히고 소대로 묶는다(於浴牀上 侍者四人 分立左右 微擧下體 別以新席 承藉之 一人 執袴腰 納尸足於袴 引袴漸上著之 著左右襪 用勒帛 束脛至膝 仍結其繫 重引袴腰 整而斂之 結小帶 用裹肚 包裹腹腰而結其繫 女喪則用裳 著于裹肚上 結小帶)." 하였다.

『증보사례편람』에 "욕상에서 습상으로 시신를 옮긴다(遷尸其上)." 하였고, "시자(侍者) 한 사람이 죽은 이의 머리를 받들어 바로 하고 한 사람은 두 발을 받들고 또 좌우 각 한 사람이 부축해(夾) 받들고 베 한 폭으로 겨드랑이 쪽에 세로로 넣어 각 그 한 쪽 끝을 잡고 한마음으로 힘을 합하여 들고 그것을 옮겨 시신의 허리를 바로 윗옷의 옷깃(領)위에 있게 하여 시신의 손을 소매에 넣고 함께 시신을 들어 점점 아래로 하여, 또 두 사람이 좌우로 나누어 각각 한 손을 옷의 소매(袂) 끝으로 넣어 시신의 손을 잡아 맞이하고, 또 각각 한 손으로 옷의 옷깃을 잡아 위로 끌어 그것을 바르게 하고 겨드랑이 쪽의 세로로 넣은 베를 뽑아내고 우측 옷깃 여김(右袵)을 사용하지 않고 작은 띠로 묶는다(侍者一人 奉尸首 令直 一人 奉兩足 又左右各一人 夾奉以布一幅 橫納于當腋處 各執其一端 齊心共力 擧而遷之 令尸腰 正在衣領上 納尸手于袖 共擧尸 漸漸下之而又二人 分在左右 各以一手 自袂口入 迎執尸手 又各以一手 執衣領引上整之 抽出當腋處橫布 不用右袵 結小帶)." 하였다. 『의례』 사상례에 "습의는 세벌이다(襲三稱)." 주에 "죽은 사람에게 입히는 모든 옷은 옷자락을 왼쪽으로 여민다(凡衣死者左袵)." 하였다. 『증보사례편람』에서 옷자락을 왼쪽으로 여미는 좌임(左衽)은 위 『의례』 사상례의 정현의 주를 따른 것인데, 『상례비요』 습조의 주에 "윗옷을 입히되 모두 오른쪽으로 옷깃을 여민다(衣之皆右衽)." 하면서, 소렴조에 "『예기』 상대기에 처음 습이라고 말하지 않았고, 『의례』 및 『가례』 역시 습할 때에 옷깃을 왼쪽으로 여민다는 설이 없으니, 정현의 주는 따를 수 없을 듯하며, 습할 때는 옷깃을 오른쪽으로 여몄다가, 소렴·대렴에 이르러 비로소 옷깃을 왼쪽으로 여미는 것이 예의 뜻에 맞을 것 같다(喪大記 初不言襲 而儀禮及家禮亦無襲時左衽之說 鄭註恐不可從 襲則右衽 至小大斂 始左衽 疑得禮意)." 하였다. 『예기』 상대기에 "소렴과 대렴에 제복(祭服)은 뒤집지 않으며, 옷자락을 왼쪽으로 여민다(小斂大斂祭服不倒皆左衽)." 하고, 그 주에 "좌임(左衽)은 옷섶이 왼쪽을 향하게 하는 것으로, 생시(生時)와 반대이다(左衽 衽鄉左 反生時也)." 하였으며, 『가례』에서는 소렴 조에 "나머지 옷으로 시신을 가리되 옷자락을 왼쪽으로 여민다(以餘衣掩尸左衽)." 하였다. 어느 설이 맞는지 알지 못하겠다.

『가례』에 "복건, 심의, 신(履)은 아직 입히지 않는다(未着幅巾深衣履)." 하였고, 『상례비요』에도 같다. 『증보사례편람』에는 "심의는 옛날에는 이때에 입히지 않았으나 이제 편리함을 따라 함께 입히되 아직 옷깃을 거두지 않고 고를 만들어 묶지 않고(未結紐) 습이 끝나기를 기다린다(深衣 古者 於此時不著 今從便並著 但未斂衽未結紐 以待卒襲)." 하였다.

『상례비요』에 "이불로 덮고 시자는 욕상을 물린다(覆以衾侍者徹浴牀)." 하였다

袖 : 소매 수, 袴 : 바지 고, 脛 : 정강이 경, 袂 :소매 메

6. 尸牀을 옮겨 堂의 중간에 놓는다(徙尸牀 置堂中間)

『가례의절』에 "마땅히 당의 한 가운데에서 머리를 남으로 한다(當堂正中 南首)." 하였다. 『예기』 단궁에 "효자는 오히려 살아 있는 듯하여 차마 귀신으로 대우할 수가 없는 것이다(孝子猶若其生 不忍以神待之)." 하였다. 그리고 『의례』 사상례에 "아직 장사지내지 않았으면 산자와 다르지 않으므로 모두 머리를 남쪽으로 한다(未葬已前 不異於生 皆南首)." 하였다.

『가례』에 "항렬이 낮거나(卑) 어리면 각기 방(室) 가운데 놓는다. 나머지 말에 당(堂)이라고 있는 것은 이와 같이 항렬이 낮거나 어리면 방(室)이다(卑幼則各於室中間 餘言堂者放此)." 하였다. 『상례비요』에는 "처상(妻喪)은 약간 서쪽으로 하여 정중앙을 피함이 주자대전에 보인다(妻喪則小西以避正中 見大全)." 하였다.

『증보사례편람』에는 "고례(古禮)에 시신을 마루(堂)에 모심이 소렴(小斂) 뒤에 있고 『가례』에는 습 후에 있어 그에 의거하여 그대로 적는데, 당에는 문이 있으므로 문을 닫고 일을 하는 것이 좋으며, 만약 문이 없으면 다만 휘장을 설치하고 장애물만 막으므로 일하기 어려움이 있는 모양새이다. 대개 시신이 바람을 받으면 몸이 부운 상대가 되니 입관이 오히려 멀었으니 어찌 갑자기 시신을 옮겨 堂 중에서 여러 날을 경과하게 하리오. 오직 이때에 행하기 어려울 뿐 아니라 비록 소렴 후라도 역시 바로 행하기 어려우니, 마땅히 방(室) 중간에 옮겨놓았다가 대렴 때를 기다려 당(堂)으로 옮겨 모신다(古禮 奉尸于堂 在小斂後 家禮則在襲後 今依本文錄之而堂有中門則可以闔門行事 若無門而只設幃隔障則勢有難行者 蓋尸觸風則致浮氣 入棺尙遠 何可遽爲徙尸 經累日於堂中也 不惟此時難行 雖小斂後 亦難卽行 似當於室中間徙置 待大斂時奉遷于堂也)." 하였다. 『서의』에 "요즘의 실과 당은 이미 옛날과 다르기 때문에 당 중간에 두어, 남녀가 상을 끼고 곡할 정도의 자리를 용납하도록 취한다(今室堂 旣異於古 故置堂中間 取其容男女夾床哭位也)." 하였다.

闔 : 문짝 합.

7. 이에 전을 올린다(乃設奠)

『가례』에는 이때 올리는 전이 처음 올리는 전이다. 습을 마친 후 올리므로 습전이라 하는데 고례에서 복을 마친 후 하는 시사전과 같다. 습이 죽은 당일에 있으면 시사전을 올린 것으로 습전을 빼도 된다. 『증보사례편람』에는 "습이 하룻밤을 지나 있다면 『가례』에 의존하여 이 제전을 올려도 무방하나 보통 소렴 하는 날이므로 소렴전이 있으므로 이 전은 빼버린다(襲在經宿則依家禮 設此奠 無妨 但旣是小斂之日則自有小斂奠 此奠 自當闕之)." 하였다. 내 생각에 죽은 당일 습을 하는 경우 시사전으로 대신하고 그 다음날 습을 하고 소렴이 있으면 소렴전으로 대신하나 습을 하고 소렴이 늦어지면 이 전을 올린다.

8. 주인 이하는 자리를 잡고 곡을 한다(主人以下爲位而哭)

『가례』에 "主人은 시상 동쪽 전(奠)의 북쪽에 앉고, 삼년복(三年服)을 입는 여러 남자는 그 아래 자리에 앉는데, 모두 짚(藁)을 깔고 앉는다(主人 坐於牀東奠北 衆男 應服三年者 坐其下 皆藉以藁)." 하였다.

"같은 姓으로 기년복(朞年服)과 대공복(大功服), 소공복(小功服) 이하를 입는 사람은 각각 복의 차례대로 그 뒤에 앉되 모두 서쪽을 향하며, 남쪽이 윗자리이다(同姓朞功 以下 各以服爲次 坐於其後 皆西面南上)." 하였다.

"죽은 이의 손위 항렬은 장유의 순서대로 상 동쪽의 북쪽 벽 아래에 앉는데, 남쪽을 향하고, 서쪽을 윗자리로 하여 자리(席薦: 왕골로 짠것을 석(席), 풀로 짠 것을 천(薦)를 깔고 앉는다(尊行 以長幼 坐於牀東 北壁下南向西上 藉以席薦)." 하였다.

"주부와 여러 부인은 시상의 서쪽에 앉는데 모두 짚을 깔고 앉는다(主婦衆婦 坐於牀西 藉以藁)." 하였고

"동성의 부녀자는 복의 차례대로 그 뒤에 앉는다. 모두 동쪽을 향하며, 남쪽이 윗자리이다(同姓婦女 以服爲次 坐於其後 皆東向南上)." 하였다.

"손위 항렬 여자는 장유의 순서대로 상 서쪽의 북쪽 벽 아래에 앉는데, 남쪽을 향하고, 동쪽을 위로 하며, 자리를 깔고 앉는다(尊行 以長幼 坐於牀西 北壁下南向東上 藉以席薦)." 하였다.

"첩과 여자종은 부녀자의 뒤에 선다(妾婢 立於婦女之後)." 하였다.

그리고 "별도로 휘장을 쳐서 안과 밖의 사이를 가린다(別設幃以障內外)." 하였다.

계속하여 "성(姓)이 다른 친척 가운데 남자들은 휘장 밖의 동쪽에 앉는데, 북쪽을 향하고 서쪽을 윗자리로 한다(異姓之親丈夫 坐於帷外之東 北向西上)." 하였다

"부인들은 휘장 밖의 서쪽에 앉는데, 북쪽을 향하고 동쪽을 윗자리로 하며, 모두 자리를 깔고 앉는데 복으로 항렬을 삼아, 복이 없는 이는 뒤에 자리한다(婦人 坐於帷外之西 北向東上 皆藉以席 以服爲行

無服在後).” 하였다.

『개원례』에 “만약 내상(內喪)이면 동성의 남자와 항렬이 높고 낮은 자는 모두 휘장 밖의 동쪽에 앉아 북쪽을 향하고 서쪽을 윗자리로 하며, 성이 다른 남자는 휘장 밖의 서쪽에 앉아 북쪽을 향하고 동쪽을 윗자리로 한다(若內喪則 同姓 丈夫 尊卑 皆坐於帷外之東 北向西上 異姓丈夫 坐於帷外之西 北向東上).” 하였다.

『가례의절』에 “이 이후로 무릇 자리를 잡고 곡을 하기를 모두 이 儀式과 같이 한다(自是以後 凡言爲位哭 皆如此儀).” 하였다.

위에 언급한 『가례』에 의하면 첩과 여종은 부인들 뒤에 서고 나머지 모두는 앉아 있는 것으로 되어 있다. 『의례』 사상례에 살펴보면 “(주인은) 들어가 당의 동쪽에 앉고, 중주인(衆主人)은 그 뒤에 있는데, 서쪽을 바라본다. 부인은 남자들과 침상을 사이에 두고 동쪽을 바라본다(入 坐於堂東 衆主人在其後 西面 婦人俠牀 東面).” 하였고, 그 소에 “그 뒤에 있다(在其後). 라고 하고 앉는다고 하지 않은즉 서있음을 알겠다(言在其後 不言坐則立可知).” 하였다. 그런데 『예기』 상대기에 살펴보니 서고 앉음은 존비에 따르는 듯하다. “사(士)의 상에 사는 낮기 때문에 모두 앉는다.” 하였는데, “대부의 상의 경우 존귀한 자는 앉고 비천한 자는 선다(大夫之喪 尊者坐 卑者立).” 고 되어있다

『가례』에 “삼년상에 밤이 되면 시신의 곁에서 잠을 자며 짚을 깔고 흙덩이를 괸다. 약하고(羸) 병든 자는 풀 자리를 깔아도 된다(三年之喪 夜則寢於尸旁 藉藁 枕塊 病羸者 藉以草薦 可也).” 하였다. 또 “기년상 이하는 가까운 곳에서 잠을 자되 남녀가 다른 방을 쓰고 외친은 돌아가도 된다(期以下 寢於側近 男女異室 外親歸家 可也).” 하였다.

『증보사례편람』에 “아직 습을 하기 전엔 남녀가 곡을 하고 가슴을

치는 것이 무수하니 어찌 한가히 자리를 잡고 곡을 할까, 비록 혹시 연장되어 2-3일후라도 반드시 죽은 자를 습하고 난 후 살아 있는 자는 바야흐로 자리를 잡을 수 있다(未襲之前 男女哭擗無數 奚暇爲位而哭 雖或延至二三日之後 必死者襲而後 生者 方可爲位也).” 하였다. 내 생각에 습하기 전까지 막 돌아가셔서 경황이 없는 중에는 슬픔이 앞서고 곡하는데도 제자리가 없고 이제 습을 한 후이니 절도를 지켜 자리를 잡아 곡을 해야 한다고 생각한다.

> 蕖 : 짚 고, 薦 : 거적 천, 俠 : 끼울 협(挾 仝), 호협할 협, 羸 : 여윌 리.

9. 이에 반함을 한다(乃飯含)

『가례』에 “주인이 슬픔을 다해 곡을 한다(主人哭盡哀).” 하였다.

『가례』에 “좌측 어깨를 드러내고 앞쪽에서 허리의 오른쪽에 꼽는다(左袒 自前扱於腰之右).” 하였는데, 『의례』 사상례에 “주인이 나아가 남쪽을 향하고 왼쪽 어깨를 드러내고 앞의 오른쪽으로 꼽는다(主人出 南面 左袒 扱諸面之右).” 하였고, 그 소에 “(왼쪽) 어깨를 드러내고 왼쪽 소매를 오른쪽 겨드랑이 아래의 띠 속에 꼽는 것을 말하며 편리함을 취한다(謂袒 左袖 扱于右腋之下帶之內 取便也).” 하였다. 반함할 때 드러난 왼쪽 소매가 장애가 되는 것을 막기 위해 편리하도록 겨드랑이 아래 띠 속에 꼽는 것을 말함이다.

『가례』에 “손을 씻고 상자를 잡고서 들어온다(盥手執箱以入).” 하였고, 『의례』 사상례에는 “동이 위에서 손을 씻고 패를 씻어 들고 안으로 들어간다(盥于盆上 洗貝 執以入).” 하였는데, 『가례』에는 “패를 씻는다(洗貝).” 는 표현은 없지만 입에 넣는 패나 동전 같은 것은 당연히 씻어야 할 것이다.

『가례』에 "시자 한 사람이 쌀 주발에 숟가락을 꼽아 들고 따라간다(侍者一人揷匙於米盌 執以從)." 하였고, 『의례』 사상례에 "재(宰)가 숟가락을 씻어 쌀에 세우고 잡고서 따른다(宰洗柶 建于米 執以從)." 하였고, 그 소에 "숟가락을 씻고 쌀에 세우는 것은 역시 쌀을 담은 패대(廢敦 : 발이 없는 그릇으로 쌀을 담는 것이다) 내에 숟가락을 세우는 것이다(宰洗柶 建于米者 亦於廢敦之內建之)." 하였다.

『가례』에 "시신의 서쪽에 놓는다(置于尸西)." 하였다. 시신의 서쪽에 놓는 것은 시자 1인이 들고 들어간 쌀을 직접 시신의 서쪽에 놓는 것이다. 그러나 『의례』 사상례에는 "상축이 수건을 들고 따라서 방안으로 들어가 창문이 있는 곳에서 북쪽을 바라보고 선다. 시신의 베개를 치우고 얼굴 위에 수건을 덮는다. 설(楔)을 제거하고 패를 받아 시신의 서쪽에 올린다(商祝執巾從入 當牖北面 徹枕 設巾 徹楔 受貝奠於尸西)." 하였고, 또 이르기를 "축이 쌀을 받아 패의 북쪽에 올린다(祝又受米 奠于貝北)." 하였다. 『가례』에는 "시신의 서쪽에 놓는다(置于尸西)." 고 한 아래에 "들어가 베개를 치우고 멱건(幎巾)으로 얼굴을 덮는다(以幎巾入徹枕覆面)." 고 하였다. 한편 『의례』 사상례의 주에는 "수건을 펴서 얼굴을 덮는 것은 반함을 할 적에 쌀알이 얼굴 위에 떨어질까 해서 그러는 것이다(設巾覆面 爲飯之遺落米也)." 하였으며, 이에 대한 소에 "사의 아들이 직접 반함을 함에 수건을 펴는 것은 더러운 것을 싫어하는 것이 아니고, 지금 수건을 펴서 시신의 얼굴을 덮는 것은, 반함을 할 적에 쌀알이 얼굴 위에 떨어질까 두렵기 때문에 그것을 덮는다(士之子親含 發其巾 不嫌穢惡 今設巾覆面者 爲飯時恐有遺落米在面上 故覆之也)." 하였다.

『가례』에 "주인은 시신의 동쪽으로 나아가 시신의 발을 지나 시신의 서쪽 상 옆에 동쪽을 보고 앉는다(主人就尸東 由足而西 牀上坐東面).” 하였는데, 『의례』 사상례 주에 “감히 머리 앞쪽을 지나가지 못하는 것이다. 축(祝)이 패(貝)와 미(米)를 받아서 올리므로 입에 넣는 것은(口實)은 발을 지나가지 않는 것이다(不敢從首前也 祝受貝米奠之口實不由足也).” 하였고, 그 소에 “발을 지나갈 수 없는 것은 더럽히게 될 것을 두려워하기 때문이다(不可由足 恐褻之故也).” 하였다.

『가례』에 “수건을 들고 숟가락으로 쌀을 떠서 시신 입의 오른쪽에 넣고 아울러 동전 하나를 넣는다(擧巾 以匙抄米 實于尸口之右 並實一錢).” 하였다. 『의례』 사상례에 “주인이 왼손으로 쌀을 떠서 오른쪽에 세 번을 넣고 패 하나를 넣는다(主人左扱米 實於右 三 實一貝).” 하였고, “좌와 중간에도 그와 같이하고 또 쌀을 채워 넘치게 한다(左 中亦如之 又實米 唯盈).” 하였다. 그 주에 “유영(唯盈)은 가득 채움을 취한 것 뿐이다(取滿而已).” 하였다. 또 그 소에 “아홉 번을 떠서 채우고서도 입 안에 가득 차지 않을까 염려해 이 때문에 거듭해서 가득 차게 한다고 한 것이다(九扱恐不滿 是以重云唯盈也).” 하였다. 『증보사례편람』에는 “우암의 말을 인용하여 쌀을 떠는 양은 적당량으로 한다(尤庵曰抄米多少 隨宜).” 하였는데, 내가 살펴보니 송자대전 115권 이사정(李士靜)에게 답한 글에 보인다. 시신이 동쪽에 시사전(습전)이 있어 시신의 서쪽에서 밥함을 하기 때문에 왼손으로 할 수 밖에 없는 것 같다.

『가례』에 “주인이 어깨를 들어낸 옷을 바로 입고 제 위치로 돌아온다(主人襲所袒衣 復位).” 하였는데, 『의례』 사상례에 “주인이 옷을 다시 입고 제 위치로 돌아간다(主人襲 反位).” 하였고 그 주에 “습(襲)은 옷을 다시 입는 것이다. 제 위치는 시신의 동쪽에 있다(襲 復衣也 位在尸東).” 하였다.

10. 시자는 습을 끝내고 이불로 덮는다(侍者 卒襲 覆以衾)

수의를 입힐 때 하지 않았던 복건, 심의, 대대를 가하고 습을 끝내는 절차이다.

『상례비요』에 "시자는 반함 때 치웠던 베개를 바로 베게하고, 멱건(幎巾)을 거두고 망건을 씌운다(侍者設枕如初去幎巾先著網巾)." 하였다.

『가례』에 "복건을 씌우고 충이로 귀를 막고 멱목을 덮고 신을 신긴다(加幅巾 充耳設幎目納履)." 하였다. 『상례비요』에 "띠를 복건 바깥으로 내어 목 뒤로 돌려서 서로 묶는다(以其帶向巾外過項後相結)." 하였고, 『증보사례편람』에 "내상(內喪)엔 엄(掩)을 쓰되 전폭(全幅)으로 머리를 감싸고, 뒤 두 끈(脚)으로 앞을 향하여 턱 아래에서 묶고 또 앞 두 끈으로 뒤를 향하여 두르고 목 중앙에서 묶는다(內喪 用掩以掩全幅 當顱裹之 以後二脚 向前結於頤下 又以前二脚 向後繞之 結於項中)." 하였다. 『상례비요』에 "멱건은 그 끈으로 뒤에서 묶는다(以其繫 結於後)." 하였고, "신은 끈을 신코에 꿰어 발등에다 묶고 남은 끈으로 또 두 발을 합쳐 묶어서 서로 떨어지지 않도록 한다(以其繫穿于約中結于足背又以餘組合繫兩足使不相離)." 하였다.

『가례』에 "이에 심의를 입히고 대대를 매고 악수를 씌운다(乃襲深衣 結大帶設握手)." 하였다. 『상례비요』에 "심의는 옷자락을 오른쪽으로 여민다(右衽)." 하였다. 위에서 언급한 것처럼 『상례비요』에는 습에 우임을 한다.

『가례』에 “이불을 덮는다(覆以衾).” 하였는데, 『상례비요』에 만약 모(冒)를 씌운다면, “먼저 쇄(殺)로써 시신의 발에서부터 위로 싸서 올린다. 그런 다음 질로 시신의 머리로부터 아래로 싸서 그 띠를 묶는다(先以殺 韜足而上 後以質韜首而下 乃結其帶).” 하였다

『상례비요』에 “설치, 멱건은 모두 구덩이에 묻는다(楔齒與幎巾 並埋于坎).” 하였고, 『증보사례편람』에 “남은 쌀도 구덩이에 묻는다(餘米埋于坎).” 하였다. 『증보사례편람』에 “대개 습렴(襲斂)시 상(牀), 자리(席) 등 기구로 쓴 것은 역시 그것을 묻고 태울(燒) 수 있는 것은 태워 사람을 더럽혀서는 안된다(凡襲斂時 牀席器用之屬 亦埋之 可燒者燒之 勿令人褻穢).” 하였다

顱 : 머리뼈 로

11. 횃불을 피운다(設燎).

『의례』 기석례에 “이미 습하고 밤에 마당 가운데 횃불을 피운다(旣襲 宵爲燎于中庭).” 하였다. 그리고 『의례』 사상례에도 “밤에 마당 가운데 횃불을 피우고(宵爲燎于中庭), 다음날 새벽 횃불을 끈다(厥明滅燎).” 하였다. 『예기』 상대기 소에 “상이 있으면 마당 가운데 밤 내내 횃불을 피우고 새벽(曉)에 횃불을 끈다(有喪則於中庭終夜設燎 至曉滅燎).” 하였다. 『증보사례편람』에는 이 구절을 인용하여 “이를 관찰하면 습을 하기 전이라도 밤에 마땅히 횃불을 피운다(以此觀之 雖於襲前 當夜 似當設之).” 하였다.

『의례문해』에 “요즘 풍속에 초상부터 장사를 치르기 전까지 모두 빈궁(殯宮)에 등불을 매달아 밤새도록 켜두는데, 예의 뜻이 그러한가?

하고 물음에 예에 근거하면 습(襲)부터 대렴까지, 계빈(啓殯)부터 발인까지는 횃불(燎)을 밝혔다가 그 다음 날 새벽 끈다. 빈궁에 오래도록 등을 켜는 것은 예가 아닌 듯하다(今俗 自初喪至葬前 皆懸燈於殯宮 以徹宵 禮意然否? 據禮 自襲至大斂 自啓至發引 爲燎以照 厥明滅之 殯宮長燈 恐非禮).” 하였다. 횃불은 마당에 피우는 것이지 빈궁에는 등불을 밝히지 않는다.

12. 영좌를 두고 혼백을 설치한다(置靈座, 設魂帛).

『가례』에 “시신 남쪽에 횟대(椸)를 설치하고 휘장(帕)으로 덮는다(設椸於尸南 覆以帕).” 하였다. 『증보사례편람』에 “횟대는 옷을 거는 시렁이니 걸상(椅)뒤를 가리는데 사용하는 것으로 큰 보자기(襆)로서 덮고 없으면 병풍으로 대신한다(椸 卽衣架 用以障椅後者 覆以大襆 無則代以屛).” 하였다.

『가례』에 “그(횟대) 앞에 의자와 탁자를 놓는다(置倚卓其前).” 하였다.

“흰 명주를 묶어 혼백으로 삼아 의자위에 놓는다(結白絹爲魂帛 置倚上).” 하였고, 『가례의절』에 “의자 위에 좌요(방석)를 놓고 요위에 의복을 놓고 의복위에 혼백을 놓는다. 의자 앞에 탁자를 놓는다(椅上置坐褥 褥上置衣服 衣服上置魂帛 椅前設卓子).” 하였다.

『가례원류』에 “세속에 흰 종이로서 초종 때의 복의를 싸서 작은 상자에 넣고 또 흰 베 3-4 자를 마름질하여 신주를 만들고 상하에 형상을 내어 자르고, 흰 종이 한 조각으로 그것을 묶고 그 위에 상(上)자를 쓰고 상자 속에 넣는다(俗制 以白紙裹初終時復衣納諸小箱中 又裁白布三四尺作神主 形於上下 以剪 白紙一片束之書上字於其上 又納箱中).” 하였다. 요즈음 장례식장에서 조문하는 자리가 바로 이 영좌라고 할 수 있다. 이전까지는 이곳이 아무른 의미가 없었으나 이때부터는 죽은 이가 계시는 곳이 이곳이다.

사고전서 본『가례』에 "탁자위에 향로, 향합, 산통(珓), 술 주전자, 술, 과일을 진설한다(設香爐香合珓注酒果於卓子上)." 하였고, 원록본『가례』에는 "향로, 향합, 술잔, 술 주전자, 술, 과일을 진설한다(設香爐合盞注酒果於卓子上)." 하였다. 『증보사례편람』에는 "탁자위에 술잔(盞), 술 주전자(注), 술, 과일 등을 진설하고 그것을 덮는다. 탁자 앞에 향 탁자(香案)을 놓고 향로(香爐)와 향합(香盒)을 놓되 향로는 서쪽에 향합은 동쪽에 둔다(設盞 注酒 果於卓上 巾之 設香案於卓前 置爐盒 爐西 盒東)." 하였다.

『증보사례편람』에 "만약 날이 저물면 먼저 등불을 켜 음식을 비추어 차려 올리고 수건을 덮은 후 불을 끈다. 무릇 奠에 동일하다(若日昏 先設燭以照饌 設巾後還滅之 凡奠同)." 하였다.

『가례』에 "시자가 아침저녁으로 머리 빗고 얼굴 씻고(頮) 봉양하는 기구를 진설하되 모두 살아 있을 때처럼 한다(侍者 朝夕設櫛頮奉養之具 皆如平生)." 하였다.

> 椸 : 횃대 시, 帕 : 휘장 첩, 襆 : 보자기 복, 絹 : 명주 견, 珓 : 옥산통 교, 盒 : 뚜껑 있는 그릇 합, 頮 : 세수할 회

13. 명정을 세운다(立銘旌).

명정은 생전에 신분을 표시하기 위해 사용하던 정기를 사용하는데, 천자로부터 명을 받지 못한 사의 경우 기가 없으므로 윗부분은 검고 아랫부분은 붉은 포(布)를 사용하여, 그 붉은 포위에 죽은 사람의 관

직, 성씨 등을 기록한다. 대나무 장대에 명정을 달아 기를 만들어 신분 표시로 사용하며 영좌 옆에 두고 상여 앞에 들고 가고 매장 할 때 관위에 얹어 묻는다. 글을 쓸 때는 분을 사용하는데 아교에 분을 섞어 사용한다.

『가례』에 "붉은(絳) 비단으로 명정을 만든다. 너비는 온폭으로 하되 3품 이상은 9자, 5품 이하는 8자, 6품 이하는 7자이다(以絳帛爲銘旌 廣終幅 三品以上九尺 五品以下八尺 六品以下七尺)." 하였다. 그런데 『서의』에는 5품 이하가 5품 이상으로 되어 있고 문맥으로도 그렇게 되어야 맞으므로 『가례』에 착오가 있는 듯하다. 『국조오례의』에 "너비는 온폭으로 하고 길이는 8자이다(廣終幅 長八尺)." 하고, 그 주에 "5품 이하는 7자이다(五品以下七尺)." 하였다.

『가례』에 명정에 글은 " '某官某公之柩'라 하며, 벼슬이 없으면 평소에 부르던 바에 따른다(某官某公之柩 無官 卽隨其生時所稱)." 하였고, 『상례비요』에 "부인은 남편이나 아들로 인하여 봉호(封號)가 있으면 '某封夫人某貫某氏之柩' 라고 쓰는데 봉호가 없으면 유인(孺人)이라고 쓴다(婦人因夫子有封號則云某封夫人某貫某氏之柩無封云孺人)." 하였다. 내가 살펴보건대 원래 남편의 벼슬이 9품인 부인을 孺人이라고 하는데 남편이 벼슬이 없어도 모두 유인이라 한다. 『의례』 사상례에 "끝에 명정을 쓰는데, '某氏某之柩'라고 한다(書銘于末 曰某氏某之柩)." 하였다. 某官某公之柩는 예를 들면 領議政金公之柩처럼 某官은 벼슬을 쓰고 某公의 某는 성(姓)을 쓴다.

『가례』에 "대나무로 그 길이만큼의 장대를 만들어 영좌의 우측에 기대어 둔다(以竹爲杠 如其長 倚於靈座之右)." 하였다.

絳 : 진홍 강

14. 죽은 이의 친구(執友)나 친분이 두터운 경우 이르러 들어가 곡해도 된다(執友親厚之人 至是入哭 可也).

『가례』에 "주인이 아직 성복(成服)을 하지 않았는데 와서 곡하는 자는 마땅히 심의를 입어야 하고, 시신에 임하여 곡하여 슬픔을 다하고 나와서 영좌(靈座)에 절하고 향을 올리고 두 번 절하고, 주인에게 조문하되 서로 마주보고 곡하여 슬픔을 다하면 주인이 곡으로서 답하고 말하지 않는다(主人未成服而來哭者 當服深衣 臨尸哭盡哀 出拜 靈座 上香再拜 遂弔主人相向哭盡哀 主人以哭對 無辭)." 하였다. 『예기』 단궁의 소에 무릇 조문하는 예는, "주인이 변복(變服)하기 이전에는 조문하는 자가 길복(吉服) 차림으로 조문한다(主人未變之前弔者吉服而弔)." 하였다. 『가례의절』에는 "주인이 성복(成服)하지 않았는데 와서 곡하는 자는 흰색이나 옅은 색의 옷을 입는 것이 옳다(主人未成服而來哭者 素淡色衣可也)." 하였고, 『가례의절』에 "고씨(高氏)의 말을 인용하여 옛사람들은 조상하면서 시신에 조문하지 않는 것은 예가 아니라고 하였다. 그런데 지금 사람들이 대부분 성복하기를 기다려서 조문하는바, 이것은 틀린 예법이다(高氏曰 古人謂弔喪不及尸 非禮也 今多待成服而後弔 則非矣)." 하였다. "또 말하기를 어버이가 막 죽었을 때에는 비록 감히 나가서 조문객을 만나 보지 못한다고 하더라도, 존귀한 자가 조문을 올 경우에는 나아가서 맞이하지 않을 수 없다(又曰 親始死 雖不敢出見賓 然有所尊者 不可不出)." 하였다. "지금 본주(本註)에서는 주인과 서로 마주 보면서 곡을 함으로써 슬픔을 다한다. 그러면 주인은 곡으로써 답하고 말은 하지 않는다. 는 글이 있는바 이는 주인이 나아가서 조문객을 만나 보는 것이다. 그러나 『서의(書儀)』 및 『후종례(厚終禮)를 상고해 보면 또 성복하기 이전에는 주인은 밖으로 나가지 않고 호상(護喪)이 주인 대신 절한다. 는 설이 있다. 이에 지금은 이 두 가지를 다 기록해 두어서 각각의 예법으로 삼도록 하였다. 그리하여 후세에 상을 당한 자로 하여금 존친(尊親)한 자가 조문할 경우에는 앞의 예법을 쓰고, 소원(疏遠)한 자가 조문할 경우에는 뒤의 예법을 쓰게 하였다(今 本註 有弔主人 相向盡哀 主人以哭對無辭之文 則是主人出賓矣 然考 書儀 及 厚終禮 又有未成服 主人不出 護喪代拜之說 今兩存之 各爲.其儀于後 俾有喪者 於所尊親用前儀 於所疏遠者 用後儀云).” 고 하였다.

『가례의절』에 “조문하는 자가 시신에 임하여 곡을 하고 영좌(靈座)의 앞에 이르러 향을 피우고 재배한다. 슬픔을 그친다. 조문하는 자가 주인을 향하여 말하기를, 아무개께서 어찌하여 돌아가셨습니까? 한다. 주인은 머리를 조아리고 두 번 절한다. 주인이 맨발을 하고 윗옷의 옷자락을 끼우고 가슴을 치면서 서쪽 계단 아래에 서서 빈객을 향하여 서고 절을 하고 곡을 하는데, 말은 하지 않는다. 빈객이 답하는 절을 한다. 조문하는 자가 주인과 서로 마주 보고서 곡을 하여 슬픔을 다한다. 예를 마치고 조문하는 자가 곡을 하면서 나가고 주인이 곡을 하면서 들어온다. 호상이 조문하는 자를 전송하러 문밖으로 나간다(弔者臨尸哭 詣靈座前上香 鞠躬拜興拜興平身 哀止 弔主人致辭曰 某人如何不淑 主人稽顙拜興拜興 主人徒跣扱衽拊心 立西階下 向賓立且拜且哭無辭 賓答拜相向哭 弔者與主人相向哭盡哀 禮畢 弔者哭出 主人哭入 護喪送弔者出門).” 하였다. “이는 높거나 친한 자가 조문 왔을 때 의식과 절차이다(尊親者來弔儀節).” 하였다.

『가례의절』에 계속하여 소원한자가 조문 왔을 경우, “조문하는 자가 문 안으로 들어가 시신을 바라보면서 곡을 한다. 슬픔을 그친다. 호상하는 자가 나가서 조문하러 온 자를 만난다. 조문하는 자가 말하기를, 삼가 듣건대 아무개께서 돌아가셨다고 하는데, 어찌하여 돌아가셨습니까? 한다. 조문하는 자가 절을 한다. 호상이 답하는 절을 하면서 답하기를, 아무개(孤某: 상주를 가리킴)께서 이처럼 흉한 화를 당하여 위문해 주심을 받았으나 아직 성복하지 않은 관계로 감히 나와서 뵙지 못하는바, 슬픈 마음을 금치 못하면서 저로 하여금 뵙고서 사례하게 하였습니다. 호상이 재배하고 몸을 바로 한다. 조문하는 자가 답하여 절한다. 예를 마치고 조문하는 자가 물러간다. 호상이 문밖으로 나와서 전송한다(弔者入門望尸哭 哀止 護喪出見 弔者致辭曰 竊聞某如何不淑 拜興拜興平身 弔者拜護喪答拜 護喪答辭曰 孤某遭此凶禍蒙慰問 以未成服不敢出見不勝哀感使某致謝拜興拜興平身 弔者答拜禮畢 弔者退 護喪送出門外).” 하였다.

『서의』에 “주인이 아직 성복하지 않았으면 호상이 그를 위해 나아가 손님을 뵙는다(主人未成服則 護喪爲之出見賓).” 하였다.

『증보사례편람』에는 “친함이 두터운 이로서 들어와 곡하는 자가 영좌에 절한 후 다시 휘장 내에 들어와 주인을 향하여 곡함에 주인은 곡으로 대답하고 말하지 않음이 이와 같을 뿐이오. 친함이 두텁지 않은 자는 천천히 성복을 기다려 조문하고 위로해도 늦지 않을 것이다(親厚之人哭者 拜靈座後還入幃內 向主人而哭 主人 哭對無辭 如是而已 未親厚者 徐待成服而弔慰 未晩也).” 하였다.

拊 : 두드릴 부, 凶 : 불행할 흉(unfortunate)

❑ 불사를 하지 않는다(不作佛事)

『가례』에 “사마온공이 이르기를 세속에 불교의 속이고 유혹함을 믿어, 처음 죽었을 때와 7일마다 7번, 100일, 1년, 2년, 탈상에 중을 먹이고 도량(道場)을 열고 혹은 수륙대회(水陸大會)를 열고 불경을 필사하며 불상을 만들고 탑묘(塔廟)를 세우면서, 이렇게 하는 것은 하늘에 가득 찬 죄악을 없애면 반드시 천당에 태어나서 온갖 쾌락을 받지만, 하지 않는 자는 반드시 지옥에 들어가서 저미고 태우며 찧고 갈리며 끝없이 추위에 떠는 고통을 받는다고 한다(司馬公曰 世俗信浮屠誑誘於始死及七七日百日朞年再朞除喪 飯僧設道場 或作水陸大會 寫經造像 修建塔廟 云爲此者 滅彌天罪惡 必生天堂 受種種快樂 不爲者必入地獄 剉燒舂磨 受無邊波吒之苦).” 하였다. “비록 사람이 살아있을 때 기혈을 포함하고 있는지 알지 못하나, 고통과 가려움을 알고 혹 손톱을 깎고 머리털을 깎고 나아가 자른 것을 태워도 이미 고통을 알지 못하는데, 하물며 죽은 자는 형체와 정신이 서로 떨어져, 형체는 누른 땅(黃壤)에 들어 나무와 돌과 더불어 썩어 없어지고 정신은 풍화(風火)와 같이 흩날려 어디로 갔는지 전혀 알 수 없는데, 설령 저미고 태우며 찧고 갈아버린다고 하더라도 어찌 다시 알겠는가?(殊不知人生含氣血 知痛癢 或剪爪剃髮 從而燒斫之 已不知苦 況於死者 形神相離 形則入於黃壤 朽腐消滅與木石等 神則飄若風火 不知何之 借使剉燒舂磨 豈復知之).” 하였으며, “또 불교에서 말하는 천당과 지옥이라는 것은 선을 권장하고 악을 징계하는 계책이고 진실로 그곳에 가는 것이 아닌데, 비록 귀신이라도 어떻게 할 수 있겠는가(且浮屠所謂天堂地獄者 計亦以勸善而懲惡也 苟不以至公行之 雖鬼 可得而治乎).” 하면서, “당나라의 여주자사(廬州刺史) 이주(李舟)가 누이에게 보낸 편지에 ‘천당이 없으면 그만이지만 있다면 군자가 올라가며, 지옥이 없으면 그만이지만 있다면 소인이 들어갈 것이다’ 고 했다. 세상 사람들이 어버이가 죽으면 부처에게 비는데, 이는 그 어버이를 군자로 여기지 않고 악을 쌓아 죄를 지은 소인으로 여기는 것이니, 어찌 어버이 대하기를 후하게 하지 않는가? 설사 그 어버이가 실제로 악을 쌓아 죄를 지었더라도, 어찌 부처에게 뇌물을 주어 면할 수 있겠는가?(是以唐廬州刺史李舟 與妹書曰 天堂無則已 有則君子登 地獄無則已 有則小人入 世人親死而禱浮屠 是不以其親爲君子 而爲積惡有罪之小人也 何待其親之不厚哉 就使其親 實積惡有罪 豈賂浮屠所能免乎).” 하였고, “배우지 않은 자는 진실로 말할 것이 없거니와, 책을 읽고 옛 것을 아는 자라면 조금이나마 깨달을 수 있을 것이다(不學者 固不足言 讀書知古者 亦可以少悟矣).” 라 하였다.

『가례고증』에 “칠칠일에 사십구재(四十九齋)를 지내는 것은 7일마다 일곱 번의 우제(虞祭)를 지내는 데에서 시작된 것이다. 하면서 미산 유씨(眉山劉氏)가 이르기를 우제는 이미 장사 지내고서 돌아와 반곡(返哭)하고서 지내는 제사이다. 장사 지내기 전에는 영구(靈柩)가 빈소(殯所)에 있으나, 장사를 지낸 후에 돌아와 보면 그곳에 없다. 그런즉 신기(神氣)가 돌아오기를 헤아려 이 제사를 지내 편안하게 하는 것이다(七七之齊因七虞而起眉山劉氏曰虞者 旣葬返哭而祭 盖未葬則柩猶在殯 旣葬則返而亾焉 則虞度神氣之返 於是祭而安之).” 하였고, “또 나무 신주를 만들어 의탁하게 하는데 그것에 기대고 의지하게 하기 때문에 우주(虞主)라고 한다. 내가 일찍이 전주(傳註)를 보니 천자는 9일마다 아홉 번의 우제를 지내고, 제후는 7일마다 일곱 번의 우제를 지내고, 대부는 다섯 번, 사는 세 번의 우제를 지낸다. 하였는데, 이것으로 보면 이미 장사 지내고서는 우제를 지내고, 우제를 지내고는 졸곡제(卒哭祭)를 지내는데, (날짜와 횟수는) 내리고 상쇄하는 차등이 있다(且爲木主而托之 以憑依焉 故謂之虞主 嘗求之傳註 謂天子九虞以九日爲節 諸候七虞以七日爲節 大夫五 士三 由是言之 旣葬而虞 虞而卒哭 降殺有等).” 하였다. “춘추 시대 말기부터는 대부가 7일마다 일곱 번 우제를 지내는 제후의 예를 참람되게 썼으며, 후대에서는 그대로 답습하면서 그 뜻을 궁구해 보지 않아 이에 세속에서는 드디어 어버이가 죽은 이후 매 7일마다 반드시 부처에게 공양하고 중들에게 음식을 먹이면서 이날이 죽은 이가 지부(地府)에 도착하여 모왕(某王)을 알현하는 날이다(自春秋末世 大夫僭用諸侯七虞之禮矣 後代循習莫究其義 而世俗遂以親亾以後 每七日必供佛飯僧 以爲是日 當於地府 見某王者).” 하였다. “아! 옛날 사람의 7일마다 일곱 번의 우제를 지내는 제도는 이와 같은 이유에서이다. 그러므로 세상에서 상례(喪禮)를 치르는 자는 장사 지내지 않았으면 마땅히 날마다 조석전(朝夕奠)을 올리고 삭망(朔望)에는 은전(殷奠)을 올리면 되는 것이고, 이미 장사 지냈으면 신주를 만들어서 우제를 지내면 되는 것이며, 부도(浮屠)에서 말하는 사십구재의 설에 미혹될 필요는 없다. 이렇게 하면 제사를 지내는 데 있어서 예법에 맞다 할 만하다(吁 古人七虞之說 乃如是哉 故世之治喪者 未葬則當朝夕奠 朔望殷奠 旣葬則作主虞祭 不必惑於浮屠齋七之說 庶乎可謂祭之以禮矣).” 고 하였다. 또 “『개원례』에 100일째 되는 날에 졸곡제를 지내는 것으로 되어 있는데(開元禮以百日爲卒哭),” 불교의 의식에서 “100일째 되는 날에 재(齋)를 올리는 것도 역시 100일째 되는 날에 졸곡제를 지내는 뜻에 기인한 것으로 볼 수 있다(百日而齋 亦因百日卒哭之義也).” 하였다.

彌 : 널리 미, 剉 : 모서리를 없앨 좌, 舂 : 찧을 용, 吒 : 꾸짖을 타, 波吒 : 勿巖(물암: 金隆) 선생의 『家禮講錄』에 추위를 참는 소리다(忍寒聲也) 하였다. 剃 : 머리 깎을 체, 斫 : 벨 작, 飄 : 흩날릴 표, 齋 : 재계할 재

04

小斂(소렴)

시신을 옷과 이불로 싸는 것으로 죽은 다음날 시행한다. 『서의(書儀)』에 "하후씨(夏后氏)는 저물 무렵에 염을 했고, 상(商)나라 사람은 대낮에 염을 했고, 주(周)나라 사람은 해 뜰 무렵에 염을 했다. 지금은 일이 준비되면 염을 하여, 어떤 시간이든 구애받지 않는다(夏后氏斂用昏 商人斂用日中 周人斂用日出 今事辨 則斂 不拘何時)." 하였다. 이 때 옷을 입히지 아니하고 감싼다고 해야 할 것이다. 소렴과 대렴은 옷의 많고 적음을 이른 것으로 대렴은 널에 시신을 넣는 절차를 포함한다.

1. 집사자가 소렴옷과 이불을 진설한다(執事者 陳小斂衣衾)

『가례』에 "탁자를 당의 동북벽 아래 진설한다(以卓陳於堂東北壁下)." 하였고, 『의례』 사상례에는 "다음날 새벽 방에 옷을 진설한다(厥明 陳衣于房)." 하였으며, 『증보사례편람』에는 "탁자를 당의 동쪽벽 아래 진설한다(以卓陳于堂東壁下)." 하였다.

『의례』 사상례에 "옷깃을 남쪽으로 하여 서쪽을 위로하여 돌려가며 진설한다(南領 西上 綪)." 하였다. "습에서는 옷깃을 서쪽으로 하여 남쪽을 위로하여 진설하되 돌리지 않는다(西領 南上 不綪)." 하면서, "습하는 옷은 많지 않아 한 줄로 진설이 가능하다." 하였는데, 소렴 때는 "옷깃을 남쪽으로 하여 서쪽을 위로하여 진설하되 돌려가며 진설한다." 하였다. 이는 염하는 옷이 많아 한 줄로 진설할 수 없으므로 서쪽에서 동쪽으로 가며 벌여 놓고, 다시 동쪽에서 서쪽으로 가며 벌여 놓아 돌려가며 진설해도 된다는 것이다. 『예기』 상대기에는 "대부와 사는 옷을 방 가운데 진설하는데 모두 옷깃을 서쪽으로 하고 북쪽을 위로 한다(大夫 士陳衣于房中 皆西領 北上)." 하였다. 일반적으로 옷의 진설 방향은 습조에서 언급한 것처럼 편리함을 취해서 일 것이다.

『가례』에 "죽은 자가 가지고 있던 옷에 의거하여 적당한 만큼 사용하되, 만약 많으면 다 쓸 필요는 없다(據死者所有之衣 隨宜用之 若多則不必盡用也)." 하였다. 『의례』 사상례 소에 "염 옷은 먼저 제일 상석에 효(絞)와 금(紟)을 펴고, 소렴에는 먼저 산의(散衣)를 편후 제복을 편다(衣 先陳絞紟於上 小斂先布散衣 後布祭服)." 하였는데, "소렴에는 아름다운 것이 안에 있다(小斂美者在內)." 하였다. 여기서 얘기하는 염 옷의 진설은 소렴 대렴을 모두 포함하는 것으로 소렴에는 금(紟)이 없다. 『의례』 사상례의 다른 곳에는 "상축이 효, 금, 산의, 제복을 펴고 제복은 거꾸로 하지 않으며 아름다운 것이 안에 있다(商祝布絞 衾 散衣 祭服 祭服不倒 美者在中)." 하였다. 『의례』 사상례에 "옷은 모두 19벌이다(凡十有九稱)." 하였고, 그 주에는 "제복과 산의다(祭服與散衣)." 하였고, 그 소에 "사의 옷은 작변(爵弁)·피변(皮弁)·단의(褖衣)일 뿐 인데, 19벌이라는 것은 거듭하여 19벌을 채우게 함이다(士之服唯有爵弁 皮弁 褖衣而已 云十九稱 當重之使充十九)." 하였다. 『예기』 상대기 주에 "옷이 19벌인 것은 천지의 끝수를 법으로 삼은 것이다(衣十有九稱 法天地之終數也)." 하였다.

옛날에는 임금이나 가까운 친척, 잘 아는 이가 수의를 보내오는 경우가 있는데 보통 협(篋)에 넣어 둔다. 『예기』 상대기에 "무릇 염습에 필요한 옷을 진설하는 데 있어서는 협(篋)에 넣어 두었다가 진설하며(凡陳衣者實之篋), 진설하는 옷은 개지 않는다(凡陳衣不詘). 정복의 색이 아니면 들이지 않는다(非列采不入)." 하였는데, 그 주에 "개지 않는다는 것은, 옷을 편 채로 진설하고 말지 않았음을 말한다(不屈 謂舒而不卷也)." 하였고, "열채(列采)란 정복의 색을 말한다(列采謂正服之色也)." 하였다 그리고 그 소에 "열채가 아닌 것은 잡색을 말하며, 들여 진설하지 않는 것이다(非列采 謂雜色也 不入陳之也)." 하였다.

『예기』 상대기에 "고운 갈포나 거친 갈포 그리고 모시는 모두 들이지 않는다(絺 綌 紵 不入)." 하였는데, 『예기집설』에 시신을 "염할 때는 더운 때라도 솜옷인 포(袍)를 사용하기 때문에 고운 갈포나 거친 갈포 그리고 모시는 모두 들이지 않는다(斂尸者 當暑亦用袍 故 絺綌與紵布 皆不入也)." 고 했다.

『가례』에 "이불은 솜을 넣은 이불을 쓴다(衾用複者)." 하였다. 『의례』 사상례에 "검은색 이불에 붉은색 안을 하고 이불의 술은 없다(緇衾赬裏無紞)." 하였고, 그 주에 "이불의 술은 겉의 표식으로 염의는 혹 뒤집어 덮기도 하여 앞뒤에 구별이 없다(紞被識也 斂衣或倒被 無別於前後也)." 하였다. 『예기』 상대기 소에 "임금은 비단 이불, 대부는 흰 명주 이불, 사(士)는 검은 비단 이불인데 모두 하나이다(君錦衾大夫縞衾 士緇衾 皆一)." 하였다.

『가례』에 "효(絞)는 가로 셋, 세로 하나인데 가는 베나 비단으로 한다(絞橫者三 縱者一皆以細布或綵)." 하였고, "한 폭으로 양쪽 끝을 갈라 셋으로 하고 가로 끈은 넉넉히 몸을 둘러서 서로 묶을 수 있도록 하고, 세로는 넉넉히 머리를 덮어 발에 이르되 몸 가운데에서 묶을 수 있게 한다(一幅而析其兩端 爲三 橫者 取足以周身相結 縱者 取足以掩首至足而結於身中).” 하였다. 『예기』 상대기 주에 “매 폭의 끝을 3조각으로 가르는 것은 묶기 편하게 하기위해서다(每幅之末析爲三片 以結束爲便也).” 하였다.

> 絞 : 목맬 교, 묶을 효, 紟 : 옷고름 금, 홑이불 금(『의례』 사상례 주에 紟 單被也), 篋 : 상자 협, 絺 : 고운 갈포 치, 綌 : 거친 갈포 격, 紵 : 모시 저, 赬 : 붉을 정, 紞 : 이불 술 담, 縞 : 휠 호, 명주 호, 綵 : 비단 채

2. 전을 설치한다(設奠具)

『가례』에는 설전(設奠)으로 되어 있어 구(具) 자가 없어나 『증보사례편람』에 “이 아래 아마 具 자가 있지 않을까 한다(此下 恐有具字).” 하였고, 하서(河西:김인후)는 『家禮考誤』에서 “상례의 소렴 설전은 아래 문장의 구자가 마땅히 奠자 아래에 있어야 하며, 대렴장을 관찰하면 알 수 있다(喪禮 小斂設奠 下文具字 當在奠字下 觀大斂章 可見).” 하였다. 내 생각에 대렴조를 보면 設奠具 항에 소렴의 의식처럼 한다 하였으니 여기에는 具자가 빠진듯하다는 뜻이리라.

『가례』에 “동편 층계(阼:주인이 오르내리는 계단) 동남쪽에 탁자를 설치한다(設卓子於阼階東南).” 하고, “그 위에 올릴 음식(奠饌)과 잔(盞)과 주전자(注)를 놓고 그것을 덮는다(置奠饌及盞注於其上 巾之).” 하였다. 『의례』 사상례에 “동쪽 당(堂) 아래에 음식을 놓는다. 포(脯) · 육장(醢) · 단술(醴) · 술(酒)은 공포(功布)를 사용하여 덮어(冪) 올리되, 단(簞)에 담아 음식 동쪽에 둔다(饌于東堂下 脯 醢 醴

酒 冪奠用功布 實于簞 在饌東).” 하였다. 『서의』에 “조계 동쪽에 탁자를 놓고, 음식과 술잔과 주전자를 그 위에 두고 수건으로 덮는다(設桌子於阼階東用置饌及盃注於其上冪之以巾).” 하고, 그 주에 “옛날에는 소렴전에 희생(牲)을 사용했는데, 요즘 사람은 마련하기 어려우니, 다만 빈객을 대접하는 음식과 같은 것으로 하고 음식은 막 죽었을 때의 전(始死奠)보다 조금 많도록 함이 좋다(古者 小斂之奠 用牲 今人所難辨 但如待賓客之食 品味稍多於始死之奠 則可也).” 하였다.

『가례』에 “음식 동쪽에 손 씻는 동이(盥盆)와 수건 각 2개씩 설치한다(設盥盆帨巾各二於饌東).” 하였는데, 두 개 중 “동쪽의 받침대가 있는 것은 축관이 손을 씻고 서쪽에 받침대가 없는 것은 집사가 손을 씻는 것이다(其東有臺者 祝所盥也 其西無臺者 執事者所盥也).” 하였다. 『의례』 사상례에 “음식의 동쪽에 동이를 설치하고 수건이 있다(設盆盥于饌東有巾).” 하였다.

『가례』에 전을 올린 탁자의 “동쪽에 별도의 탁자를 설치하여 깨끗이 씻은 동이와 새 수건을 둔다(別以卓子設潔滌盆新拭巾於其東).” 하고, “잔을 씻고 닦기 위함이다(所以洗盞拭盞也).” 하였다.

『의례』 사상례에 “침문밖에 정(鼎) 하나를 진설하되, 동숙(東塾)의 조금 남쪽에서 서향하며, 그기에 채우는 것은 특돈(特豚)의 네 다리이고, 발굽, 양쪽 어깨뼈(胉)와 등뼈(脊)와 폐(肺)를 제거한다, 빗장(扃)과 덮개(鼏)를 차리되 덮개는 끝이 서쪽으로 가도록 하고, 소조(素俎)를 정(鼎) 서쪽에 두되 서쪽으로 끝이 가도록 하고, 숟가락를 엎어 자루가 동쪽으로 가도록 한다(陳一鼎于寢門外 當東塾少南西面 其實特豚四鬄 去蹄 兩胉 脊肺 設扃鼏 鼏西末 素俎在鼎西西順 覆匕東柄).” 하였다.

『가례』에 “이 조항은 견전(遣奠)에까지 모두 같다(此一節 至遣並

同).” 하였다.

> 槕 : 탁자 탁, 滌 : 씻을 척, 髢 : 다리 체, 胉 : 어깨뼈 박, 鼏 : 솥뚜껑 멱, 덮개 멱, 辨 : 갖출 판(辦 同)

3. 괄발마, 문포, 좌마를 구비한다(具括髮麻, 免布, 髽麻)

처음 상을 당하면 꾸밈을 제거하는데, 『예기』 단궁에 “단을 하고 괄발을 하는 것은 꾸밈을 제거하는 것의 심한 것이다(袒 括發 去飾之甚也).” 하였다.

『가례』에 “괄발은 삼끈으로 상투를 묶거나 베로 두수(머리를 묶는 데 사용하는 끈)를 만드는 것을 말하고, 문은 찢은 베나 혹은 꿰맨 비단을 말하는데, 목에서 앞을 향하여 이마 위에서 교차시키고 상투를 두르는데 약두를 쓰듯이 한다. 좌도 역시 삼끈을 써서 상투를 묶는 것이다. 대나무나 나무로 비녀를 만든다. 모두 별실에 차린다(括髮 謂麻繩撮髻 又以布爲頭帞也 免 謂裂布或縫絹 自項向前交於額上 卻遶髻 如著掠頭也 髽亦用麻繩撮髻 竹木爲簪也 設之皆于別室).” 하였다. 『가계집람』에 “약두는 이마 위에서 교차시켜서 상투를 동여매는 것이다(交於額上繞髻).” 하였고, 『가례고증』에는 “약두의 제도는 현재 쓰이는 제도인 망건(網巾)으로 대신하여야 할 듯하다(擬以時制網巾代之).” 하였다. 『증보사례편람』에 “삼끈(麻繩), 찢은 베(裂布) 혹은 꿰맨 명주(縫絹), 대나무나 나무 비녀를 차리되 모두 별실에 한다(麻繩 裂布 或縫絹 竹木簪 設之 皆于別室).” 하였다. 『의례』 사상례에 “소렴을 마치고 휘장을 친 후 방에서 주인은 괄발과 단을 중주인은 문을 한다(主人髺髮，袒，衆主人免于房).”고 하였고, “부인은 실에서 좌를 한다(婦人髽于室).” 하였다. 생각건데 여기에서는 그 도구를 준비하는 것이다.

『예기』 상복소기에 “참최복을 입을 적에는 삼(麻)으로 괄발을 한다. 어머니의 상에는 삼으로 괄발을 하며, 문(免)을 할 때에는 베(布)로 한다(斬衰 括髮以麻 爲母括髮以麻 免而以布).” 하였다. 어머니의 상에 비록 자최(齊衰)복을 입지만 아버지의 상과 같이 마로써 괄발을 한다는 것을 말하고 나머지 자체 복을 입는 자는 모두 문을 함을 이른다. 『의례』 사상례에 “부인은 참최엔 마(麻)로서 좌(髽)를 하고, 자최(齊衰)엔 포(布)로서 좌(髽)를 한다(斬衰 婦人以麻為髽 齊衰 婦人以布為髽).” 하였다. 지아비가 마로써 괄발을 하면 부인은 지아비를 따라 마로써 좌를 한다.

『증보사례편람』에 “비녀는 부인이 사용하여 머리카락을 안정되게 하는 것으로 참최엔 대나무로 만들되 비녀 머리가 없게 하고 자최엔 개암나무(榛)로 그것을 만들되 비녀 머리가 있다(簪婦人用以安髮者 斬衰用竹爲之無首 齊衰用榛木爲之有首).” 하였다.

『가례의절』에 “환질(環絰)을 갖추고 요질(腰絰), 효대(絞帶)를 드리운다(具環絰 散垂腰絰 絞帶).” 하였다. 『예기』 잡기 소에 “어버이가 막 죽었을 때에는 효자가 관을 벗는데, 소렴을 할 때까지 머리에 꾸밈이 없어서는 안 된다. 그러므로 사(士)는 흰색의 위모(委貌)를 착용하고 대부 이상은 흰색의 변(弁)을 착용하는데, 귀천을 가릴 것 없이 모두 환질을 두를 수 있다(親始死 孝子去冠 至小斂不可無飾 士素委貌 大夫以上素弁 而貴賤悉得加於環絰).” 하였다. 질(絰)과 대(帶)에 대한 것은 부록의 복식을 참조할 수 있다.

縔 : 머리 묶는 비단 수, 免 : 머리싸개 문, 卻 : 발어사 각, 도리어 각, 물리칠 각, 髽 : 부인이 상중에 묶는 머리(북상투) 좌, 榛 : 개암나무 진

4. 소렴상을 차리고 효와 이불과 옷을 편다(設小斂牀 布絞衾衣).

『가례』에 "소렴상을 차린다(設小斂牀)." 하였다.

『가례』에 "자리와 요를 서쪽 계단의 서쪽에 편다(施薦席褥於西階之西)." 하였고, 『예기』 상대기에 "소렴은 문 안에서 하고 대렴은 동쪽 계단에서 하되, 임금은 대자리를 깔고 대부는 부들자리를 깔고 사는 갈대자리를 깐다(小斂於戶內 大斂於阼 君以簟席 大夫以蒲席 士以葦席)." 하였다. 『가례』에 "효와 이불 및 옷을 펴서 들고 서쪽계단으로 올라가 시신의 남쪽에 놓는다(鋪絞衾衣 擧之 升自西階 置於尸南)." 하였다.

"효의 가로 끈 셋을 아래에 펴 몸을 둘러 묶을 준비를 하고 세로 효 하나를 위에 펴서 머리에서 발까지 덮을 수 있도록 준비한다(先布絞之橫者三於下 以備周身相結 乃布縱者一於上 以備掩首及足也)." 하였다. 『예기』 상대기에 "소렴에는 효를 펴는데, 세로로 묶는 것이 하나이고 가로로 묶는 것이 셋이다(小斂 布絞 縮者一 橫者三)." 하였다. 그리고 그 소에 "세로로 묶는 것이 가로로 묶는 것의 위에 있다(從者在橫者之上)." 하였다.

『의례』 사상례에 祭服次, 散衣次 하여 제복을 먼저 진설(陳)하고 산의를 진설(陳)하는 것으로 되어 있으나, 대렴 때를 말한 것으로 그 소에 "소렴에는 아름다운 것이 안에 있고 대렴에는 아름다운 것이 밖에 있으므로 소렴은 먼저 산의를 펴고 뒤에 제복을 펴고 대렴이면 먼

저 제복을 펴고 뒤에 산의를 편다(小斂美者在內 大斂美者在外 故小斂先布散衣 後布祭服 大斂則先布祭服 後布散衣).” 하였다. 『의례』 士喪禮에 “아름다운 것이 속에 들어가게 한다(美者在中).” 하였고, 그 주에 “美 는 善이다(美 善也).” 하고, “善衣는 뒤에 펴고(布) 염함에 안에 있다(善衣後布 於斂則在中也).” 하였다.

『가례』에 “옷은 혹은 뒤집고 혹은 거꾸로 하되 다만 반듯함을 취하고 오직 상의는 거꾸로 하지 않는다(衣或顚或倒 但取正方 唯上衣不倒).” 하였다. 내 생각에 上衣는 祭服을 말하며 이를 제외하고는 이불과 마찬 가지로 옷의 안과 밖을 구별하지 않고 싸서 묶으면 그만이란 뜻이리라. 『의례』 사상례에 “상축이 효, 금, 산의, 제복을 편다(商祝布絞 衾 散衣 祭服). 하고, 그 뒤에 제복은 거꾸로 하지 않는다(祭服不倒).” 하였고, 그 주에 “제복(祭服)은 존중하여 거꾸로 하지 않는다(祭服尊 不倒之也).” 하였다.

簟 : 대자리 점, 蒲 : 부들 포, 葦 : 갈대 위, 鋪 : 펼 포

5. 이에 襲奠은 옮긴다(乃遷襲奠)

『가례』에 “집사가 영좌의 서남쪽에 옮겨 놓았다가 새로운 전(奠)의 설치가 끝나기를 기다려 그것을 치우니 뒤의 모든 전은 모두 이와 같다(執事者遷置靈座西南 俟設新奠 乃去之 後凡奠皆放此).” 하였다. 『의례』 기석례에 “소렴에 전물(奠物)을 옮기되(辟) 방 밖으로는 나가지 않는다(小斂 辟奠不出室).” 하였고, 그 주에 “차마 귀신(鬼神)으로 대우하여 멀리하지 못하는 것이다. 습에 올리는 전물을 옮기는 것은 염하는 것을 피하기(辟) 위해서이다. 이미 소렴을 하였으면 전물을

방 밖으로 내보내지는 않고 서(序)의 서남쪽에 진설하며, 일을 다 마치고서 이를 치우는 것이다(未忍神遠之也 辟襲奠以辟斂 既斂則不出於室 設於序西南 畢事而去之).” 하였다.

辟 : 옮길 벽, 피할 벽

6. 소렴을 한다(遂小斂)

소렴의는 입히는 것이 아니고 옷으로써 싸는 것이다. 많게는 19벌인데 반은 펼쳐서 시신 아래에 깔고 반은 시신을 덮는다. 따라서 거꾸로 된 것도 있다.

『가례』에 “시자는 손을 씻고 남녀 함께 그를 도와 시신을 들고 소렴상위로 옮긴다(侍者盥手擧尸 男女共扶助之 遷於小斂牀上).” 하였는데, 『의례』 사상례에 “사(士)가 서쪽 당(堂) 아래에서 손을 씻고는 두 사람이 나란히 서는데, 동쪽을 바라보면서 서쪽 계단 아래에 서 있는다(士盥 二人以並 東面立于西階下).” 하였다. 그 주에 “서있는 것은 시신을 들기를 기다리는 것이다(立 俟擧尸也).” 하였고 그 소에 “시신을 든다(擧尸) 는 것은 소렴에 습(襲)하던 침상에서 시신을 문 안의 의복 위로 옮기는 것이다(擧尸謂小斂從襲牀爲遷尸於戶內服上).” 하였다.

『예기』 상대기에 “斂하는 자는 단(袒)을 하고 시신을 옮기는 자는 옷을 입는다(凡斂者袒 遷尸者襲).” 하고, “단(袒)하는 것은 일에 편리함이다(袒者 於事便也).” 하였다. 그리고 “무릇 염하는 자는 6인이다(凡斂者六人).” 하고, 그 소에 “무릇이라 한 것은 귀천이 같음이라(凡者 貴賤同也). 양변에 각 3인인 까닭에 6인을 쓴다(兩邊 各三人故 用

六人).” 하였다.

『가례』에 “먼저 베개를 빼고 명주를 펴거나 옷을 접어(疊衣) 그 머리를 괸다(藉)(先去枕 而舒絹疊衣以藉其首).” 하였다.

『가례』에 “이에 양끝을 말아서 두 어깨의 빈 곳을 채운다(仍卷兩端 以補兩肩空處).” 하였다. 『증보사례편람』에 우암(尤庵:송시열)의 말을 인용하여 “생명주로 먼저 마땅히 머리 위치에 펴고(舖)난 연후에 옷을 접어 그 머리에 깔고 이에 양끝을 말아 그 어깨 빈곳을 채우고 명주로 그것을 묶어 흩어지지(解散) 않도록 한즉, 어깨 위가 덜어지지(殺) 않아 소렴이 바르게 된다(以絹, 先舖於當頭處然後 疊衣 藉其首 仍卷兩端 補其肩虛處而以絹結之 使不解散則肩上不殺而小斂 方正也).” 하였는데, 내가 살펴보건대 우암의 말은 송자대전 121권 중 혹자에게 답한 글의 일부이다.

『가례』에 “또 옷을 말아 두 정강이(脛)에 끼워서 그 정방을 취한 뒤에 나머지 옷으로 시신을 덮는다(又卷衣夾其兩脛 取其正方 然後以餘衣掩尸).” 하였다.

『가례』에 “왼쪽으로 옷깃을 여미고 매듭에 고를 내지 않는다(左衽不紐).” 하였다. 『예기』 상대기에 소렴 대렴에 “제복은 거꾸로 하지 않는다(祭服不倒).” 하며, “모두 왼쪽으로 옷깃을 여미고(皆左衽), 효를 묶음에 고를 만들지 않는다(結絞不紐).” 하였다.

『가례』에 “이불로 싸고 아직 효는 묶지 않고 그 얼굴을 가리지 않는다(裹之以衾 而未結以絞 未掩其面).” 하면서, “효자의 마음에 그래도 다시 소생하기를 기다리며 때때로 그 얼굴을 보려 하기 때문이다(蓋孝子猶俟其復生 欲時見其面故也).” 하였고, 『서의』에 “장차 대렴 때에 머리와 함께 싸고 효로 묶는다(及將大斂則 并掩首裹之束之以絞).” 하였다. 이 내용은 『예기』 상대기나 『의례』 사상례에는 보이지 않고 사마광의 『서의』에 보이는데 옛날에는 죽었음을 솜으로 확인했는데 정확하지 않기 때문에 다시 살아나는 경우가 있었다 하나 지금은 죽은 사람이 다음날 살아나는 경우는 없다 할 것이다. 『가례의절』에는 죽음이 확실한 경우 다시 살아날 가능성이 없으므로 "마땅히 『의례』에 의거하여 염을 마침이 옳다(宜依儀禮 卒斂)." 하였다.

『증보사례편람』에 "먼저 발을 가리고 다음에 머리를 가리고 다음에 왼편을 가리고 다음에 오른편을 가린다(先掩足 次掩首 次掩左 次掩右)." 하였다.

『예기』 상대기에 "효는 고를 내지 않고 묶는다(結絞不紐)." 고 했으며, 『증보사례편람』에 "먼저 세로 끈을 묶고 다음에 가로 끈을 묶는다(先結縱者次結橫者)." 하였다.

『가례』에 "염이 끝나면 이불로 덮는다(斂畢則覆以衾)." 하였고 『예기』 상대기에 "소렴으로부터 이후는 이금을 쓴다(自小斂以往用夷衾)." 하였고, 그 주에 "소렴은 또 이금으로 덮는다(小斂又覆以夷衾)." 하였다. 그리고 그 소에 "소렴 이전에는 모가 있어 이금을 쓰지 않는데 소렴 이후부터는 옷이 많고 모를 쓸 수 없으므로 이금을 쓰서 그것을 덮는다(小斂前有冒 故不用夷衾 自小斂後 衣多 不可用冒 故用夷衾覆之也)." 하였다. 『의례』 사상례에 "이금을 사용하여 덮는다(幠用夷衾)." 하고, 그 소에 "처음 돌아가시면 대렴의 이불을 사용하여 덮는데(初死幠用大斂之衾), 지금 소렴 후 대렴의 이불은 당연히 대렴으로 의심되는 까닭에 관을 덮는 데 쓰는 이금을 사용해서 시신을 덮는다(今小斂後 大斂之衾當擬大斂 故用覆棺之夷衾以覆尸也)." 하였다.

『증보사례편람』에 "판때기와 긴 대나무를 사용하여 길이 높이 폭을 잰다(用剪板長竹 樣出長及高廣)." 하였다. 관을 만들기 위해 치수를 재는 것이다.

『의례』 사상례에 "염을 끝내고 휘장을 걷는다(卒斂徹帷)." 하였고, 그 주에 "시신이 이미 꾸며졌다(尸已飾)." 하였다. 『예기』 상대기 소에 "휘장을 거두는 것은 죽은 처음에는 사람들이 싫어할까 염려해서 휘장을 쳤다가, 소렴에 이르면 시신에게 옷을 입혀 다 꾸몄으므로 휘장을 거두는 것이다(徹帷者 初死恐人惡之 故有帷也 至小斂衣尸畢 有飾 故除帷也)." 하였다. 『예기』 단궁에 "시신을 꾸미지 않았기 때문에 당(堂)에 휘장을 쳤다가, 소렴을 하고는 휘장을 거둔다(尸未設飾 故帷堂 小斂而徹帷)." 하였다.

紐 : 고낼 뉴, 끈 뉴, 擬 : 헤아릴 의, 비길 의

7. 주인과 주부가 시신에 기대어 곡을 하고 가슴을 친다(主人主婦憑尸哭擗)

『가례』에 "주인은 서쪽을 향하여 시신에 기대어 곡을 하고 가슴을 치며, 주부는 동쪽을 향하여 그와 같이 한다(主人西向 憑尸哭擗 主婦東向 亦如之)." 하였다. 벽(擗)은 가슴을 가볍게 치는 것을 말한다. 『의례』 사상례에 "주인은 서쪽을 향하고 시신에 기대어 발을 구르는데, 발을 구르는 횟수는 한계가 없고 주부는 동쪽을 바라보고 기대어서 역시 그와 같이 한다(主人西面憑尸 踊無算 主婦東面憑 亦如之)." 하였다. 『예기』 상대기에 "효 금(絞紟)을 펴면 발을 구르고 뛰고, 금(衾)을 펴면 발을 구르며 뛰고, 의(衣)를 펴면 발을 구르며 뛰고, 시신을 옮기면 발을 구르며 뛰고, 의(衣)를 염하면 발을 구르며 뛰고, 금(衾)을 염하면 발을 구르며 뛰고, 효 금을 염하면 발을 구르고 뛴다(鋪絞紟踊 鋪衾踊 鋪衣踊 遷尸踊 斂衣踊 斂衾踊 斂絞紟踊)." 하였고, 그

주에 "효자가 발을 구르고 뛰는 절도를 말한다(目孝子踊節)." 하였다.

『가례』에 "무릇 자식이 부모에 대해서는 그것에 기대고(凡子於父母憑之), 부모가 자식에 대해서와 남편이 아내에 대해서는 붙잡으며(父母於子 夫於妻 執之), 며느리가 시아버지 시어머니에 대해서는 받들고(婦於舅姑 奉之), 시아버지가 며느리에 대해서는 어루만지고(舅於婦 撫之), 형제에 대해서는 붙잡는다(於昆弟 執之)." 하였고, 『예기』 상대기에도 "부모가 자식에 대해서는 그 옷을 붙잡고 자식이 부모에 대해서는 기대고 며느리가 시부모에 대해서는 받들고 시부모가 며느리에 대해서는 어루만지고 아내가 남편에 대해서는 살짝 잡아끌고 남편이 아내에 대해서와 형제에 대해서는 붙잡는다(父母於子執之 子於父母馮之 婦於舅姑奉之 舅姑於婦撫之 妻於夫拘之 夫於妻 於昆弟執之)." 하였다.

『예기』 雜記에 "형수, 제수(嫂)는 시동생이나 시아주버니(叔)을 어루만지지 못하고 시동생이나 시아주버니(叔)는 형수나 제수(嫂)를 어루만지지 않는다(嫂不撫叔 叔不撫嫂)." 하였고, 그 주에 "분별을 멀리 함이다(遠別也)." 하였다.

『가례』에 "무릇 시신에 기댐에 부모가 먼저하고 처와 자식은 뒤에 한다(凡憑尸 父母先妻子後)." 하였고, 『예기』 상대기 소에 "무릇 시신에 기댐에 부모가 먼저하고 처와 자식은 뒤에 한다는 것은 부모는 존귀하므로 시신에 기댐에 먼저하고 처와 자식은 항렬이 낮으므로 시신에 기댐에 나중한다(凡馮尸者 父母先 妻子後者 父母尊 故馮尸在先 妻子卑 故馮尸在後)." 하였다.

目 : 말할 목.

8. 별실에서 단(袒)을 하고 괄발을 하고 문을 하고 좌(髽)를 한다(袒括髮免髽于別室)

『가례』에 "남자로서 복(服)이 참최(斬衰)인 자는 왼쪽 어깨를 드러내고(袒) 머리를 묶는다(男子斬衰者 袒括髮)." 하였고, 『예기』 상복소기(喪服小記) 주에 괄발은 마로써 "목(項)으로부터 앞으로 하여 이마(額)위에서 교차(交)시켜 상투(紒)를 두름(繞)이 마치 삼두를 한것 같다(自項以前 交於額上 卻繞紒 如著幓頭焉)." 하였다. 『의례』 사상례에 "주인은 머리를 묶고 단을 하며 중주인은 문을 하는데 방에서 한다(主人髻髮袒衆主人免于房)." 하였다.

『가례』에 "자최(齊衰) 이하 五代祖를 함께하는 사람까지는 모두 별실에서 단(袒)과 문(免)을 한다(齊衰以下至同五世祖者 皆袒免于別室)." 하였고, 『예기』 대전(大傳)에 "4대조를 함께하는 자는 시마복(緦麻服)을 입는 것은 상복이 궁한 것이다. 5대조를 함께하는 자는 단과 문만 하는데 동성을 지우는 것이다. 6대조를 함께 하는 자는 친속이 다한 것이다(四世而緦 服之窮也 五世袒免 殺同姓也 六世 親屬竭矣)." 하였고 그 소에 "삼종형제는 시마복을 입는데 고조를 함께 잇는 자로 4세가 되고 시마복을 입으며 복이 다한 것이다. 5세는 단과 문을 하며, 동성을 지운다는 것은 고조의 아버지를 있는 자를 말하며, 복은 단과 문을 하며 정복이 없는 것을 말하며 동성을 줄여 지운 것이다. 6세는 친속이 다한 것이라는 것은 고조의 할아버지를 함께 잇는 자를 말하며, 단과 문도 하지 않음을 말하고 동성일 뿐이므로 이르기를 친속의 관계가 다했다고 할 것이다(三從兄弟緦麻 共承高祖爲四世 而緦服盡也 五世袒免, 殺同姓也者 謂其承高祖之父者也 言服袒免而無正服 減殺同姓也 六世 親屬竭矣者 謂其承高祖之祖者也, 言不服袒免, 同姓而已 故云 親屬竭矣)." 하였다.

『가례』에 "부인은 별실에서 좌(髽)를 한다(婦人髽于別室)." 하였다. 『의례』 사상례에 "부인은 실에서 좌를 한다(婦人髽於室)." 하고, 그 주에 "돌아가신 처음에 참최복을 입을 부인은 비녀를 제거하고서 머리 싸개를 하며, 자최복을 입을 자는 뼈로 만든 비녀를 하고서 머리 싸개를 한다. 지금 좌를 한다고 말한 것은 역시 비녀와 머리 싸개를 제거하고서 상투를 트는 것이다(始死 婦人將斬衰者 去笄而纚 將齊衰者 骨笄而纚 今言髽者 亦去笄纚而紒也)." 하였다. 그 소에 "남자의 괄발과 문처럼 한다(著之 如男子髻髮與免)." 하였다. 『증보사례편람』에는 "먼저 대나무나 나무 비녀로서 상투(髻)를 안정되게하고 곧 좌(髽)를 한다(先以竹木簪으로 安髻乃髽)." 하였다.

『가례』에는 "괄발, 문, 좌는 별실에서 한다."고 하였으나 『의례』 사상례에는 "남자는 방에서 하고 부인은 실에서 한다."고 하였는데, 내 생각에 이는 당과 실의 제도가 달라졌기 때문이라고 보며, 『의례』 사상례 소를 보면 "모두 은밀한 곳에서 하는 것이다(皆於隱處爲之也)." 한 것에 본뜻을 찾을 수 있을 듯하다.

紒 : 상투틀 계, 幓 : 수레 휘장 삼, 늘어진 모양 삼, 纚 : 머리싸개 리, 갓끈 리

9. 돌아와 시상(尸牀)을 마루 가운데로 옮긴다(還遷尸牀于堂中)

괄발과 문을 하고 별실에서 돌아와

『가례』에 "집사자가 습상을 철거하고 그 자리에 시신을 옮기고 곡하는 사람이 자리로 돌아오되(復位), 항렬이 높거나 나이가 많은 사람(尊長)은 앉고 항렬이 낮거나 어린사람(卑幼)은 선다(執事者徹襲牀

遷尸其處 哭者復位 尊長坐 卑幼立).” 하였다. 『의례』 사상례에 “사(士)가 시신을 들 적에는 주인들과 부인들이 시신을 받들어서 당 위에 안치하는데, 이금(侇衾)으로 시신을 덮는다. 남녀는 실 안의 자리로 가서 발을 구르고 뛰는데(踊), 정해진 횟수가 없다(士擧 男女奉尸侇于堂 幠用夷衾 男女如室位 踊無算).” 하였고, “주인이 시신의 발쪽에서 서쪽 계단으로 내려오고, 중주인은 동쪽 자리로 나아가고 부인은 조계 위에 서쪽을 향하면 주인이 빈객에게 절한다. 대부는 한 사람 한 사람 따로 따로(特) 절하고 사에게는 한꺼번에 세 번 절하고(三拜衆賓) 자리로 가 발을 구르고 뛴다. 주인이 서(序)의 동편에서 단(袒)한 옷을 바로 입고(襲) 질(絰)을 착용한 다음 자신의 자리로 돌아온다(主人出于足 降自西階 衆主人東即位 婦人阼階上西面 主人拜賓 大夫特拜 士旅之 即位 踊 襲 絰于序東 復位).” 하였다. 『가례의절』에 “질은 수질과 요질을 이른다(絰謂首絰及腰絰也).” 하였다. 고례에는 소렴을 하고 성복하기 전에 수질과 요질을 함을 알 수 있는데, 『가례』에는 빈에게 절하는 절차가 없고 성복할 때에 수질과 요질을 하는 것으로 되어 있다.

10. 전을 올린다(乃奠)

『가례』에 “축이 집사를 거느려 손을 씻고 음식을 들고 동쪽 계단으로 올라가 영좌 앞에 이른다(祝帥執事者 盥手擧饌 升自阼階 至靈座前).” 하였다. 『의례』 사상례에는 “하축(夏祝)과 집사는 손을 씻고 단술을 들고 먼저 가고, 술, 포와 육장 및 도마(俎)에 담은 음식이 따라 조계로 올라간다. 장부는 발을 구르고 시신의 동쪽에 전을 올린다(夏祝及執事盥, 執醴先, 酒, 脯, 醢, 俎從, 升自阼階 丈夫踊, 奠於尸東).” 하였다. 『의례』 기석례(旣夕禮) 소(疏)에 “소렴전(小斂奠)을 시신 동쪽에 차리는 것은 처음 죽음에 차마 살았을 때와 다르게 하지 못함이다(小斂奠設於尸東者 以其始死 未忍異於生)." 하였다.

『의례』 사상례에는 "희생을 잡아 전을 올리는 것이 나오는데 두 넓적다리(兩髀)는 양쪽 끝에 올리고(載), 두 어깻죽지(兩肩)는 그 다음에(亞) 올리고, 양쪽 옆구리(兩胉)는 그다음에 올리며, 등심과 폐(脊肺)는 가운데에 두는데, 모두 덮되 밑동(柢)을 앞으로 낸다(載兩髀於兩端 兩肩亞 兩胉亞 脊 肺在於中 皆覆 進柢)." 하였다.

"축이 분향하고 잔을 씻고 술을 따라서 올린다(祝焚香洗盞斟酒奠之)." 하였다. 여기에 처음으로 분향하는 절차가 나온다. 전을 올리고 술을 따르는 모든 것은 축과 집사가 하고 주인이 하는 것이 아니다.

"항렬이 낮거나 나이가 어린 사람은 모두 두 번 절을 한다(卑幼者皆再拜)." 『가례의절』에 "효자는 절을 하지 않는다(孝子 不拜)." 하였다.

"시자는 덮는다(侍者巾之)." 하였다.

髀 : 넓적다리 비, 胉 : 옆구리 박, 어깨뼈 박, 柢 : 뿌리 저

11. 주인이하는 슬픔을 다해 곡을 하고 이에 교대해서 곡하여, 곡하는 소리가 끊이지 않아야 한다(主人以下 哭盡哀 乃代哭, 不絶聲)

『의례』 사상례에 "이에 대곡(代哭)하는데, 관속(官屬)이 하지 않는다(乃代哭 不以官)." 하고, 그 주에 "대(代)는 바꿈(更)이다. 효자는 슬퍼하여 초췌해지므로, 예에서는 죽음 때문에 생명이 손상되는 것을 막고자 곡하는 이로 하여금 바꾸어 하게 하여 소리가 끊어지지 않게

만 한다(代 更也 孝子始有親喪 悲哀憔悴 禮防其以死傷生 使之更哭 不絕聲而已).” 하였다.

憔 : 수척할 초, 悴 : 파리할 췌

05

大斂(대렴)

시신을 옷과 이불로 싸는 것으로, 소렴의 다음날, 죽은 지 사흘 후 시행한다.

소렴과 대렴은 옷의 많고 적음을 이른 것으로, 대렴은 널에 시신을 넣는 절차를 포함한다.

궐명(厥明)

『가례』에 "소렴의 다음날이니 죽은 지 3일째이다(小斂之明日 死之第三日也)." 하였고, "3일에 염하는 것은 그 다시 살아나기를 기다리는 것이다. 사흘이 되었는데도 다시 살아나지 않으면, 역시 다시 살아나지 못할 것이므로 3일로써 예를 삼았다(三日而斂者俟其復生也 三日而不生則亦不生矣 故以三日爲之禮也)." 하였다. 『예기』 문상에 "혹자가 묻기를 죽은 지 사흘 후에 염하는 것은 무엇입니까?(或問曰 死三日而后斂者 何也)." 하니, 죽은 지 "사흘이 지나서 염하는 것은 다시 살아나기를 기다리는 것이다. 사흘이 되었는데도 다시 살아나지 않으면 역시 다시 살아나지 못하고 효자의 마음 역시 더욱 쇠해진다. 집 안에서 비용을 마련하고 의복을 구비하는 것도 이때 이루어질 수 있으며, 친척 중 멀리 있는 자도 도착할 수 있다. 이런 까닭에 성인이 이를 위해 결단하여 사흘로써 예의 제도를 삼았다(三日而后斂者 以俟其生也 三日而不生 亦不生矣 孝子之心 亦益衰矣 家室之計 衣服之具 亦可以成矣 親戚之遠者 亦可以至矣 是故聖人爲之斷決 以三日爲之禮制也)." 하였다. 『이정외서』 권 11에 "죽었다가 다시 살아나는 자가 있기 때문에 예에서 3일에 염을 한다(有死而復蘇者故禮三日而斂)." 하였다

『가례』에 사마온공이 "지금 가난한 사람들이 상구를 아직 장만하지 못했거나 혹은 관의 옻칠이 아직 마르지 않았을 경우, 비록 사흘이 지나서 빈(殯)을 하더라도 역시 손상될 것은 없다(今貧者喪具或未辨 或漆棺未乾 雖過三日 亦無傷也)." 고 했다.

그러나 역시 『가례』에 "음양가의 설에 구애되어 날을 택해 염하느라, 더위가 심할 때 시신에서 즙액이 흐르고 벌레가 나오기까지 하니, 어찌 어그러진 일이 아니겠는가(世俗以陰陽拘忌 擇日而斂 盛暑之際 至有汁出蟲流 豈不悖哉)." 라는 사마온공의 말을 인용하여 음양설을 경계하였다.

1. 집사가 대렴에 쓸 옷과 이불을 진설한다(執事者 陳大斂衣衾)

『가례』에 "탁자를 마루의 동쪽벽 아래에 놓는다(以卓子陳於堂東壁下)." 하였고, "옷은 일정하게 정해진 숫자가 없다(衣無常數)." 하였는데, 『의례』 사상례에 "방에 옷을 진설하는데, 옷깃을 남쪽으로 하고 서쪽을 위로 하여 굽혀가며 진설한다. 효(絞)와 금(紟) 및 이불(衾)이 둘이다. 군주가 내린 수의(襚)와 제복(祭服)과 산의(散衣)와 다른 수의 등 모두 30벌이다. 紟은 계산에 넣지 않고 다 쓸 필요는 없다(陳衣于房 南領 西上 綪 絞 紟 衾二 君襚 祭服 散衣 庶襚 凡三十稱 紟不在算 不必盡用)." 하였다. 습 조에 "습의를 진설할 때는 옷이 많지

않으므로 굽혀가며 진설하지 않는다(不絹).” 했는데, “소렴과 대렴에는 옷이 많으므로 굽혀가며(絹) 진설한다.” 하였다. 『예기』 상대기에 “소렴 옷은 19벌로 군, 대부, 사가 동일하게 19벌을 쓴다(君 大夫 士 同用十九稱).” 하였고 대렴 때는 “군은 뜰에 100벌을 펴는데, 옷깃을 북쪽으로 향하게 하되 서쪽을 위로 하고, 대부는 옷을 서(序) 동쪽에 50벌을 펴는데, 옷깃을 서쪽으로 향하게 하되 남쪽을 위로하고, 사(士)는 옷을 서(序) 동쪽에 30벌을 펴는데, 옷깃을 서쪽으로 향하게 하되 남쪽을 위로한다(君陳衣于庭 百稱 北領 西上 大夫陳衣于序東 五十稱 西領 南上 士陳衣于序東 三十稱 西領 南上).” 하여 군, 대부, 사가 같지 않다. 紟은 계산에 넣지 않는다는 것은 『의례』 사상례 주에 “紟은 홑이불이다(紟 單被也).” 하였고 그 소에 “홑이불이기 때문에 벌을 이룰 수 없어 (벌을 계산하는) 계산에 넣지 않는다(單被也 以其不成稱 故不在數).” 하였다. 『예기』 상대기 소에 “紟은 시신을 드는 홑이불이다(紟擧尸之禪被也).” 하였다. 또 그 주에는 “이불이 둘인 것은 하나는 죽은 처음에 시신을 덮는 斂衾이고, 하나는 지금 또 다시 만든 것이다(衾二者 始死斂衾 今又復制也).” 하였다. 『예기』 상대기에 “두 개의 이불은 하나는 덮고 하나는 깐다(二衾者 或覆之 或薦之).” 하였다. 내 생각에 『가례』에 옷이 정해진 숫자가 없다고 한 것은 소렴 때 19벌과 대렴 때 30벌을 다 쓸 필요가 없다고 한 것이 그 이유인 듯하다. 『의례』 사상례 소에 “염 옷은 우선 제일 위에 효(絞)와 금(紟)을 펴고(衣 先陳絞紟於上), 대렴에는 먼저 제복(祭服)을 편 후 산의(散衣)를 편다(大斂則先布祭服 後布散衣).” 하였는데, “대렴에는 아름다운 것이 밖에 있기(大斂美者在外) 때문이다.” 하였다.

이불은 “솜(綿)을 넣은 것을 쓴다(衾用有綿者).” 하였다. 『예기』 상대기에 “소렴 때에는 군이나 대부 사가 모두 복의(複衣)와 복금(複衾)

을 사용하고 대렴 때에는 군, 대부, 사가 제복에 수가 없고 군은 습의(褶衣), 습금(褶衾)이오, 대부나 사는 소렴과 같다(小斂 君 大夫 士皆用復衣復衾 大斂 君 大夫 士祭服無筭 君褶衣褶衾 大夫 士猶小斂也).” 하였다. 즉 대부나 사의 경우 대렴 때에도 솜을 넣은 복금을 사용함을 알 수 있다.

『예기』 상대기에 “대렴의 포효(布絞)는 세로로 묶는 것이 3개, 가로로 묶는 것이 5개다(大斂 布絞 縮者三 橫者五).” 하였고, 또 “효(絞)와 금(紟)은 조복과 같다(絞紟如朝服).” 하였으며, 그 주에 “조복과 같다는 것은 포의 정밀하고 거친 정도를 말하는 것으로 조복은 15승이다(如朝服者 謂布精麤朝服十五升).” 하였다. 『의례』 상복에 “한 폭에 80올이면 1승이라 하며, 15승은 한폭에 1200올이 들어가는 베이다(以八十縷爲升 十五升千二百縷).” 하였다. 일반적으로 10승 이상을 고운 베라 할 수 있다 한다. 『예기』 상대기 소에 “대렴 포효 세로 3개는 포 한 폭을 찢어 3조각으로 만들어 그대로 사용한다. 세 조각이 합쳐 한 폭으로, 양끝은 찢고 가운데는 통하지 않았다. 가로 5개는 또 베 두 폭을 취하여 찢어서 여섯 조각으로 만들어 다섯 조각을 사용하는 데, 세로로 놓은 효 아래에 가로로 놓는다(大斂布絞 縮者三者 謂取布一幅 分裂之作三片 直用之 三片 即共是一幅也 兩頭裂 中央不通 橫者五者 又取布二幅 分裂之作六片 而用五片 橫之於縮下也).” 하였다. 『증보사례편람』에 “포의 폭이 좁은 경우 3폭을 사용하여 매 폭을 반으로 찢어 6조각을 만들어 그 하나를 버린다(布狹則用三幅 每幅 半破爲六片 去其一).” 하였다.

> 稱 : 벌 칭(옷을 세는 단위), 褶 : 주름 습, 겹옷 습, 麤 : 거칠 추(麤 소), 縷 : 실 루(올 루), 狹 : 좁을 협

2. 奠具를 차린다(設奠具)

소렴의 의식(儀式)처럼 한다.

『의례』 사상례 소에 "동쪽의 음식은 두 개의 술단지에 그 내용물은 단술과 술이고 뿔잔(角觶)과 나무 숟가락(木柶), 갈두(毼豆: 굽이 높은 그릇) 둘에 그 내용물은 아욱절임과 토란(葵菹芋)과 조개(달팽이)젓(蠃醢)이다. 두 개의 변(籩)은 가장자리 장식(縢)이 없고 보(巾)로 덮는데, 그 내용물은 가리지 않은 밤과 네 개의 곧은 포이다(東方之饌 兩瓦甒 其實醴酒 角觶 木柶 毼豆兩 其實葵菹芋 蠃醢 兩籩無縢布巾 其實栗不擇 脯四脡)." 하였다. 『의례』기석례 소에 "소렴에는 1두 1변이고 대렴에는 2두 2변이 있다(小斂一豆一籩 大斂乃有二豆二籩)." 하였다.

『의례』 사상례에 "문밖에 정(鼎) 셋을 진설하되 북쪽을 위로 한다. 돼지고기(豚)는 여러 부위를 합쳐 올리고 물고기는 전어(鱄)와 붕어(鮒) 아홉 마리, 포(腊)는 왼편 몸통으로 하는데 넓적다리는 올리지 않는다. 다른 것은 모두 처음과 같다(陳三鼎于門外 北上 豚合升 魚鱄鮒九 腊左胖 髀不升 其他皆如初)." 하였고, 그 주에 "다른 것은 모두 처음처럼 한다는 것은 돼지고기 몸체 및 숟가락, 조(俎)의 진설이 소렴 때와 같다는 것이다(其他皆如初 謂豚體及匕俎之陳 如小斂時)." 하였다. 정약용의 『喪禮四箋』에 합승(合升)은 "일곱 몸체와 폐를 온전히 솥에 담아 올림이다(七體及肺 全以升鼎也)." 하였고, 승(升)이란 『상변통고』에 "솥에 있으면 승(升)이라 하고 도마에 있으면 재(載)라 한다(在鼎曰升 在俎曰載)." 하였다. 살펴본즉 소렴 조의 10. 전을 올린다(乃奠)에는 "양 넓적다리를 올린다." 하였는데, 여기서는 "넓적다리는 올리지 않는다." 하였다. 이러한 차이는 『의례』 사상례 소를 살펴보면 "함께 올리는 경우 넓적다리 역시 올리고 몸을 해체해서 올리는 경우 모두 넓적다리는 올리지 않는다(合升則髀亦升之矣 … 若體解升者 皆髀不升).” 하였다.

『의례』 사상례에 “전(奠)의 돗자리는 음식 북쪽에 있고, 염을 하는 자리는 그 동쪽에 있다(奠席在饌北 斂席在其東).” 하였고, 그 주에 “대렴전에 자리가 있음은 더욱 그를 신으로 여김이다(大斂奠而有席彌神之).” 하였다. 그 소에는 “소렴 전에는 보(巾)가 없는데, 대렴 전에는 보가 있으니, 이미 신으로 여긴 것이다. 이제 대렴 전에 또 자리를 두는 것은 더욱 신으로 여김이다(小斂奠無巾 大斂奠有巾 已是神之今於大斂奠 又有席 是彌神之也).” 하였다. 즉 수건으로 덮는 것은 먼지를 가리기 위한 것이 아니라 신이 의탁하게 하기 위한 것이고, 아직 살아 계실 때 상을 차림에 자리를 두지 않는데 자리를 두었으니 신으로 여긴다는 것이다.

> 觶 : 뿔잔 치, 甈 : 굽이 높은 제기 갈, 豆 : 제기 두, 葵 : 해바라기 규, 아욱 규, 菹 : 절일 저, 김치 저, 芋 : 토란 우, 蠃 : 조개 라, 縢 : 가장자리 장식 등, 脡 : 곧은 포 정, 鱄 : 물고기 이름 전, 鮒 : 붕어 부, 腊 : 포 석, 胖 : 희생 반쪽 판

3. 棺을 들어 당의 중앙 약간 서쪽에 들여 놓는다(擧棺 入置於堂中小西)

『가례』에 “집사자가 먼저 영좌와 소렴 전을 옆으로 옮긴다(執事者先遷靈座及小斂奠於傍側).” 하였다.

주인 및 친한 사람은 단(袒)을 한다. 대렴 때에도 소렴 때와 같이 변복을 하는데 『의례』 사상례에 “부인은 시신의 서쪽에서 동쪽을 보고 주인과 친한 사람은 서쪽 계단으로 올라가 발쪽으로 나와 서쪽을

보고 단(袒)을 한다(婦人尸西東面 主人及親者升自西階 出於足 西面袒).” 하였다.

『가례』에 “일을 하는 사람(役者)은 관(棺)을 들어 대렴 상(牀) 서쪽에 들여 놓는다. 두개의 받침목(凳)으로 받든다(役者擧棺 以入置於牀西 承以兩凳).” 하였다. 『의례』 사상례에 “관이 들어갈 적에는 주인이 곡하지 않는다(棺入 主人不哭).” 하였다. 『가례』에 “만약 항렬이 낮거나 어린이의 喪이면 별실에서 한다(若卑幼 則於別室).” 하였다.

『가례』에 “일하는 사람이 나간다(役者出).” 하였다

『상례비요』에 “시자(侍者)가 관 안에 찹쌀 재를 아주 고르게 깐 다음, 두꺼운 흰 종이(厚白紙)를 펴고 그 위에 칠성판을 내려놓고 다음에 요와 자리를 편다(侍者 鋪秫灰於棺中使極均平 次鋪厚白紙 次下七星板 次鋪褥席).” 하였다.

『가례』에 “시자가 먼저 이불을 관 안에 펴놓되, 그 끝자락이 사방 밖으로 드리워지도록 한다(侍者先置衾于棺中 垂其裔於四外).” 하였고, 『상례비요』에 “만약 고례를 써 상에서 대렴을 하면 관에 이불을 펴 놓는 절차는 없다(若用古禮 大斂于牀則無置衾于棺一節).” 하였는데, 내 생각으로는 주자가 관 속에서 대렴을 하려고 한 것은 아닌 것 같다. 왜냐하면 집사자가 대렴 옷과 이불을 당의 동쪽 벽 아래 탁자위에 진설한다고 분명히 얘기하고 있기 때문이다. 이 때 펴는 이불은 두 채의 이불 외의 이불을 얘기하는 것으로 보는 것이 좋을 것 같다.

『가례』에 사마온공의 말을 인용하여 “주(周)나라 사람은 서계 위에서 빈을 하였는데 요즘은 당실의 제도를 달리하거나 혹은 협소하므로 다만 당 가운데서 조금 서쪽으로 할 따름이다(司馬公曰 周人殯於西階之上 今堂室異制 或狹小 故但於堂中少西而已).” 하였고 『예기』 단궁에 “하후씨는 동쪽 계단 위에서 빈을 하였으니 조계(阼階)에 있는 것이다. 은나라 사람들은 두 기둥 사이에 빈을 하였으니, 빈객과 주인이 그를 끼고 있다. 주나라 사람들은 서쪽 계단 위에 빈을 하였으니 오히려 빈객으로 대한 것이다(夏后氏殯於東階之上 則猶在阼也 殷人殯於兩楹之間 則與賓主夾之也 周人殯於西階之上 則猶賓之也)." 하였다. 내가 살펴보건대 조계는 주인의 자리이고 서계는 빈의 자리이다. 지금 조계에서 빈을 함은 죽은 이를 차마 손님으로 대하지 못해서인네, 시대가 흐르면서 죽은 이를 손님으로 대한다는 것을 말하고 있는 것이다.

『가례』에 "지금 세속에, 절에서 빈을 하는 경우가 많고 지키고 돌보는 이 없고 이득 없이 세월을 보낸다(今世俗多殯於僧舍 無人守視 往往以年月未利)."고 하면서 "불효의 죄가 무엇이 이것보다 크겠는가?(不孝之罪 孰大於此)" 하였다. 서계에서 빈을 하는 것도 죽은 이를 손님으로 대한다고 하는데, 하물며 지키고 돌보는 이 없는 절에서 빈을 하는 것을 개탄한 것이다.

凳 : 걸상 등, 秫 : 찹쌀 출, 裔 : 옷 단 예

4. 이에 대렴을 한다(乃大斂)

『가례』에는 대렴에 옷과 이불을 진설한다 하였지 효를 펴는 언급은 없는데 소렴 때 효를 묶지 않고 대렴 때 묶는 듯하다. 즉 고례에 따라 소렴 조와 대렴 조가 따로 있기는 하지만 하나로 합쳐 놓은 듯하여 옷과 이불을 진설하되 우선 이불은 관에 깔아 두었다가 효를 묶고 시신을 관에 넣은 후 깐 이불로 시신을 감싸고 옷은 빈자리를 채우는 것처럼 기술되어 있다. 여기에서는 고례에 의거하여 『증보사례편람』과 『상례비요』를 참고하여 기술하는데, 그 대의는 소렴처럼 대렴에도 시상에서 대렴을 하고 염을 마친 후 입관하며 옷을 말아 관의 빈곳을 채우고 솜을 넣은 이불로 감싸는 것이다.

『가례』에 "시자가 아들, 손자, 며느리, 딸과 더불어 모두 손을 씻는다(侍者與子孫婦女 俱盥手)." 하였다

『상례비요』에 "대렴상위에 (시신을) 옮기고 우선 베개를 치운다(遷于大斂牀上 先去枕)." 하였고

『가례』에 "머리를 가리고 효를 묶는다(掩首結絞)." 하였고 『증보사례편람』에 "옷과 이불을 거두어 먼저 발을 가리고(掩), 다음 머리를 가리고, 다음 좌측을 가리고, 다음 우측을 가린다(斂衣衾 先掩足 次掩首 次掩左 次掩右)." 하였다. 『상례비요』에 "효의 세로 가닥을 묶고 다음 가로 가닥을 묶는다(先結絞之縱者 次結橫者)." 하였는데 『예기』 상대기에 "효를 묶을 때에 고를 내지 않고 묶는다(結絞不紐)." 하였고, 그 소에 "살았을 때는 띠와 함께 굽힌 고를 만들어 쉽게 뽑아 풀 수 있게 하지만, 죽으면 다시 풀 뜻이 없으므로, 묶어서 매듭을 짓고, 고를 만들지 않는다(生時帶並爲屈紐 使易抽解 若死則無復解義 故絞束畢結之 不爲紐也)." 하였다.

『가례』에 "함께 시신을 들어 관속에 넣는다(共擧尸納於棺中)." 하였고, 『증보사례편람』에 "관에 넣을 때 반드시 모름지기 삼가 살펴서 조금도 기울어짐이 없게 한다(納棺之際 必須謹審 無少偏側)." 하였다.

『가례』에 "살아 계실 때 빠진 머리카락이나 이(齒) 및 손톱, 발톱 깍은 것을 관의 귀퉁이에 채운다(實生時所落髮齒及所剪爪於棺角)." 하였는데, 『예기』 상대기에 "군(君)과 대부의 머리카락 뭉치(鬊) 손발톱을 녹(綠) 안에 채워 넣고, 사(士)는 묻는다(君大夫鬊爪 實于綠中 士埋之)." 하였고, 그 주에 "녹(綠)은 각(角)이라 해야 마땅하다(綠當

爲角).” 하면서, “모서리 안은(角中)은 관 안의 네 모퉁이다(角中謂棺內四隅也).” 하였다. 그 소에 “사(士)나 천한 자 역시 머리카락과 손발톱을 담는 물건이 있어 그것을 묻는다(士賤亦有物盛髮爪而埋之).” 하였는데, 일반적으로 세속에서 사의 경우도 관의 모퉁이에 넣는다.

『가례』에 “관내의 빈곳과 부족한곳을 헤아려 옷을 말아 넣어 채운다(揣其空缺處 卷衣塞之).” 하였고, 『상례비요』에 “금, 옥, 진주, 노리게 등을 관속에 두어 훔치고 싶은 마음이 들지 않게 하라(勿以金玉珍玩 置棺中 啓盜賊心).” 하였다. 『가례고정』에는 『장자』에 유자(儒者)가 남의 무덤을 도굴하는 장면을 인용하여 무덤에 금 은 보석을 두는 것을 경계하였는데, 내가 살펴보니 『장자』 외물편에 “유자가 『시경』과 『예기』로써(성현의 말씀을 빌어 그 간사함을 꾸미면서) 무덤을 발굴하는데 대유(大儒)가 무덤 위에서 아래쪽에 대고 말하기를, 동녘이 밝아 온다. 일이 어떻게 되어 가느냐? 하니, 소유(小儒)가 무덤 속에서 말하기를, 아직 시신의 치마, 저고리를 벗기지 못하였습니다. 입속에 구슬이 있습니다. 시경(司馬云此逸詩刺死人)에도 본디 이르기를, 푸르고 푸른 보리가 무덤가에서 자라고 있네 살아서 은혜를 베풀지도 아니했는데 죽어서 어찌 구슬을 물겠는가. 그놈의 머리를 잡고 그의 턱수염을 누른 다음 쇠망치로 그놈의 턱을 쳐서 천천히 그이 빰을 벌린 다음 입속의 구슬을 상하지 않게 해라(儒以詩禮發冢 大儒臚傳曰 東方作矣 事之何若 小儒曰 未解裙襦 口中有珠 詩固有之曰 靑靑之麥 生於陵陂 生不布施 死何含珠爲 接其鬢 壓其顪 儒以金椎控其頤 徐別其頰 無傷口中珠).” 하였다.

『가례』에 “이불을 거두어 먼저 발을 가리고 다음 머리를 가리고 다음은 좌측을 가리고 다음은 우측을 가려 관속이 고르게 차도록 한다(收衾先掩足 次掩首 次掩左 次掩右 令棺中平滿).” 하였다. 『증보사례편람』에 "천금(天衾)으로 관 속을 덮는다(用天衾 覆棺內)." 하였다. 『증보사례편람』에 "천금은 색 명주를 쓰고 너비는 한 폭으로 하되 폭이 좁으면 혹 폭을 이어서 만드니 길이는 布帛尺으로 다섯자다(用色紬 廣一幅 幅狹則或聯幅爲之 長五尺(布帛尺))." 하였다.

『가례』에 "주인과 주부가 관에 기대어 슬픔을 다하여 곡하고 부인이 휘장 안으로 들어가 물러난다(主人主婦 憑哭 盡哀 婦人退入幕中)." 하였고, 『의례』 사상례에는 "염을 마친 후 휘장을 걷고 주인이 처음처럼 기대고 주부도 역시 그렇게 한다(卒斂 徹帷 主人馮如初 主婦亦如之)." 하였는데, 시신을 관에 옮기기 전에 시신에 기대어 소렴 때처럼 하는 것이다. 그러나 관 속에 시신을 넣은 뒤에는 시신에 기대어 곡한다는 내용의 글이 없는데 『가례』에서 대렴(大斂)과 입관(入棺)을 한 가지 절차로 삼았으므로 시신에 기대어 곡하는 절차가 입관한 뒤에 있다.

『가례』에 "목수를 불러 뚜껑을 덮고 못을 친다(乃召匠加蓋下釘)." 하였다. 『증보사례편람』에 "옛날에는 못을 박았지만 지금은 임(衽)을 설치하고 임을 설치할 때 옷칠(漆)을 하여 그것을 막는다(古下釘而今則設衽 設衽時 用漆彌之)." 하였는데 임은 관과 관 뚜껑의 모서리를 이어 붙이는 도구로 관에 못을 사용하지 않고 임과 가죽 끈으로 묶었다. 임의 모양새는 양쪽 끝은 크고 가운데는 가늘어서 나비 모양으로 생겼는데 한(漢)나라 때에는 소요(小要)라고 했으며, 우리말로는 나비은장이음이라고 한다.

『가례』에 "염상을 철거하고 옷으로써 널(柩)을 덮는다(徹牀覆柩以衣)." 하였고 『증보사례편람』에는 "이금(侇衾 :시신을 넣은 靈柩를 덮는 이불)으로 덮는다(覆以侇衾)." 하였다

『가례』에 축이 명정(銘旌)을 널의 동쪽에 밑받침(跗)을 세워 설치

한다(祝取銘旌 設跗于棺東). 하였다. 『의례』 사상례에 “축이 명정을 들어 파묻을 구덩이(殯하는 곳)에 둔다(祝取銘置於肂).” 하고, 그 주에 “명정은 받침을 설치해 그것을 세우되 파묻을 구덩이 동쪽에 세운다(為銘設柎 樹之肂東).” 하였다.

『가례』에 “다시 옛날 자리에 영좌를 설치한다(復設靈座於故處).” 하였는데, 당(堂)의 약간 서쪽에 관이 놓여 있으므로 영좌는 당(堂)의 한가운데에 설치하는 것을 말하는 것이다.

『의례』 사상례에 “주인이 원래 위치로 돌아가 발을 구르고 단(袒)하였던 옷을 바로 입는다(主人復位踊襲).” 하였다. 이때 친자(親者) 역시 마땅히 단(袒)하였던 옷을 바로 입는다.

『가례』에 “부인 두 사람이 남아 지킨다(留婦人兩人守之).” 하였다.

『가례』에 “사마온공이 이르기를 시신을 움직이고 관을 들 때 무수히 가슴을 치고(擗) 곡(哭)을 하나 염을 마치고 빈소로 옮길 때(殯殮) 역시 마땅히 곡을 그치고 내려 보고 살펴 안전하고 견고한지를 힘써 함이오. 단지 곡만 하고 있을 뿐일 수 없다(司馬公曰 凡動尸擧柩 哭擗無筭 然殯斂之際 亦當輟哭臨視 務令安固 不可但哭而已).” 하였다.

고례(古禮)에 묘지에 묻기 전에 구덩이 속에 관을 넣어 흙으로 발라 두는 도빈(塗殯)이라는 것이 있었는데, 위에서 언급된 파묻는 구덩이가 그곳이며 지금은 그렇게 하는 이가 없다. 빈소(빈한 장소)라는 것이 여기에서 온 듯하다. 『예기』 상대기에 “사의 빈에는 관을 흙 속에 넣고 임을 땅 위로 나오게 하며, 그 위에 나무를 쌓고 흙을 바른 다음 장막으로 덮는다(士殯見衽 塗上帷之).” 하였다. 『의례』 상대기 주에 “관을 구덩이 속에 두고 시신을 거두어 넣는 것이 이른 바 빈이다(棺在肂中 斂尸焉 所謂殯也).” 하였고, “『예기』 단궁에 객의 자리에서 빈을 한다(檀弓曰 殯於客位).” 하였다. 세속에 빈하는 것을 『증보사례편람』의 내용에 따라 소개하면 “만약 도빈(塗殯)하면 문의 좌우 쪽에 잇대어 지은 행랑(翼廊)이나 한옥에서 주로 바깥주인이 거처하는 곳(斜廊)에 편의에 따라 그것을 한다. 땅을 파(掘) 깊이는 2자쯤, 너비(濶 : 闊)는 서너 자, 길이(長)는 일곱, 여덟 자로 하여(營造尺) 안쪽은 구운 벽돌을 펴고 네 측면은 역시 벽돌로써 쌓아 석회를 사용하여 흙을 막고 그 사이(隙)를 진흙을 바르고 벼(藁)로 짠 자리를 펴고 두 받침대(兩凳:양증)를 놓고, 장차 하관하고자 함에 전을 올리고 이미 하관(下棺)함에 구의(柩衣)를 덮는다. 또 구덩이 밖 위, 아래에 하나의 긴 나무(童子木)를 세워 그 위에 지붕의 대들보처럼 놓고 작은 나무를 사용하여 그 위에 많이 설치하여 마치 지붕의 서까래(椽)처럼 하고 새끼를 써서 서로 묶고(交絡) 거적(藁席)으로 그것을 두껍게 덮고 그 위에 진흙을 바르거나 모래를 덮는다. 빈(殯)하기 전에 흰 휘장을 설치하고 휘장 안에 병풍을 편다(若塗殯則或翼廊，或斜廊에 隨便爲之 掘地深二尺許，濶三四尺，長七八尺(營造尺) 內以火甎鋪之 四旁 亦以甎壘之 以塞土 用石灰 泥塗其隙 鋪藁席，置兩凳 將下棺 設奠 旣下 覆柩衣 又於坎外上下 立(童子木)用一長木 置其上如屋樑 用小木 多設於其上，如屋椽 用索，交絡以藁席 厚覆之 其上 塗土或聚沙 殯前 設素帳 施屛于帳內).” 하였다.

『예기』 단궁에 “관을 묶을 때는 세로로 두 번 가로로 세 번을 묶고, 임(衽)은 한 묶음마다 하나씩이다(棺束縮二衡三 衽每束一).” 하였다.

옛날에 가죽으로 관을 묶었는데 단단히 봉하기 어려웠다. 그리고 관안에 기장을 두어 개미나 벌레를 유인하였으니 3일 만에 빈을 하여 이를 방비하였다. 그런데 이후 관에 옻칠을 견고하게 하니 3일 만에 빈을 할 이유가 없어졌으며, 요즈음은 입관이 끝나면 발인 전까지 관을 냉동실에 넣어 두고 3일장을 하므로 빈은 하지 않는다. 우리가 문상을 할 때 빈소를 찾는 것이 여기서 말하는 빈한 자리를 말하는 것으로 지금은 빈을 하지 않지만 그 말은 남아 있다.

角 : 구석 각, 모 각, 鬊 : 헝클어질 순, 머리카락 순, 揣 : 헤아릴 췌, 臚 : 위에서 내려 보고 이야기할 려, 襦 : 저고리 유, 鬢 : 귀밑털 빈, 顪 : 턱수염 훼, 椎 : 망치 추, 控 : 당길 공, 두드릴 공, 跗 : 발등 부, 받침 부, 肂 : 하관할 사, 柎 : 받침 부, 筭 : 산가지 산, 수효 셀 산, 甎 : 벽돌 전, 壘 : 포갤 루, 椽 : 서까래 연, 藁 : 벼줄기고, 마를 고

5. 널 동쪽에 영상을 설치한다(設靈牀于柩東)

『가례』에 "평상·휘장·거적·돗자리·병풍·베개·옷·이불 등은 모두 생시와 같이 한다(牀帳薦席屛枕衣被之屬 皆如平生時)." 하였다.

『증보사례편람』에 상위에 진설하는 것은 "평소 살아 계실 때 쓰던 물건들로 만약 지팡이, 신, 안석, 붓, 연적 등의 종류라도 진설 못할 바가 없다(平生日用之物 若杖屨几案筆硯之類 無所不設)." 하였다.

아직 모든 것을 살아계실 때처럼 한다.

6. 이에 전을 올린다(乃設奠)

소렴의 의식처럼 한다.

『의례』 사상례에 "이에 전(奠)을 올린다. 촛불을 조계로 올리고, 축(祝)은 건(巾)을 들고 자리를 가진 자가 따라가서 방의 아랫목(奧)에 동향으로 진설한다(乃奠 燭升自阼階 祝執巾 席從 設於奧 東面)." 하였고, 그 주에 "이때부터 다시는 시신에 전을 올리지 않는다. 축이 건을 가지고 자리를 가진 자와 함께 따라 들어가서 신위(神位)를 모

시고 건은 자리 오른쪽에 둔다(自是不復奠於尸 祝執巾 與執席者從入 為安神位 巾委於席右).” 하였다. 그 소에 “습(襲)과 소렴의 전(奠)은 모두 시신 곁에 두는데, 이제 대렴전은 실내에 차려둔다(襲奠 小斂奠 皆在尸旁 今大斂奠 於室內設之).” 하였다. 내 생각에 대렴을 하고 빈을 하면 이때부터는 시신을 볼 수 없고 따라서 시신에 직접 절을 하지 않고 아랫목에 전을 올린다.

『의례』 사상례에 “사(士)가 손을 씻고 정(鼎)을 들고 들어가 서쪽을 보고 북쪽을 위로하여 처음처럼 담는데 생선은 머리를 왼쪽으로, 등지느러미(鬐)를 앞으로 하며 포를 세 줄로 하여 밑동을 앞으로 올린다(士盥 舉鼎入 西面北上 如初 載 魚左首 進鬐 三列腊 進柢).” 하였고, 그 주에 “처음처럼 한다는 것은 소렴의 의식처럼 하며, 생선은 머리를 왼쪽으로 하고, 등지느러미를 앞으로 하여 올리는 것은, 역시 살아 있을 때와 다르지 않음이다(如初 如小斂之儀 左首進鬐 亦未異於生也).” 하였다. “축이 처음과 같이 단술을 들고, 술과 두(豆)·변(籩)·조(俎)를 딸려 조계로 오른다(祝執醴如初 酒豆籩俎從 升自阼階).” 하였고, 그 주에 “처음처럼은 (소렴 전을 올릴 때처럼) 축이 먼저 올라감(을 말한다)(如初, 祝先升).” 하였다. “전(奠)은 영(楹) 안쪽을 거쳐서 실(室)에 들어와, 단술과 술은 북쪽을 향하고 두(豆)를 진설하되 저(菹 절임)는 오른쪽에, 저(菹)의 남쪽에 밤, 밤의 동쪽에 포(脯)를 진설하며, 돈(豚)은 두(豆)에 담아서 진설하고, 생선은 다음에 두고, 포(腊)는 별도로 조(俎) 북쪽에 둔다. 단술과 술은 변(籩) 남쪽에 두고, 건은 처음과 같이 둔다(奠由楹內入于室 醴酒北面 設豆 右菹 菹南栗 栗東脯 豚當豆 魚次 腊特於俎北 醴酒在籩南 巾如初).” 하였고 그 주에 “저(菹)를 오른쪽에 두는데, 저(菹)는 육장(醢) 남쪽에 있다. 여기서 좌우는 생선 때와 달리 담는 자는 잡는데 따르고 진설하는 자는 자리에 따른다. 단술은 밤 남쪽에 해당하고, 술은 포(脯) 남쪽에 해당한다(右菹 菹在醢南也 此左右異於魚者 載者統於執 設者統於席 醴當栗南 酒當脯南)." 하였다. 내가 살펴보건대 오른쪽 왼쪽은 전을 올리는 사람 기준이 아니고 상을 기준으로 한 것이고, 동쪽 서쪽은 전을 올리는 사람 오른쪽이 동쪽이고 왼쪽이 서쪽이며 앞이 북쪽이다. 따라서 오른쪽이라 상의 오른 쪽으로 서쪽이 되고 왼쪽은 동쪽이 된다.

『예기』 증자문에 "천자 제후의 상에는 참최를 입은 자가 전을 올리고(天子諸侯之喪 斬衰者奠)," 그 주에 "주인은 전을 올리지 못한다(唯主人不奠)." 하였고, "대부의 상에는 자최를 입는 자가 전을 올리고(大夫之喪 齊衰者奠)," 그 주에 "자최를 입는 자는 그 형제다(齊衰者 其兄弟)." 하였고, "사(士)의 상에는 벗이 전을 올린다(士則朋友奠)." 하였다.

> 奧 : 아랫목 오, 鬐 : 갈기 기, 등지느러미 기, 籩 : 제기 변(굽이 높고 뚜껑이 있으며 과일을 담는다)

7. 주인이하는 각 상중에 거처할 처소로 돌아간다(主人以下 各歸喪次).

『가례』에 "중문 밖 소박하고 누추한 방을 택해 장부의 상차로 삼는다(中門之外擇朴陋之室 爲丈夫喪次)." 하였다. 『예기』 상대기에 "어버이의 상에 여막(倚廬)에 거처한다(父母之喪 居倚廬)." 하였고 "아버지는 아들하고 함께 거처하지 않고 형은 아우와 함께 거처하지 않는다(父不次於子 兄不次於弟)." 하였다. 『의례』 사상례에 "주인이 읍하고 상차로 나아간다(主人揖就次).” 하고 그 주에 “상차는 참최를 입은 자는 여막, 자최를 입은 자는 악실을 이른다(次 謂斬衰倚廬 齊衰堊室也).” 하였다.

『가례』에 “참최를 입는 자는 거적(苫)을 깔고 흙덩이를 베고 자고 수질(絰)과 요대(帶)를 벗지 않고 사람들과 자리를 함께하지 않는다(斬衰 寢苫枕塊 不脫絰帶 不與人坐焉).” 하였다. 『예기』 상대기에 부모의 상에 “거적(苫)을 깔고 흙덩이를 베고 자고 상과 관련된 일이 아니면 말하지 않는다(寢苫枕塊 非喪事不言).” 하였다. 『예기』 간전에 “부모의 상에 여막에 거처하며 거적(苫)을 깔고 흙덩이를 베고 자고 수질(絰)과 요대(帶)를 벗지 않고, 자최의 상에 악실에서 거하고 부들자리의 끝을 잘라 안으로 들여 깔끔하게 마무리 처리하지 않고, 대공의 상에는 자리가 있는 데서 자고, 소공, 시마의 상은 침상에서 자도 된다(父母之喪 居倚廬 寢苫枕塊 不說絰帶 齊衰之喪 居堊室 芐翦不納 大功之喪 寢有席 小功 緦麻 床可也).” 하였다. 『예기』 문상에 “여막에 거처함은 어버이가 밖에 있음을 슬퍼함이오. 거적(苫)을 깔고 흙덩이를 베고 잠은 어버이가 흙에 있음을 슬퍼함이다(居於倚廬 哀親之在外也 寢苫枕塊 哀親之在土也).” 하였다. 『의례』 기석례 소에 “반드시 거적(苫)을 깔고 자는 것은 어버이가 풀 속에 있음을 슬퍼함이며, 흙덩이를 베는 것은 어버이가 흙 속에 있음을 슬퍼함이다 (必寢苫者 哀親之在草 枕塊者 哀親之在土).” 하였다.

『가례』에 “어머니를 뵐 때가 아니면 중문에 이르지 않는다(非時見乎母也 不及中門).” 하였고, 『예기』 잡기에 “여막이나 악실에 있을 때 어머니를 뵐 때가 아니면 문에 들어가지 않는다(在堊室之中 非時見乎母也 不入門).” 하였다.

『가례』에 “자최(齊衰)는 자리를 깔고 자고, 대공이하 함께 살지 않는 자는 이미 빈(殯)하였으면 돌아가 바깥채에서 자고 3개월이 지난 후 내실로 들어 가 잔다(齊衰寢席 大功以下異居者 旣殯而歸 居宿於外 三月而復寢).” 하였다

『가례』에 “부인은 중문 내 별실에 거처를 정하고 혹 빈(殯)옆에 거하고 휘장 이불, 요 등의 화려한 것을 버리고 갑자기 남자 상차에 가지 않는다(婦人次於中門之內別室 或居殯側 去帷帳衾褥之華麗者 不得輒至男子喪次).” 하였다.

『증보사례편람』을 인용하여 여막의 제도를 설명하면 “만약 상차(喪次)가 여막(倚廬)이면 당례(唐禮)에 의존하여 동쪽 행랑(東廊) 아래에 여차(廬次)를 설치하고 행랑(廊)이 없으면 담장아래 북쪽을 위로 한다. 무릇 여막(倚廬)은 먼저 하나의 나무로 담장 아래에 가로 대고, 담장에서 5자 떨어진 곳에 땅에 눕혀 문 위에 가로된 나무(楣)로 삼고, 즉 동쪽 담(墉) 위에 비스듬히 기대어 위에 5개의 석가래(椽)를 세우고 풀과 거적으로 덮고 그 남북 쪽에 역시 풀로 가리되 북쪽으로 문을 낸다. 孝子 하나에 여막이 하나라 최포(縗布)로써 발(簾)을 삼고 형태는 기울어진 지붕(偏屋)처럼 하여 그 사이는 반자리 쯤 허용하게(容) 하여 여막(廬) 사이에 짚으로 된 거적과 흙덩이를 넣고, 그 여막(廬) 남쪽에 악실(堊室)을 만들되 굽지 않은 벽돌(墼)로 3면을 위로 쌓아 지붕에 이르게 하고, 담 아래에서처럼 즉 역시 기운 지붕처럼 하여 기와를 위에 덮고 서향으로 외짝문(戶)을 단다. 방에는 풀 자리(薦)와 나무 베개를 편다. 실의 남쪽은 대공복을 입는 이의 천막 상차(幕次)를 만들고 속에는 부들포 자리를 편다. 그 다음 남쪽에는 소공과 시마복의 상차를 만들되 상과 병풍을 펴고 서쪽에 외짝 문을 낸다. 악실(堊室) 및 막차(幕次)는 반드시 모든 사람마다 따로 만들 필요는 없고 함께 할 수 있다. 어머니를 위해서는 아버지와 같게 하고

처는 어머니에 준하고 부인을 위해서는 상차가 서쪽 행랑 아래이다(若次倚廬則依唐禮 設廬次於東廊下 無廊則於墻下 北上 凡倚廬 先以一木 橫於墻下 去墻五尺 臥於地爲楣 卽立五椽於上 斜倚於東墉上 以草苫蓋之 其南北面 亦以草屛之 向北開門 一孝 一廬門 簾以縗布 形如偏屋 其間 容半席 廬間 施苫塊 其廬南 爲堊室 以墼壘三面上至屋 如於墻下 卽亦如偏屋 以瓦覆之 西向開戶 室施薦木枕 室南爲大功幕次中施蒲席 次南 爲小功緦麻次 施牀并西戶 其堊室及幕次 不必每人爲之共處可也 其爲母與父同 爲妻準母 婦人 次西廊下).” 하였다.

> 次 : 거처 차, 堊 : 백토 악, 거칠 악, 苫 : 이엉 점, 거적 점, 苄 : 부들 하, 輒 : 문득 첩, 楣 : 문미 미, 縗 : 상복 최, 簾 : 발 렴, 墼 : 굽지 않은 벽돌 격

8. 교대로 곡하는 것을 그친다(止代哭者).

『의례』 사상례 주에 “이미 빈을 한 뒤에는 조석곡이나 슬픔이 북받치면 곡을 하고, 교대로 곡하지는 않는다(旣殯之後 朝夕及哀至乃哭不代哭也).” 하였다. 그 소에 “빈을 한 뒤에는 조계 아래에서 조석곡을 하며, 여막에서 생각이 나면 곡을 한다(殯後阼階下朝夕哭 廬中思憶則哭).” 하였다.

06

成服(성복)

* 친함의 정도에 따라 상복을 입어야 하는 기간과 맞는 상복에 대한 복제와 복식은 부록에 설명하였다.

『역』의 계사전에 "옛날 장사는 섶나무로 두텁게 덮어 들 가운데 장사지내서 봉분을 하지 않고 비석을 세우지 않으며 상기가 일정한 수가 없었다(古之葬者 厚衣之以薪 葬之中野 不封不樹 喪期无數)." 하였다. 『예기』 삼년문에 "『서경』상서에 이르기를 요임금이 승하 하셨을 때 백성이 아버지와 어머니상처럼 3년상을 치렀는데 연유한 바를 알지 못한다. 상고시대에는 상기가 정해지지 않았는데, 요임금의 승하 후 아버지와 어머니상처럼 3년 상이란 얘기가 있는 것으로 요임금 이전에 아버지와 어머니 상이 이미 3년으로 정해 졌을 것이나 정한 시기가 언제인지 알지 못한다(尚書云 百姓如喪考妣三載, 不知所由來 上古云 喪期無數 堯崩云 如喪考妣三載 則知堯以前喪考妣已三年 但不知定在何時)." 하였다.

『예기』 삼년문에 "황제, 요, 순 때에 비록 옷과 치마가 있었지만 상복이 없었다. 단지 요임금과 순임금(唐虞) 이전에는 상복과 길복이 같아 모두 백포로 그것을 만들었다(黃帝 堯 舜之時 雖有衣裳 仍未有喪服也 但唐虞已前 喪服與吉服同 皆以白布爲之)." 하였다. 아마 염색 기술이 부족했을 것이다.

『의례』 상복에 "황제(黃帝)의 시대에는 소박하고 간략하여 질박함을 숭상하였으므로 심상(心喪)의 예를 행하되 종신토록 변치 않았다. 당우(唐虞)의 시대에는 순박함이 점차 어그러져서 비록 심상을 행하기는 하였으나 다시 3년이란 기간을 두었다. 삼왕(三王) 시대 이후로는 거짓스러움이 점차 일어났으므로 상복의 제도를 제정하여 슬픈 정을 표하였다(黃帝之時朴略尙質 行心喪之禮終身不變 唐虞之日 淳朴漸虧 雖行心喪 更以三年爲限 三王以降 澆爲漸起 故制喪服以表哀情)." 하였다.

『가례』에 "대렴(大斂)의 다음날이니 죽은 지 4일째다(大斂之明日死之第四日也)." 하였다.

『예기』 곡례에 "산 자는 온 날(來日)로 셈하고(與), 죽은 자는 간 날(往日)로 셈한다(生與來日, 死與往日)." 하였고, 그 주에 "산 자는 온 날로 계산한다는 것은 성복하고 상장을 짚는 데는 죽은 다음 날로 계산함을 말한다(生數來日 謂成服杖以死明日數也)." 하였다. 이것은 성복과 상장을 짚는 것은 살아있는 이의 일이므로 죽은 다음날의 수를 계산함을 말한다. 즉 죽은 다음날이 1일이고 그 다음날이 2일이고 또 그 다음날이 3일이다. 즉 3일에 성복한다는 것은 죽은 날을 치면 4일째이다. 죽은 자는 간 날로 셈한다는 것은 소렴의 경우 죽은 자에게 행하는 것이므로 돌아가신 날로 계산해서, 돌아가신 날이 1일, 그 다음날이 2일이므로 소렴을 2일에 하는 것은 죽은 다음 날 하는 것이다. 3일에 먹는다는 것은 산자의 일이니 죽은 지 4일째부터 먹는다는 것이다. 예서를 볼 때 죽은 자의 일인지 산자의 일인지를 고려하여 살펴야 한다.

澆 : 물댈 요, 엷을 요, 경박할 요, 與 : 셈할 여(『예기』 곡례의 주에 "與는 오히려 셈함이다(與 猶數也)." 하였다)

1. 오복(五服)을 입는 사람은 각각 그 복(服)을 입는다(五服之人 各服其服)

『가례의절』에 "이 날은 일찍 일어나서 오복(五服)을 입는 사람들이 각자 자신이 입을 상복을 입고 지팡이를 짚는다. 요질이 있는 자는 아래로 드리웠던 삼을 묶는다(是日夙興 五服之人 各服其服 執杖 有腰絰者 絞其麻今之散垂者)." 하였다. 친함의 정도에 따라 자신에게 맞는 복을 입는다. 『의례』 사상례 소에 "소렴에 요질의 마대를 흩뜨려 그것을 드리웠는데 3일에 이르러 성복하고 그것을 묶는다(小斂 絰有散麻帶垂之 至三日成服 絞之)." 하였다. 3일에 대렴하고 3일에 성복하는 것은 같은 날이 아니다. 죽은 자에게 행하는 일과 산 자가 해야 되는 일의 계산법은 하루가 차이가 나므로 성복은 대렴의 다음날이고 죽은 지 4일째이다. 『의례』 상복에 "상(殤)의 요질은 늘어진 것을 묶지 않으니 미성인(未成人)이기 때문이다(殤之絰不樛垂 蓋未成人也)." 하였다.

『증보사례편람』에 "괄발과 문을 벗고 상관을 쓰되, 아래에 효건으로 그것을 받쳐 수질을 쓰고 최와 상을 입되 아래에 중의로 받쳐 입고 효대를 띠고 요질을 하고 신을 신는다. 장기이상은 지팡이를 짚고 부인은 좌(髽)를 제거하고 역시 관을 쓰고 최상을 입고 질과 대를 하며 신을 신고 지팡이를 짚는다(去括髮免 著喪冠 以孝巾承之 加首絰 服衰裳 承以中衣 帶絞帶 腰絰 著屨 杖朞以上 執杖 婦人 去髽 亦著冠 衰裳 絰帶屨杖)." 하였다

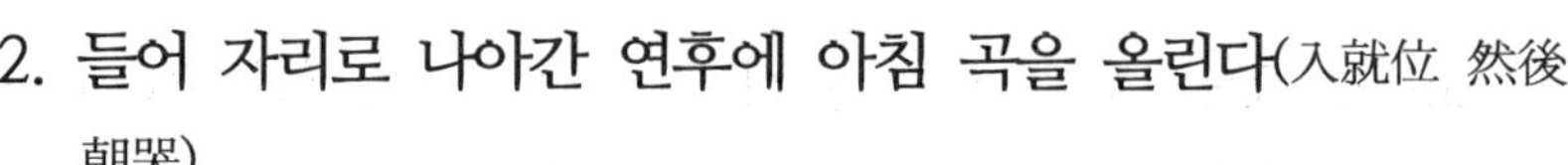
樛 : 휠 규, 묶을 규

2. 들어 자리로 나아간 연후에 아침 곡을 올린다(入就位 然後朝哭)

상례에서 곡하는 자리는 이미 습조에서 언급한 것처럼 복의 친소로서 차례를 삼는다(以服之親疎爲次). 각자에 복에 따라 차례를 삼아 자리를 잡는다. 『가례의절』에는 "남자는 영구(靈柩)의 동쪽에서 서향하고 여자는 영구의 서쪽에서 동향하되, 각각 복의 경중으로 차례를 정한다(男位於柩東西向 女位於柩西東向各以服爲次序)." 하였다.

『상례비요』의 주에 "형제로 자최 · 대공인 자는 주인이 곡을 하면 따라서 곡을 하며, 소공 · 시마인 자도 제 위치로 나아가서야 곡을 한다(兄弟齊衰大功者主人哭則哭 小功緦麻亦卽位哭)." 하였고, 손님들의 자리가 있는데 "손님들이 모두 이 위치로 나아가 이에 슬피 곡하고 나서 곡을 그친다(賓者卽此位乃哭盡哀止)." 하였다.

3. 서로 의식에 따라 조문한다(相弔如儀)

『가례의절』에 "모든 자손은 조부(祖父) 및 제부(諸父)의 앞에 나아가 꿇어앉아서 슬피 곡하고, 또 조모(祖母) 및 제모(諸母)의 앞에 나아가 앞서와 마찬가지로 한다. 여자는 조모 및 제모의 앞에 나아가 곡하고는 드디어 조부와 제부의 앞에 나아가 남자의 의식과 같이 한다. 주부(主婦) 이하는 백숙모(伯叔母)의 앞에 나아가 곡하되, 앞서와 마찬가지로 하고 그친다(諸子孫 就祖父前及諸父前 跪哭皆盡哀 又就祖母及諸母前 亦如之 女子 就祖母及諸母前哭 遂就祖父及諸父前 如男

子之儀 主婦以下就伯叔母哭亦如之訖).” 하였다.

“제자리로 돌아간다(復位).” 하였다.

4. 성복할 때는 절을 하지 않는다(成服無拜)

『증보사례편람』에 “옛날의 성복에 반드시 조곡이 있고 조곡이면 절하는 것이 없는데 지금의 세속에는 조전에 성복을 겸해서 하니 절하는 것이 있는데 사실 예가 아니다(古之成服 必有朝哭 朝哭則無拜而今俗 多兼行於朝奠而成服故 有拜 實 非禮也).” 하였다.

『상변통고』에 『의례』 사상례를 인용하여 “조곡을 하고 성복한 뒤에 비로소 대렴의 전을 거두고 이에 조전을 진설한다(因朝哭成服後始徹大斂奠 乃設朝奠).”고 하였는데, 『의례』 사상례에서 위 문장을 찾을 수는 없었고 『의례』 사상례에 “조석곡을 한다(朝夕哭).” 하고, 그 주에 “빈을 마친 뒤이다(旣殯之後).” 하였으며, 계속하여 “부인이 가슴을 치며 곡을 그친다(婦人拊心 不哭).” 하고, 그 주에는 “바야흐로 일이 있어 시끄러움을 그친다(方有事 止讙囂).” 하면서, 그 소에 “바야흐로 일이 있다는 것은 대렴전을 철거하고 조전을 설치하는 일이다(方有事者 謂下經徹大斂奠 設朝奠之事也).” 하였는데, 큰 대의로 보아 이것을 말하는 것인지 모르겠다. 다만 고례에 성복에 대한 특별한 의식이 있었다기보다 성복하는 날 조석곡 때에 서로 조문하고 곡을 한 후에 날이 밝으면 다른 일인 조전의 의식을 행하므로 조곡과 조전은 다른 의식으로 구별해야 할 듯하다. 조곡할 때는 조전에서 하는 절을 하지 않는 것이 옳다 하겠다. 『증보사례편람』에는 사계의 말을 인용하여 “『의례』에 조석곡과 조석전은 절차가 각기 다른데 혹자가 곡과 전을 잘못 인식하여 하나로 보니 옳지 않다(沙溪 曰 儀禮 朝夕哭與奠 節次各異而或者 以哭奠 誤認爲一項 非是).” 하였고, 『증보사례편람』 석곡조에도 "『가례』에 곡과 전은 구분하여 말하지 않아 지금 『상례비요』에 의거하여 별도로 한다(家禮 哭與奠 不分言而今依備要 別之)." 하는 글이 보인다.

> 澆 : 물댈 요, 엷을 요, 경박할 요, 讙 : 시끄러울 환, 囂 : 시끄러울 효

5. 성복하는 날에 주인 형제가 처음으로 죽을 먹는다(成服之日 主人兄弟 始食粥).

『가례』에 "여러 자식들은 죽을 먹고 처와 첩 및 복이 기(朞)년인 자와 9월인 자는 거친 밥에 물을 마시고 채소와 과일은 먹지 않으며, 복이 5월 및 3월인 자는 술을 마시고 고기를 먹음에 잔치에는 참석하지 않는다. 이때부터 이유 없이 나가지 아니하고 만약 상과 관련 있는 일로 어쩔 수 없이 나가고 들어올 때 장식하지 않은 말(樸馬)에 삼베 안장(鞍), 흰 가마(轎)에 삼베 주렴(簾)을 친다(諸子食粥 妻妾及期九月 疏食水飮 不食菜菓 五月三月者 飮酒食肉 不與宴樂 自是無故不出 若以喪事及不得已而出入 則乘樸馬布鞍素轎布簾)." 하였다.

『예기』 간전에 "부모의 상에 빈을 하고 죽을 먹는데, 아침에 쌀 1일(溢), 저녁에 쌀 1일(溢)을 먹는다. 자최의 상은 거친 밥에 물을 마시고 체소와 과일을 먹지 않으며, 대공의 상엔 초와 장을 먹지 않으며, 소공 시마엔 식혜와 술을 마시지 않는다(父母之喪 旣殯食粥 朝一溢米 莫一溢米 齊衰之喪 疏食水飮 不食菜果 大功之喪 不食醯醬 小功緦麻 不飮醴酒)." 하였고, 그 주에 "막(莫)은 음이 모(暮)이다." 하였다.

『의례』 기석례 "죽을 마실 때는 아침에 쌀 1일(溢), 저녁에 쌀 1일(溢)이다. 채소와 과일은 먹지 않는다(歠粥 朝一溢米 夕一溢米 不食菜

果).” 하였고, 그 주에 “20냥(兩)을 일(溢)이라 하는데 쌀로는 1되의 24분의 1이다(二十兩日溢 爲米一升二十四分升之一).” 하였다.

樸 : 통나무 박(켜거나 쪼개지 않은 나무). 『강희자전(康熙字典)』에 ‘凡器未成者 皆謂之樸’ 이라 하였는데 잘 다듬어 완성하지 않은 것을 박(樸)이라하는 것으로 보아 樸馬는 꾸미지 않은 말인 듯하다. 轎 : 가마 교

07

朝夕哭, 朝夕奠, 上食
(조석곡, 조석전, 상식)

1. 조곡(朝哭)

성복조의 조곡과 같다

『가례』에 "매일 아침 일찍 일어나 해당 복을 입고 제 위치로 나아간다(每日晨起 主人以下 皆服其服 入就位)." 하였다

이에 슬피 곡하고 나서 곡을 그친다.

『가례』에 "존장(尊長)은 앉아서 곡하고 항렬이 낮거나 나이가 어린 사람들은 서서 곡한다(尊長坐哭 卑幼立哭)." 하였다.

『가례』에 "시자(侍者)는 세수하고 머리 빗는(盥櫛) 도구를 영상(靈牀) 곁에 진설해 둔다(侍者設盥櫛之具於靈牀側)." 하였다.

2. 조전(朝奠)

『가례』에 "혼백을 받들어 내어 영좌(靈座)에 나아간다(奉魂帛 出就靈座)." 하였다. 『상례비요』에 "혼백을 받들어 내어 영좌에 나아가 조전을 올린다(奉魂帛 出就靈座然後朝奠)." 하였다. 혼백은 처음 습을

하고 영좌에 설치하나, 영상이 설치되면 밤에는 영상에 모셨다가 조전 때에 모셔내어 영좌로 나아간다.

『가례』에 "집사자가 채소, 과일, 포, 육장을 진설한다(執事者設蔬果脯醢)." 하였다. 『상례비요』에 "조전의 전물(奠物)이 도착하고 난 뒤에 석전(夕奠)의 전물을 철상하고, 석전의 전물(奠物)이 도착하고 난 뒤에 조전(朝奠)의 전물을 철상한다(朝奠將至然後徹夕奠 夕奠將至然後徹朝奠)." 하였고. 『의례』 사상례 소에 "대렴전을 철상하고 조전을 차린다(徹大斂奠 設朝奠之事也)." 하였는데, 『증보사례편람』에 "이것은 성복 일에 해야 하는 설명이다(此從成服日說)." 하였다. 즉 성복한 날은 대렴 전을 치우고 조전을 차리고 이후부터 조전은 전날의 석전을 치우고 조전을 차린다는 것이다.

『가례』에 "축(祝)이 손을 씻은 다음 향불을 피우고 술을 따라 올린다(祝盥手焚香斟酒)," 하였다. 한강(寒岡 : 鄭逑)이 노형운(盧亨運)의 질문에 답한 것이 있는데 살펴보면 장사를 치르기 전에는 축으로 하여금 전을 올리게 하는 것이 예인데, 축을 맡을 사람이 없으면 상주가 손을 씻고 직접 전을 올립니까? 혹 형제 중 한 사람으로 하여금 머리를 빗고 씻고 전을 올립니까? 어떤 이는 혹 함께 따라간 자나 노비에게 하도록 하는 경우가 있는데, 이것이 과연 예에 합당합니까(葬前使祝奠 禮也 而當祝之人不在 則喪人洗手而親奠乎 或使兄弟中一人梳洗而奠之乎 人或使行者奴婢爲之 是果合禮乎)? 라는 질문에 "안타깝게 족속이 적은 집에는 예사로 이런 근심이 있다. 상주가 손을 씻고 손수 전을 올리는 것은 결코 불가하다. 형제 중 한 사람도 역시 머리를 빗고 손을 씻는 것도 어렵고 족인 중에 맡을 사람이 없으면 행자를 시켜 대신 전을 올리도록 하고, 내상(內喪)에는 여종을 시켜 대신 전을 올리도록 하는 것이 좋다(傷哉 族屬鮮少之家 例有此患 喪

主洗手親祭 決不可也 兄弟中一人 亦難梳洗 無族人執事 則令行者可以代奠 內喪則令婢子可以代之).” 했다.

『가례』에 “주인 이하가 두 번 절하고 매우 슬피 곡한다(主人以下再拜哭盡哀).” 하였다.

“각각 상보를 사용한다. 만약 더운 계절이어서 음식이 부패될 염려가 있다면 한 식경 뒤에 음식물은 가져가고 술과 과일 따위만 남겨두고 상보로 덮는다(各用罩子 若暑月恐臭敗則食頃去之止留酒果之屬罩之).”

『예기』 단궁에 이르기를 “조전은 해가 뜰 때 올리고, 석전은 해가 지기 전(逮日)에 올린다(朝奠日出 夕奠逮日).” 하였는데, 그 주에 “음양이 교차하여 거의 만날 때이다(陰陽交接 庶幾遇之).” 하였다. 『의례』 기석례(旣夕禮)의 소에 “반드시 조전을 해가 뜨기를 기다려서 올리고 석전을 해가 지기 전에 맞추어서 올리는 것은 부모의 신령으로 하여금 양(陽)의 기운을 따라오게 하고자 하기 때문이다(必朝奠待日出 夕奠須日未沒者 欲得父母之神 隨陽而來故也).” 하였다.

罩 : 보쌈 조, 가리 조, 逮 : 미칠 체

3. 밥 먹을 때 상식(上食)한다.

『가례』에 조전의 의식처럼 한다(如朝奠儀). 하였다.

『의례』 기석례에 “평상시에 봉양하던 물품으로, 밥이나 사철에 나는 진귀한 물품이나 목욕하는 데 쓰는 더운 물 등을 진설하기를 평상시와 같이 한다(燕養 饋 羞 湯沐之饌 如他日).” 하였는데, 그 주에 “연양(燕養)은 평상시에 공양(供養)하는 데에 쓰던 물품이다. 궤(饋)

는 아침저녁으로 먹던 밥이다. 수(羞)는 사철에 나는 진귀한 물품이다. 탕목(湯沐)은 때를 벗기기 위한 것이다(燕養 平常所用供養也 饋朝夕食也 羞 四時之珍異 湯沐 所以洗去汙垢).” 하였다. 『예기』 내칙에는 “5일이면 탕물을 데워 몸 씻기를 청하고 3일마다 머리 감기를 청하고 그 사이 얼굴 때는 쌀뜨물을 데워 세수하기를 청하고 발의 때는 탕물을 데워 씻기를 청한다(五日則燂湯請浴 三日具沐 其間面垢燂潘請靧 足垢 燂湯請洗).” 하였고, 『상변통고』에 “『예기』 내칙을 인용하여 3일마다 머리 감는 도구를 구비하고 5일마다 몸을 씻는 기구를 구비한다. 하고, 효자는 차마 하루라도 어버이를 섬기는 예를 폐하지 못하는 법이다. 하실(下室)에 그것을 진설하는 것은 살아 계실 때와 같게 하는 것이다. 음식을 올리고 철거할 때는 그 때와 같이 한다(內則曰 三日具沐 五日具浴 孝子不忍一日廢其事親之禮 於下室日設之如生存也 進徹之時如其頃).” 하였다

『증보사례편람』에 “조전의 의식과 같게 하되 술을 물리고 전은 물리지 않고 밥과 반찬들 및 순가락 젓가락 접시를 올린다. 술을 따라 올리고 밥뚜껑을 열고 숫가락을 바로 꼽고 밥 먹을 시간(食頃)에 국을 물리고 끓인 물을 올리고 잠시 후 물린다(如朝奠儀 但徹酒 不徹奠設上食饌品及匕筋(筯)楪 斟酒 啓飯蓋 扱匕正筯 食頃 徹羹進熟水 小間 徹).” 하였다.

燕 : 편안할 연, 饋 : 먹일 궤, 羞 : 음식 수, 汙 : 더러울 오(汚 同), 燂 : 데울 첨, 靧 : 세수할 회, 楪 : 평상 접, 羹 : 국 갱, 筋 : 힘줄 근(마땅히 筯 : 젓가락 저로 바뀌어야 한다.)

4. 석전(夕奠)

『가례』에 "조전의 의식 같이 한다(如朝奠儀)." 하였다.

5. 석곡(夕哭)

『가례』에 "주인이하로 하여금 혼백을 받들고 들어 영상에 나아가 슬픔을 다해 곡한다(主人以下 奉魂帛 入就靈牀哭盡哀)." 하였고, 『상례비요』에도 "주인 이하가 혼백을 받들고 들어가 영상 앞에 나아가서 매우 슬피 곡한다(主人以下奉魂帛入就靈牀哭盡哀)." 하였다.

『가례의절』에 "시자는 영상 안에 들어가서 이불을 펴고 베개를 안치한 뒤에 나와 혼백을 받들어 상위에 안치한다(侍者先入靈上 內鋪被安枕然後出奉魂安床上)." 하였다. 낮에 영좌에 있던 혼백을 밤이 되어 다시 영상으로 옮김이다.

성복할 때 절을 하지 않는다(成服無拜) 조에 언급한 것처럼 『상례비요』에 "『의례』에서 조석곡과 전(奠)은 이때부터 두 가지 일이며 혹자가 하나의 항목으로 아는 것은 옳지 않다(儀禮朝夕哭與奠自是兩事而或者認爲一項非是)." 하였다. 내 생각에 『의례』에 조석곡과 조석전은 다른 일로 조곡은 새벽에 하고 조곡이 끝나고 막 해뜰 때가 되면 조전을 올린다. 석전은 해지려고 할 때 하고 석전이 끝나고 저녁 늦게 석곡을 한다. 즉 조전과 석전은 아침저녁 식사하는 것을 형상화했다면 조곡과 석곡은 혼정신성(昏定晨省)을 형상화한 것으로 영상 앞에서 하는 듯하다.

❑ 촛불의 사용에 대하여

『예기』에 "해가 부족하면 촛불로 잇는다(日不足 繼之以燭)." 하였고, 그 소에 "해가 부족하면 촛불로 잇는다는 것은 제사가 아직 끝나지 않았는데 해가 이미 저물었기 때문에 해가부족하다 한 것이다. 제사일이 아직 끝나지 않은 고로 해를 이어 밝히기를 촛불로 한다(日不足 繼之以燭者 謂祭祀未終 日已昏沒 故云日不足 祀事未畢 故繼日明而以燭也)." 하였다.

『의례』 기석례에 "날이 밝으면 촛불을 끈다(質明 滅燭)." 하였다.

『예기』 상대기에 "상이 있을 때 마당 가운데 밤새도록 화톳불을 켜고 새벽에 이르러 화톳불을 끈다. 햇볕이 아직 밝지 않아 모름지기 촛불로서 제사음식을 밝힌다(有喪則於中庭終夜設燎 至曉滅燎 而日光未明 故須燭以照祭饌也)." 하였다.

제사를 지내면서 촛불을 쓰는 것은 음식을 비추려고 하는 것이며 날이 밝으면 촛불을 끄는 것인데, 지금 사람들이 대낮에 제사 지내며 촛불을 사용하는 것은 예를 잘못 이해한 까닭인 듯하다.

6. 일정한 때 없이 곡한다(無時哭).

『의례』 기석례에 "곡은 밤낮으로 하여 일정한 때가 없다(哭晝夜無時)." 하였고, 그 주에 "슬픔이 지극하면 곡하니 반드시 조석으로만 하는 것은 아니다(哀至則哭 非必朝夕)." 하면서, 그 소에 "이는 빈(殯)을 한 뒤 여막 안에 있으면서 생각이 나면 곡하여 일정한 때가 없음을 말한다(此謂殯後在廬中 思憶則哭 無時節)." 하였다.

『의례』 사상례에 "이미 빈을 한 후에는 조석으로 곡하고 슬픔이 이르면 곡을 하나 돌아가면서 곡하지 않는다(旣殯之後 朝夕及哀至乃哭 不代哭也)." 하였다. 내 생각에 代哭을 하는 것은 곡소리가 끊이지 않게 하는 것인데 이때부터는 슬픔이 이르면 곡을 하는 것이다.

『예기』 단궁에 "(남편) 목백의 상에 (처인) 경강이 낮에 곡하였고

(아들) 문백의 상에는 밤낮으로 곡하였다. 공자 말하기를 예를 아는구나(穆伯之喪 敬姜晝哭 文伯之喪 晝夜哭 孔子曰 知禮矣).” 하였다. 이에 『예기집설』에서 “남편에 대해 곡할 때는 예에 따라 하고, 아들에 대하여 곡할 때는 정으로 하여 절도에 맞았으므로 공자가 그를 찬미하였다(哭夫以禮 哭子以情中節矣 故孔子美之).” 하였다. 과부가 밤에 우는 것은 보기에 좋지 않다. 그러니 남편이 죽음에 밤에는 곡하지 않음이라. 아들이 죽음에 밤에도 우는 것이라.

7. 초하루에는 조전에 음식을 진설함(朔日則於朝奠設饌)

『가례』에 “음식은 고기, 생선, 면, 쌀 음식, 국, 밥이 각각 한 그릇이다. 예는 조전의 의식과 같다(饌 用肉魚麪米食羹飯各一器 禮如朝奠之儀).” 하였다

『의례』 사상례에 “삭월(朔月)의 전에는 새끼돼지(特豚), 생선, 포를 사용하여 처음처럼 3정(鼎)을 진설한다(朔月 奠用特豚 魚 腊 陳三鼎如初).” 하였고, 그 주에 “삭월은 달(月)의 초하루이다. 如初라는 것은 대렴 때를 말한다(朔月 月朔日也 如初者 謂大斂時).” 하였다.

麪 : 밀가루 면

8. 새로 난 음식이 있으면 올린다(有新物則薦)

『가례』에 “상식의 의식처럼 한다(如上食儀).” 하였다. 『의례』 사상례에 “새로운 것을 올릴 것이 있으면 삭전과 같이 한다(有薦新 如朔奠).” 하였고, 그 주에 “오곡 및 제철 과일로 새로 나온 것을 올린다

(薦五穀若時果物新出者).” 하였다. 『예기』 단궁에도 “새로운 것을 올릴 것이 있으면 삭전과 같이 한다(有薦新 如朔奠).” 하면서 그 주에 “새로운 물건을 소중하게 여겨 그것으로 은전을 함이다(重新物 爲之殷奠).” 하였다. 『예기』 증자문의 소에 “은전은 초하루에 올리는 전을 말하는데 ... 은(殷)은 성대하다는 뜻이고 초하루에 올리는 전은 보통 때의 올리는 전보다 성대하다(殷奠 謂月朔之奠 ... 殷 盛也 以月朔之奠 盛於常奠).” 하였다

『가례의절』에 “새로 익은 것 무릇 처음 나온 것으로 아직 맛보지 않은 것은 큰 소반에 담아 탁자위의 영좌 앞에 진설한다(新熟之物 凡初出而未嘗者用大盤盛陳于靈座前卓子上).” 하였다.

08

弔問(조문)

조문(弔問)은 죽은 이를 애도하는 것과 살아 있는 상주를 위로하는 두 가지로 나눌 수 있는데 죽은 이를 애도하는 것을 조상(弔喪)이라 하고, 산 자를 위로하는 것을 조위(弔慰)라 한다. 조문을 할 때는 전물을 보내거나 부의를 한다. 『예기』 곡례에 "산 사람을 아는 자는 (산 사람에게) 조문하고, 죽은 사람을 아는 자는 (죽은 자에게) 상사(傷辭)를 한다. 산 사람을 알고 죽은 사람을 알지 못하면 조문만 할 뿐 傷辭를 하지 않으며, 죽은 사람만 알고 산 사람을 알지 못하면 傷辭만 할 뿐 조문하지는 않는다(知生者弔 知死者傷 知生而不知死 弔而不傷 知死而不知生 傷而不弔)." 하였는데, 그 주에 "각각 아는 사람에게 베푼다. 조(弔)와 상(傷)은 모두 명을 전달하는 말을 말한다(各施於所知也 弔 傷 皆謂致命辭也)." 하였다. 여기에는 임금을 대신하여 조문하는 것을 논한 것인데 직접 조문할 때도 다르지 않을 것으로 생각한다.

조문하는 말은 잡기를 인용하여 "제후가 사람을 보내서 조문하는데, 그 말은 과군(寡君)께서 그대의 상을 듣고 과군께서 아무개를 보냈으니 어떻게 돌아가셨습니까? 라고 하는데, 이는 산 사람에게 베푸는 것이며, 상사(傷辭)에 대하여는 경전에는 없지만 구설에 의하면 그 말은 '황천이 재앙을 내려 사람이 재앙을 만났으니 어떻게 돌아가셨습니까?' 라고 하는데, 이는 죽은 사람에게 하는 것이다(諸侯使人弔辭曰 寡君聞君之喪 寡君使某如何不淑 此施於生者 傷辭未聞也 說者有弔辭云 皇天降災 子遭罹之 如何不淑 此施於死者)." 하였다. 그 소에 이것은 조상하는 법을 논한 것으로 만약 죽은 자와 산자를 모두 아는 경우 조사와 상사를 함께 보내는데, 산자만 알고 죽은자를 모르는 경우 단지 조사만 보내고 상사는 보내지 않는다(此一節論吊傷之法 若存之與亡並識 則遣設弔辭傷辭兼行 若但識生而不識亡 則唯遣設弔辭而無傷辭)." 하였고, 조사(弔辭)는 입으로 명을 전하고, 상사(傷辭)는 판에 쓰는데, 사자가 그것을 읽고 빈궁 앞에 올린다(弔辭乃使口致命 若傷辭當書之於板 使者讀之而奠致殯前也)." 하였다.

罹 : 걸릴 리, 당할 리

1. 무릇 조문하는 자 모두 소복을 한다(凡弔皆素服)

『가례』에 "복두(幞頭)와 적삼(衫), 대(帶)는 모두 흰 생견(生絹)으로 만든다(幞頭衫帶 皆以白生絹爲之)." 하였다.

『가례의절』에 "각각 그 사람이 마땅히 입어야 할 옷에 따라 흰 명주(縞素)를 사용한다(各隨其人所當服之衣而用縞素者)." 하였고, "관직이 있는 자는 옷은 바꿀 수 있으나 관(冠)은 바꿀 수 없으며, 만약 관직이 없는 자라면 소건(素巾)을 사용할 수 있다(有官者衣可變而冠不可 若無官者用素巾 可也)." 하였다.

『周禮註疏』 춘관종백의 사복에 "무릇 조문하는 일에는 변질복(弁絰服)을 입는다(凡弔事弁絰服)." 하였고, 그 주에 "변질(弁絰)은 작변

(爵弁)과 같은데 희게 하고 환질(環絰)을 더한다(弁絰者如爵弁而素加環絰).” 하였다.

2. 전물에는 향, 차, 촛불, 술, 과일을 쓴다(奠用香茶燭酒果)

『가례』에 이르기를 “치전상(致奠狀)이 있거나, 혹 음식물을 쓰는 경우 별도의 제문을 짓는다(有狀 或用食物 卽別爲文).” 하였다.

『증보사례편람』에 사마온공의 말을 인용하여 “전(奠)은 슬픔과 정성을 귀하게 여기며, 술과 음식이 반드시 풍성할 필요는 없다(奠貴哀誠 酒食不必豐腆).” 하였다.

『의례』 사상례에 “판에 봉(賵)을 쓴다. 9행, 7행, 5행이다(書賵於方 若九 若七 若五).” 하였고, 그 주에 “方은 판이다. 봉, 전, 부, 증하는 이의 이름과 그 물목을 판에 쓰고 매판에 9줄이나 7줄이나 5줄이다(方 板也 書賵奠賻贈之人名與其物於板 每板 若九行 若七行 若五行).” 하였다. 9줄, 7줄, 5줄은 물품의 많고 적음을 말하는 것이고 치전장이나 치부장은 뒤의 서식 조에서 볼 수 있고, 조문할 때의 세문은 아래처럼 『가례의절』에서 볼 수 있다.

■ 弔祭文式 : 조문할 때의 제문 형식

維
年號幾年歲次某年某月干支朔 某日干支 忝親 某官姓某謹以
清酌庶羞之奠致祭於
某親某官某公之柩云云 尚
饗

모년 모월 모일에 외람된 친족(忝親)인 모관 모성 모가 삼가 맑은 술(淸酌)과 여러 음식(庶羞)의 전물(奠物)로써 모의 부친 모관

모공의 영구(靈柩) 앞에 치제(致祭)합니다.
흠향하시옵소서.

· 년호기년(年號幾年) : 년호(年號)는 옛날 임금이 즉위하면 붙이는 칭호이고 기년(幾年)은 몇 번째 년이라는 뜻이며, 유 세차(維歲次)는 해의 차례라는 뜻으로 제문에 첫머리에 붙이는 형식이다.
· 첨친(忝親)은 친족일때 쓰는 말로 『상례비요』에 "관계에 따라 달리 일컫는다(隨所稱)." 하였고, 『상변통고』 관례 계조에 忝親은 친족(親族)이 아니면 욕교(辱交) 혹은 욕식(辱識)으로 한다(非親則云辱交或辱識). 하였다.
· 忝親 : 외람된 친족, 辱交, 辱識 : 외람된 아는 분
· 운운(云云)은 "별도의 문장으로 정과 뜻(情意)을 나타낸다(別爲文字 以叙情意)." 하였다. 안 쓰려면 운운은 지운다.

腆 : 두터울 전, 많이 차릴 전, 賵 : 보낼 봉, 선물 봉, 忝 : 더럽힐 첨, 황송할 첨, 욕보일 첨, 겸사 첨, 辱 : 더럽힐 욕, 황송할 욕, 욕보일 욕

3. 부의는 돈이나 비단을 쓴다(賻用錢帛)

『가례』에 이르기를 "치부장(致賻狀)이 있는 것은 오직 친우와 교분이 두터운 사람만이 그것이 있다(有狀 惟親友分厚者 有之)." 하였다.

『춘추 공양전(公羊傳)』 은공 추 7월조에 "거마(車馬)를 주는 것을 봉(賵), 재화를 주는 것을 부(賻), 옷과 이불을 주는 것을 수(襚)라고 한다(車馬曰賵 貨財曰賻 衣被曰襚)." 하였고, 그 주에 "모두 산 자를 도와 죽은 자를 보내는 예이다(皆助生送死之禮)." 하였다. 그리고 『춘추 곡량전(穀梁傳)』 은공 추 7월조에 "탈 것과 말은 봉, 옷과 이불은 수, 패옥은 함(含)이라 하고 돈과 재화는 부라 한다(乘馬曰賵 衣衾曰

襚 貝玉曰含 錢財曰賻).” 하였다.

4. 명함을 갖추어 이름을 알린다(具刺通名)

빈객과 주인이 모두 관직에 있으면 문장(門狀)을 갖춘다. 그렇지 않으면 명지(名紙)를 갖추고 그 뒷면에 (문장을) 써서 먼저 사람을 시켜 통지하고 예물과 함께 들여보낸다(賓主皆有官 則具門狀 否則名紙題其陰面 先使人通之 與禮物俱入). 명지는 요즈음의 명함이라고 할 수 있다. 조문을 하기 전에 명함의 뒷면에 조문하기 원함을 알리는 것이라 할 수 있다.

■ [門狀式] 문장식

某位姓某
右(上)某 謹詣門屏 祇慰 某位 伏聽 處分 謹狀
年號　月　日 某位姓某狀

모 벼슬 모씨 모
위의 모가 삼가 문 앞에(門屏)에 이르러 모 위(位)를 공손히 위문하고자 하오며 삼가 처분을 기다립니다.
연호 월 일에 모 벼슬 모씨 모가 삼가 글을 올립니다.

· 벼슬이 높은 사람을 만날 때는 某位姓某를 具位姓某라 한다
· 평교에는 謹詣門屏(삼가 문 앞에 이르러) 를 뺀다.
· 평교에는 祇慰某位(모위를 공손히 위문하다)를 祇慰某官(모 벼슬을 공손히 위문하다)라 한다.
· 평교에는 伏聽處分(엎드려(삼가) 처분을 청한다) 을 뺀다.

■ [名紙式] 명지 뒷면에 쓰는 글(『상례비요』에서는 방자(榜子)라 함)

> 某官姓某 慰
>
> 모 벼슬 모씨 모가 조문 합니다.

5. 들어가 곡하고 전을 올리기를 마치고 이에 조문하고 물러남(入哭奠訖乃弔而退)

『가례』에 "이미 이름을 통지하면 상가에서는 불을 당겨 촛불을 켜고 자리를 펴고 모두 곡하며 기다린다(旣通名 喪家炷火燃燭布席 皆哭以俟)."

"호상(護喪)이 나가 손님을 맞이하면 손님이 들어가 청사(廳事)에 이르러 나아가 읍을 하고, 이르기를 '아무개가 돌아가셨다는 것을 듣고 놀라움과 측은함을 이기지 못합니다. 감히 들어가 술을 따르고 위로하는 예를 펴기를 청합니다'(護喪出迎賓 賓入至廳事 進揖曰 竊聞某人傾背 不勝驚怛 敢請入酹並伸慰禮)." 한다

호상이 빈객을 인도하면 들어가 영좌 앞에 이르러 슬픔을 다해 곡하고 재배 분향하고, 무릎을 꿇고 차나 술을 따라 올리고 머리를 숙여 엎드렸다 일어난다(護喪引賓入 至靈座前 哭盡哀 再拜焚香 跪酹茶酒 俛伏興).

호상이 곡하는 사람을 그치게 한다(護喪止哭者). 사고전서본 『가례』에 止가 至로 되어 있는데 원록본 『가례』 및 다른 본을 참고하고 뜻을 헤아려 止로 고침

축이 무릎을 꿇고 빈객의 오른쪽에서 제문이나 전, 부장을 읽고, 마치고 일어나면 빈객과 주인 모두 슬픔을 다해 곡한다(祝跪讀祭文奠

賻狀於賓之右 畢 興 賓主皆哭盡哀).

빈객이 (영좌에)재배한다(賓再拜).

주인이 곡을 하며 나가 서향하여 이마를 조아리고 재배한다. 빈객도 곡하며 동향하여 답배하고, 나아가 말하기를 '뜻하지 않은 흉변으로 모의 아버지 모 벼슬(某親某官)께서 갑자기 돌아가셨으니 엎드려 생각건대 슬픔과 사모함을 무엇으로 감당하겠습니까?' 라고 한다. 주인은 대답하기를 '모의 죄가 너무 무거워 화가 모의 아버지(某親)에게 이어졌습니다. 엎드려 전뢰(奠酹:술을 따라 올리다)를 해 주시고 아울러 오셔서 위로해 주시니 슬픈 감회를 이기지 못하겠습니다.' 한다(主人哭出 西向稽顙再拜 賓亦哭東向答拜 進日 不意凶變 某親某官 奄忽傾背 伏惟哀慕 何以堪處 主人對日 某罪逆深重 禍延某親 伏蒙奠酹 並賜臨慰 不勝哀感). 奄忽傾背(갑자기 돌아가시다)는 "죽은 사람의 관직이 높으면 '훙서(薨逝 : 왕이나 귀족 등 높은 이의 죽음을 높여 이르는 말)'라 하고, 조금 높으면 '연관(捐館 : 살던 집을 버린다는 뜻으로 죽음을 높여서 말함)'이라 하고, 살아 있는 사람이 관직이 높으면 '엄기영양(奄棄榮養 : 영광스러운 봉양을 갑자기 버림)'이라 하며, 살아 있는 사람이나 죽은 사람 모두 관직이 없으면 '색양(色養 : 부드러운 얼굴색으로 봉양함)'이라 한다(若亡者 官尊 卽云薨逝 稍尊 卽云 捐館 生者官尊 則云 奄棄榮養 存亡俱無官 卽云色養)." 하였다.

주인이 또 재배하면 빈객은 답배하고, 또 서로 마주보고 슬픔을 다해 곡한다. 빈객이 먼저 그치고 주인을 위로하여 말하기를 '명의 길고(修) 짧음(短)은 수(數)가 있으니 애통해하신들 어찌하겠습니까? 효성스러운 생각을 억제하시고 굽혀서 예의의 제도를 굽어 따르십시오.' 라고 한다(又再拜 賓答拜 又相向哭盡哀賓 賓先止 寬譬主人日 修短有數 痛毒奈何 願抑孝思 俯從禮制).

이에 읍하고 나오면 주인은 곡하며 들어간다(乃揖而出 主人哭而入).

호상이 전송하여 청사에 이르러 차와 탕을 대접하고 물러가면 주인 이하는 곡을 그친다(護喪送至廳事 茶湯而退 主人以下止哭).

『예기』 단궁에 "다른 사람을 조상한 날에는 음악을 연주하지 않는다(弔於人 是日不樂)." 하였고 그 주에 "군자는 슬픔과 즐거움을 같은 날 하지 않으며, 공자는 곡한 날에 연주를 하지 않았다(君子哀樂不同日 子於是日哭 則不歌)." 하였다. "조문을 행하는 날 술을 마시고 고기를 먹지 않는다(行弔之日 不飮酒食肉焉)." 하였다.

『예기』 단궁에 "사람이 죽어도 조상하지 않는 경우가 셋이 있는데, 두려워서 죽은 자와 압사한자와 물에 빠져 죽은 자다(死而不弔者三 畏 厭 溺)." 하였고, 그 주에 "몸을 가볍게 여겨 효심을 잊은 것을 이른다. 畏는 다른 사람이 자기 죄가 아닌 것을 자기에게 덮어씌웠는데 자기가 능히 그것을 벗어날 수 없어서 죽은 자이다. 공자가 광에서 두려워하였다. 염(厭)은 위험하고 험한 아래로 다님이다. 익(溺)은 다리나 배를 타지 않음이다(謂輕身忘孝也 畏 人或時以非罪攻己 不能有以說之死之者 孔子畏於匡 厭 行止危險之下 溺 不乘橋舡)." 하였다. 내 생각에 외(畏)는 위험에 처해 스스로 해결하지 못하고 『예기집설』에서 진씨가 "구덩이에서 벗어날 방법을 몰라 구렁에서 스스로 목매는 경우가 많고 이는 진실로 두려워서 죽었을 것이다(不知所出多自經於溝瀆 此眞爲死於畏矣)." 고 한 것처럼 스스로 목숨을 끊은 것은 것을 말하는 것이고, 염(厭)과 익(溺)은 이유 없이 스스로 위험한 일을 자청한 것이니 외(畏)와 함께 몸을 가볍게 여기고 효를 잊은 것이라 할 수 있고, 조문을 받을 자격이 없다 하겠다.

『예기』 곡례에 "상에 임해서는 웃지 않고 靈柩를 바라보고 노래하지 아니하고 곡하려고 들어가서 용모를 꾸미지 않는다(臨喪不笑 望柩不歌 入臨不翔).” 하였고 그 주에 “상에 임하여서는 마땅히 슬픈 얼굴을 하여야 하며 슬픔에는 얼굴을 꾸미거나 즐기기 않는다(臨喪宜有哀色 哀傷之無容樂).” 하였다. 『상례고증(喪禮考證)』에 “불상(不翔)은 용모를 꾸미지 않는 것이다(不翔 不爲容也).” 하였다.

『의례』 사상례에 “중주인(衆主人)은 자리로 돌아가고 부인은 동쪽으로 자리로 돌아간다(眾主人復位 婦人東復位).” 하고, 그 소에 “중주인과 부인은 빈객에 대해 일이 없다(眾主人與婦人於賓無事).” 하였다. 『예기』 상대기에 “무릇 적자가 아닌 자는 장례를 치르기 전 은밀한 곳에 여막을 차린다(凡非適子者，自未葬，以於隱者爲廬).” 고 했으며, 『의례』 상복(喪服) 소에 “적자는 그 북쪽의 드러나는 곳에 여막을 차려서 조문하는 빈객을 응접하기 때문에 은밀한 곳에 여막을 차리지 않는다(適子則廬於其北顯處爲之 以其適子當應接弔賓 故不於隱者).” 했다. 『통전』(通典 卷第一百三 禮六十三 沿革六十三 凶禮二十五)에 “조문을 받는 예는 오직 상주만 절하고 머리를 조아리며, 나머지 사람들은 곡하고 발을 구를 뿐이다(受弔之禮 唯喪主拜稽顙 餘人哭踊而已).” 하였다. 이로 볼 때 중주인과 부인은 빈객에게 절하는 일이 없고 은밀한 곳에 여막을 차려 자기자리로 돌아가며, 주인만이 빈객에게 절함을 알 수 있다. 그러나 요즈음에는 상주 , 중주인 구별 없이 절하고 있다.

『서의』에 “만약 손님이 죽은 자와 친구사이이면 들어가 술을 따른다(若賓與亡者爲執友則入酹).” 하고, 그 주에 “부인의 상에는 친우(親友)와 그의 아들 친구로서 일찍이 당에 올라 어머니께 절을 했던 자가 아니라면 들어가 술을 붓지 못한다(婦人非親友及與其子爲執友嘗升堂拜母者則不入酹).” 하였다.

상복을 입고 있으면서 남을 조문할 경우(服中弔人)는 『예기』 증자문에 "증자가 묻기를 3년 상중에도 남을 조문 합니까?(曾子問曰 三年之喪弔乎)" 하자, "공자가 말하기를 3년 상에는 연제를 지내고도 여러 사람과 함께 서거나 여러 사람과 함께 다니지 않는다. 군자는 예로써 정을 꾸미는데 3년의 상중에 있으면서 남을 조문하며, 곡한다는 것은 또한 헛된 일이 아니겠는가(孔子曰 三年之喪 練不群立 不旅行 君子禮以飾情 三年之喪而弔哭 不亦虛乎)." 하였고, 그 주에 "저 사람을 위해 슬퍼한다면 어버이에게 오로지하지 않음이요. 어버이를 위해 슬퍼한다면 이는 망녕된 조상(弔喪)이다(爲彼哀 則不專於親也 爲親哀 則是妄弔)." 하였다. 그러나 『예기』 단궁에는 자장(子張)이 죽자 증자는 모친의 상중이었는데 자최복을 입고 가서 곡한(子張死 曾子有母之喪 齊衰而往哭之) 예가 있다. 『예기』 잡기에 "이미 장사를 지낸 대공복을 입는 이는 조문할 때 곡하고 물러나되 그 집의 일을 듣지 않고 기년(朞年)의 상에는 아직 장사 지내지 않았으면 마을 사람을 조문할 때에 곡하고 물러나되 그 집의 일(事)을 듣지(聽) 않는다(既葬 大功弔 哭而退 不聽事焉 期之喪未葬 弔於鄕人 哭而退 不聽事焉)." 하였고 그 주에 "청(聽)은 오히려 기다림이고 사(事)는 습과 염(襲斂)과 집발(執紼: 상여 줄을 잡음)따위를 말한다(聽 猶待也 事 謂襲 斂 執紼之屬)." 하였다. "대공의 상에 이미 장사를 지내고 조문할 때는 일을 기다리지만 그 일을 돕지는 않고 소공이나 시마에는 일을 거들지만 제물을 올리는 일(禮)에는 참여하지 않는다(功衰 弔 待事 不執事 小功緦 執事 不與於禮)." 하였고, 그 주에 "예(禮)는 제물을 올림이다(禮饋奠也)." 하였다.

『예기』 소의(少儀)에 "존장이 자기보다 연배가 훨씬 높으면 상사에는 일을 기다려서 하고, 혼자서 조문하지 않는다(尊長於已踰等 喪

俟事 不犆弔).” 하였고 그 소에 “일을 기다린다는 것은 주인이 조석곡을 할 때를 기다림을 말하고, 혼자서 조문하지 않음은 때가 아닌데 혼자 조문하지 않음을 말한다(俟事 謂侍主人朝夕哭時也 不犆弔 謂不非時而獨弔也).” 하였다.

『예기』 곡례에 “무릇 조문할 때가 아니거나 임금을 뵐 때가 아니면 답배하지 않는 것이 없다(凡非弔喪 非見國君 無不答拜者).” 하였고, 그 주에 “예는 왕래함을 숭상한다. 상에 빈객이 답배하지 않음은 빈객임을 자처하지 않음이다(禮尙往來 喪 賓不答拜 不自賓客也).” 하였다. 그 소에는 “답배하지 않는 것은 자기가 본래 온 것은 상사를 돕기 위해서고 손님과 주인의 예를 행하려는 것이 아니기 때문에 주인이 비록 자기에게 절해도 자기는 답배하지 않는다. 그러므로 『의례』 사상례에 빈객이 있으면 절하고 빈객은 답배하지 않는다고 한 것이 이것이다(弔所以賓不答拜者 己本來爲助執於喪事 非行賓主之禮 故主人雖拜己 己不答也 故 士喪禮 有賓則拜之 賓不答拜是也).” 하였다. 내 생각에 조문하는 예는 빈객이 서서 자리를 잡으면 주인이 먼저 재배하고 주인이 재배를 마치고 자리를 잡으면 빈객이 답배를 하는 것인데, 이 때 빈객이 답배를 하지 않는 것은 조문하러 온 것이 아니고 상가의 일을 도우러 온 것이다. 그런데 지금 세속에서는 빈객과 주인이 함께 절하니 이런 예를 차릴 수도 없는 것 같다.

炷 : 심지 주, 불사를 주, 捐 : 버릴 연, 溝 : 봇도랑 구, 하수구 구,
瀆 : 도랑 독, 翔 : 날 상, 綍 : 상여줄 발, 犆 : 홀로 특, 가선 직

09

聞喪, 奔喪(문상, 분상)

문상(聞喪)은 객지에서 누군가 돌아가심을 듣는 것이오. 奔喪은 상의 소식을 듣고 분주히 돌아가는 예이다. 따라서 여기는 누군가 돌아가셨다는 소식을 듣고 행하는 예나 분주히 상가로 달려갈 때의 예를 기술한 것이다. 옛날에는 일반적으로 사람이 직접 전하는 것으로 며칠씩 걸려서 전달되고 집으로 달려가는 것도 며칠씩 걸리지만, 요즈음은 특별한 경우가 아니면 전화를 통하여 바로 전달되고 분상 시간도 하루면 충분할 것이므로 그 대강의 의의만 취하면 될 것이다.

1. 부모가 돌아가셨다는 얘기를 들으면 곡한다(始聞親喪 哭)

『가례』에 "친(親)은 부모를 말하는 것으로 곡으로 사자(使者)에게 답하고, 슬픔이 다하면 돌아가신 원인을 묻는다(親 謂父母也 以哭答使者 又哭盡哀 問故)." 하였다.

『예기』 분상에 "분상하는 예는 처음 어버이의 상을 들으면 곡으로서 사자에게 답하고, 슬픔이 가시면 그 원인을 묻고 또 슬픔을 다해 곡한다(奔喪之禮 始聞親喪 以哭答使者 盡哀 問故 又哭盡哀)." 하였고, 그 주에 "곡으로 사자에게 답하는 것은 부고 소식에 깜짝 놀란 슬픔으로 말이 없음이다(以哭答使者 驚怛之哀無辭也)." 하였으며, "비록 부모가 아니라도 상을 당한 소식을 듣고 곡함은 그 예가 역시 그러하다(雖非父母 聞喪而哭 其禮亦然也).” 하였다.

2. 옷을 바꾸어 입는다(易服)

초종의 역복처럼 옷을 갈아입는 것이다.

『가례』에 “베를 찢어 사각건을 만들어 쓰고 흰 베적삼을 입고 새끼 띠를 띠고 마신을 신는다(裂布爲四脚 白布衫繩帶麻屨).” 하였는데, 『가례의절』에 “포를 찢어서 각(脚)을 만든다고 한 것은 『가례』가 본디 『서의』에 근본을 두고 지었는바, 아마도 이것은 당시에 이런 제도가 있었던 듯한데 지금은 쓰지 않으니, 갑작스럽게 이것을 쓰고 먼 길을 가면 아마도 세속 사람들이 보고는 놀라 이상하게 여길 것이다. 씨가 있는 거친 마포를 사용하여 적삼(衫)을 만들어 입고, 백모(白帽)를 쓰고, 마승(麻繩)으로 묶고, 마혜(麻鞋)를 신는다(裂布爲脚 家禮 本書儀 恐是當時有此製 今世人不用 忽然以行遠路 恐駭俗觀擬 用有子粗麻布爲衫戴白帽 束以麻繩着麻鞋).” 하였다.

『가례의절』에 부고가 온 날 남녀가 곡을 하고 역복을 하는데, “남자는 모두 관(冠)과 윗옷을 벗고 부인은 머리꾸미개와 화려한 복장을 벗는다(男子皆去冠及上服 女子去首飾與凡華盛之服).” 하였고, 계속하여 “머리를 풀고 맨발을 하고 먹지 아니하고 곡을 하며 가슴을 치기를 무수히 한다(被髮 徒跣 不食 男女哭擗無數).” 하였다.

3. 마침내 간다(遂行)

『가례』에 “하루에 100리를 가되 밤에는 가지 않으며 비록 슬퍼도 몸에 해로움을 피한다(日行百里 不以夜行 雖哀戚 猶辟害也).” 하였다.

『예기』 분상에도 "드디어 길을 가되 하루에 백리를 가며 밤에는 가지 않는다(遂行 日行百里 不以夜行)." 하였고, 그 주에 "비록 슬퍼도 몸에 해로움을 피한다. 주야의 분별은 어둡고 밝음으로 구분한다(雖有哀戚 猶辟害也 晝夜之分 別於昏明)." 하였다. 『예기』집해에 "하루에 100리를 감은 (길사의) 배의 거리를 가는 것으로 길사에는 하루 50리를 갔다(日行百里行兼程也 吉行日五十里)." 하였다. 『서의』에는 "비록 혹 친속(親屬)과 함께 가더라도 하루에 100리를 가지 못한다. 도중에 역시 머물러 있어서는 안 된다(雖或有親屬皆行不能日行百里道中亦不可滯留也)." 하였다.

『예기』 분상에 "오직 부모의 상에 별을 보고 가고, 별을 보고 머문다(唯父母之喪 見星而行 見星而舍)." 하였고, 그 주에 "새벽길을 침범하고 저문 길을 무릅쓰고 모두 더욱 재촉함이다(侵晨冒昏 彌益促也)." 하였다. 새벽에 별을 보고 출발하고 저녁에 별이 떠야만 머물러 가능한 빨리 감을 말하는 것이다.

4. 길가는 중에 슬픔이 이르면 곡한다(道中哀至則哭)

『가례』에 "곡(哭)은 시끄럽고 번잡한 시장이나 읍(邑)은 피한다(哭避市邑喧繁之處)." 하였다. 『예기』 분상에 "곡은 시장이나 아침은 피한다(哭辟市朝)." 하였고, 주에 "여러 사람을 놀라게 한다(爲驚衆也)." 하였다. 사마온공이 『서의』에서 "요즘 사람들은 분상하거나 영구를 따라가는 경우에 성읍을 만나면 곡한다. 이것은 사람이 있으면 그렇게 하고 사람이 없으면 그렇지 않으니 꾸미고 속이는 짓이다(今人 奔喪及從柩行者 遇城邑則哭 是有人則爲之 無人則不爲 飾詐之道也)." 하였다.

『가례』에 "그 주의 경계, 현의 경계, 성의 경계 및 그 집이 보이면 모두 곡한다(望其州境其縣境其城其家 皆哭).” 하였다. 『예기』 분상에 “그 국경을 바라보고 곡한다(望其國竟哭).” 하였으며, 그 주에 “참최자이다. 여기서부터 곡하고 드디어 간다(斬衰者也 自是哭且遂行).” 하였고, 그 소에 “자최는 마을을 바라보고 곡하고, 대공은 문을 바라보고 곡한 즉, 참최는 그 국경을 바라보고 곡하고서 드디어 감을 알 수 있다. 비록 이르기를 참최라고 했으나 실제는 어머니의 자체도 역시 그러하다(齊衰望鄕而哭 大功望門而哭 則知斬衰望其國竟而哭且遂行 雖云斬衰 其實母之齊衰亦然也).” 하였다.

喧 : 시끄러울 훤

5. 대문 안에 들어가서는 널 앞에 이르러 두 번 절하고 다시 변복한 다음, 제 위치로 나아가 곡함(入門詣柩前再拜再變服就位哭)

『가례』에 “처음 옷을 바꿔 입는 것을 초상처럼 하고 널의 동쪽에서 서쪽을 보고 앉아 슬픔을 다해 곡하고 또 옷을 바꿔 입기를 소렴처럼 하고 또 그렇게 한다(初變服 如初喪 柩東 西面坐 哭盡哀 又變服如小斂 亦如之).” 하였다. 내 생각에 처음 변복하는 것은 길복과 관을 벗고 맨발을 하며 화려한 장식을 제거하는 것이고 다시 변복함은 소렴 및 대렴 때 단과 문을 하고 여자는 좌를 하는 것을 말하는 것이리라. 그리고 亦如之라고 한 것은 널의 동쪽에서 서쪽을 보고 앉아 슬픔을 다해 곡하는 것이다. 『예기』 분상에 “집에 이르러 문에 들어가되 좌측으로 하고 서쪽 계단으로부터 올라가 빈의 동쪽에서 서쪽을 보고 앉아 슬픔을 다해 곡하고 괄발하고 단을 한다(至於家 入門左 升

自西階 殯東 西面坐 哭盡哀 括發袒).” 하였다. 『서의』에는 “문에 들어 서쪽 계단으로 올라가 빈 앞에 이르러 두 번 절하고 슬픔을 다해 곡하고 곧 자리를 잡고, 바야흐로 관과 윗옷을 벗고 머리를 풀고 임을 꼽고 맨발을 하기를 마치 처음 돌아 가셨을 때처럼 한다. 빈의 동쪽에 이르러 서쪽을 보고 앉아 슬픔을 다해 곡한다(入門 升自西階 至殯前 再拜 哭盡哀 乃就位 方去冠及上服被髮扱衽徒跣 如始死之儀 詣殯東 西向坐 哭盡哀).” 하였고, 그 주에 “아직 소렴 전이면 집에 있던 사람과 같이 한다(其未小斂而 至者與在家同).” 하였다.

이 후 여러 사람과 서로 조문하는데 『서의』에 “여러 존장에게 절하고 여러 나이 어린 사람의 절을 받고 모두 슬픔을 다해 곡한다(拜諸尊長及受諸卑幼拜皆哭盡哀).” 하였다.

『서의』에 “다음날 그 다음날 조석곡에 단을 하고 괄발을 한다(明日後日朝夕哭猶袒括髮).” 하였다. 『예기』 분상의 주에 “다음날 아침에 두 번째 곡을 하고 또 그 다음날 아침에 세 번째 곡을 하는데 모두 당에 올라 괄발하고 단을 하기를 처음 이르렀을 때처럼 한다. 반드시 두 번째, 세 번째 곡을 하는 것은 소렴과 대렴 때를 형상화 한 것이다(又哭 至明日朝也 三哭 又其明日朝也 皆升堂括發袒 如始至 必又哭 三哭者 像小斂 大斂時也).” 하였다. 이는 소렴과 대렴을 마친 후에 도착한 경우를 이르는 듯하다.

『서의』에 “집에 이르러 4일에 곧 성복한다(至家四日乃成服).” 하였다. 『예기』 분상에는 “3일에 성복한다(三日成服).” 하였는데, 그 주에 “3일은 세 번째 곡을 한 다음날이다(三日 三哭之明日也).” 하였다. 집에 온 날을 계산하면 서의에서 말한 4일째임을 알 수 있다.

6. 만약 아직 가지 못하면 자리를 만들되 전은 올리지 않는다(若未得行則爲位不奠)

『예기』 분상의 주에 "부모의 상을 듣고 분상할 수 없는 것은 임금의 명으로 일이 있어 그럴 수 없는 자를 말한다(聞父母喪而不得奔 謂以君命有事 不然者)." 하였고, 그 소에 이는 임금의 사명을 받들고 수행하던 일이 아직 마무리되지 않았기 때문에 분상할 수 없음을 말한다(謂以君命有事 其事未了 故不得奔喪也)." 하였다.

『가례의절』에 "살펴보건대 지금의 제도를 보면 벼슬길에 있는 자는 장기(杖期) 이하의 상에 대해서는 분상할 수가 없다(按今制仕宦者於杖期以下喪不得奔喪)." 하였다.

『가례』에 "의자 하나를 설치하여 시구(尸柩)를 대신하고, 좌우전후에 자리를 마련하여 곡하기를 절차대로 한다. 다만 전을 진설하지 않는다(設倚子一枚 以代尸柩 左右前後設位哭如儀 但不設奠)." 하였고, 『서의』에 "만약 3일 이상 경과하도록 갈 수 없는 자는 위를 설치하나 전을 진설하지 않는다(若未得行須應過三日以上者則爲位不奠)." 하였다.

『가례』에 "만약 상(喪)이 난 곳에 자손이 없다면 여기에 전을 진설하여 절차대로 한다(若喪側 無子孫 則此中設奠如儀)." 하였다.

상을 들은 뒤 4일째 성복한다(亦以聞後之第四日).

7. 길에서 집에 이를 때까지 모두 위의 의식과 같다(在道至家皆如上儀)

『가례』에 "상(喪)이 난 곳에, 자손이 없다면 길을 가다가도 조석으로 자리를 마련하여 전을 진설하고, 다만 집에 이르러 변복하지 않고 서로 조문하고 빈객에 절하기를 절차대로 한다(若喪側 無子孫則在道朝夕爲位設奠 至家但不變服 其相弔拜賓如儀).” 하였다.

8. 만약 이미 장사지낸 즉 먼저 묘지로 가서 곡하고 절한다 (若旣葬則 先之墓哭拜)

『예기』 분상에 “분상하는 자가 빈소에 미처 오지 못하였을 경우에는 먼저 묘로 가서 북쪽을 바라보고 앉아 곡을 해 슬픔을 다한다(奔喪者不及殯 先之墓 北面坐 哭盡哀).” 하였다.

『예기』 분상에 “그를 기다린 주인(집에 있던 중주인)들은 묘의 왼쪽에 자리를 잡고 부인들은 묘의 오른쪽에 자리 잡아 발을 구르며, 슬픔을 다하고 괄발하고 동쪽 주인의 자리에 나아가 질(絰)을 하고 효대(絞帶)를 하고 곡하며 발을 구른다(主人之待之也 即位於墓左 婦人墓右 成踊 盡哀 括髮 東即主人位 絰絞帶 哭 成踊).” 하였다.

『예기』 분상에 “집에 돌아와 문의 좌측으로 들어와 북쪽을 바라보고 곡을 해 슬픔을 다한다. 괄발을 하고 단을 하고 발을 구른다(歸入門左 北面 哭盡哀 括髮袒 成踊).” 하였다.

『예기』 분상에 “두 번째 곡할 적에 괄발을 하고 발을 구르고, 세 번째 곡할 적에도 괄발을 하고 발을 구르며, 3일 만에 성복을 한다(於又哭 括髮 成踊 於三哭 猶括髮 成踊 三日成服).” 한다.

『가례』에 “묘지에 가는 자는 묘소를 바라보며 곡을 하니, 묘에 이르러 곡하고 절하기를 마치 집에 있을 때의 의식처럼 한다. 아직 성복하지 않은 경우, 묘에서 변복하고 집에 돌아와서는 영좌 앞에 이르러 곡하고 절한다. 4일에 성복하되 의식처럼 한다. 이미 성복한 자는 역시 그렇게 하되 다만 변복하지 않는다(之墓者 望墓哭 至墓哭拜 如在家之儀 未成服者 變服於墓 歸家詣靈座前哭拜 四日成服如儀 已成服

者亦然 但不變服).” 하였다.

『예기』 상복 소기에 “형제의 상에 분상(奔喪)할 경우에는 먼저 묘로 가야하며, 그런 다음에 상가에 가서 곡하는 위치에서 곡한다. 아는 사람의 상일 경우에는 먼저 궁(宮)으로 가서 곡을 하고, 그 다음에 묘로 간다(奔兄弟之喪 先之墓而後之家 爲位而哭 所知之喪 則哭於宮而後之墓).” 하였고, 그 주에 “궁은 옛날의 빈궁이다(宮 故殯宮也).” 하였으며, 그 소에 “형제는 골육지친이라 자연히 스스로 친하고 주인으로 말미암지 않은 까닭에 먼저 묘지로 가고, 만약 아는 이의 상은 주인으로 말미암아 슬픈 고로 먼저 주인을 만나 궁에서 곡하고 이후에 묘지에 간다(兄弟骨肉 自然相親 不由主人 故先往之墓 若所知之喪 由主人乃致哀戚 故先哭於宮而後至墓).” 하였다.

『예기』 분상의 소에 “자최 이하가 복을 벗을 시기가 지난 뒤에 분상할 때는 오직 문과 마를 하고 괄발하지 않으며, 묘지에서 곡을 마치면 상복을 벗는다(齊衰以下除服之後奔喪之節 唯著免麻 不括發 墓所哭罷即除).” 하였다.

9. 자최 이하는 상의 소식을 들으면 자리를 설치하고 곡한다 (齊衰以下 聞喪爲位而哭)

『예기』 분상에 “무릇 자리(位)를 마련함은 어버이 상이 아니어도 자최이하 모두 자리로 나아가 슬픔을 다하여 곡하고 동쪽에서 문과 질을 하고 자리로 나아가 단을 하고 발을 구른다(凡爲位 非親喪 齊衰以下皆即位 哭盡哀 而東免 絰 即位 袒 成踊).” 하였고, 그 주에 “임금의 일이 없고 또 특별한 다른 이유가 없다면 분상을 할 수 있는데 자기의 사사로움으로 아직 분상하지 못한 자를 말한다. 부모의 상이면 자리를 만들지 않고 그 곡하는 곳이 상을 들은 자리를 떠나지 않는다. 자최이하는 다시 자리를 만들어 곡하고 모두 갈 수 있으면 곧 간다(謂無君事 又無故 可得奔喪 而以己私未奔者也 父母之喪 則不爲位 其哭之不離聞喪之處 齊衰以下 更爲位而哭 皆可行乃行)." 하였다. 내 생각에 자기의 사사로움이란 여러 가지 경우가 있겠지만 자기 부모의 상복을 입고 있는 경우, 관례, 혼례, 제례 등에 상의 소식을 들은 경우 등이 그 예일 것이다.

『가례』에 "존귀하거나 어른(尊長者)은 정당(正堂)에서, 비루하거나 어린(卑幼)이는 별실(別室)에서 한다(尊長 於正堂 卑幼 於別室)." 하였다.

『예기』 분상에 "무복으로 자리를 설치하는 자는 오직 형수와 시숙 및 부인으로 강복하여 복이 없는 자에게 가마(加麻)한 경우이다(無服而爲位者 唯嫂叔及婦人降而無服者麻)." 하였고, 그 주에 비록 "복은 없더라도 오히려 조복(弔服)에 가마하고 단(袒)과 문(免)을 하고 자리를 마련해서 곡한다(雖無服 猶弔服加麻 袒免 爲位哭也)." 하였다.

10

治葬(치장)

『예기』 단궁에 "국자고가 말하기를 장(葬)이란 감춘다는 장(藏)이고, 장(藏)이란 남에게 보이지 않기를 바라는 것이다(國子高曰 葬也者藏也 藏也者 欲人之弗得見也)." 하였다. 『예기』 왕제에 "천자로부터 서인에 이르기까지 상을 치를 적에는 죽은 자를 따르고, 제사를 지낼 적에는 산 자를 따르며, 지자는 제사지내지 않는다(自天子達於庶人 喪從死者 祭從生者 支子不祭)." 하였고 그 소의 주에 "중용(中庸)에 이르기를 아버지가 대부이고 아들이 사(士)일 경우에는 장사 지내는 것은 대부의 예로써 하고 제사 지내는 것은 사의 예로써 한다. 그리고 또 이르기를 아버지가 사이고 아들이 대부일 경우에는 장사 지내는 것은 사의 예로써 하고 제사 지내는 것은 대부의 예로써 한다(中庸云 父爲大夫 子爲士 葬以大夫 祭以士 又云 父爲士 子爲大夫 葬以士 祭以大夫)." 하였다.

1. 석달만에 장사 지낸다(三月而葬)

『가례』에 "사마온공의 말을 인용하여, 옛날 천자는 7월, 제후는 5월, 대부는 3월, 사는 1월을 넘겨 장사지냈다. 지금 오복년월칙(五服年月勅)에는 왕공 이하 모두 3월에 장사 지낸다(司馬溫公曰 古者 天

子七月 諸侯五月 大夫三月 士踰月而葬 今 五服年月敕 王公以下 皆三月而葬).” 하였다. 『상변통고』에 “五服年月勅은 송나라의 예를 다룬 칙령이다(五服年月勅 宋朝禮律).” 하였다. 『예기』 왕제에 “천자는 7일에 빈을 하고 7월에 장사지내고, 제후는 5일에 빈을 하고 5월에 장사지낸다. 대부, 사, 서인은 3일에 빈을 하고 3월에 장사지낸다(天子七日而殯 七月而葬 諸侯五日而殯 五月而葬 大夫 士 庶人三日而殯 三月而葬).” 하였고, 그 주에 “『춘추전』에 이르기를 천자는 일곱 달 만에 장사를 지내니, 문화와 제도를 같이하는 모든(同軌:四夷之國) 나라에서 모두 오고, 제후는 다섯 달 만에 장사를 지내니 동맹(同盟)한 나라에서 오고, 대부는 석 달 만에 장사지내니 같은 지위의 사람들이 오고, 사는 달을 넘겨 장사 지내니 외친이나 인척이 온다(春秋傳曰 天子七月而葬 同軌畢至 諸侯五月 同盟至 大夫三月 同位至 士踰月 外姻至).” 하였다. 살펴보면 위 『춘추전』은 『춘추좌전』 은공 원년 추 7월조에 보이고, 본문에 대부와 사를 3월에 장사지낸다 하였는데, 그 주에서 대부와 사가 다른 것은 그 소를 보면 “그 실은 대부는 3월이라는 것은 죽은 달은 계산하지 아니하고 3월이오. 사가 3월이라는 것은 죽은 달을 계산하여 3월로 바로 이것이 1달을 넘긴다는 것이다(其實大夫三月者 除死月爲三月 士三月者 數死月爲三月 正是踰越一月).” 하였다.

勅 : 조서 칙, 軌 : 길 궤

2. 장사 지낼만한 땅을 택한다(擇地之可葬者)

『예기』 잡기에 “대부는 장지와 장일을 거북점(卜)을 친다(大夫卜

宅與葬日).” 하였다. 『의례』 사상례에 “장지를 산가지로 점치고 총인이 경영한다(筮宅 冢人營之).” 하였는데, 살펴보건대 『의례경전통해속』에 “총인이 땅을 살핀다(冢人物土).” 하고 그 주에 “物은 살핀다는 相이며, 그 땅이 장사지낼만한지 살펴보고 경영한다(物猶相也 相其地可葬者乃營之).” 하였다. 『의례』 사상례에 점을 치는 내용이 나오는데 “우선 총인이 좋다고 생각하는 땅을 정하여 네 모퉁이를 파서 그 흙을 밖에 두고 가운데를 파서 그 흙을 남쪽에 둔다(掘四隅 外其壤 掘中 南其壤). 그리고 아침에 곡을 한 뒤에 주인이 모두 정한 묘터에 가서 남쪽에서 북쪽을 바라보고 질(絰)을 풀어 놓는다. 점치는 자(筮者)에게 명하여 주인의 오른쪽에 있게 하며, 점치는 자가 동쪽을 바라보고 위 독(韇)에서 점대를 뽑아 한꺼번에 잡고 남쪽을 바라보고 명을 받는다. 명하여 말하기를, '애자(哀子) 아무개가 아버지 아무개 보(甫)를 위하여 거처를 점쳐 이 유택(幽宅)의 묘역의 자리가 뒷날에 근심이 있는지 없는지 헤아립니다.' 한다(旣朝哭 主人皆往 兆南北面 免絰 命筮者在主人之右 筮者東面 抽上韇 兼執之 南面受命 命曰 哀子某 爲其父某甫筮宅 度茲幽宅兆基 無有後艱).” 하였고, 그 주에 “어려움이란 특별하게 허물어짐 같은 것이 있음을 말한다(艱難 謂有非常若崩壞也).” 하였다. 이로 살펴보건대 묘자리를 점친다는 것은 후손들의 길흉을 점치는 것이 아님이 확실하다. “점을 처서 길하지 않으면 처음과 같은 의식으로 다른 자리를 점친다(若不從 筮擇如初儀).” 하였다.

『가례』에 정자의 말을 인용하여 “묏자리의 조짐을 점치는 것은 그 땅이 좋은지 나쁜지를 점치는 것이지, 음양가들이 말하는 화복(禍福)을 점치는 것이 아니다. 땅이 좋으면 그 신령이 편안하고 그 자손이 성대한 것은 마치 나무뿌리를 잘 북돋우면 가지와 잎이 무성한 것과 같아서 이치가 참으로 그러할 것이다. 땅이 나쁘면 이와 반대가 된다. 그러면 어떤 곳이 땅이 좋다고 하는가. 흙색이 윤이 나며, 초목이 무성한 것이 곧 증거이다. 아버지 할아버지와 자손은 같은 기운으로, 저쪽이 편안하면 이쪽도 편안하고, 저쪽이 위태하면 이쪽도 위태한 것이 또한 그 이치인데, 금기에 구속되는 자들은 혹 땅의 방위를 택하고, 날짜의 길흉으로 결정하니 또한 진창(泥)이 아니겠는가. 심한 자는 선소를 받드는 것으로 계책을 삼지 않고 온전히 뒷날의 이익으로만 생각하니, 편안히 모시려는 효자의 마음 씀은 더욱 아니다. 오직 다섯 가지 근심은 삼가지 않을 수 없다. 모름지기 뒷날 도로가 되지 않아야 하고, 성곽이 되지 않아야 하고, 도랑이나 못이 되지 않아야 하고, 권세가들에게 빼앗기지 않아야 하며, 밭갈이의 쟁기가 미치는 곳이 되어서는 안 된다. 다른 책에는 오환(五患)이란 못, 도랑, 도로, 촌락을 피함, 우물과 도요지를 멀리함이라 했다(程子曰 卜其宅兆 卜其地之美惡也 非陰陽家所謂禍福者也 地之美則其神靈安 其子孫盛 若培壅其根而枝葉茂 理固然矣 地之惡者則反是 然則曷謂地之美者 土色之光潤 草木之茂盛 乃其驗也 父祖子孫同氣 彼安則此安 彼危則此危亦其理也 而拘忌者惑以擇地之方位 決日之吉凶 不亦泥乎 甚者 不以奉先爲計 而專以利後爲慮 尤非孝子安厝之用心也 惟五患者 不得不謹 須使它日不爲道路 不爲城郭 不爲溝池 不爲貴勢所奪 不爲耕犂所及也 一本云 所謂五患者 溝渠道路避村落遠井窰).” 하였다. 내가 살펴보건대 위에 인용된 정자의 말은 이천 선생의 말로 『이정문집』 권 11에 있는 장설을 인용한 것이다. 그리고 『이정유서』 권2하에도 ‘正叔嘗爲葬說 有五事相地 須使異日不爲路 不置城郭 不爲溝渠 不爲貴人所奪 不致耕犂所及’ 라고 보인다.

“주자는 『가례』에서 옛날에는 장지와 장일 모두 점으로 결정하였으나, 요즈음 사람은 점치는 법을 알지 못하므로 세속을 따라 택해도 좋다(愚按古者 葬地葬日 皆決於卜筮 今人不曉占法 且從俗擇之 可也).” 하였다.

『가례』에 사마온공이 이르기를 “세속에 장사지설을 믿어 이미 연월일시를 택하고 또 산수의 형세를 가려서 자손의 빈부귀천과 현우(賢愚)·수요(壽夭)가 모두 여기에 달려 있다고 여긴다. 그러나 그 술법 또한 많이 달라 논쟁이 분분하니, 때로는 결정을 하지 못해 종신토록 장사지내지 못하거나, 여러 세대 동안 장사지내지 못하다가 혹 자손이 쇠잔하여 처소를 잃어 마침내 버려져서 장사지내지 못하기도 한다. 바로 장사지내는 일(殯葬)이 진실로 사람에게 화나 복을 가져온다 하더라도, 자손 된 자가 또한 어찌 차마 그 어버이의 유체를 썩어 나뒹굴게 하면서 제 이익을 구해서야 되겠는가? 예에 어긋나고 의리를 해침이 이보다 심한 것이 없다. 그러나 효자의 마음은 우환을 염려함이 심원하여, 얕게 묻으면 사람들이 파헤칠까 염려되고 깊게 묻으면 습기에 젖어서 빨리 썩을까 염려된다. 그러므로 반드시 흙은 두텁고 물은 깊은 곳을 구하여 장사 지내니 가리지 않을 수 없는 까닭이다(世俗信葬師之說 旣擇年月日時 又擇山水形勢 以爲子孫貧富貴賤賢愚壽夭 盡繫於此 而其爲術 又多不同 爭論紛紜 無時可決 至有終身不葬 或累世不葬 或子孫衰替 忘失處所 遂棄捐不葬者 正使殯葬 實能致人禍福 爲子孫者 亦豈忍使其親臭腐暴露 而自求其利耶 悖禮傷義 無過於此 然孝子之心 慮患深遠 恐淺則爲人所扫 深則濕潤速朽 故必求土厚水深之地而葬之 所以不可不擇也).” 하였다.

살펴보건대 풍수지리라고 하는 장사의 설은 郭璞의 장경으로부터 시작된다 하는데, 땅을 잘 쓰면 왕후장상이 나온다는 설은 믿을 것이 못되는 듯하다. 『상변통고』에 나대경의 말을 인용하면서 “곽박이 풍수에 정묘하다면, 길지를 묘하게 선택하여 그 자신을 복되게 하고 자손을 이롭게 했어야 마땅하다. 그러나 곽박 자신은 죽음의 형벌을 면치 못하였고 자손도 마침내 쇠미했으니, 결국 그 설이 자기 자신에게도 효험이 없는데 후세 사람들이 또 그가 남긴 책을 외우고 존신(尊信)하니 또한 미혹됨이 아닌가?(璞精於風水 宜妙選吉地 以福其身 以利子孫 然璞身不免於刑戮 而子孫卒以衰微 則是其說已不驗於其身矣 而後世方且誦其遺書 而尊信之 不亦惑乎)" 하였다. 정약용의 『여유당전서』 중 『풍수집의』에 풍수지리에 관한 제유들의 의견을 참고 할 수 있다. 내 생각에 장사의 설로 현혹하는 것은 술자들이 이러한 술법으로 세상 사람을 미혹케 하여 돈을 벌려고 하는 데에 지나지 않는 듯하다.

『상변통고』에는 '주자의 땅을 고르는데 대해 논한바 "반드시 먼저 그 땅 형세의 강약과 풍기(風氣)의 모이고 흩어짐, 수토(水土)의 깊고 얕음, 혈도(穴道)의 치우침과 바름, 역량(力量)이 온전한지의 여부를 논해야 한다. 그런 뒤에 그 땅의 좋고 나쁨을 비교할 수 있다(必先論其土勢之强弱, 風氣之聚散, 水土之淺深, 穴道之偏正, 力量之全否。然後可以較其地之美惡)." 한 것과 위의 정자의 설을 참고 한다면 좋은 장지를 얻을 수 있을 것이다.' 하였다.

『예기』 상복소기에 "부장하는 경우 그 묘지 대해 점치지 않는다(祔葬者 不筮宅)." 하였는데, 그 주에 "앞사람의 장사 때 이미 점을 쳤기 때문이다(前人葬旣筮之)." 하였다.

정한 땅을 점쳐 길하면 토지신에게 제사를 지내는데, 『서의』에 "터가 길하면 집사자가 그 중앙 땅 및 네 모퉁이에 각 각 하나의 표를 세우고 남쪽 입구에는 두 개의 표를 세운다. 축이 집사자를 거느리고 들어가 중앙땅의 좌측에 남향으로 토지신의 신위를 설치한다.

의탁, 관분, 수건걸이, 잔, 주전자, 포, 해 모두 보통 때 신에게 제사지내는 의식으로 한다. 고자(告者)와 집사자가 모두 들어가 신위 동남쪽에 두 줄로 서쪽을 보고 북쪽을 상석으로 하여 순서대로 서서 모두 두 번 절한다. 고자가 손을 씻고 잔을 씻어 술을 따라 꿇어 앉아 신위 앞에 나아가 땅에 부어 버리고 허리를 굽혀 엎드렸다가 일어나서 조금 물러나 북향으로 선다. 축사(祝詞)를 잡고 신위의 오른쪽으로 나아가 동쪽을 향해 꿇어앉아 축문을 다 읽은 다음, 일어나 위치로 되돌아온다. 고자가 두 번 절하고 나오고 축 및 집사자가 모두 서향으로 두 번 절하고 철상(撤床)하여 나온다. 주인은 집에 돌아오면 빈 앞에서 북향하여 곡을 한다(兆既得吉 執事者于 其中壤 及 四隅 各立一標 當南門立兩標 祝帥執事者 入設后土氏之神位 於中壤之左南向 置倚卓盥盆帨架盞注脯醢 皆常日祭神之儀 告者與執事者 皆入 序立於神位東南重行西向 北上 立定 俱再拜 告者盥手 洗盞 斟酒 進跪 酹于神座前 俯伏興 少退 北向立 搢笏 執詞 進于神座之右 東向跪 念之曰(祝文) 訖 復位 告者 再拜出 祝及執事者 皆西向 再拜徹饌出 主人歸殯前 北向哭)." 하였다

『서의』에는 그 축문에 "모년 모월 삭일에 아들 모관 모씨 모(姓名)는 감히 후토씨(后土氏)의 신께 고합니다. 지금 모 벼슬 모씨 모(姓名)를 위하여 묘역을 조성하니, 신께서는 보호해 주시고 뒤의 어려움이 없게 하소서. 삼가 맑은 술과 포와 육장을 신께 올리오니 흠향하소서(維年月朔日子其官姓名 敢昭告于 后土氏之神 今爲某官姓名 營建宅兆神其保佑俾無後艱 謹以淸酌脯醢祇薦于神尙饗)." 하였다.

『증보사례편람』에는 "후토에게 제사지내는 것은 천자가 할 수 있는 일로 사의 경우 후토에게 제사지내는 것이 참람한 일이라 하여 토지신이라고 바꾼 『가례의절』에 의거하여 后土氏之神을 土地之神으로

바꾸어 축문을 아래와 같이 한다."고 하였다.

■ 祝 文

維
年號幾年歲次干支幾月干支朔幾日干支某官姓名敢昭告于
土地之神 今爲某官姓名 營建宅兆
神其保佑 俾無後艱 謹以淸酌脯醢 祗薦于神 尙
饗

모년 모월 모일 모관 모씨 모(姓名)는 토지의 신께 감히 고합니다. 지금 모관 모씨 모(姓名)를 위하여 묘역을 조성하니, 신께서는 보호해 주시고 뒤의 어려움이 없게 하소서 삼가 맑은 술과 포와 육장을 신께 올리오니 흠향하소서

· 어머니의 상일 경우 今爲某官姓名 을 今爲某封某氏라 고친다.
· 아버지를 어머니묘에 합장하면 今爲某官姓名 營建宅兆를 고쳐 今爲某官某公 合窆于某封某氏之墓로 고친다.
· 어머니를 아버지 묘에 합장하면 今爲某官姓名 營建宅兆를 고쳐 今爲某封某氏 合窆于某官某公之墓라 한다.

物 : 살펴볼 물, 兆 : 묏자리 조, 櫝 : 점대 통 독, 壅 : 북돋을 옹(壅同), 犁 : 쟁기 려, 窖 : 움 교, 紜 : 어지러울 운, 替 : 쇠퇴할 체, 扫 : 팔 골, 璞 : 옥돌 박

3. 날을 잡는다(擇日)

『가례』에는 토지신에게 제사지내는 조항이 여기에 있는데, 『서의』를 참조하여 앞의 장지를 정하는 조항으로 옮겼다.

살펴보건대 묘자리를 정하거나 날을 잡는 것은 점을 처서 하는데,

『의례』 사상례에 사의 경우 묘자리를 택하는 점은 앞 조에서 본 것처럼 산가지 점으로 총인이 정한 묘자리에서 정해진 묘자리의 길흉을 점치고, 장사지낼 날은 날을 잡고 잡은 날의 길흉을 거북점을 쳐서 정한다. 『서의』에는 "묘지를 정하고 토지신에게 제사하고 돌아와 빈소에서 곡한 다음에 3월의 초에 葬日을 점친다(卜筮葬日於三月之初)." 하였고, 그 주에 "장지가 멀면 3월이 되기 전에 월과 일을 점친다(若墓遠則卜筮於未三月之前命日其月日)." 하였다. 생각해보건대 3월이란 3달 만에 장사자낸다고 하였으니 3달째 되는 초에 날을 잡는 것을 알 수 있다. 그리고 『예기』 곡례 소에 "큰일은 거북점을 치고, 작은 일은 산가지점을 친다(大事卜 小事筮)." 하였다.

『서의』에 불길한 날이 있을 것을 대비하여 "주인이 손님과 더불어 논의하여 장례하기 좋은날 3일을 정한다(主人與賓議定可葬日三日)." 하였다. 날짜를 점칠 때 길하지 않으면 다른 날짜를 가지고 점을 쳐야하니까 각 다른 날짜 3일을 정하는 것이다. 『예기』 곡례에 "점을 치는 것을 3번을 넘지 않는다(卜筮不過三)." 하였다.

『예기』 곡례에 "무릇 날짜를 점칠 때에는 열흘 밖의 날을 먼 어느 날이라고 하고, 열흘 안의 날을 가까운 어느 날이라고 한다. 상사(喪事)에는 먼 날을 먼저 점치고, 길사(吉事)에는 가까운 날을 먼저 점친다(凡卜筮日 旬之外曰 遠某日 旬之內曰 近某日 喪事先遠日 吉事先近日)." 하였다. 따라서 정해진 3날짜 중에서 가장 먼 날을 먼저 점치고 길하지 않으면 중간 날을 점치고 또 길하지 않으면 가까운 날을 점친다. 『의례』 사상례에는 "길하지 않으면 처음의 의식처럼 한다(若不從卜擇如初儀)." 하였는데, 세 번 점을 쳐서 길하지 않으면 어떻게 해야 하는지 모르겠다. 살펴보건대 『가례』 제례편의 시제 날짜를 점치는 조에 "불길하면 중순의 날짜로 다시 점을 치며 또 불길하면 다시점을 치지 않고 바로 하순의 날을 쓴다(不吉更卜中旬之日 又不吉則不復卜而直用下旬)." 한 것으로 보아 두 번을 점쳐 불길하면 마지막은 점을 치지 않고 택일만 하는 것 같다.

『의례』 사상례에 점치는 내용은 "애자 모는 올 날이 아비 모를 장사지냄에 허물이나 근심이 있지 않은지 점칩니다(哀子某 來日卜葬其父某甫 考降 無有近悔)." 하였고, 그 주에 "이날 장사 지냄이 일체의 신이 허물이나 후회에 가깝지는 않는지 점을 칩니다(卜此日葬 魂神上下得無近於咎悔者乎)." 하였으며, 그 소에 "魂神上下는 일체의 신을 아울러 가리키는 것으로 치우쳐 가리키는 바가 없고 허물이나 후회는 무덤이 붕괴됨이 있는 것을 말한다(云魂神上下者 總指一切神 無所偏指也 云咎悔者 亦謂冢墓有所崩壞也)." 하였다. 이로서 생각하건대 장사지내는 날을 점치는 것도 후손의 길흉을 점치는 것이 아니고 무덤의 허물어짐을 염려해서 하는 것임을 알 수 있다.

『가례의절』에 고계기(告啓期) 조를 두고 『의례』 기석례를 인용하여 "계빈(啓殯)을 할 날짜를 청하여 빈객에게 고한다(請啓期 告于賓)." 하였고, 『서의』를 인용하여 길한 땅과 길한 날이 얻어지면 "주인과 중주인이 들어가 빈 앞에 이르러 북향으로 곡을 하고 드디어 사람을 시켜서 친척과 동료와 친구(僚友)로서 응당 장사 지내는 데 올 사람들에게 고한다(主人與衆主人 入至殯前北向哭 遂使人告於親戚僚友應會葬者)." 하였다.

4. 무덤을 판다(穿壙)

『가례』에 "사마온공이 지금 사람들은 장사 지내는데 2가지 법이 있으니, 땅을 곧바로 아래로 뚫어 관을 매달아 하관을 하는 것이 있고, 수도(땅굴)를 옆으로 뚫어 토실을 파서 그 속에 널을 밀어 넣는 것이 있다(司馬溫公曰 今人葬有二法 有穿地直下爲壙 而懸棺以窆者 有鑿隧道 旁穿土室 而攛柩於其中者).” 하였고, “옛날에는 오직 천자만 수도를 만들 수 있었고, 그 외는 모두 곧바로 땅을 파 관을 만들고 관을 매달아 하관하였으니, 지금은 마땅히 이로써 법을 삼아 그 땅을 파는 데는 마땅히 좁고 깊게 하니 좁으면 무너지지 않고, 깊으면 도굴꾼이 가까이하기 어렵다(古者 唯天子得爲隧道 其它皆直下爲壙而懸棺以窆 今當以此爲法 其穿地宜狹而深 狹則不崩損 深則盜難近也).” 하였다.

『증보사례편람』에 주자어류를 인용하여 합장할 때 부부의 위치를 말하고 있는데 “이요경(李堯卿)이 합장할 때 부부의 위를 물으니 대답하여 이르기를, ‘내가 당초에 망실(亡室)을 장사 지낼 적에는 단지 동쪽 가의 한 자리만을 남겨 두었는데 역시 어떤 것이 옳은지 일찍이 예를 상고하지 않았다’ 하였으며, 안경(陳安卿)이 이르기를 ‘땅의 도리는(地道)는 오른쪽으로 높은 것을 삼는바 아마 마땅히 남자가 오른쪽에 있어야 할 듯합니다.’ 하니 이르기를 ‘제사 지낼 때는 서쪽을 위로 삼으니 장사 지낼 때에도 이와 같이 하는 것이 옳다’(堯卿問合葬夫婦之位 曰 某當初葬亡室 只存東畔一位 亦不曾考禮是如何 安卿云地道以右爲尊 恐男當居右 曰 祭以西爲上 則葬時亦當如此 方是).” 하였다. 내가 생각해보면 북향하여 묘혈을 바라보는 좌우와 묘혈에서 남향하여 보는 좌우가 다르기 때문에 일반적으로는 묘혈에서 남향하여 좌우를 얘기하면 오른쪽(서쪽)이 考位, 왼쪽(동쪽)이 妣位임을 알 수 있다.

『증보사례편람』에 “정자와 주자의 말을 인용하여 합장은 원비로 하고 계실은 따로 묘역을 조성한다((程子)曰 合葬以元妃 (朱子)曰 繼室 別營兆域).” 하였고, 내가 살펴보니 『이정유서』에 오직 원비만이 동혈에 합장한다(如葬 亦惟元妃同穴). 는 문장이 있다.

擸 : 던질 찬 

5. 회격을 만든다(作灰隔)

『가례』에 "광(壙)을 파는 일이 이미 끝나면, 먼저 숯가루를 광 바닥에 펴서 두께 2~3치로 채워 다진다(穿壙旣畢 先布炭末於壙底 築實厚二三寸)." 하였고,

"석회와 고운 모래와 황토를 고르게 섞어 그 위에 까는데, 석회가 3, 나머지 둘이 각 1이 좋다(布石灰細沙黃土拌勻者於其上 灰三分 二者 各一可也)." 하였으며,

"두께 2~3 치로 채워 다지고, 별도로 얇은 판자를 사용하여 곽(槨)의 형상처럼 회격(灰隔)을 만든다(築實厚二三寸 別用薄板爲灰隔 如槨之狀)." 하였다. 내가 살펴보건대 厚二三寸는 사고전서 및 元祿本 주자『가례』에는 厚二三寸로 되어 있고 『가례의절』이나 『상변통고』의 『가례』 인용부에는厚二三尺으로 되어 있었다. 그런데 『가례고의』에는 "炭末厚二三寸은 어떤 본에는 寸가 尺으로 되어 있는데 잘못이다(炭末厚二三寸 一本 寸作尺 誤)." 하였다.

『가례』에 "안에는 역청(瀝靑)을 두께 3치 정도로 바르고 가운데는 관이 들어갈 수 있게 한다. 회벽(牆)은 관보다 4치쯤 높게 하되 석회 위에 놓고, 이에 사방으로 네 가지 물건(숯가루, 석회, 고운 모래, 황토)을 쏟아 붓되 역시 얇은 판자로 막아서 숯가루는 밖에 넣고, 세 가지 물건(석회와 고운 모래와 황토)은 안에 넣어 바닥의 두께와 같게 하여 다진다(內以瀝靑塗之 厚三寸許 中取容棺 牆高於棺四寸許 置於

灰上 乃於四旁旋下四物 亦以薄板隔之 炭末居外 三物居內 如底之厚築之).” 하였고,

“이미 채웠으면 곧장 그 판자를 위쪽 가까이로 빼어 올려, 다시 숯가루와 석회 등을 넣어 다지되 회벽과 평평하게 되면 그친다(旣實 則旋抽其板近上 復下炭灰等而築之 及牆之平而止).” 하였다.

역시 『가례』에 “대개 이미 곽을 사용하지 않으니 역청을 바를 데가 없으므로 이 제도를 사용한다(蓋旣不用槨 則無以容瀝青 故爲此制).” 하였고, 숯은 나무뿌리의 침투를 막고 물과 개미를 피하게 하며, 석회는 모래와 섞이면 단단해지고 흙과 섞이면 차지게 되어, 세월이 오래되면 뭉쳐져 온전히 돌같이 되어 땅강아지나 개미, 도적이 모두 나아 갈 수가 없다(炭禦木根辟水蟻 石灰得沙而實 得土而黏 歲久結而爲全石 螻蟻盜賊皆不得進也).“ 하였다.

『가례』에 정자의 말을 인용하여 “옛날의 장사는 죽은 이로 하여금 흙이 살에 직접 닿지 않기를 바랐다(程子曰 古人之葬 欲比化不使土親膚).” 하였고, “세속에는 장사에 시신이 빨리 썩기를 바라는 속화지설(速化之說)을 바라는 자가 있으니, 부모님의 유골이 썩지 않기를 바라는 것이 아니라 아직 썩지 않았을 때 잘 보존함이 위에 언급된 곽을 만들거나 회격을 만들어 시신을 보존함이 마땅히 이와 같음을 어찌 알겠는가(世俗…有求速化之說者 是豈知…非欲求其不化也 未化之間保藏當如是耶).” 하였다.

瀝 : 거를 력, 蟻 : 개미 의, 黏 : 찰질 점, 螻 : 땅강아지 루

6. 지석을 새긴다(刻誌石)

『가례』에 "돌 두 조각을 사용하여 하나를 덮게 돌로 하여 모 벼슬 모의 묘라고 새기며 벼슬이 없으면 그 자(字)를 써서 모씨 누구라고 새긴다(用石二片 其一爲盖 刻云某官某公之墓 無官則書其字曰某君某甫)." 하였고

"그 나머지 하나는 바탕 돌로 하여 죽은 이의 벼슬, 성씨, 자, 이름, 살던 곳, 아버지, 어머니, 태어난 날짜, 벼슬 이력, 죽은 날짜, 장사지낸 날짜 및 장소, 모씨 누구의 딸에게 장가들어 아들은 벼슬이 무엇이고 딸은 무슨 벼슬 모씨에게 시집갔다는 것을 새긴다(其一爲底 刻云某官某公 諱某 字某 某州 某縣人 考諱某 某官 母氏某封某 某年月日生 叙歷官遷次 某年月日終 某年月日 葬於某鄕某里某處 娶某氏某人之女 子男某 某官 女適某官某人)." 하였으며,

"부인의 경우 남편이 살아 있으면 무슨 벼슬의 모봉 모씨의 묘라고 하고, 봉작이 없으면 무슨 벼슬의 처라고만 한다. 남편이 벼슬이 없으면 남편의 성명을 쓴다. 남편이 죽었으면 모관 모공의 모봉 모씨라고 하고, 남편이 벼슬이 없었으면 모군 모보의처 모씨라고 하고, 그 아래 누구에게 시집가서 남편이나 아들로 인하여 봉작을 받았다는 연역을 약간 쓰고 없으면 그러지 아니한다(婦人夫在 則蓋云某官姓名某封某氏之墓 無封則云妻 夫無官則書夫之姓名 夫亡則云某官某公某封某氏 夫無官則云某君某甫妻某氏 其底叙年若干 適某氏 因夫子致封號 無則否)." 하였다

『가례』에 "장사 지내는 날에 두 돌의 글자를 쓴 면을 서로 마주보게 하여 쇠줄로 그것을 묶고, 광(壙) 앞 가까운 곳 3~4자 사이에 그것을 묻는다(葬之日 以二石字面相向 而以鐵束束之 埋之壙前近地面三四尺間)." 하였고,

"대개 나중에 언덕이나 계곡이 변천하거나 사람들에 의해 잘못 움직일 때 이 돌이 먼저 발견되어 그 성명을 아는 자가 있어 모두 잘 묻어 주기를 생각해서이다(蓋慮異時 陵谷變遷 或誤爲人所動 而此石先見 則人有知其姓名者 庶能爲掩之也)." 하였다

『가례』, 『상례비요』, 『증보사례편람』을 참고한 덮게 돌과 바탕 돌에 새기는 서식을 정리하면 다음과 같다.

■ [誌蓋式] 덮게 돌에 쓰는 서식

某官 某公 諱 某之墓 모 벼슬 모씨 이름 모의 묘 · 벼슬이 없으면 某君 某甫之墓 이라 한다

■ [誌底式] 바탕 돌에 쓰는 서식

某官 某公 諱某, 字某, 某州 某縣人 考 諱某 某官, 母 某氏 某封 某年月日生 某年月日終 某年月日葬于某鄕某里某 處, 娶某氏某人之女, 子男某 某官, 女適某官某人

모 벼슬, 모씨로 이름(諱)은 모, 자(字)는 모, 모주(某州), 모현(某縣) 사람이다. 아버지의 이름은 모이고, 모 벼슬(某官)을 지냈다. 어머니 모씨(某氏) 모봉(某封)으로 모년 모월 모일에 태어났다. (벼슬의 이력을 옮긴 차례대로 서술한다). 모년 모월 모일에 돌아가시어 모년 모월 모일에 모향(某鄕) 모리(某里) 모처(某處)에 장사지냈다. 모씨에게 장가들었는데 모인(某人)의 딸이다. 아들 모는 모 벼슬이다. 딸은

모 벼슬 모인(貫鄕)에게 시집갔다

■ [婦人誌蓋式] 부인의 덮게 돌에 쓰는 서식

· 남편이 살아있는 경우
某官姓名 某 某封 某氏之墓
모 벼슬 성명 모인 모 봉작의 모씨의 묘

· 남편이 살아있는 경우 無封일 때
某官姓名 某 妻 某氏之墓
모 벼슬 성명이 모의 처인 모씨의 묘

· 남편이 살아있는 경우 벼슬이 없을 때
姓名 某 妻 某氏之墓
성명 모의 처인 모씨의 묘

· 남편이 죽었을 때
某官某公 諱 某 某封 某氏之墓
모 벼슬 모씨 이름이 모인 모 봉작의 모씨의 묘

· 남편이 죽었을 경우 벼슬이 없을 때
某君某甫妻 某氏之墓
모씨 모의 처 모씨의 묘

■ [婦人誌底式] 부인 바탕 돌에 쓰는 서식

이력을 간단히 쓰고(叙年若干) 모씨에게 시집가(適某氏), 남편과 아들로 인해 봉호를 받았으면 쓰고(因夫子 致封號), 아들과 딸 등에 대한 사항 등 나머지 말은 남자의 지저식(誌底式) 쓰기를 참조 한다.

7. 광에 넣을 물건을 준비한다.

『가례』 명기를 만든다(造明器)는 조에 "나무를 깎아 수레와 말, 하인과 시녀가 각기 봉양할 물건을 지닌 모습을 만들어 평소 살아 있을 때의 모습을 형상하되 작게 한다(刻木爲車馬 僕從侍女 各執奉養之物 象平生而小)." 하였고, "법령에 의거하여 5품과 6품은 30가지, 7품과 8품은 20가지, 벼슬을 하지 못한 이는 15가지이다(准令五品六品三十事 七品八品二十事 非陞朝官十五事)." 하였다. 『국조오례의』에 "4품 이상은 30가지, 5품 이하는 20가지, 서인은 15가지이다(四品以上三十事 五品以下二十事 庶人十五事)." 하였다.

『가례』 하장(下帳) 조에 "하장은 침상, 장막, 깔개, 돗자리, 의자, 탁자의 종류를 말하고 역시 평소 살아 있을 때의 모습을 형상하되 작게 한다(謂牀帳茵席椅卓之類 亦象平生而小)." 하였다. 하장이란 몸에 걸치는 것과 비교해 말하는 것으로 몸 아래 두는 것을 나타내는 것이다.

『가례』 포(苞) 조에 "대나무 가리개(竹掩) 하나에 견전의 남은 포를 담는다(竹掩一以盛遣奠餘脯)." 하였고, 『예기』 곡례 소에 "포는 그령 풀로 어육 따위를 싸는 것이다(苞者 以草苞裹魚肉之屬也)." 하였다. 『의례』 기석례에 "포 둘이다(苞二)." 하고, 그 주에 "전으로 올린 양고기와 돼지고기를 싸는 것이다(所以裹奠羊豕之肉)." 하였다.

『가례』 소(筲) 조에 "대나무 그릇 5에 오곡을 담는다(竹器五 以盛五穀)." 하였는데, 『의례』 기석례에 "소는 셋으로 차기장과 메기장과 보리다(筲三 黍 稷 麥)." 하였고, 그 소에 "소는 셋으로 각각 차기장과 메기장과 보리를 한 종류씩 담는 것이다(筲三各盛一種 黍 稷 麥也)." 하였다. 사마온공이 『서의』에서 "기석례에는 소 셋에 차기장, 메기장, 보리인데 지금은 단지 대나무 그릇 혹은 작은 항아리(甖)에 오곡을 저장하는데 각각 다섯 되면 된다(既夕禮筲三黍稷麥今但以竹

器或小甖貯五穀各五升可也).” 하였다. 『맹자』 등문공 장구의 주에 “오곡은 벼와 차기장과 메기장과 보리와 콩이다(五穀, 稻 黍 稷 麥 菽也).” 하였다. 『의례』 기석례에 “관소(菅筲)는 셋인데, 그 채우는 것은 모두 물에 데친다(菅筲三 其實皆瀹).” 하였고, 그 주에 “쌀과 보리는 모두 끓는 물에 담그는데 신이 흠향하는 바를 몰라 음식의 도리를 사용치 않으니 공경하는 까닭이다(米麥皆湛之湯 未知神之所享 不用食道 所以爲敬).” 하였다. 내 살펴본즉 기석례에 모두 약(瀹)한다 하였는데 瀹 자는 데친다는 뜻과 씻는다는 뜻이 있는데 주에는 쌀과 보리만 약(瀹)한다고 언급하였으니 나머지는 어떻게 하는 지 알 지 못하겠다.

『가례』 앵(甖) 조에 “자기(瓷器) 세 개로 술과 말린 고기와 젓갈을 담는다(甖器三以盛酒脯醢).” 하였다. 주자는 “이것은 비록 옛사람이 차마 어버이를 죽었다고 여기지 못하는 뜻이지만 실제 쓸 수 있는 물건이 아니고 또 포(脯)와 고기는 부패하면 벌레를 생기게 하고 개미를 모아 더욱 편치 않게 되므로 비록 쓰지 않더라도 괜찮다(愚按此雖古人 不忍死其親之意然實 非有用之物 且 脯肉腐敗 生蟲 聚蟻 尤爲非便 雖不用 可也).” 하였다.

甖 : 항아리 앵, 술 단지 앵, 瀹 : 씻을 약, 데칠 약

8. 큰 상여(大轝)

『가례』에 “옛날에 유거(柳車) 제도는 매우 상세했는데 요즈음은 그렇게 할 수 없으므로 세속을 따라 만들되 그 견고함과 편안함을 취할 뿐이다(古者 柳車制度甚詳 今不能然 但從俗爲之 取其牢固平穩而

已).” 하였다. 살펴보건대 柳車는 『가례』 사고전서 본에는 柳居로 되어 있고, 元祿本에는 柳車로 되어 있다. 『가례고증』에서 “柳는 모은다는 聚로 여러 가지 장식물이 모인 것이다(柳 聚也 諸飾之所聚也).” 하였다.

대여의 개략적 구조 제작법을 『가례』의 대여 조 주에 설명하고 있고, 『증보사례편람』에도 이를 인용하여 제작법을 기술하고 있으므로 참조할 수 있다. 그 꾸밈에 있어서는 “옷으로 관을 덮는 것 역시 조금 화려하게 한다(以衣覆棺 亦足以少華).” 하였는데, 도로에서 혹시 더 화려하게 꾸미고 싶을 경우, 대나무로 격자(格子)를 만들어 색동끈으로 묶어 위가 마치 파초 잎을 모아 지붕을 만든 정자(撮蕉亭)같이 휘장을 치고, 네 모서리에 술(流蘇)을 달아 드리울 뿐이다(道路或更欲加飾 則以竹爲之格 以綵結之 上如撮蕉亭施帷幔 四角垂流蘇而已).“ 하였다. ”다만 너무 호화롭고 쓸데없이 보기만 아름답게 하면 안된다(不須太華徒爲觀美).“ 하였고, ”도로가 멀 경우에는 결코 이러한 허식(虛飾)을 해서는 안 되고 다만 기름 먹인 삼베를 많이 사용하여 영구를 싸서 빗물이나 막을 뿐이다(若道路遠 決不可爲此虛飾 但多用油單裹柩 以防雨水而已).“ 하였다. 상례의 본뜻을 살리고 허례허식을 경계하는 게 아닌가 한다.

9. 삽(翣)

삽이란 『설문』에 “관의 깃털 장식이다(棺 羽飾也).” 하고, 그 주에 “관의 장식은 원래 『주례』에 근본을 둔다(棺飾本周禮).” 하였는데, 『설문해자구독』의 주에는 “무왕이 삽을 만들었다(武王作翣).” 하였다. 『예기』 상대기의 주에 “관을 화려하게 장식하는 것은 도로 및 광중(壙中)에서 사람들로 하여금 자신의 어버이를 싫어하지 않게 하기 위한 것이다(飾棺者以華 道路及壙中 不欲中惡其親也).” 하였다.

『가례』에 “나무로 부채처럼 모나게 광(筐)을 만든다(以木爲筐 如扇而方).” 하였고, “백포로서 싼다(衣以白布).” 하였으며, 보삽(黼翣)은 도끼의 형상을 그린 문양(黼)을 그리고, 불삽(黻翣)은 기(己) 자가 서로 등지고 있는 아(亞) 자의 모양새(黻)를 그리고, 화삽(畫翣)은 구름 모양(雲氣)를 그린다. 그 가선은 모두 운기로 하고 모두 붉은 색깔로 제도에 의거하여 그린다(黼翣畫黼 黻翣畫黻 畫翣畫雲氣 其緣皆爲雲氣 皆畫以紫准格).“ 하였다.

黼 : 수 보(도끼 형상을 수놓은 것), 黻 : 수 불(己字가 서로 등진 문양을 수놓은 것)

10. 신주를 만든다(作主)

『가례』의 주에 “정자의 말을 인용하여 신주를 만드는 데는 밤나무를 쓴다(程子曰 作主用栗).” 하면서, 그 만드는 법을 설명하였는데 내가 살펴보니 『이정전서』 이정문집 중 『이천문집』의 작주식(作主式)을 인용한 것으로 “신주를 만드는 데는 밤나무를 사용하고 시, 월, 일, 진에서 법을 취한다(作主用栗 取法於時月日辰).” 하면서, “받침은 사방 4치로 세월의 4時를 형상화 하였고, 높이는 1자 2치로 12개월을 형상화 하였고, 너비는 30푼(3치)으로 1달의 날수를 형상화 하였고, 두께 12푼(1치2푼)은 날의 시간(日辰)을 형상화 하였다(趺方四寸 象歲之四時 高尺有二寸 象十二月 身博三十分 象月之日 厚十二分 象日之辰).” 하였고, 그 주에 “몸체와 받침 모두 두께가 1치 2푼이다(身趺皆厚一寸二分).” 하였다.

『가례』에는 계속하여 신주를 만드는 법을 『이천문집』을 인용하여 설명하고 있는데, 작주식에 "위로 5푼을 깎아내어 머리를 둥글게 한다. 1치 내려와서 앞면을 깎아 내어 턱을 만들고 쪼개어 1은 앞에 있고, 2는 뒤에 있게 한다(剡上五分爲圓首 寸之下 勒前爲頷而判之 一居前 二居後)." 하면서, 그 주에 "앞은 4푼이고 뒤는 8푼이다(前四分後八分)." 하였다. 사고전서본 『이천문집』에는 턱(頷)이 이마(額)로 되어 있는데, 내용상 머리에서 1치 5푼을 내려오니 턱보다는 이마가 맞는 것 같은데, 작주식 그림의 설명에 "턱과 연결된 3분지 2는 뒤에 있다(連頷三分之二居後)." 하여, 頷으로 되어 있고 『가례』 및 同治正誼堂本 『이천문집』에 頷으로 되어 있어 頷으로 기록한다.

『가례』에 (뒷판) "턱 밑에 가운데를 파는데, 길이가 6치이고 너비가 1치이고 깊이가 4푼이다(頷下陷中 長六寸 廣一寸 深四分)." 하였고, 『이천문집』 작주식에는 "가운데를 판 곳에 벼슬, 성, 이름, 항렬을 쓴다(陷中以書爵姓名行)." 하였으며, 그 주에 "고(故) 모관 모공, 휘 모, 자 모, 제 몇째의 신주라 한다(曰故某官某公諱某字某第幾神主)." 하였다.

『이천문집』 작주식에 (앞판과 뒷판을) "합하여 받침에 세운다(合之植於趺)." 하였고, 그 주에 "받침위로 나온 몸체는 1자 8푼이고, 받침과 합한 높이는 1자 2치이다(身出趺上一尺八分 并高一尺二寸)." 하였다.

"옆에 구멍을 뚫어 가운데로 통하게 하되, 몸체 두께의 3분의 1과 같게 하고 높이의 3분의 2에 있게 한다(竅其旁以通中如身厚三之一居二分之上)." 하였고, 그 주에 두께의 3분의 1과 같게 한다는 것은 "원의 지름이 4푼임을 이른다(謂圓徑四分)." 그리고 높이의 3분의 2에 있게 한다는 것은 "7치 2푼의 위에 있음을 이른다(謂在七寸二分之

上).” 하였다.

“분으로 그 앞을 칠하여 속칭을 쓴다(粉塗其前以書屬稱).” 하였고, 그 주에 “속(屬)은 高, 曾, 祖, 考를 말하고 칭(稱)은 벼슬 혹은 부르는 항렬로 處士, 秀才, 幾郎, 幾翁과 같은 것을 말한다(屬謂高曾祖考稱謂官或號行如處士秀才幾郎幾翁).” 하였다.

“옆에 제사를 주관하는 사람의 이름을 쓴다(旁題主祀之名).” 하고, 그 주에 “효자 모 봉사라 한다(曰孝子某奉祀).” 하였다.

“관직이 더 추사(追賜)되거나 세대가 바뀌면 붓으로 씻어 그것을 고친다(加贈易世則筆滌而更之).” 하면서, 그 주에 “물은 사당의 담장에 뿌린다(水以洒廟墻).” 하였고, 더하여 “밖은 고치나 속은 고치지 않는다(外改中不改).” 하였다. 살펴보건대 밖 즉 앞쪽은 벼슬이 추사되어 바뀔 때 벼슬을 바꾸고 세대가 바뀌면 대가 바뀌므로 고조 증조 등이 바뀌어야 하고 방제도 바뀌어야 한다. 그러나 뒷판의 속을 파고 써 넣은 것은 벼슬이 추사된 것 외에는 바꿀 것이 없으므로 바꾸지 않는다는 것이다.

그리고 내 생각에 뒷판의 속에 써넣은 항렬(第幾) 및 앞판에 써 넣은 항렬(幾郎 혹은 幾翁) 같은 것은 중국에서 사용하는 것으로 중국에서는 형제를 첫째, 둘째, 셋째 등 순서를 붙여 사용하였으나, 우리나라에서는 사용하지 않으므로 쓸 필요가 없다고 보며 신주의 도식은 다음에서 볼 수 있다.

『가례』에서 주자는 “옛날에 우제(虞祭)의 신주는 뽕나무를 사용하고, 연제(練祭)를 지내고 난 뒤에 밤나무로 바꾸었다. 지금 여기서 밤나무로 신주를 만드는 것은 간편함을 따라서이다. 밤나무가 없으면 나무 중 견고한 것을 사용한다(古者 虞主用桑 將練而後 易之以栗 今於此便作栗主 以從簡便 或無栗 止用木之堅者).” 하였다. 살펴보건대

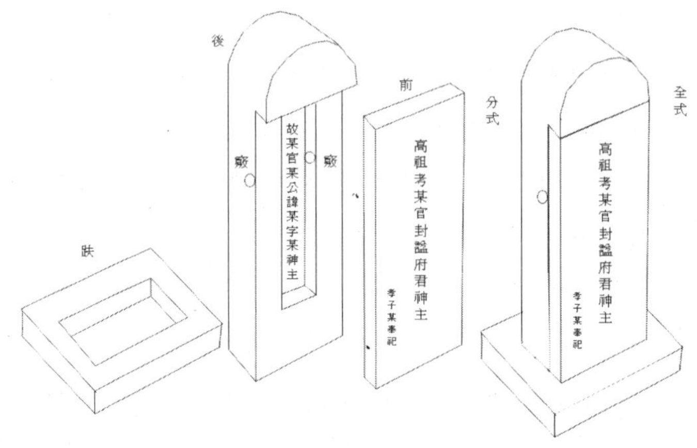

『춘추공양전』 문공 원년에 희공의 신주를 만들 때, "우제의 신주는 뽕나무를 쓴다(虞主用桑)." 하고, 그 주에 "뽕나무를 쓰는 것은 그 이름과 그 거침을 취하여 효자의 마음에 맞기 때문이다(用桑者 取其名與其麤觕 所以副孝子之心)." 하였고, "연제의 신주는 밤나무를 쓴다(練主用栗)." 하고, 그 주에 "1년 만에 지내는 제사가 연제인데, 우제의 신주를 두 계단 사이에 묻고, 밤나무를 사용해 신주를 바꾸는 것이다. 하후씨는 소나무로 하고 은나라 사람은 잣나무로 하고 주나라 사람은 밤나무로 하였는데, 밤나무는 오히려 두려워 삼가고 공경하는 모습이다(謂期年練祭也 埋虞主於兩階之間易用栗也 夏后氏以松殷人以栢周人以栗 栗猶戰栗勤敬貌)." 하였다.

『가례』에 "독은 검은 옻칠을 하며 하나의 신주를 담는다. 부부가 모두 사당에 들면 곧 사마씨의 제도와 같이 한다(櫝用黑添 且容一主 夫婦俱入祠堂 乃如司馬氏之制)." 하였는데, "사마온공은 부부는 함께 하나의 신주단지로 한다(司馬公曰 府君夫人共爲一櫝)." 하였다.

竅 : 엿볼 규, 洒 : 뿌릴 쇄, 觕 : 거칠 추

11

遷柩, 朝祖, 奠賻, 陳器, 祖奠
(천구, 조조, 전부, 진기, 조전)

1. 발인 하루 전 조전 때에 영구 옮김을 고한다(發引前一日 因朝奠 以遷柩告)

『의례』 기석례에 "석곡을 마치고 계빈할 시기를 청하여 빈에게 고한다(旣夕哭 請啓期告于賓)." 하였는데, 그 주에 "장차 장사지내려고 조묘(祖廟)로 천구(遷柩)할 때에 유사(有司)가 이에 주인에게 계빈할 시기를 청하여 빈에게 고한다(將葬 當遷柩于祖 有司於是乃請啓肂之期於主人以告賓)." 하였다. 기석례에 "장사지내기 이틀 전 석곡을 마쳤을 때를 말하는 것으로, 장사 지내는 날과 하루사이이다(謂先葬二日 已夕哭時 與葬間一日)." 하였다.

『의례』 기석례에 다음날 "아침 일찍 일어나 조묘의 문 밖에 대야를 놓고 솥(鼎)을 벌여놓기를 빈할 때처럼 하며 동쪽에 음식을 차려놓는 것도 또한 같게 한다(夙興 設盥于祖廟門外 陳鼎皆如殯 東方之饌亦如之)." 하였고, 그 주에 "빈할 때와 같이 한다는 것은 대렴과 빈을 마친 후의 전(奠)과 같이하는 것이다(如殯 如大斂旣殯之奠)." 하였으며, 그 소에 대야를 놓는 것은 솥을 든 이가 손을 씻도록 하기 위함이다(擬擧鼎之人盥手).“ 하였다. 계속하여 ”두 개의 촛불이 빈소 문밖에 기다린다(二燭俟于殯門外).“ 하였고, 그 주에 ”새벽에 어두움을 밝히기 위해서이다(早闇以爲明也).“ 하였다.

『가례의절』에 “오복의 외친이 모두 몰려와 각 그 복을 입고 들어 位에 나아가 곡을 한다(五服之外親 皆來會各服其服 入就位 哭).” 하였다. 『의례』 기석례에 “남자와 복머리(髽)를 한 사람이 대(帶)를 흩어 드리우고 자리로 나아가되 처음처럼 한다(丈夫髽散帶垂卽位如初).” 하고, 그 주에 “장차 계빈을 위하여 변복을 하는 것이다. 남자는 문을 하고 부인은 복머리를 한다. 처음처럼 한다는 것은 조석곡할 때 문밖의 자리와 같음이다(爲將啓變也 男子免而婦人髽 如初朝夕哭門外位).” 하였다.

『의례』 기석례에 “부인은 곡하지 않고 주인은 빈에게 절하고 들어가 자리로 나아가 단(袒)을 한다(婦人不哭主人拜賓入卽位袒).” 하면서, 그 주에 “남자가 문에 들어가 곡을 하지 않는다. 곡하지 않는 것은 장차 일이 있어 시끄러운 소리를 중지함이다(男子入門 不哭也 不哭者 將有事止讙囂也).” 하였고 그 소에 “장차 일이 있다는 것은 장차 개빈하는 일이 있음을 이른다(將有事者謂將有啓殯之事也).” 하였다.

『가례』에 “음식을 차리기를 조전과 같이 하고 축관이 술을 따르기를 마치면 북쪽을 보고 꿇어 앉아 고하기를 ‘이제 길한 날을 맞아 널을 옮길 것을 감히 고합니다.’ 하고 머리를 숙여 엎드렸다 일어나면 주인 이하가 슬픔을 다하여 곡하고 두 번 절한다(設饌如朝奠 祝斟酒訖 北面跪告日 今以吉辰遷柩敢告 俛伏興 主人以下哭盡哀再拜).” 하였다. 『서의』 계빈 조에 “축(祝)이 흉복을 하고 공포를 잡고 곡하는 자를 그치게 하고 널 앞에서 북향하여 서서 소리를 높여 세 번 고하기를 ‘삼가 길일이 되어 계빈합니다.’ 라고 하고, 고하기를 마치면 내외가 모두 곡하고 슬픔이 다하면 그친다(祝凶服 執功布 止哭者 北向 立於柩前 抗聲 三告曰 謹以吉辰啓殯 旣告 內外皆哭 盡哀止).” 하였다. 『의례』 기석례에 “상축(商祝)이 문(免)과 단(袒)을 하고서 공포(功布)를 가지고 들어가 서쪽 계단으로 오르는데, 계단이 끝나면 당에 오르지 않고, 세 번을 소리내고(聲三) 세 번 연다고 하고(啓三) 곡을 하도록 명한다(商祝免袒 執功布入 升自西階 盡階 不升堂 聲三 啓三 命哭).” 하였고, 그 주에 “세 번 소리를 내는 것은 세 번의 소리가 있어 신이 있는 것이다. 세 번 연다고 하는 것은 세 번 연다는 것을 말하여 신에게 고하는 것이다(聲三 三有聲 存神也 啓三 三言啓 告神也).” 하였으며, 그 소에 “‘세 번의 소리가 있어 신이 있는 것이다.’ 라는 것은 살펴보면 증자문에 역시 축이 ‘세 번 소리를 낸다.’ 하였는데, 정현이 주를 내어 이르기를 ‘신을 놀래게 하는(신의 주의를 끌게 하는) 것이다’ 하였고, 곧 이것이 신이 있는 것이다(三有聲, 存神也者 案 曾子問 亦云祝聲三 鄭云 警神也 卽此存神也).” 하였다. 내가 『예기』 증자문을 살펴보니 “축이 세 번 소리내고 고하여 이르기를(祝聲三 告曰)” 하고, 그 주에 “소리는 어흠(噫歆)으로 신을 놀래게 하는 것이다(聲 噫歆 警神也).” 하였다.

『의례』 기석례에 “횃불을 들인다(燭入).” 하였는데, 그 주에 “거두는 것과 계빈하는 것을 비추는 것이다(炤徹與啓殯者).” 하였고, 그 소에 “횃불 하나는 실(室) 안에서 전(奠)을 거두는 것을 밝히고, 횃불 하나는 당에서 빈(殯)의 구덩이를 여는 것을 밝힌다(一燭於室中 炤徹奠 一燭於堂 照開殯肂也).” 하였다.

『서의』에 부인은 다른 곳으로 피하여 물러난다(婦人退避於他所). 하였다. 계빈을 위해 일하는 자가 들어오는 것을 피함인데, 그 주에 “일하는 사람이 장차 들어오는 것을 위하여(爲役者將入)” 라고 하였다.

계속하여 『서의』에 "주인 및 중주인은 지팡이를 거두어 쥐고 서서 계빈을 살핀다(主人及衆主人 輯杖立視啓殯)." 하였는데, 그 주에 "지팡이를 거두어 쥔다는 것은 그것을 들고서 땅을 집지 않음을 말한다(謂擧之不以柱地也)." 하였고, "축이 명정을 취하여 영좌의 옆에 둔다(祝取銘旌置靈座之側)." 하였는데, 그 주에 "『의례』 기석례에 축이 명정을 취하여 중(重)에 둔다. 하였는데, 지금 혼백으로 중을 대신하므로 영좌의 옆에 둔다(旣夕禮 祝取銘置于重 今以魂帛代重 故置於靈座側)." 하였다. 진호 『예기집설』의 상대기 주에 "빈소에서 곡할 때 상장을 짚는 것은 슬픔이 공경함을 이겨서이다. 널 앞에서 곡함은 계빈 후이다. 상장을 거두는 것은 공경함이 슬픔을 이겨서이다(哭殯則杖哀勝敬也 哭柩啓後也 輯杖敬勝哀也)." 하였다.

"일꾼이 들어가서 빈(殯)에 바른 흙과 벽돌을 걷고 땅을 쓸어 깨끗하게 한다. 축(祝)이 공포(功布)를 가지고 관 위의 먼지를 떨어내고 겹금(袷衾)으로 관을 덮는다(役者入徹殯塗 及墼掃地潔之祝以功布拂去棺上塵覆以袷衾)." 하였다. 『의례』 기석례에는 "발 구르기를 수없이 한다(踊無算)." 하였는데, 그 소에 "축이 널을 떨면 발 구르기를 수없이 하는 것은 관과 널을 여는 것을 알았을 때를 당해서이다(祝拂柩則踊無算當知開棺柩之時)." 하였고, "상축이 공포를 사용하여 널을 떨고 이금을 사용하여 덮는다(商祝拂柩用功布幠用夷衾)." 하였다.

『서의』에 "일꾼이 나가면, 부인은 자리로 가서 곡을 한다. 집사자는 다시 예전 자리에 횃대와 영좌를 설치하고 이에 묵은 전(奠)을 거두고 새 전(奠)을 설치하는데, 평소 조석전(朝夕奠)의 의식처럼 한다(役者出婦人出就位立哭 執事者 復設椸及靈座於故處 乃徹宿奠置新奠如常日朝夕奠之儀)." 하였다.

『가례』에 "대개 옛날에는 계빈전(啓殯奠)이 있었는데, 지금은 이미 도빈(塗殯)을 하지 않으므로 그 예를 베풀 바가 없지만 또 완전히 절문(節文)이 없을 수 없기 때문에 이 예를 행하는 것이다(蓋古有啓殯之奠 今旣不塗殯則其禮無所施 然又不可全無節文 故爲此禮也).” 하였다. 옛날에 계빈전이 있었다는 것은 다음 조 “널을 받들고 조묘를 뵙는다(奉柩朝於祖).”는 조에 나오는 널을 조묘로 옮긴 뒤의 일로서 『예기』 단궁의 소에 계빈(啓殯)한 뒤에 널을 조묘(祖廟)로 옮기는 것을 『의례』 기석례에서 인용하고 “널의 서쪽에 전(奠)을 차리는데, 이 전을 계빈전(啓殯奠)이라 한다. 날이 밝으면 계빈전을 철거하고 이에 널의 서쪽에 천조전(遷祖奠)을 차린다(設奠於柩西 此奠謂啟殯之奠也 質明徹去啟奠 乃設遷祖之奠于柩西).” 하였다. 내 생각에 『의례』 기석례에 전이 따르고 널이 따른다 하였으니 전은 신을 의지하게 하는 것으로 이미 설치한 전을 옮기는 것에 불과하니 새롭게 계빈전을 차리는 것은 아닌 것 같다.

抗 : 들 항(抗聲 : 소리를 높이다), 炤 : 밝을 소

2. 널을 받들고 조묘를 뵘(奉柩朝於祖)

조조(朝祖)라고 하여 발인 전날 아침에 조상의 사당으로 널을 옮겨 외출할 때 부모에게 인사 하듯이 사당에 고하는 의식이다.

『가례』에 “장차 천구를 하려고 일꾼이 들어오면 부인은 물러나 피하고 주인과 중주인은 상장을 거두고 서서 살핀다(將遷柩 役者入 婦人退避 主人及衆主人 輯杖立視).” 하였다.

『가례의절』에 “축이 꿇어 앉아 고하는 말에 이르기를 ‘널을 조묘로 옮길 것을 청합니다’(祝跪告辭曰請朝祖).” 하고, “구부려 엎드렸다

일어나 몸을 바로한다(俯伏興 平身).” 하였다.

『가례』에 “축(祝)이 상자에 혼백(魂帛)을 받들고 앞서가 사당 앞에 이른다(祝以箱奉魂帛前行 詣祠堂前).” 하였고, “집사자는 전(奠)과 의자와 탁자를 받들고 그 다음에 간다(執事者奉奠及倚卓次之).” 하였다 “명정(銘旌)이 그 다음에 가고 일꾼이 널을 들고 그 다음에 가며 주인 이하가 따라가며 곡을 한다(銘旌次之 役者擧柩次之 主人以下從哭).” 하였다. 『의례』 기석례에 “중(重 : 앞에 언급한 것처럼 혼백이 대신한다)이 먼저가고 전이 따르고 횃불이 따르고 널이 따르고 횃불이 따르고 주인이 따른다(重先奠從燭從柩從燭從主人從).” 하였다.

『가례』에 주인 뒤에 따르는 순서는 “남자는 오른쪽으로 가고, 부인은 왼쪽으로 간다. 복(服)이 무거운 사람이 앞에 있고, 복이 가벼운 사람이 뒤에 있으니, 복에 따라 각각 순서를 삼는다(男子由右 婦人由左 重服在前 輕服在後 服各爲叙).” 하였다.

『가례』에 “사당 앞에 이르면 집사자는 먼저 자리를 펼치고, 일꾼은 널을 그 위에 두되 머리를 북쪽으로 두고 나온다(至祠堂前 執事者先布席 役者致柩於其上 北首而出).” 하였다. 내 생각에 머리를 북으로 두는 것은 조상의 신령이 북쪽에 있기 때문이라고 본다.

『가례』에 “축이 집사를 거느리고 널의 서쪽에 동향으로 영좌와 전을 설치하고, 주인 이하는 자리로 나아가 서서 곡을 하되 슬픔이 다하면 그친다(祝帥執事者 設靈座及奠于柩西東向 主人以下就位立哭盡哀止).” 하였다.

『의례』 기석례에 “날이 새면 횃불을 끄고 전을 차리기를 처음처럼 한다(質明滅燭 乃奠如初).” 하였다. 그 주에 “천조전을 위한 것이다(爲遷祖奠也).” 하였고, 그 소에 “천조전을 위한 것이라는 것은 널을 옮기고 조조(朝祖)의 전을 말하는 것이다(爲遷祖奠也者 謂遷柩朝祖之

奠也).” 하였다.

『가례』에 “이 예는 대개 평소 살아있을 때 장차 나가면 반드시 어른에게 인사하던 것을 본뜬 것이다(此禮蓋象平生將出必辭尊者也).” 하였다. 『예기』 단궁에 “은(殷)나라에서는 널을 사당으로 옮기고 조묘(祖廟)에 빈을 하고, 주(周)나라에서는 널을 사당으로 옮기고 드디어 장사 지냈다(殷朝而殯於祖 周朝而遂葬).” 하였는데 『의례』 기석례 소에서 이를 인용하고 “대개 평소 살아있을 때 장차 나가면 반드시 어른에게 인사하던 것을 본뜬 것을 이르는데, 곡례에 나갈 때 반드시 고하고 돌아와서 반드시 뵙는다고 하는 것이 이것이다(云蓋象平生將出必辭尊者 曲禮云出必告 反必面 是也).” 하였다.

3. 드디어 청사로 옮긴다(遂遷于廳事).

『가례』에 “집사자가 청사에 휘장을 설치하고, 일하는 사람이 들어오고 부인이 물러나 피한다(執事者設帷於廳事 役者入 婦人退避).” 하였다.

『가례의절』에 “축이 꿇어 앉아 고하여 이르기를 ‘널을 청사로 옮길 것을 청합니다.’(祝跪告辭曰請遷柩於廳事). 하고, 구부려 엎드렸다 일어나 몸을 바로 한다(俯伏興 平身).” 하였다.

“축이 혼백을 받들고 인도하고 널이 오른쪽으로 돌고 주인 이하 남녀가 곡하고 따르기를 앞처럼 한다(祝奉魂帛導柩右旋 主人以下男女哭從如前).” 하였다. 옛날에 말로 널을 옮겼는데 『의례』 기석례에 “마부가 채찍을 잡고 말의 뒤에 섰다가 주인이 곡하고 뛰기를 마치면 오른쪽으로 돌아서 나간다(御者執策立於馬後 哭 成踊 右還 出).” 했는데, 그 소에 “말이 오른쪽으로 돌아 나가는데 오른쪽은 또한 편함을 취한 것이다(馬則右還而出 右者 亦取便故也).” 하였다. 『상변통고』

에 "부인이 오른 쪽에 있다가 지금 물러나 피했으므로 널을 인도하여 오른쪽으로 돌뿐이다(婦人在右 今退避 故導柩右旋耳)." 하였다.

『가례』에 "청사에 이르러 집사자가 자리를 펴고 일하는 자가 자리 위에 머리를 남쪽으로 하여 널을 놓고 나간다(詣廳事 執事者布席 役者置柩於席上南首而出)." 하였다. 내 생각에 머리를 남쪽으로 하는 것은 효자의 마음으로 아직도 차마 죽어 神으로 생각지 않기 때문이라 본다. 『가례의절』에 "지금 사람의 집에는 반드시 청이 있고 당이 있는 것이 아니므로 널을 놓은 곳이 곧 이 청사이고 약간 옮겨 움직여도 된다(今人家未必有廳又有堂 其停柩之處卽是廳事 略移動可也)." 하였다.

축이 영좌와 전을 널 앞에 남향으로 설치하고 주인 이하가 자리에 나아가 거적자리를 깔고 앉아서 곡을 한다(祝設靈座及奠于柩前南向 主人以下就位坐哭 藉以薦席). 사고전서본 『가례』에는 坐哭이 作哭으로 되어 있으나, 元祿本 『가례』, 『서의』 및 『가례의절』 등을 참조하여 고친다.

4. 이에 교대로 곡을 한다(乃代哭).

『가례』에 "염(斂)하기 전처럼 하되 발인에 이르기까지 한다(如未殮之前以至發引)." 하였다. 『의례』 기석례에 "이에 교대로 곡을 하되 처음처럼 한다(乃代哭如初)." 하였고, 그 주에 "널이 장차 떠나려고 할 때에 있으므로 차마 곡소리를 끊이게 할 수 없음이다(棺柩有時將去 不忍絶聲也)." 하였고, "처음이란 소렴 때를 말한다(初 謂旣小斂時)." 하였다.

5. 친척과 손님이 전과 부의를 드린다(親賓致奠賻)

『가례』에 "초상의 의식처럼 한다(如初喪儀)." 하였는데, 위의 조(弔) 장의 3.賻用錢帛, 4.具刺通名, 5.入哭奠訖乃弔而退 조의 의식처럼 한다. 『서의』의 주에 "『의례』 사상례에 처음 돌아가셨을 때, 조문(弔)이 있고 옷을 주는(襚) 것이 있고, 장차 장사지내려고 함에 봉(賵)이 있고 전(奠)이 있고 부(賻)와 증(贈)이 있다. 죽은 자를 알면 증, 산자를 알면 부로 부와 증은 모두 재화를 사용하는데, 다만 장차 전하는(命) 말이 다를 뿐이다. 『춘추전』에 죽음이 시(尸)에 미치지 않았는데 증(贈)함을 기롱 하였는데, 시(尸)는 장사하기 전 때를 말한다. 따라서 처음 돌아가셨을 때부터 장사에 이를 때까지 부와 증의 예는 모두 행할 수 있다(士喪禮 始死有弔有襚 將葬有賵有奠有賻贈 知死者贈 知生者賻 賻贈皆用財貨 但將命之辭異耳 春秋傳譏贈死不及尸 尸謂未葬時也 然則自始死至葬賻贈禮皆可行也)". 하였다. 『춘추전』은 『춘추좌전』 은공 원년 추칠월 조의 주에 보인다. 살펴보건대 죽어서 상(牀)에 있으면 시(尸)이고 관(棺)에 있으면 구(柩)라 한다.

『의례』 기석례에 "형제는 봉과 전이 가하다(兄弟 賵 奠可也)." 하였는데, 그 주에 "형제는 복(服)이 있는 친한 자로 봉과 전을 다 할 수 있게 한 것은 그 두터움을 허여한 것이다(兄弟 有服親者 可且賵且奠 許其厚也)." 하였고, 그 소에 『예기』 상복을 인용하여 "무릇 소공복(小功服) 이하는 형제가 된다(小功以下爲兄弟)." 하였고 "대공복(大功服) 이상은 재물을 같이하는 의리가 있으므로 봉과 전을 보내는 법이 없다(以大功以上有同財之義 無致賵奠之法)." 하였다. 그리고 계속하여 "아는 사람은 봉은 할 수 있으나 전은 할 수 없다(所知則賵而不奠)." 하면서, 그 주에 "아는 사람이란 평소에 안부를 물으면서 알고 지내던 사람이다. 형제보다는 낮고 죽은 자에게 전이 행해지는 것은 지나치므로 전을 할 수 없다(所知 通問相知也 降於兄弟 奠 施於死者爲多 故不奠).” 하였다.

『가례의절』에 “초상의 전에 향, 차, 등불, 술, 과일을 사용하고, 여기에 이르러 친함이 두터운 자는 희생(牲)을 쓸 수도 있다(初喪奠用香茶燭酒果 至是 親厚者用牲可也).” 하였다.

6. 기물을 나열한다(陳器)

상여가 나갈 때 순서대로 기물을 나열하는 것을 기술한다.

『가례』에 “방상이 앞에 있는데 광부로 방상을 삼아 도사처럼 관복을 입고 창을 잡고 방패를 드날린다. 4품 이상은 눈이 네 개인 방상으로 하고 4품 이하는 눈이 두 개인 기두로 한다(方相在前 狂夫爲之冠服如道士 執戈揚盾 四品以上 四目爲方相 以下兩目爲魌頭).” 하였다. 『운급칠첨(雲笈七籤)』 헌원본기(軒轅本記)에 “황제가 천하를 주유할 때 원비(元妃) 나조(嫘祖)가 길에서 죽어 황제가 그를 제사지내며 차비(次妃) 모모(嫫母)에게 령을 내려 조신(祖神)으로 삼고 길에서 살펴 보호하게 하였다. 이때 제사로부터 인하여 모모(嫫母)로서 방상시를 삼았다(帝周遊行時 元妃 嫘祖死於道 帝祭之以爲祖神令次妃嫫母監護於道以時祭之因以嫫母爲方相氏).” 하였다. 『주례』 하관 방상시에 “방상시는 곰의 가죽을 뒤집어쓰고 금빛의 네 눈, 검은색 상의(衣)에 붉은색 치마(裳)를 입고, 창을 잡고 방패를 휘두르면서 백예를 거느리고 때에 맞추어 재난을 물리쳐 거처를 가리고 역귀를 물리치는 것을 담당하며, 대상에서 구(柩)를 인도한다(方相氏掌 蒙熊皮 黃金四目玄衣朱裳執戈揚盾 帥百隸而時難以索室敺疫 大喪先匶).” 하였다. 그 소에 “상에는 재난과 사악한 바가 많이 있으므로 그로 하여금 인도하게 한다(喪所多有凶邪故使之導也).” 하였다.

『가례』에는 계속하여 "다음으로 명기(明器), 하장(下帳), 포(苞), 소(筲), 앵(罌)을 놓은 상(牀)을 마주 든다(次明器下帳苞筲罌 以牀舁之)." 하였다.

그리고 "다음으로 명정(銘旌)은 받침을 제거하여 잡고, 다음으로 영거(靈車)에 혼백(魂帛)과 향불을 받든다(次銘旌去跗執之 次靈車以奉魂帛香火)." 하였고,

"다음은 대여(大轝)이고, 대여 곁에는 삽(翣)이 있어 사람에게 잡게 한다(次大轝 轝旁有翣 使人執之)." 하였다.

> 魌 : 추할 기. 嫘 : 성(姓) 루(나). 嫫 : 예쁠 모. 疫 : 역귀 역. 역병(전염병) 역. 匶 : 널 구(柩 同). 舁 : 마주들 여

7. 해가 기울 때(申時) 조전을 차림(日晡時 設祖奠)

『가례』에 "찬은 조전처럼 하고 축이 술을 따르기를 마치면 북향하고 무릎을 꿇고서 고하여 이르기를 '영원히 옮겨 가는 예는 신령스런 날이 머무르지 않습니다. 이제 구거(柩車)를 받드오니 부디 처음 길을 잘 나서기 바랍니다.' 하고, 머리를 숙여 엎드렸다 일어난다. 나머지는 조석전의 의식처럼 한다(饌如朝奠 祝斟酒訖 北向跪告曰 永遷之禮 靈辰不留 今奉柩車 式遵祖道 俛伏興 餘如朝夕奠儀)." 하였다. 『의례』 기석례에 "유사가 조전의 시기를 청하면 해가 기울면이라고 말한다(有司請祖期 曰日側)." 하였는데, 그 주에 "장차 길을 가려고 하면서 술을 마시는 것을 조(祖)라하는데 조(祖)는 시작이라는 뜻이다(將行而飮酒曰祖 祖始也)." 하였고, "側은 해가 기움(昳)으로 장차 한낮을 지났음을 이른다(側昳也 謂將過中之時)." 하였다. 그 소에 "여기

서는 죽은 자가 장차 길을 떠나는 것 역시 조(祖)라고 하였는데, 처음 길을 떠나는 것이기 때문에 조(祖)라고 한다(此死者將行亦曰祖爲始行故曰祖也)." 하였다. 헌원본기에 황제의 원비 나조가 길에서 죽었다는 내용의 주에 "지금 사람들이 장차 길을 떠나려 할 때 술과 음식을 차려 먼저 길에 제사지내는 것을 일러 조라 한다(今人將行設酒食先祭道謂之祖)." 하였다. 『풍속통의(風俗通義)』에는 공공(共工)씨의 아들을 수(脩)라 하는데, 멀리 놀러가기를 좋아하여 배나 수레가 이르는바 발자취가 도달하는바 미쳐 살펴보지 않는 것이 없으므로 조신(祖神)으로 삼아 제사한다(共工之子曰脩 好遠遊 舟車所至 足跡所達 靡不窮覽 故祀以爲祖神)." 하였으며, 『한서』 임강왕전에는 옛날 황제의 아들 누조(纍祖)가 멀리가 놀기를 좋아하여 길에서 죽은 까닭에 뒤의 사람이 행신(行神)으로 삼았다(昔黃帝之子纍祖好遠游而死於道故後人㠯爲行神也)." 하면서, "무엇에 근거하는지 알지 못한다(不知其何據)." 하였다.

『가례』에 사마온공의 말을 인용하여 "만약 영구가 다른 곳에서 장사 지낼 곳으로 돌아간다면, 떠나는 날에는 단지 조전(朝奠)만을 차리고 곡을 하고 갔다가 장사를 때가 되면 곧 이 예를 갖춘다(若柩自它所歸葬則行日但設朝奠 哭而行 至葬乃備此)." 하였다.

> 昳 : 해 기울 질, 纍 : 갇힐 류, 맬 루, 㠯 : 써 이(以의 古字)

12

遣奠(견전)

발인하는 때를 보아 견전을 차리는 때를 정하며, 발인이 늦으면 견전을 올리기 전에 朝奠과 上食을 올리는 예를 하여야 한다.

1. 그 다음날 새벽 널을 옮겨 상여로 나아간다(厥明遷柩就轝)

『가례』에 "상여꾼이 상여를 마당(中庭)에 들이고 기둥 위의 가로 빗장(橫扃)을 분리한다(轝夫納大轝於中庭 脫柱上橫扃)." 하였다.

『가례』에 "집사자가 조전(祖奠)을 철거하고 축이 북향하고 꿇어 앉아 고하기를 '이제 널을 옮겨 상여에 나아가기를 감히 고합니다' (執事者徹祖奠 祝北向跪告曰 今遷柩就轝敢告)." 하였고, 『가례의절』에 "축이 꿇어 앉아 고하기를 '널을 옮겨 상여에 나아가기를 감히 고합니다' 하고, 머리를 숙여 엎드렸다 일어나 몸을 바로 한다(祝跪 告辭曰 今遷柩就轝敢告 俯伏興 平身)." 하였다.

『가례』에 "드디어 영좌(靈座)를 옮겨 상여 옆에 두고 부인은 물러나 피한다(遂遷靈座置旁側 婦人退避)." 하였다. 『가례의절』에 "영좌를 옮긴다(遷靈座)." 하고, 그 주에 "곁에 두기를 마치면 인부를 부르고 부인은 물러나 피한다(置旁側訖 召役夫 婦人退避)." 하였다.

『가례』에 "인부(役夫)가 널을 옮겨 상여로 나아가고 이에 빗장을 지르고 쐐기를 가해 밧줄로 동여매어 지극히 견고하고 실하게 한다(役夫遷柩就轝 乃施扃加楔 以索維之 令極牢實).” 하였고, 『가례의절』에 “널을 옮겨 상여로 나아간다(遷柩就轝).” 하고, 그 주에 “인부가 함께 손으로 널 아래를 들어 그것을 상여로 옮겨 이미 나아가면 이에 널을 상여에 싣는다(役夫俱手 轝柩底以遷之 旣就 乃載柩於轝).” 하였다. 널을 상여에 실을 때에 머리는 상여의 나아가는 방향으로 한다. 이는 사당에서 머리가 북쪽으로 있는데, 그대로 구거에 싣고 밖으로 나갈 때 구거를 돌려 나감을 보고 알 수 있다.

“주인이 널을 따라 곡하며 내려와 실은 것을 살펴보고 부인은 휘장 안에서 곡을 한다(主人從柩哭降視載 婦人哭於帷中).” 하였다. 『가례의절』에 “싣는 것이 끝나면 주인이 실은 것을 살핀다(載轝畢 主人視載).” 하였다.

“싣는 것이 끝나면 축이 집사를 거느리고 영좌를 널 앞에 남쪽을 향하게 옮긴다(載畢 祝帥執事者 遷靈座於柩前南向).” 하였다.

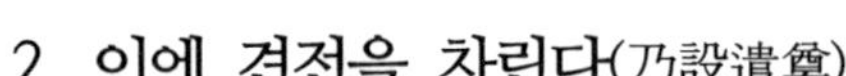
牢 : 견고할 뢰

2. 이에 견전을 차린다(乃設遣奠)

『가례』에 “찬은 조전처럼 하고 부인은 있지 아니하다(饌如朝奠 惟婦人不在).” 하였다.

세발솥(鼎)에 양, 돼지고기, 물고기, 포, 새로 잡은 짐승을 준비한다. 『의례』 기석례에 “다음 날 새벽 세발솥 5개를 문 밖에 진열하는데 처음과 같이 한다(厥明 陳鼎五于門外 如初).” 하였고 그 주에 “세발솥 5개는 양, 돼지, 물고기, 포(腊: 통체 말린 고기), 새로 잡은 짐

승이 각 1정(鼎)이다(鼎五 羊 豕 魚 腊 鮮獸 各一鼎也).” 하면서, “사례(士禮)에는 특생(特牲饋食禮)을 쓰는데 세 개의 정에 담으며, 장례에서 전을 담을 때에는 한 등급을 더 올려서 소뢰(少牢饋食禮)를 쓰며, 처음처럼 한다는 것은 대렴전 때 같이 한다는 것이다(士禮 特牲三鼎 盛葬奠加一等 用少牢也 如初 如大斂奠時).” 하였다. 그 곳에(세 발솥)에 “채우는 것은 양의 좌측 반쪽이다(其實羊左胖).” 하였고 그 수에는 “길례와는 반대다(反吉禮也).” 하였는데 그 소에 “길례에는 우측 반쪽을 올린다(吉禮升右胖),” 하였다. “넓적다리는 올리지 않는다(髀不升),” 하였는데, 그 주에 “주나라에서는 어깨를 귀하게 여기고 넓적다리를 천하게 여긴다. 古文에는 髀(넓적다리)가 脾(지라)로 되어 있다(周貴肩賤髀 古文髀作脾).” 하였다. 그 소에는 “『예기』 제통에 이르기를 은나라 사람은 넓적다리를 귀하게 여기고 주나라 사람은 어깨를 귀하게 여기므로 넓적다리는 올리지 않는다고 한다(祭統云殷人貴髀周人貴肩故云髀不升).” 하였다. “창자 다섯, 위 다섯을 담는다(腸五胃五).” 하고 “폐를 분리한다(離肺).”하였다. 계속해서 기석례에는 “돼지(豕)는 역시 양(羊)과 같이하고 돼지새끼(豚)는 해체하여 장과 위를 없게 한다(豕亦如之豚解無腸胃).” 하였다. “물고기와 포와 새로 잡은 짐승은 모두 처음처럼 한다(魚腊鮮獸皆如初).” 하였다.

『의례』 기석례에 “동쪽의 찬(饌)은, 4개의 두(豆)에는 지라를 가른 것, 조개육장, 아욱절임, 조개젓(東方之饌四豆脾析蜱醢葵菹蠃醢)이고, 4개의 변(籩)에는 대추, 떡, 밤, 포(脯: 저미어 말린 고기)(四籩棗糗栗脯) 이고, 단술과 술이다(醴酒).” 하였고,

조전을 거두고 장전(葬奠)을 차린다. 『의례』 기석례에 “거두는 사람이 들어오면 장부(丈夫)가 발을 구르고, 서북쪽에 차리면 부인이 발을 구른다(徹者入 丈夫踊 設于西北 婦人踊).” 하였다

『의례』 기석례에 "세발솥을 들이고 이에 전을 차리는데 두(豆)는 남쪽을 위로 삼아서 돌려가며 놓고 변(籩)은 조개젓의 남쪽에서 북쪽을 위로 삼아서 돌려가며 놓는다(鼎入 乃奠 豆南上 綪 籩 蠃醢南 北上 綪)." 하였고, 그 소에 "먼저 서남쪽에 지라를 가른 것을 차리고, 다음으로 맛조개젓을 북쪽에 차리며, 다음으로 아욱절임을 동쪽에 차리고, 다음으로 조개젓을 남쪽에 차린다(先饌脾析於西南 次北蜱醢 次東葵菹 次南蠃醢)." 하였다.

『의례』 기석례에 "조(俎)는 둘씩 나란히 차리는데, 남쪽을 위로하며 돌려가며 놓지 않고 새로 잡은 짐승을 단독으로 차린다(俎二以成 南上 不綪 特鮮獸)." 하였고, 그 주에 "성은 나란함이다 돌려가며 놓지 않음이란 물고기는 양의 동쪽에 있고 포는 돼지고기의 동쪽에 있다(成猶併也 不綪者 魚在羊東 腊在豕東)." 하였다. 그 소에 "만약 돌려가며 놓는다면 마땅히 우선 양을 서남에 차리고 다음 북쪽에 돼지고기를 차리고 다음 동쪽에 물고기를 차리고 다음 남쪽에 포를 차려야 하나 지금 서남에 양을 차리고 다음 북쪽에 돼지고기를 차리고 물고기를 양의 동쪽에 차리며 포를 물고기의 북쪽에 차려 돌아와 남쪽을 좇아 처음으로 삼으니 이것이 돌려가며 놓지 않음이다(若綪 則宜先設羊於西南 次北設豕 次東設魚 次南設腊 今於西南設羊 次北豕 以魚設於羊東 設腊於魚北 還從南爲始 是不綪也)." 하였다.

『의례』 기석례에 "단술과 술은 변(籩)의 서쪽에 두는데 북쪽을 위로 삼는다(醴酒在籩西 北上)." 하였다.

『의례』 기석례에 "전(奠)을 올린 자가 나가면 주인이 절도에 맞추어서 발을 구른다(奠者出 主人要節而踊)." 하였다.

『가례의절』에 "주인 이하 자리로 나아가 슬피 곡하고 슬픔이 그치면, 축이 손을 씻고 영전에 이르러 무릎을 꿇고 분향하고 술을 따라 올리고 이르기를 '상여(靈輀)가 이미 매어 졌으니 가시면 곧 幽宅 입니다. 보내드리는 예(遣奠禮)를 드려 영원히 이별하는 바입니다' 하고 구부려 엎드렸다 일어난다(主人以下就位 擧哀 哀止 祝盥洗 詣靈前跪 焚香 斟酒 告辭曰 靈輀旣駕 往卽幽宅 載陳遣禮 永訣終天 俯伏興平身)." 하였다.

『가례』에 "전을 마치면 집사자가 포를 거두어 보자기(苞) 속에 넣어 마주 드는 상(舁牀) 위에 놓고 드디어 전을 치운다(奠畢 執事者徹脯納苞中 置舁牀上 遂徹奠)." 하였다. 『증보사례편람』에 포를 거두어 보자기(苞) 속에 넣어 마주 드는 상위에 두는 것을 "신도(神道)는 음식에 의존하니 효자의 마음이 비록 짧은 시간인들(須臾) 어찌 차마 의지하는(憑依) 것을 없게 하겠는가(神道 依於飮食 孝子之心 雖須臾之頃 何忍使無憑依之所乎)." 하였다. 『의례』 기석례에는 "전을 거두는 사람이 들어오면 처음처럼 발을 구른다. 보를 걷고 희생을 싸되 하체(下體)를 취한다(徹者入 踊如初 徹巾 苞牲 取下體)." 하였고, 그 주에 "싸는 것은 잔치가 끝나고서 빈에게 조(俎)를 주는 것을 형상화한 것이고, 하체를 취하는 것은 앞정강이에서 앞 다리(臂臑)를 절취하고, 뒷정강이에서 뒷다리(骼)를 절취함이다(苞者 象旣饗而歸賓俎者也 取下體者 前脛折取臂臑, 後脛折取骼)." 하였다. 『예기』 잡기에 "반드시 하체(下體)를 취하는 것은 하체가 걷는 데 능하고 또한 장차 길을 떠나는 것을 보임이다(必取下體者 下體能行 亦示將行也)." 하였다.

세속에는 나물, 과일, 포 등을 사용한다.

■ [告辭式] 견전의 고사식

> 靈輀旣駕 往卽幽宅 載陳遣禮 永訣終天
>
> 상여(靈輀)가 이미 매어져(駕) 가시면(往) 곧 유택(幽宅) 입니다. 견전(遣奠)의 예(禮)를 드려 영원히 이별하는 바입니다.

> 蜱 : 맛조개 비, 輀 : 상여 차 이, 臂 : 팔 비, 희생의 앞발 비, 臑 : 앞다리 노, 骼 : 뒷다리 격

3. 축이 혼백을 받들어 수레에 올리고 분향한다(祝奉魂帛升車焚香)

『가례』에 "별도로 상자에 신주를 담아서 혼백 뒤에 둔다(別以箱盛主 置帛後)." 하였다.

"여기에 이르러 부인은 이에 개두(蓋頭)를 하고 휘장을 나와서 계단을 내려와 서서 곡한다(至是 婦人乃蓋頭出帷 降階立哭)." 하였다.

집을 지킬 자는 곡하며 이별하되(辭) 슬픔을 다하여 두 번 절하고 돌아서며 존장은 절하지 않는다(守舍者哭辭盡哀 再拜而歸 尊長則不拜). 하였다. 살펴보건대 사(辭)는 강희자전에 "해어짐이다(別去也)." 하였다.

13

發引(발인)

1. 널이 출발한다(柩行)

『가례』에 "방상(方相) 등이 앞에서 인도하는데 기물을 진열하는 순서대로 한다(方相等前導 如陳器之叙)." 하였다. 『의례』 기석례에 "상축이 공포를 잡고 널과 상여꾼(執披)을 몰아간다(商祝執功布以御柩執披)." 하였다. 그 주에 "상여(柩車)의 앞에 있어 만약 길이 낮거나 오르막이나 경사지거나 파인 곳이 있으면 공포로 아래로, 위로, 좌로, 우의 규칙을 삼아, 널을 끄는 자와 상여 줄을 잡는 자로 하여금 알게 한다. 士는 상여꾼이 8인이다(居柩車之前 若道有低仰傾虧 則以布爲抑揚左右之節 使引者執披者知之 士執披八人)." 하였다.

『의례』 기석례에 "주인이 단(袒)을 하고 이에 (상여가) 가면 발을 구르기를 무수히 한다(主人袒 乃行 踊無算)." 하였고, 그 주에 "단은 가기위해 바꾼 것이다. 이에 간다는 것(乃行)은 상여가 가는 것을 이른다. 무릇 널을 따르는 자의 선후 좌우는 조전 때 옮기는 순서와 같다(袒 爲行變也 乃行 謂柩車行也 凡從柩者 先後左右如遷于祖之序)." 하였다.

『의례』 기석례에 "궁을 나서면 발을 구르고 (袒한 상복을) 바로 입는다(出宮 踊 襲).” 하였고, 그 소에 “궁을 나서면 대문 밖 빈객이 머물던 곳이 있고 부모님이 살아 계실 때 손님을 대접하던 곳이므로, 이곳에 이르면 감회가 일어 슬퍼 이곳에서 발을 구르는 것이 있는 것이다. 발을 구르는 것이 끝나면 상복을 바로 입고 상복을 바로 입기를 마치면 길을 간다(出宮大門外 有賓客次舍之處 父母生時接賓之所 故主人至此感而哀 此次是以有踊 踊訖 即襲 襲訖而行也).” 하였다.

『예기』 잡기에 “상여는 길을 오로지 차지하고 간다(專道而行). 하였는데, 그 주에 길을 오로지 차지한다(專道)는 것은 사람이 그것을 피하는 것이다(專道 人辟之).” 하였다.

『예기』 증자문에 “무릇 널은 일찍 출발하지 않으며, 날이 저물지 않아 숙박한다. 별을 보면서 길을 가는 자는 오직 죄인과 부모의 상에 분상(奔喪)하는 자뿐이다(夫柩不蚤出不莫宿 見星而行者 唯罪人與奔父母之喪者乎).” 하였다.

披 : 나눌 피, 관줄(상여 줄) 피

2. 주인 이하의 남녀가 곡하며 걸어서 따라간다(主人以下男女哭步從).

『가례』에 “사당을 배알하는 순서와 같다(如朝祖之叙).” 하였고, “문을 나서면 흰 천막으로 옆을 가린다(如朝祖之叙 出門則以白幕夾障之).” 하였다. 『서의』를 살펴보면 “사당을 배알할 때 널을 따라가는 순서와 같다(如從柩朝祖之叙).” 하였다. 그런데 『가례의절』에는 “남자는 좌측, 여자는 우측으로 널의 뒤를 따라서 간다(男左女右隨柩後行).” 하여 착오가 있는 듯하다.

대당 『개원례』에 "여러 장부와 부인은 각각 복의 정밀하고 거침으로 순서를 삼아 곡하며 따르고 문을 나서면 내외의 존자나 항렬이 높은 자는 모두 수레나 마차를 타며 곡은 소리가 끊이지 않게 한다(諸丈夫婦人各以服之精麤爲序 從哭 出門 內外尊行者 皆乘車馬 哭不絕聲)." 하였다

"만약 묘지가 멀거나 혹 효자가 병이 있어 걷는 것을 참을 수 없는 자 모두 성곽을 나갈 때쯤 말을 타고 묘지에서 300보 거리에서 내린다(若墓遠或孝子有病不堪步者皆許出郭乘馬去塋三百步乃下)." 하였다.

3. 존장이 다음이고 복이 없는 친척이 다음이며 빈객이 또 그 다음이다(尊長次之 無服之親又次之 賓客又次之).

『가례』에 "모두 거마를 탄다(皆乘車馬)." 하였고, "친척과 빈객 중 혹자는 먼저 묘소에서 기다리기도 하고, 혹은 성을 나와서 곡하며 절하고 작별한 후 돌아가기도 한다(親賓或先待於墓所或出郭哭拜辭歸)." 하였다.

『서의』에 "성을 나가면 묘지에까지 전송하지 않는 자는 모두 널 앞에서 작별하며 항렬이 낮고 어린 자도 역시 거마를 탄다(出郭 不送至墓者 皆辭于柩前 卑幼亦乘車馬)". 하였고, 그 주에 "만약 성문이 멀면 걸어서 3리를 따라간 뒤 거마를 탈 수 있다(若郭門遠則步從三里所可乘車馬)." 하였다.

4. 친척과 빈객이 성곽 밖 길가에 장막을 치고 널을 멈추게 하여 전을 올린다(親賓設幄於郭外道旁駐柩而奠).

『가례』에 "집에 있을 때의 의식과 같다(如在家之儀)." 하였다

『국조오례의』에 "친척과 빈객이 성곽 밖 길가에 장막을 치고 널을 멈추게 하여 전을 올린다(親賓設幄於郭外道傍駐柩而奠)." 하면서, 그 주에 "즉 노제인데, 집에 있을 때의 의식처럼한다(卽路祭如在家之儀)." 하였다.

『의례』 기석례에 "오직 임금의 명만이 길에서 널을 멈출 수 있으며 나머지는 멈추지 않는다(唯君命止柩于堩其餘則否)." 하였고, 그 주에 "감히 신을 머무르게 할 수 없다(不敢留神也)." 하였는데, 길에서 노제를 지내기 위해 상여를 멈추게 하는 것은 고례에 근거를 찾기는 어렵다. 그러나 이미 세속에 널리 쓰고 있다.

幄 : 휘장 악, 堩 : 길 긍

5. 도중에 슬픔을 만나면 곡한다(塗中遇哀則哭).

『가례』에 "만약 묘가 멀면 머물 때마다 상여 앞에 영좌를 설치하고 조석으로 곡하고 전을 올리고 식사 때는 상식을 올린다(若墓遠 則每舍設靈座於柩前 朝夕哭奠 食時上食)." 하였다.

『가례』에 "밤이면 주인 형제 모두가 널 옆에 자며 친척이 함께 그것을 지키고 보위한다(夜則主人兄弟皆宿柩旁 親戚共守衛之)." 하였다.

14

及墓(급묘)

1. 상여가 도착하기 전에 집사자가 먼저 영악과 친척과 빈객의 상차와 부인의 악차를 설치한다(未至 執事者 先設靈幄 親賓次 婦人幄)

『가례』에 영악(靈幄)은 "묘도의 서쪽에 있는데 남쪽을 향하며 의탁이 있다(在墓道西南向有倚卓)." 하였다. 『가례의절』에는 "묘도의 우측에 있는데 묘를 향하게 하고 의탁이 있다(在墓道右如墓向有倚卓)." 하였는데, 『의례』 기석례의 주에 "도로의 좌측이 묘도의 동쪽(道左墓道東)이라." 하고, 그 소에 "도로의 좌측이 묘도의 동쪽이라는 것은 묘가 남쪽을 향하고 정방향으로 하면 도로의 좌측이 묘도의 동쪽임을 알 수 있다(道左墓道東者據墓南面爲正 故知道左是墓道東也)." 하였다.

"친척과 빈객의 상차는 영악 앞 10여 걸음에 있고 남자는 동쪽, 여자는 서쪽이고, 상차 북쪽은 영악과 서로 똑바르며 모두 남향한다(在靈幄前十數步 男東女西 次北與靈幄相値 皆南向)." 하였다. 사고전서본 『가례』에는 女西와 次北 사이에 女字가 한자 더 있는데 원록본 『가례』 및 『가례의절』을 참조하여 고쳤다.

부인의 악차는 "영악의 뒤 묘혈의 서쪽에 있다(在靈幄後壙西). 하였다.

2. 방상이 도착한다(方相至)

『가례』에 "창(戈)으로 묘자리 구덩이(壙)의 4 모퉁이를 친다(以戈擊壙四隅)." 하였다. 사고전서본『가례』에는 擊字가 繫字로 되어 있는데, 원록본『가례』 및『가례의절』을 참조하여 擊字로 고쳤다.『주례』에 방상시가 "묘소에 도착하여 광에 들어가 창으로 4 모퉁이를 쳐 방랑을 몰아낸다(及墓入壙以戈擊四隅毆方良)." 하였으며, 그 주에 "방랑은 망양(亡兩)이며,『국어(國語)』에 이르기를 목석의 도깨비가 망양이다 (方良 亡兩也 國語曰木石之怪夔亡兩)." 하였다.

3. 명기 등이 도착한다(明器等至)

『가례』에 "광의 동남쪽에 북을 위로하여 진설한다(陳於壙東南北上)." 하였다.『의례』 기석례에 "광에 이르면 명기는 길의 동에서 서쪽으로 북을 위로 진설한다(至于壙陳器于道東西北上)." 하였다.『가례집람』의 주에 "기석례에 광에 이르면 명기는 길의 동남쪽에서 북을 위로 진설한다(旣夕 至于壙 陳器于道東南北上)." 하였는데, 내가 여러 본의『의례』 기석례를 살펴본바 모두 '于道東西北上'으로 되어 있었고,『서의』에는 '于壙東南北上'으로 되어 있으며, 대당 개원례에는 '於壙東南 西向北上'으로 되어 있었다. 이로 본다면 고례(기석례)에는 도로의 동쪽에서 서쪽으로 북을 위로 하여 진설한다 하였는데, 개원례에서는 광의 동남쪽에서 서쪽을 향하여 북을 위로 하여 진설한다고 좀 더 자세하게 설명해 놓았다고 할 수 있다. 그런데『서의』에서 서향을 빼버려『가례』에서 이를 인용하였으므로『가례』 이후에는 동남 북상이라고 표현 된 것 같다. 『상례비요』의 그림을 참조하면 위 그림에서 보는 것처럼 묘의 동남쪽에서 서쪽으로 진설함을 알 수 있다. 그런데 『서의』나 『가례』를 원문대로 해석한다면 동남쪽에서 북을 위로 한다고 할 수 있지만 동쪽에서 남쪽으로 북을 위로 하여 진설한다고 할 수도 있다. 그런데 여기에 명기를 진설함은 나중에 광에 넣기 위해 편리함을 취했다고 볼 수 있으므로 큰 문제는 없는 것으로 보며 다만 여기에 적어 차이점이 있음을 보일 뿐이다.

醯 : 초 혜

4. 영거가 도착한다(靈車至)

『가례』에 "축이 혼백을 받들고 영악의 자리로 나아가고 신주 상자 역시 혼백의 뒤에 둔다(祝奉魂帛就幄座主箱亦置帛後)." 하였다

5. 드디어 전을 올리고 물러난다(遂設奠而退)

『가례』에 "술과 과일과 포와 육장을 올린다(酒菓脯醢)." 하였고 『상례비요』에 "영좌 앞 탁자에 차린다(設於靈座前卓子)." 하였다. 『증보사례편람』에 "견전 후 실어온 나머지 脯를 여기에 이르러 철거한다(遣奠餘脯 至是乃撤)." 하였다.

6. 영구가 도착한다(柩至)

『가례』에 "집사자가 먼저 광 남쪽에 자리를 깐다(執事者先布席於壙南)." 하였고, "널이 도착하고 실은 것을 내려 자리 위에 머리를 북으로 하여 놓는다(柩至脫載置席上北首).” 하였다. 실은 것을 내리는 것은 관을 내리는 것으로 『의례』 기석례에 “널이 광에 도착하면 옷을 거두어 그곳에 싣는다(柩至於壙 斂服載之).” 하였는데, 그 주에 “상여가 광에 도착하면 축이 실은 것을 풀고 장식을 제거하고 이에 승거, 도거, 고거의 의복을 거두어 상여에 싣는다(柩車至壙 祝說載除飾 乃斂乘車 道車 槀車之服 載之).” 하였고 그 소에 “실은 것을 푼다는 것은 땅에 棺을 내림을 말하고, 상여가 이미 비었으므로 승거의 피변복, 도거의 조복, 고거의 사립(蓑笠) 세 가지의 옷을 거두어 상여에 그것을 싣는다(說載 謂下棺於地 柩車旣空 乃斂 乘車皮弁服 道車朝服 槀車蓑笠 三者之服 載之於柩車).” 하였다. 머리를 북으로 두는 것은 『예기』 단궁에 “북방에 머리를 북으로 두고 장사지냄은 삼대(하나라, 은나라, 주나라)에 통용되던 예이다. 어두운 곳으로 가기 때문이다(葬於北方 北首 三代之達禮也 之幽之故也).” 하였고, 그 소에 “귀신은 그윽하고 어두움을 숭상한다(鬼神尙幽闇).” 하였다. 그러나 실제 묘의 방향에 따라 머리를 어디로 두어야 하는지 의문이 있는데, 『가례』 통례 사당의 주에 “사당의 지붕의 제도는 향배를 묻지 않고 다만 앞쪽을 남쪽으로 삼고 뒤쪽을 북쪽으로 삼고 좌를 동으로 삼고 우를 서로 삼는다(凡屋之制 不問何向背 但 以前爲南 後爲北 左爲東 右爲西).” 한 것으로 보아 이를 묘에 적용할 수 있고 위에서 언급되었던 『의례』 기석례 소에 있는 ‘據墓南面爲正’를 참조 할 수 있을 것이다.

『가례』에 “집사자가 명정을 잡아 깃대를 제거하고 널 위에 놓는다(執事者取銘旌 去杠 置柩上).” 하였다.

槀 : 마를 고, 蓑 : 도롱이 사

7. 주인 남여가 각 제 위치로 나아가 곡을 한다(主人男女各就位哭)

『가례』에 "주인과 여러(諸) 남자(丈夫)는 광의 동쪽에서 서쪽을 보고 선다(主人諸丈夫立於壙東西向)." 하였고,

"주부와 여러 여자는 광의 서쪽 악차(幄次) 내에서 동쪽을 보고 선다(主人諸丈夫立於壙東西向)." 하였으며,

모두 "북쪽을 위로 한다(北上)." 하였다.

8. 빈객들은 절하고 작별하여 돌아감(賓客拜辭而歸)

『가례의절』에 "빈객이 영구 앞에 나아가 곡하고 몸을 구부려 두 번 절하고 일어난다(賓客詣柩前擧哀 鞠躬拜興拜興平身)." 하였고, "주인이 빈객에게 사례하여 몸을 구부려 두 번 절하고 일어나면 빈객이 답배한다(主人謝賓 鞠躬拜興拜興平身 賓答拜)." 하였다.

『가례』에 "주인이 절하면 빈객이 답배한다(主人拜之 賓答拜)." 하였다. 『의례』 기석례에 "빈객이 나가면 절하면서 전송한다(賓出 則拜送)." 하였는데, 그 주에 "서로 안부를 묻는 빈객이다. 무릇 조문 온 빈객에는 다섯 류가 있는데, 떠나갈 때에 모두 절한다. 이것은 그 중에서 중간을 거론한 것이다(相問之賓也 凡吊賓有五 去皆拜之 此擧中焉)." 하였고, 그 소에 이르기를 "『예기』 잡기를 살펴보면 서로 알고만 지내던 사이이면 궁문을 나오면 물러나고, 서로 읍을 하면서 지내던 사이면 애차(哀次)에서 물러 나오고, 서로 안부를 묻던 사이이면 묘에 봉분이 이루어진 뒤 물러 나오고, 서로 찾아가 뵙던 사이이면 반곡(反哭)한 뒤에 물러나고, 서로 친구 사이이면 우제(虞祭)와 부제(祔祭) 후 물러난다(按雜記云 相趨也 出宮而退 相揖也 哀次而退 相問

也 旣封而退 相見也 反哭而退 朋友 虞 附而退).” 하였는데, 그 주에 “이것은 조문하는 자의 은혜가 박하고 후함이 물러남의 더디고 빠른 절차이다. 서로 알고만 지내던 사이라는 것은 서로 간에 성명을 물어보고 상사에 모이는 사람을 말한다. 서로 읍을 하면서 지내던 사이라는 것은 일찍이 다른 곳에서 만나 본 사람이다. 서로 안부를 묻던 사이라는 것은 일찍이 서로 간에 은혜를 끼친 사람이다. 찾아가 뵙던 사이라는 것은 일찍이 서로 예물을 가지고 찾아뵙는 사람이다(此吊者恩薄厚 去遲速之節也 相趨 謂相聞姓名 來會喪事也 相揖 嘗會於他也 相問 嘗相惠遺也 相見 嘗執摯相見也).” 하였다.

摯 : 폐백 지

15

下棺，祠后土，題木主
(하관, 사후토, 제목주)

1. 이에 하관한다(乃窆)

『의례』 기석례에 "주인은 단(袒)을 하고 중주인(衆主人)은 서쪽을 향하고 북쪽을 상석으로 하며, 부인은 동쪽을 향하고 모두 곡하지 않는다(主人袒 衆主人西面 北上 婦人東面 皆不哭)." 하였는데, 그 소에 "주인이 단을 하는 것은 하관을 하기위해 변복을 하는 것이고, 곡하지 않는 것은 하관을 위해 정숙한 것이다(主人袒者 爲下棺變 不哭者 爲下棺宜靜)." 하였다. 『가례』에 "무릇 널을 내리는 일은 모름지기 잘 살피기에 힘을 써 잘못으로 기울여 추락하거나 동요함이 없도록 해야 한다(大凡下柩最須詳審用力 不可誤有傾墜動搖)." 하였고, "주인과 형제는 마땅히 곡을 그치고 친히 임하여 그것을 살펴야 한다(主人兄弟宜輟哭 親臨視之)." 하였다.

『가례』에 "먼저 나무 장대를 사용하여 회격 위에 가로대고 이에 새끼줄 4조를 사용하여 널 아래 고리에 통과시켜 묶지 않고 널을 아래로 내린다(先用木杠 橫於灰隔之上 乃用索四條 穿柩底鐶 不結而下之)." 하였다. 『의례』 기석례에 "이에 하관하며 주인은 곡을 하고 발 구르기를 무수히 한다(乃窆 主人哭 踊無算).” 하였다. 하관하기 전에 곡을 하지 않다가 막 하관을 시작하면 곡하고 발을 구른다.

“널이 장대 위에 이르면 새끼줄을 뽑아 버리고 별도로 생견 같은 얇은 베를 접어 널을 둘러 싸 아래로 내리고 다시 뽑아내지 아니하고 다만 그 나머지를 잘라 버린다(至杠上則抽索去之 別摺細布若生絹 兜柩底而下之 更不抽出 但裁其餘棄之).” 하였는데, 사고전서 본 『가례』에는 至杠上이 置杠上으로 되어 있는데 원록본과 『가례의절』을 참조하여 고치며, ‘細布若生絹’은 『가례의절』에는 ‘細布或生絹’로 된 곳도 있으나 의미에 큰 차이가 없어 若으로 두었다. 내 생각에 장대를 묘자리 구덩이 위에 가로대고 여럿이서 새끼줄을 이용해 함께 널을 내리고 장대위에서 새끼줄 대신에 생견과 같은 가는 베를 널 아래 넣어 그것을 들어 널을 壙 속으로 내리되 널이 바닥에 닿으면 나중에 베를 빼내기 어려우므로 빼지 않고 그대로 밖으로 나온 윗부분을 잘라 버리는 것으로 이해할 수 있을 것이다.

『가례』에 “이미 내렸으면 다시 구의(柩衣)와 명정을 정리하여 평평하고 바르게 한다(已下再整柩衣銘旌 令平正).” 하였다. “묘 구덩이 내에 자리위에 널을 내리되 머리를 북으로 하고 이금으로 덮는다(下柩於壙戶內席上 北首覆以夷衾).” 하였다.

輟 : 그칠 철, 鐶 : 고리 환, 兜 : 둘러쌀 두(지산집 임탁이(任卓爾)의 물음에 답한 글에 “兜는 오히려 덮어씌운다는 冒이다(兜 猶冒也).” 하였다.)

2. 주인이 선물을 넣는다(主人贈)

『의례』 기석례 소에 "하관이 끝나면 주인이 검은 비단과 붉은 비단을 사용하여 죽은 자에게 준다(窆訖 主人贈死者 用玄纁束帛也)." 하였는데, 살펴보건대 "상여가 성문에 이르면 임금이 재부를 통하여 검은 비단과 붉은 비단을 보내온다(至於邦門 公使宰夫贈玄纁束)." 하고, 그 소에 "임금의 물건이 소중한 까닭에 마지막을 보내는데 쓰는 것이다(以其君物所重 故用之送終也)." 하였다.

『의례』 기석례에 "단을 했던 옷을 바로 입고 1길 8자의 폐백으로 현훈 묶음을 사용하여 선물을 드린다. 절하고 이마를 조아리며 발을 구르기를 처음같이 한다(襲 贈用制幣玄纁束 拜稽顙 踊如初)." 하였는데, 그 주에 "1 길 8자를 제라 한다(丈八尺曰制)." 하였고, 그 소에 "검은 비단과 붉은 비단의 비는 검은 것이 3을 차지하고 붉은 것이 2를 차지한다(玄纁之率 玄居三 纁居二)." 하였다. 『가례』에 "검은 비단 여섯과 붉은 비단 넷을 쓰는데 각각의 길이가 1길 8자이다(玄六纁四 各長丈八尺)." 하였고 "주인이 받들어 널 옆에 두고 재배하고 이마를 조아리며 자리에 있는 사람들은 모두 슬픔을 다해 곡한다(主人奉置柩旁 再拜稽顙 在位皆哭盡哀)." 하였는데, "집이 가난하여 이 숫자를 구비할 수 없으면 검은 비단과 붉은 비단 각각 하나씩만 써도 괜찮다(家貧或不能具此數 則玄纁各一 可也)." 하였다.

『의례』 기석례에 "마치면 단(袒)을 하고 빈(賓)에게 절하며 주부(主婦)도 빈에게 절한다. 자리로 나아가 번갈아서 세 차례 발을 구르고 단한 상복을 입는다(卒 袒 拜賓 主婦亦拜賓 即位 拾踊三 襲)." 하였다.

『가례』에 그 외 "쇠붙이, 옥, 보물, 노리개는 죽은 이에게 누를 끼치므로 함께 구덩이에 넣을 수 없다(其餘金玉寶玩 並不得入壙以爲亡

者之累).” 하였다.

요즈음 세속에는 청색 홍색의 비단을 동심결로 묶은 것을 광속에 넣는다.

3. 회격의 내외 덮게를 덮는다(加灰隔內外蓋)

『가례』에 “먼저 회격의 크고 작음을 가늠해 얇은 판 하나를 마련하여 옆으로 네 벽과의 사이가 꼭 들어맞도록 했다가, 이 때에 와서 널 위에 올려놓고는 다시 유회(油灰)로 메운 연후에 빙빙 돌아가며 그 위에 역청(瀝青)을 조금씩 들이부어 빨리 응고하게 하면 판을 곧장 투과하지는 못한다. 대략 두께가 3치 정도 되면 이에 바깥 덮개를 덮는다(先度灰隔大小 制薄板一片 旁距四墻 取令脗合 至是加於柩上 更以油灰彌之 然後旋旋少灌瀝青於其上 令其速凝 卽不透板約以厚三寸許 乃加外蓋).” 하였다.

『상례비요』에 “만약 역청을 쓰지 않는다면 바깥 덮개만 써도 된다(若不用瀝青只用外蓋).” 하였다.

脗 : 꼭 맞을 문, 灌 : 물 댈 관

4. 석회를 채운다(實以灰)

『가례』에 “삼물(석회, 모래, 황토)을 고루 섞은 것은 아래에 깔고 숯가루(灰末)를 위에 펴는데, 밑바닥과 사방의 두께보다 배가 되게 한다(三物 拌勻者居下 炭末居上 各倍於底及四旁之厚).” 하였다. 治葬의 作灰隔 조에 밑바닥을 2-3치로 한다 하였으니 삼물과 숯가루를

4-6치 정도를 널 위에 펴는 것을 알 수 있다.

"술을 뿌리고 밟아서 채우는데, 널 안이 흔들릴까 염려되므로 감히 다지지는 않는다. 다만 많이 사용해서 채워지기를 기다릴 뿐이다(以酒灑而躡實之 恐震柩中 故未敢築 但多用之以俟其實耳)." 하였다.

匀 : 고를 균, 두루 균, 躡 : 밟을 섭, 築 : 다질 축

5. 이에 흙을 채우고 점점 다진다(乃實土而漸築之)

『가례』에 "흙을 1자쯤 넣을 때마다 가볍게 손으로 다지되 널 속이 흔들리지 않게 한다(下土每尺許 卽輕手築之 勿令震動柩中)." 하였다.

6. 명기 등을 갈무리한다(藏明器等)

『가례』에 "흙을 채워 반쯤 미치면 한쪽 가에 명기, 하장, 포, 소, 앵을 갈무리하고 판으로 그 문을 막는다(實土及半 乃藏明器 下帳苞筲罌於便房 以版塞其門)." 하였다.

『의례』 기석례에 "옆에 器를 갈무리하고 현을 더한다(藏器於旁 加見)." 하였고, "포와 소를 곁에 갈무리 한다(藏苞筲於旁)." 하였다.

대당 『개원례』에 "상여(輴)가 나가면 삽(翣)을 든 자가 들어가서 광(壙) 안의 양쪽 동서쪽 벽(廂)에 삽을 기대어 놓는다. 드디어 하장(下帳)을 상구의 동쪽에 남향으로 펼쳐 놓는다. 쌀과 술과 포(脯)를 하장의 동북쪽에 진설한다. 식반(食盤)을 하장의 앞쪽에 진설한다. 포생(苞牲)을 네 귀퉁이에 놓는다. 초(醯)와 젓갈(醢)을 식반의 남쪽에 진설한다. 판자를 깐 다음 명기(明器)를 광 안의 좌우에 진설한다(輴

出 持翣者入 倚翣於壙內兩廂 遂以下帳張於柩東 南向 米 酒 脯陳於下帳東北 食盤設於下帳前 苞牲置於四隅 醯醢陳於食盤之南 藉以版 明器設於壙內之左右).” 하였다.

輴 : 상여 순, 廂 : 동서쪽 벽 상, 행랑 상

7. 지석을 내린다(下誌石)

『가례』에 “묘지가 평지에 있으면 광내의 남쪽 근방에 우선 벽돌을 한 층 깔고 그 위에 지석을 놓고, 또 벽돌로서 네 주변을 둘러싸고 그 위를 덮는다(墓在平地 則於壙內近南 先布磚一重 置石其上 又以磚四圍之 而覆其上).” 하였다. “만약 묘지가 산기슭 험준한 곳에 있으면 광 남쪽 몇 자 사이에 깊이 4-5자 정도 파고 이 방법에 의거하여 지석을 묻는다(若墓在山側峻處 則於壙南數尺間 掘地深四五尺 依此法埋之).” 하였다. 주자가 이르기를 “지석은 모름지기 광 위 2~3자쯤에 있어야 훗날에 혹 잘못 삽질을 당하더라도 오히려 중지할 수 있다. 만약 광 안에 있다면 이미 드러나게 되어, 비록 혹 보더라도 일에는 소용없게 된다(誌石須在壙上二三尺許 他日或爲畚鍤誤及 猶可及止 若在壙中 則已暴露矣 雖或見之 無及於事也).” 하였다

磚 : 벽돌 전, 峻 : 높을 준, 畚 : 삼태기 분, 鍤 : 가래 삽

8. 다시 흙을 쌓아 단단하게 다진다(復實以土而堅築之)

『가례』에 “흙을 붓는 것 역시 1자 정도를 기준으로 삼는데 다만

공이질을 촘촘히 하여 견고하게 다진다(下土亦以尺許爲準 但須密杵堅築).” 하였다.

『의례』 기석례에 “흙을 세 번 채우면 주인은 향인에게 절한다(實土三 主人拜鄕人).” 하였는데, 그 주에 “힘써 노동한데 대한 사례이다(謝其勤勞).” 하였다.

9. 묘지의 좌측에서 토지지신에게 제사를 지낸다(祠后土於墓左)

하관을 한 후 후토에게 제사를 지내는 것으로 『서의』의 주에 “기석례에는 없지만 단궁에 이르기를 유사가 묘소의 좌측에 궤연에다 전물을 둔다. 하고, 그 주에 부모의 형체가 여기에 있어 그 신에게 예를 올린다(旣夕禮無之 檀弓曰有司以几筵舍奠于墓左 注 爲父母形體在此禮其神也).” 하였다.

『가례』에는 “前의 의식(묘역을 조성할 때의 의식)과 같다(如前儀).” 하였으며, “축판내용 중 앞은 같고 단지 이르기를 지금 모관봉시를 위해 이 유택에 하관한다. 하며 神 이후는 같은 내용이다(祝板前同 但云 今爲某官封謚 窆茲幽宅 神其後同).” 하였다.

■ 祝文

維
年號幾年歲次干支幾月干支朔幾日干支某官姓名敢昭告于
土地之神 今爲某官封謚 某公 窆茲幽宅
神其保佑 俾無後艱 謹以淸酌脯醢 祗薦于神 尙
饗

모년 모월 모일 모 벼슬 모는 감히 토지의 신에게 밝게 고합니다. 지금 모 벼슬 시호가 모인 모씨를 이 유택에 하관을 하니 신께서

보우하사 후에 어려움이 없게 하시옵고 삼가 맑은 술과 포와 젓갈을 신에게 공경히 드리오니 흠향하십시요

· 어머니의 상일 경우 今爲某官姓名 을 今爲某封某氏라 고친다
· 세속에는 평토제라고 하여 이 의식을 거행한다. 그러나 축문의 내용은 여기 하관을 하니 잘 부탁한다 는 내용이다.

10. 신주를 쓴다(題主)

『가례』에 "집사자가 영좌의 동남쪽에 서향으로 탁자를 설치하고 연적과 붓과 먹을 놓는다(執事者設卓子於靈座東南西向 置硯筆墨)." 하였고,

"탁자의 맞은편에 관분(盥盆), 세건(帨巾)을 앞과 같이 놓는다(對卓 置盥盆帨巾如前)." 하였으며,

"주인이 그 앞에 북향으로 서고 축이 손을 씻고 신주를 내어 탁자 위에 눕혀 놓는다(主人立於其前北向 祝盥手出主 臥置卓上)." 하였고,

"글 잘 쓰는 이로 하여금 손을 씻고 서향하여 우선 함중에 글을 쓴다(使善書者盥手西向立 先題陷中)." 하였다.

아버지면 "고(故) 모관(某官) 모공(某公) 휘모(諱某) 자모(字某) 신주(神主)(故某官某公諱某字某神主)라" 하고, "분면(신주의 앞쪽)에 현고(顯考) 모관 봉시(封謚) 부군(府君) 신주(粉面曰 顯考某官封謚府君神主)라" 하며, "그 아래 좌측 옆에 효자 모 봉사 라고 한다(其下左傍曰 孝子某奉祀)." 쓰고,

어머니면 "(함중에) 고(故) 모봉(某封) 모씨(某氏) 휘모(諱某) 자모(字某) 신주(神主)(故某封某氏諱某字某神主)라" 하고, "분면에 현비(顯妣) 모봉 모씨 신주(粉面曰 顯妣某封某氏神主)라" 하며, 그 옆에 역

시 아버지와 같게 쓴다.

『가례』에 "만약 벼슬이나 봉작이 없으면 살았을 때 부르던 칭호를 쓴다(無官封則以生時所稱爲號)." 하였고

"쓰기를 마치면 축이 받들어 영좌에 놓고 혼백을 상자에 넣어 그 뒤에 두고 향을 태우고 술을 따라 올리고 축판을 잡고 주인의 우측에 나아가 꿇어 앉아 그것을 읽는다 (題畢 祝奉置靈座 而藏魂帛於箱中以置其後)." 하였고,

"날짜는 전과 같고 다만 고자(孤子) 모가 고 모관 봉시 부군에게 감히 고합니다. 형체는 땅속(窀穸(둔석):묘혈)으로 돌아 가셨지만 정신은 집으로 돌아가십시다. 신주가 이미 만들어 졌으니 엎드려 바라건대 높으신 신령(尊靈)께서 옛 것을 버리고 새것을 따라 여기에 기대고 여기에 의지 하십시오(日子同前 但云 孤子某敢昭告于考某官封謚府君 形歸窀穸 神返室堂 神主旣成 伏惟尊靈舍舊從新 是憑是依)." 하였는데 고자는 어머니의 상에는 애자(哀子)라 한다.

"읽기를 마치고 그것을 품고 일어서 자리로 돌아가고 주인은 두 번 절하고 슬픔을 다해 곡하고 그친다(畢懷之興復位 主人再拜 哭盡哀止)." 하였다.

窀 : 무덤구덩이 둔, 穸 : 무덤구덩이 석

11. 축이 신주를 받들고 영거에 올린다(祝奉神主升車)

『가례』에 "혼백 상자는 그 뒤에 있다(魂帛箱在其後)." 하였다

12. 집사자가 영좌를 철거하고 드디어 간다(執事者徹靈座遂行)

『가례』에 "주인 이하가 곡을 하고 따르기를 올 때의 의식처럼 한다(主人以下哭從如來儀)." 하였다.

"묘문에 이르러 존장은 거마를 타고, 묘에서 거리가 100보쯤에서 지위가 낮거나 어린사람 역시 거마를 탄다(至墓門 尊長乘車馬 去墓百步許 卑幼亦乘車馬)." 하였고,

"다만 자제 한 사람을 남겨 성분에 이르기 까지 흙을 채우는 것을 감시하게 한다(但留子弟一人監視實土 以至成墳)." 하였다.

『예기』 잡기에 "마을 사람으로서 50세가 된 자는 주인을 따라 반곡(反哭)하고, 40세가 된 자는 흙이 구덩이에 차기를 기다린다(鄕人五十者從反哭 四十者待盈坎)." 하였고, 그 주에 "마을 사람이 아니면 나이 많으나 젊으나 모두 돌아간다(非鄕人 則長少皆反)." 하였다

16

成墳(성분)

1. 성분(成墳)

『상례비요』에 "평토한 후 금정기 안에 숯가루나 석회를 조금 깔아서 뒷날 묘를 고치거나(修墓) 합장(合葬)을 할 때 생각할 것을 취하여 준비한다(平土後 卽於金井機內 鋪炭屑或石灰小許 以備他日修墓或合葬之時取考)." 하였다. 금정기는 광의 크기와 같은 사각형 틀로 내 생각에 관위에 이것을 놓고 숯가루를 뿌려두면 나중에 무덤을 파거나 보수할 때 도움이 된다.

『상례비요』에 "한가운데에 표목(標木)을 세우고, 또 노끈 한끝으로 표목에 매어 그 한끝을 잡고 돌려 지름 16, 7자, 합장의 경우 20여 자의 둘레를 잡아 봉분을 올리는 바탕으로 삼는다(於正中立標木 又以繩一端繫於標木 執其一端而環之 其徑十六七尺 合葬則二十餘尺以爲成墳之基)." 하였다.

『가례』에 "봉분의 높이는 4 자이고, 그 앞에 작은 돌비석을 세우는데 역시 높이가 4 자이고, 받침대 높이는 1자 정도이다(墳高四尺 立小石碑於其前 亦高四尺 趺高尺許)." 하였다. 『상례비요』의 주에 "석인, 석상, 망주석 역시 봉분 앞에 둔다(石人 石牀 望柱石 亦置於墳

前).” 하였다.

『상례비요』에 “작은 돌비석은 높이 4 자, 너비는 1 자 이상, 그 두께는 너비의 3분의 2이다. 홀의 머리모양을 하고 지석의 덮게에 적은 것처럼 그 앞에 새기는데, 그 세계, 이름, 행실을 간략하게 기술하여 그 좌측에 새기고 돌아 뒤의 우측에 미쳐 두루 새긴다(小石碑 高四尺 濶尺以上 其厚居三分之二 圭首而刻其面 如誌之蓋 略述其世系名字行實而 刻於其左 轉及後右而周焉). 하였다.

『국조오례의』에 ‘엄광전(掩壙奠)’이라고 하여 “묘의 성분을 기다려 이미 끝나면 집사자가 영악(靈幄)을 묘 앞에 설치하고, 향로(香爐)와 향합(香盒)과 촛불을 영좌 앞에 설치한다. 찬(饌)을 진설한다. 찬을 진설하기를 마치면, 축(祝)이 손을 씻고 향안(香案) 앞으로 나아가 북쪽을 향하여 꿇어앉는다. 세 번 향을 올리고 술을 따라서 안(案) 위에 올린 다음 부복하였다가 일어나 물러난다. 자리에 있는 자들이 곡하고 재배한다(俟成墳 旣畢 執事者 設靈座於墓前 設香爐香合并燭於靈座前 酒架盞盤於靈座之左設饌 訖 祝盥手 詣香案前北向跪 三上香斟酒奠于案 俯伏退 在位者哭再拜).” 하였다. 그 술을 올린다는 주에 “연속3잔을 올린다(連奠三盞).” 하였다.

17

反哭(반곡)

1. 주인 이하가 영거를 받들고 길에서 천천히 걸으며 곡한다 (主人以下 奉靈車 在塗徐行哭).

『예기』 문상에 "가슴을 치고 발을 구르고 곡을 하고 흐느껴 울고 슬픔으로 보내고 형체을 보내려고 가고 정신을 맞아 돌아온다(辟踊哭泣 哀以送之 送形而往 迎精而反)." 하였는데, "슬픔으로 보낸다는 것은 장사 지낼 때를 말하고, 그 정신을 맞이하여 돌아온다는 것은 반곡과 그날 중에 우제를 지냄을 말한다(哀以送之 謂葬時也 迎其精神而反 謂反哭及日中而虞也)." 하였다. 그리고 "그 보내려고 갈 때는 아득한 듯, 다급한 듯 마치 추구하는 것이 있으나 못 미치는 듯하다. 그 돌아옴은 허둥지둥하여 구함이 있지만 얻지 못한 듯하다. 따라서 그 보내려 감은 마치 사모하는 듯하고 그 돌아옴은 의심하는 듯하다(其往送也 望望然 汲汲然 如有追而弗及也 其反哭也 皇皇然 若有求而弗得也 故其往送也如慕 其反也如疑)." 하였다.

『가례』에 "그 돌아올 때는 어버이가 저곳에 있는 것처럼 한다(其反如疑爲親在彼)." 하였다. 『의례』 기석례에 "하관을 마치고 돌아올 때 말을 빨리 몰지 않는다(卒窆而歸不驅)." 하면서, 그 주에 "효자 갈 때는 사모하는 듯하고 돌아올 때는 어버이가 저기 계시는 듯이 한다(孝子往如慕 反如疑 爲親之在彼).” 하였고, 그 소에 “묘지로 갈 때는 마치 어린아이가 어머니를 따라가면서 울며 사모하는 듯이 하는 것이고, 돌아올 때는 정신과 혼령(精魂)이 그곳에 계시면서 돌아오지 않는 듯이 여긴다(如嬰兒隨母而啼慕 疑精魂在彼不歸).” 하였다. 따라서 말을 빨리 몰지 못하는 것이리라. 『예기』 단궁에 “공자가 위나라에 있을 적에 장사 지내는 사람이 있어 공자가 그것을 보고 이르시길 ‘잘하는 구나 장사 치름이 충분히 법으로 삼을 만하다’(孔子在衛 有送葬者 而夫子觀之 日 善哉爲喪乎 足以爲法矣).” 하시면서, “그가 갈 적에는 사모하는 것같이 하더니, 돌아올 적에는 의심하는 것같이 하더구나(其往也如慕 其反也如疑).” 하시니, “자공이 어찌 빨리 돌아가 우제를 지내는 것만 하겠습니까?(子貢日 豈若速反而虞乎)” 하고 물은데, “공자께서 제자들에게 말씀하시길 너희들은 적어두어라. 나는 능히 저렇게 하지 못하였다(子日 小子識之 我未之能行也).” 하였고, 그 주에 “슬픔이 근본이고 제사는 지엽(枝葉)이다(哀戚 本也 祭祀 末也).” 하였다.

『가례』에 “슬픔이 이르면 곡한다(哀至則哭).” 하였다

2. 집에 이르면 곡한다(至家哭).

『가례』에 “문을 바라보고 바로 곡한다(望門卽哭).” 하였다.

『예기』 잡기에 “널을 따르거나 반곡하는 사람이 아니면, 길에서 문(免)을 하지 않는다(非從柩與反哭, 無免於堩),” 하였는데, 그 주에 “이 두 가지 일이 아니면 모두 관을 하는데 문은 관을 대신하는 것으로 사람이 도로에서 꾸미지 않을 수 없다(非此二事皆冠也 免 所以代冠 人於道路 不可以無飾).” 하였고, 그 소에 “그러므로 효자는 오직

장사를 지내기 위해 널을 따라갈 때와 장사를 치르고 돌아오는 반곡 때에만 길에서 문을 하고 간다. 이 두 조목이 아니면 도로에서 문(免)을 할 수 없다. 이는 가까운 곳에서 장사 지내고 반곡하는 자를 말함이다(故孝子唯送葬從柩去時及葬竟還 反哭時 於道得免而行 自非此二條 則不得免於道路也 此謂葬近而反哭者).” 하면서, “만약 장지가 멀면 반곡에 도로에서 관을 쓰고 교외에 이르러 이에 도리어 문을 쓴다. 때문에 상복소기에 이르기를 ‘먼 곳에 장사지내고 반곡하는 자는 모두 관을 하고 교외에 미친 이후 문을 한다.’ 한 것이 이것이다(若葬遠反哭 在路則著冠 至郊則乃反著免 故 小記 云 遠葬者比反哭者 皆冠及郊而後免 是也).” 하였다.

3. 축이 신주를 받들고 들어가 영좌에 둔다(祝奉神主入於靈座).

『가례』에 “집사자가 우선 고처에 영좌를 설치한다(執事者先設靈座於故處).” 하였고,

“축이 신주를 받들고 들어 자리로 나아가 독에 넣는다(祝奉神主入就位櫝之).” 하였으며,

“아울러 혼백상자를 내어 신주의 뒤에 놓는다(並出魂帛箱置主後).” 하였다.

4. 주인 이하가 청사에서 곡한다(主人以下哭于廳事).

『가례』에 “주인 이하는 대문 앞에 이르러 곡을 하며 들어가서 서쪽 계단으로 올라가 청사(廳事)에서 곡을 하는데, 부인은 먼저 당(堂)으로 들어가 곡을 한다(主人以下 及門哭 入升自西階 哭于廳事 婦人先入哭於堂).” 하였다.

『의례』 기석례에 "이에 반곡하며 들어가 서쪽 계단으로 올라가 동쪽을 본다. 중주인(衆主人)은 당 아래에서 동쪽을 보되 북쪽을 상석으로 한다(乃反哭 入升自西階 東面 衆主人堂下 東面 北上)." 하였는데 그 주에 "서쪽 계단으로 올라가 동쪽을 봄은 그 일을 하던 곳으로 돌아왔음이다(西階東面 反諸其所作也)." 하였다 『의례』 기석례에 "부인이 들어오고, 장부는 발을 구르며 조계로 올라간다(婦人入 丈夫踊 升自阼階)." 하였고, 계속하여 "주부는 실(室)에 들어가 발을 구르고, 나와 자리로 가서 장부와 번갈아 가면서 발을 구르기를 세 번 한다(主婦入於室 踊 出即位 及丈夫拾踊三)." 하였다. 그리고 그 주에 "실(室)에 들어가는 것은, 그 봉양하던 곳으로 돌아옴이다(入於室 反諸其所養也)." 하였다. 『예기』 단궁에 "반곡하여 당에 오름은 그 일하는 곳으로 돌아옴이고 어버이가 예를 행하던 곳이다. 주부가 실에 들어감은 그 봉양하던 곳으로 돌아온 것으로 어버이가 음식을 받던 곳이다(反哭升堂 反諸其所作也 親所行禮之處 主婦入於室 反諸其所養也 親所饋食之處)." 하였다.

『예기』 문상에 "구해도 얻지 못하고, 문에 들어와서도 보이지 않고, 당(堂)에 올라와도 또 보이지 않고, 실에 들어가도 또 보이지 않으니, 죽었구나. 잃었구나. 다시 볼 수 없으니 그만이로다. 그러므로 곡하고 눈물을 흘리며 가슴을 두드리고 발을 구르며 슬픔을 다하고 그친다(求而無所得之也 入門而弗見也 上堂又弗見也 入室又弗見也 亡矣喪矣 不可復見 已矣 故哭泣辟踊 盡哀而止矣)." 하면서 그 주에 "반곡의 의미를 말한 것이다(說反哭之義也)." 하였다.

拾 : 서로 겁(번갈아 겁)

5. 드디어 영좌 앞에 이르러 곡한다(遂詣靈座前哭)

『가례』에 "슬픔을 다하고 그친다(盡哀止)." 하였다.

6. 조문객이 있으면 처음처럼 절한다(有弔者拜之如初)

"빈객 중 친밀한 이가 이미 돌아갔다가 반곡을 기다려 다시 조문함을 말한다(謂賓客之親密者旣歸 待反哭而復弔)." 하였다.

『의례』 기석례에 "손님으로 조문하는 자가 서쪽 계단으로 올라가 말하기를 '어찌합니까?' 라고 하고 주인은 이마를 조아리며 절을 한다(賓弔者 升自西階 曰 如之何 主人拜稽顙)." 하였는데 그 주에 "손님으로 조문하는 자는 여러 손님 중의 연장자다. 되돌아오니 그곳에 없어서 잃어버림이 이에 와서 심하므로 조문한다(賓弔者 衆賓之長也 反而亡焉 失之矣 於是爲甚 故弔之)." 하였다.

『예기』 단궁에 "반곡하는데 조문하는 것은 슬픔이 지극하기 때문이다. 되돌아오니 없어서 잃어버림이 이에 와서 심한 것이다(反哭之弔也 哀之至也 反而亡焉 失之矣 於是爲甚)." 하였고, "은(殷)나라에서는 봉분을 하고 조문하였고, 주(周)나라에서는 반곡하고 조문하였다(殷既封而弔 周反哭而弔)." 하면서 "공자가 말하기를 은나라는 너무 질박하다. 나는 주나라를 따르리라(孔子曰 殷已慤 吾從周)." 하였다.

『의례』 기석례에 "손님이 내려 나가고 주인이 문밖에서 보내고 이마를 조아리며 절한다(賓降 出 主人送于門外 拜稽顙)." 하였다.

慤 : 질박할 각

7. 이어 상차로 나아간다(乃就次)

『의례』 기석례에 "형제가 나가고 주인이 절하고 보낸다(兄弟出 主人拜送)." 하였고, 그 주에 "형제는 소공이하 이고 한집에 살지 않는 대공도 역시 돌아갈 수 있다(兄弟 小功以下也 異門大功 亦可以歸)." 하였다. 그 소에 "문을 달리하면 은혜가 가벼우므로 돌아갈 수 있다(爲異門則恩輕 故可歸也)." 하였다. 『가례』에 "소공 이하나 대공복을 입는 자로서 거처를 달리하는 자는 돌아가도 된다(小功以下大功異居者可以歸)." 하였다.

『의례』 기석례에 "중주인(衆主人)이 문을 나가면 곡을 그치고 문을 닫는다. 주인은 중주인에게 읍을 하고 상차로 나아간다(衆主人出門 哭止 闔門 主人揖衆主人 乃就次)." 하였다. 『예기』 문상에 "묘소를 만들고 돌아와서 감히 실에 들어가 거처하지 못하고 여막에서 거처함은 어버이가 밖에 있음을 슬퍼함이다(成壙而歸 不敢入處室 居於倚廬 哀親之在外也)." 하였다.

『가례』에 "기년과 대공복을 입은 자는 술을 마시고 고기를 먹되 잔치에는 참석하지 않는다(朞九月之喪者飮酒食肉不與宴樂)." 하였는데, 『예기』 상대기 "기년의 상에는 3월이면 이미 장사를 지내므로 고기를 먹고 술을 마시지만, 기년의 상을 마칠 때까지 고기를 먹지 않고 술을 마시지 않는 것은, 아버지가 계실 때 어머니를 위한 상이나, 처를 위한 상이다(期之喪 三月既葬 食肉飮酒 期 終喪不食肉 不飮酒 父在 爲母爲妻)." 하였고, "대공(9월)의 상에 먹고 마시는 절차는 기년의 상과 같다. 고기를 먹고 술을 마시지만 사람들과 더불어 즐기지는 않는다(九月之喪 食飮猶期之喪也 食肉飮酒 不與人樂之)." 하였다.

18

虞祭(우제)

『가례』에 "장사지내는 날 낮에 우제를 지내고 묘가 멀다면 이날을 넘기지 않으면 가하다(葬之日 日中而虞 或墓遠 則但不出是日 可也)." 하였고, "만약 집까지 거리가 하룻밤 이상을 묵어야 한다면 초우는 머무는 곳에서 행한다(若去家經宿以上 則初虞於所館行之)." 하였다. 『의례』 기석례 삼우의 주에 "뼈와 살은 흙으로 돌아갔으나 정기(精氣)는 가지 못할 곳이 없으므로 효자가 그 방황함을 위하여 세 번의 제사로서 그를 안정시킨다(骨肉歸于土 精氣無所不之 孝子爲其彷徨 三祭以安之)." 하였다.

『의례』 사우례의 주에 "정목록에 이르기를 우는 편안함이다. 사(士)가 이미 그 부모를 장사지내고 정신을 맞아 돌아와 낮에 빈궁에서 제사지내어 그를 편안하게 한다(鄭目錄云虞 安也 士旣葬父母 迎精而反 日中祭之於殯宮以安之)." 하였다. 살펴보면 정목록은 정현이 『예기』와 『의례』의 주를 내면서 그 편목에 대하여 기록한 것이다.

『예기』 단궁에 "장사지낸 날 우제를 지내는 것은 차마 하루라도 떨어지게 할 수 없기 때문이다(葬日虞 弗忍一日離也)." 하였는데, 그 주에 "차마 돌아갈 곳이 없게 할 수 없다(弗忍其無所歸)." 하였다.

『예기』 문상에 "마음이 슬프고 아련하고(惚) 탄식하며(愾) 마음은 끊어지고 생각은 슬플 뿐일 것이다. 종묘에 제사하여 귀신으로 흠향하게 하는 것은 만에 하나 다시 돌아올 것을 구하는 것이다(心悵焉愴焉 惚焉愾焉 心絕志悲而已矣 祭之宗廟 以鬼饗之 徼幸復反也)." 하였고, 그 주에 "우제의 뜻을 설명하였다(說 虞之義)." 하였다.

『예기』 잡기에 "사는 3번의 우제를 지내고 대부는 5번, 제후는 7번의 우제를 지낸다(士三虞大夫五諸侯七)." 하였다. 『의례』 사우례에 "처음의 우제는 유일을 쓴다(始虞用柔日)." 하였고 그 주에 "우제는 안정되기를 바라서인데 유일은 음이고 그 안정됨을 취한다(虞欲安之柔日陰取其靜)." 하였다. "재우는 모두 처음과 같다(再虞皆如初)." 하면서 그 소에 "초우와 재우는 모두 유일을 쓴다(初虞, 再虞皆用柔日)." 하였다. 그리고 "삼우, 졸곡은 강일을 쓴다(三虞 卒哭 用剛日)." 하였다. 『예기』 곡례의 소에 "10일은 5일의 기일(奇日)이 있고 5일의 우일(偶日)이 있는데 갑, 병, 무, 경, 임의 5기일이 강일(剛日)이 되고 을, 정, 기, 신, 계의 5 우일이 유일(柔日)이 된다(十日有五奇 五偶 甲 丙 戊 庚 壬 五奇爲剛也 乙 丁 己 辛 癸 五偶爲柔也)." 하였다. 살펴보건대 초우는 유일을 쓰고 장사지낸 날의 한낮에 우제를 지낸다 하였으니 장일(葬日) 역시 유일이다. 그러므로 위에서 장일을 점칠 때 유일을 잡아야 되며 만약 장일이 정(丁)이면 제우는 기(己)가 되고 삼우는 강일을 쓰므로 유일 기(己) 다음인 강일 경(庚)이되고 졸곡은 다시 강일이므로 임(壬)이 됨을 알 수 있다.

悵 : 슬퍼할 창, 惚 : 흐릿할 홀, 愾 : 탄식할 개, 徼 : 구할 요

1. 주인이하 모두 목욕한다(主人以下 皆沐俗)

『의례』 사우례에 "우제 때 목욕을 하나 빗질을 하지 않는다(虞 沐浴 不櫛)." 하였는데, 그 주에 "목욕을 하는 것은 장차 제사를 지내기 위해 스스로 깨끗하게 함이고, 빗질을 하지 않는 것은 아직 꾸미는데 있지 않음이다. 오직 삼년상에는 빗질을 하지 않고, 기년상 이하는 빗질을 해도 된다(沐浴者 將祭 自潔淸 不櫛 未在於飾也 唯三年之喪不櫛 期以下櫛可也)." 하였다.

『가례』에 "혹 이미 늦어 겨를이 없으면 간략히 씻어 깨끗하게 해도 된다(或已晩不暇 卽略自澡潔 可也)." 하였다.

澡 : 씻을 조

2. 집사자가 기물을 벌여놓고 음식을 차린다(執事者 陳器具饌)

『서의』에 "널이 이미 광에 들면 일을 맡은 사람이 먼저 돌아와 우제의 음식을 구비한다(柩旣入壙 掌事者先歸具虞饌)." 하였다.

『가례』에 "손 씻는 동이와 수건 각 2개를 서쪽 계단의 서쪽에 진설하되, 동남쪽을 위로 삼는다(盥盆帨巾各二於西階西 東南上)." 하였고 "동쪽 동이는 받침이 있고 수건걸이가 있는데 서쪽 것은 없다(東盆有臺巾有架 西者無之)." 하였는데, "무릇 상례는 모두 이와 같다(凡喪禮皆放此)." 하였다. 『서의』에 "동쪽 동이는 주인 이하 친척이 손을 씻는 것이고, 서쪽 것은 집사자가 손을 씻는 것이다(東盆…主人以下親戚所盥也 其西…執事者所盥也)." 하였다

『가례』에 "영좌의 동남쪽에 술병과 걸이 하나를 놓는다(酒甁並架

一於靈座東南). 그 동쪽에 탁자를 놓고 그 위에 주전자와 잔을 놓는다(置卓子於其東 設注子及盤盞於其上).” 하였다.

『가례』에 “영좌의 서남쪽에 화로와 탕을 넣은 병을 놓고 그 서쪽에 탁자를 놓고 그 위에 축판을 놓는다(火爐湯瓶於靈座西南 置卓子於其西 設祝版於其上).” 하였다. 『증보사례편람』에 화로는 “제사음식을 데우는데 쓰는 것이다(用以煖祭饌者).” 하였다

『가례』에 “영좌의 앞쪽 탁자위에 채소, 과일, 쟁반 및 잔을 놓는데, 수저는 안쪽 가운데 놓고 술잔은 그 서쪽에, 초 접시는 그 동쪽에 과일은 밖에, 채소는 과일의 안쪽에 놓는다(設蔬果盤盞於靈座前卓子上 匕筯居內當中 酒盞在其西 醋楪在其東 果居外 蔬居果內).” 하였다. 『상례비요』에 “영좌 앞 탁자위에 놓는데 숟가락과 젓가락은 안쪽 중앙에 둔다(設於靈座前卓上 匙筯居內當中).” 하였고, 그 주에 “안쪽은 곧 상의 북쪽 첫 번째 줄이다(內卽床北第一行).” 하였고, “술잔은 그 서쪽에 있고 초 접시는 그 동쪽에 둔다(酒盞在其西 醋楪居其東).” 하였고, 그 주에 “다음 두 번째 줄은 비워두어 음식 올리기를 기다린다(次二行空之以俟進饌).” 하였고, 계속하여 “과일은 밖에 둔다(果居外).” 하면서, 그 주에 “밖은 곧 네 번째 줄이다(外卽次四行).” 하였고, “채소는 과일 안쪽에 둔다(蔬居果內).” 하면서, 그 주에 “곧 세 번째 줄이다(卽次三行).” 하였다. 『가례의절』의 우제에는 陳器와 具饌조를 따로 두었는데 具饌條에 “다음 세 번째 줄은 채소와 포와 젓갈을 진설한다(次三行設蔬菜脯醢).” 하였다.

『가례』에 “병에 술을 담고 당 중앙에 향안을 놓고, 향로에 불을 피우고 띠풀 묶음과 모래모음을 향안 앞에 놓는다(實酒于瓶 設香案於堂中 炷火於香爐 束茅聚沙於香案前).” 하였다.

『가례』에 “조전처럼 음식을 갖추어 당문(堂門) 밖의 동쪽에 진설

한다(具饌如朝奠於堂門外之東).” 하였다. 『서의』에 “우제의 음식을 갖춘다(具虞饌).” 하고, 그 주에 “삭전(朔奠)처럼한다(如朔奠).” 하였다. 살펴보건대 조전 때는 단지 채소, 과일, 포와 젓갈 만 있을 뿐인데, 음식을 준비하는 것을 보면 삭전이라 함이 좋을 것이다.

煖 : 따뜻할 난, 醋 : 초 초

3. 축이 영좌에 신주를 내오고 주인 이하는 모두 들어가 곡한다(祝出神主於座主人以下皆入哭)

『가례』에 “주인과 형제가 실(室) 밖에 지팡이를 기대어 놓고 제사에 참여한 자 모두가 들어가 영좌 앞에서 곡한다(主人及兄弟倚杖於室外 及與祭者皆入哭於靈座前).” 하였다. 『의례』 사우례에 “주인이 지팡이를 기대어 놓고 들어간다(主人倚杖入).” 하였고, 그 주에 “지팡이를 서서(西序)에 기대고 이에 들어간다(倚杖西序乃入).” 하였다. 『예기』 상복소기에 “우제에 지팡이는 실에 들어갈 수 없다(虞杖不入於室).” 하였다.

『가례』에 “그 자리는 모두 북쪽을 바라보고 상복으로 열을 삼는데, 복이 무거운 자는 앞에 있고 가벼운 자는 뒤에 있는데, 지위가 높거나 어른은 앉고 지위가 낮고 어린 자는 서되, 남자는 동쪽에서 서쪽을 위로 삼고 부인은 서쪽에서 동쪽을 위로 삼으며 각각 나이가 많고 적음으로 순서를 삼아 줄을 이루며, 모시는 자(侍者)는 뒤에 있다(其位皆北面 以服爲列 重者居前 輕者居後 尊長坐卑幼立 丈夫處東 西上 婦人處西 東上 逐行各以長幼爲序 侍者在後).” 하였다.

4. 강신(降神)

『가례』에 "축이 곡하는 자를 그치게 하고, 주인이 서쪽 계단으로 내려가 손을 씻고 손을 닦고 영좌 앞에 이르러 분향하고 두 번 절한다(祝止哭者 主人降自西階 盥手帨手 詣靈座前 焚香再拜)." 하였다

집사자는 모두 손을 씻고, 닦고, 한 사람(우집사)은 술병을 열어 주전자에 채우고, 서쪽을 보고 꿇어 앉아 주전자를 주인에게 주면 주인은 꿇어 앉아 받는다(執事者皆盥帨 一人開酒實於注 西面跪以注授主人 主人跪受)." 하였다.

"한 사람(좌집사)은 탁자 위의 잔과 받침을 받들어 동쪽을 보고 주인의 좌측에 꿇어앉는다. 주인이 잔에 술을 따르고 주전자를 (우)집사에게 주고 왼손으로 (좌집사가 받들고 있는)잔과 받침을 잡고 오른손으로 잔을 잡아 띠풀 묶음 위에 술을 붓고(酹) 잔과 받침을 (좌)집사에게 준다(一人奉卓上盤盞東面 跪於主人之左 主人斟酒於盞 以注 授執事者 左手取盤盞 右手執盞 酹之茅上 以盤盞授執事者)." 하였고,

"굽혀 엎드렸다가 일어나, 뒤로 조금 물러나 두 번 절하고 제 위치로 돌아온다(俛伏興 少退再拜復位)." 하였다.

5. 축이 음식을 올린다(祝進饌)

『가례의절』에 "축(祝)이 물고기, 육고기, 적간(炙肝), 미식(米食), 면식(麵食)을 영좌(靈座) 앞에 있는 탁자 위의 두 번째 줄 비워 둔 곳에 가지런히 올린다(祝以魚肉炙肝米麵食進列於靈前卓子上次二行空處)." 하였다.

『상례비요』에 "소반에 물고기 · 육고기 · 적간(炙肝) · 면식(麵食) · 미식(米食) · 갱반(羹飯)을 받들고 따라 올라가 영좌 앞에 이른다. 육

고기는 술잔의 남쪽에 올리고, 밀가루 음식은 육고기 서쪽에 올리며, 물고기는 초 접시의 남쪽에 올리고, 미식은 물고기 동쪽에 올린다. … 국은 초 접시 동쪽에 올리고, 밥은 술잔의 서쪽에 올린다(以盤奉魚肉炙肝麪食米食羹飯從升至靈座前 肉奠于盤盞之南 麪食奠于肉西 魚奠于醋楪之南 米食奠于魚東…羹奠于醋楪之東 飯奠于盤盞之西).” 하면서, “우제에 밥과 국이 있음을 의심할 수 없으므로 우선 『가례』의 시제 진찬의 순서에 의거 이와 같이 진설하나 다시 살펴보아야 한다(虞祭有飯羹無疑故姑依家禮時祭進饌之序其設之如此更詳之).” 하였다. 사우례에 “우제를 위해 사당 문밖 오른쪽(서쪽)에서 동쪽을 보고 희생의 반을 삶는다.” 하고, 그 주에 “문의 동쪽에서 하지 않음은 아직 길례라 할 수 없기 때문이다(不於門東 未可以吉也).” 하면서, “부제(졸곡 다음날)에 길제로 상제를 바꾼다(祔而以吉祭易喪祭).” 하였다.

6. 초헌(初獻)

『가례』에 “주인이 나아가 주전자가 있는 탁자 앞에 이르러 주전자를 들고 북향하여 선다(主人進詣注子卓前 執注北向立).” 하였고,

“집사 한 사람(좌 집사)이 영좌 앞의 잔 받침과 잔을 취해 주인의 왼쪽에 선다(執事者一人 取靈座前盤盞 立於主人之左).” 하였다.

“주인이 술을 따르고 주전자를 탁자 위에 다시 놓고, 집사와 함께 모두 영좌 앞으로 나아가 북향하여 선다(主人斟酒 反注於卓子上 與執事者俱詣靈座前北向立).” 하였고,

“주인이 꿇어앉으면, 집사도 꿇어앉아 잔 받침과 잔을 올린다. 주인은 잔을 받아 띠풀 묶음 위에 조금씩 세 번 따르고 엎드렸다가 일어난다(主人跪 執事者亦跪進盤盞 主人受盞 三祭於茅束上 俛伏興).” 하였다. 『의례』 사우례에 “축이 올려놓은 술잔(觶)을 취해 제사(祭)하

는데 또한 똑같이 한다. 다 비우지 않고 보태서 도로 올려놓는다(祝取奠觶祭 亦如之 不盡 益 反奠之).” 하였고, 『서의』에 “집사자가 술잔을 취하여 주인에게 주면 주인은 꿇어 앉아 뇌주(酹酒)하고 집사자가 잔을 받고 구부려 엎드렸다 일어난다(執事者取 酒盞授主人 主人跪酹 執事者受盞 俛伏興).” 하였다.

“집사가 잔을 받아 받들고 영좌 앞으로 나아가서 원래 자리에 올린다(執事者受盞 奉詣靈座前 奠於故處).” 하였다.

· **개반(啓飯)** : 『상례비요』에 “이에 밥뚜껑을 열고 뚜껑은 그 남쪽에 놓는다(乃啓飯蓋 置其南).” 하였다. 『의례』 사우례에 “축이 단술을 따르고 좌식에게 명하여 뚜껑(會)을 열게 한다. 좌식이 허락하고 뒤집어 뚜껑을 열어 대(敦)의 남쪽에 뒤집어 놓는다(祝酌醴 命佐食啓會 佐食許諾 啓會 卻于敦南).” 하였다.
· **독축(讀祝)** : “축이 축판을 들고 주인의 오른쪽으로 가서 서향하여 꿇어 앉아 읽는다(祝執版出於主人之右 西向跪讀之).” 하였다. 『의례』 기석례에 축이 교행할 때, “길사에는 서로 교행할 적에 왼쪽으로 하고, 흉사에서는 서로 교행할 적에 오른쪽으로 한다(吉事交相左 兇事交相右).” 하였다.

■ **祝文式**

維
年號幾年歲次干支幾月干支朔幾日干支 孤子 某 敢昭告于
顯考某官府君 日月不居 奄及初虞 夙興夜處 哀慕不寧 謹以
清酌庶羞 哀薦祫事 尚
饗

모년 모월 모일 고자 모는 아버지 모관 부군에게 감히 밝게 고합니다. 날과 달이 머물지 않아 문득 초우가 되었습니다. 아침 일찍 일어나 저녁까지 슬퍼 사모하는 마음이 편치 아니합니다. 삼가 맑은 술과 여러 음식을 드려 슬피 협사를 거행하오니 부디 흠향하십시오.

· 고자(孤子)는 어머니상에는 애자(哀子), 부모 모두 돌아가셨으면 고애자(孤哀子)라 하고, 승중(承重)엔 고손(孤孫), 애손(哀孫), 고애손(孤哀孫)이라 하며, 처상(妻喪)에서는 夫라 하고, 항렬이 낮거나 어릴 때는 속칭(屬稱 : 伯叔考, 從子, 從叔 등) 을 쓴다. 『예기』 잡기에 제사에는 "효자(孝子)나 효손(孝孫)이라고 칭하고 상례에는 애자(哀子)나 애손(哀孫)이라고 칭한다(祭稱孝子 孝孫 喪 稱哀子 哀孫)." 하였다.
· 모(某)는 제(弟) 이하에는 이름을 쓰지 않는다.
· ~에게 감히 고한다는 감소고우(敢昭告于)는 처(妻)에게는 감히 라는 감(敢)자를 버리고, 제(弟) 이하는 단지 ~에게 고한다는 고우(告于)라고만 한다. (예로서 동생이 죽었을 경우, 고자는 속칭인 형으로 고치고, 이름은 쓰지 않고 '형이 고한다(兄告于)'라고 한다.
· 현고(顯考)는 어머니에겐 현비(顯妣)라고 하고, 승중(承重)에는 할아버지는 현조고(顯祖考) 또는 할머니에게는 현조비(顯祖妣)라하고, 처(妻)엔 망실(亡室)이라 하고, 방친(傍親) 또는 항렬이 낮거나 어릴 때는 속칭(屬稱)을 따르되 항렬이 낮거나 어릴 때는 현(顯)을 고쳐 망(亡)으로 한다.
· 모관부군(某官府君)은 여자의 상(喪)엔 모봉모씨(某封某氏)로 하고 항렬이 낮거나 어릴 때는 부군(府君) 2자를 버린다.
· 초우(初虞)는 재우(再虞)엔 재우(再虞)라하고 삼우(三虞)엔 삼우(三虞)라한다.
· 숙흥야처 애모불녕(夙興夜處 哀慕不寧)은 자식에게 고할 땐 비념상속 심언여훼(悲念相屬 心焉如燬 : 슬픈 생각이 이어져 마음이 불타는 듯하다)이라 하고, 동생에게 고할 땐 비통외지 정하가처(悲痛猥至 情何可處 : 비통한 마음 지극하니 정을 어디에 두겠는가)라 하고, 형에게 고할 땐 비통무기 지정여하(悲痛

無已 至情如何 : 비통한 마음 그지없고 지극한 정 어이한가)라 하고, 처에게 고할 땐 비도산고 부자승감(悲悼酸苦 不自勝堪 : 슬프고 쓰라림을 스스로 견디지 못하겠습니다)이라 한다.

· 근이(謹以)는 처(妻)나 제(弟) 이하는 자이(玆以) 라 한다.
· 애천(哀薦)은 방친엔 천차(薦此)라 하고 처(妻)나 제(弟) 이하는 진차(陳此)라 한다.
· 협사(祫事)는 재우(再虞)엔 우사(虞事), 삼우(三虞)엔 성사(成事) 라 한다. 사우례에 "슬피 협사를 거행합니다(哀薦祫事)". 하고 그 주에 "처음 우제에 협사라고 한 것은 주인이 선조와 합하기를 바라서고, 선조와 더불어 합해져야 편안해지기 때문이다(始虞謂之祫事者 主欲其祫先祖也 以與先祖合爲安)." 하였다. 또 사우례에 "재우는 모두 처음처럼 하는데 이르기를 '슬피 우사를 올립니다'(再虞, 皆如初, 日哀薦虞事)." 하였고, "삼우, 졸곡, 기타는 강일을 쓰고 역시 처음처럼 하고 이르기를 '슬피 성사를 올립니다'(三虞 卒哭 他 用剛日 亦如初 日哀薦成事)." 하였다.

『가례』에 "축이 일어나면 주인은 곡을 하며 재배하고, 자리로 돌아가 곡을 그친다(祝興 主人哭再拜 復位哭止)." 하였다. 『상례비요』에 "축이 일어나면(祝興)" 하고, 그 주에 "축판을 향안에 놓는다(置祝版於香案)." 하였고, "주인이 곡한다(主人哭)." 하고, 그 주에 "이하 모두 잠시 동안 곡한다(以下皆哭少頃)." 하였으며, "곡을 그친다(止哭)" 하고, 그 주에 "주인은 두 번 절하고 재 자리로 돌아간다(主人再拜復位)." 하였다.

『증보사례편람』에 "집사자가 다른 그릇으로 술을 비우고 잔(盞)은 원래 자리에 놓는다(執事者 以佗器 徹酒 置盞故處)." 하였다.

卻 : 뒤집을 각, 祫 : 협사할 협

7. 아헌(亞獻)

『가례』에 "주부가 하는데 예식은 초헌과 같지만 축을 읽지 않고 네 번 절한다(主婦爲之 禮如初 但不讀祝四拜)." 하였다. 『의례』 사우례에 "주부가 발 달린 술잔(足爵)을 방 안에서 씻어 술을 따라 시(尸)에게 아헌하는데 주인의 의식처럼 한다(主婦洗足爵于房中 酌 亞獻尸 如主人儀)." 하였다. 시(尸)는 시동을 말하는 것으로 지금은 쓰지 않는다.

8. 종헌(終獻)

『가례』에 "친척이나 손님 중에 한사람 혹은 아들이나 딸이 하는데 예식은 아헌처럼 한다(親賓一人或男或女爲之 禮如亞獻)." 하였다. 『의례』 사우례에 "손님 중에 어른이 억작을 씻어 삼헌을 하는데 구운 고기가 따르는 것은 초헌과 같다(賓長洗繶爵 三獻 燔從 如初儀)." 하였고, 그 주에 "억작(繶爵)은 잔의 주둥이와 발 사이에 전문(篆文)이 있으니, 또한 더욱 수식한 것이다(繶爵 口足之間有篆 又彌飾)." 하였다. 『증보사례편람』에 "다만 술을 비우지 않는다(但不徹酒)." 하였다. 생각건대 초헌이나 아헌 때는 뒤에 술을 따르는 아헌이나 종헌을 위하여 술잔의 술을 다른 그릇(退酒 그릇)에 비웠는데, 종헌 뒤에는 술을 따를 일이 없으므로 술잔을 비우지 않고 그냥 두는 것이리라.

繶 : 끈 억, 燔 : 구울 번

9. 음식을 권한다(侑食)

『가례』에 "집사가 주전자를 잡고 나아가 잔에 술을 첨작한다(執事者執注就 添盞中酒)." 하였다. 『증보사례편람』에 "주전자를 탁자위에 되돌려 놓는다(反注卓上)." 하였다.

『상례비요』의 주에 "숟가락을 밥 가운데 꼽고 자루가 서쪽으로 가게 하며, 젓가락을 바로 놓는다(扱匙飯中西柄正筯)." 하였다.

10. 문을 닫는다(闔門)

· **闔門** : 『가례』에 "주인 이하 모두 나가고 축이 문을 닫는다(主人以下皆出 祝闔門)." 하였다. 『상례비요』에 "문이 없으면 발을 내린다(無門處降簾)." 하였다.

『가례』에 "주인은 문 동쪽에 서서 서쪽을 보고, 항렬이 낮거나 어린 남자는 그 뒤에 있고 두 줄로 서는데 북쪽을 위로 한다(主人立於門東西向 卑幼丈夫在其後 重行北上)." 하였고, "주부는 문 서쪽에 서서 동쪽을 보고 항렬이 낮거나 어린 여자는 역시 그와 같이 한다(主婦立於門西東向 卑幼婦女亦如之)." 하였다.

"항렬이 높거나 어른은 다른 곳에서 쉬는데 밥 먹는 시간처럼 한다(尊長休於它所 如食間)." 하였다. 『서의』에 "항렬이 낮거나 어린 사람도 역시 교대로 다른 곳에서 쉴 수 있는데, 항상 한두 사람이 문의 좌우에 남아 있는다(卑幼亦可更代休於他所常留一二人在門左右)." 하였다. 『의례』 사우례에 "밥 먹는 시간처럼 한다(如食間)." 하고, 그 주에 "그것을 감추되 尸가 한 번의 식사에 아홉 번 밥을 먹는 동안과 같게 한다(隱之 如尸一食 九飯之頃也)." 하였다.

11. 축이 문을 열면 주인 이하 들어가 곡하여 신과 작별한다 (祝啓門主人以下入哭辭神)

『가례』에

· **계문(啓門)** : "축이 나아가 문에 당도하여 북향하고 기침소리로 문 열기를 고하는 것을 세 번하고 이에 문을 연다(祝進當門 北向噫歆 告啓門三 乃啓門)." 하였다. 『의례』 사우례에 "축이 올라가 곡을 그치게 하고 소리를 세 번 내고 문을 연다(祝升止哭聲三啓戶)." 하였으며, 그 주에 "소리(聲)는 어험 - - 하는 기침소리로 장차 문을 열려고 신에게 알려 깨닫게 함이다(聲者 噫歆也 將啓戶 警覺神也)." 하였다.

· **점다(點茶)** : "주인 이하가 들어가 제 위치로 나아가고 집사자는 茶로 바꾼다(主人以下入就位 執事者點茶)." 하였다. 『가례의절』에 "집사자가 차를 올리는데, 숟가락과 젓가락 옆에 둔다(執事者進茶 置匙筯旁)." 하였고, 『상례비요』에 "우리나라 풍속에 물로 대신한다(國俗代以水)." 하였다. 『증보사례편람』에는 "집사자가 국을 치우고 茶로 바꾸어 국자리에 올린다(執事者 徹羹 點茶 奠于徹羹處)." 하였다.

"축이 주인의 우측에 서서 서쪽을 향하고 이성을 고한다(祝立于主人之右 西向告利成)." 하였는데, 『의례』 사우례에 "축이 문을 나가 서쪽을 보고 이성을 고한다(祝出戶 西面告利成)." 하였고, 그 주에 "서향을 향함은 주인에게 고함이다 利는 봉양함(養)이고 成은 마침(畢)이다. 봉양하는 예가 끝났음을 말한다(西面告 告主人也 利猶養也 成 畢也 言養禮畢也)." 하였다. 진씨 『예기집설』 증자문 주에 "항상 제사는 주인이 시동을 섬기는 예가 끝나 나가 문 밖에 서면 축이 동쪽을 보고 이성을 고하고 마침내 시동을 인도하여 나간다. 지금은 시동이 없으므로 이 예를 폐한다(常祭主人事尸 禮畢出立戶外則 祝東面告利成 遂導尸以出 今亦以無尸廢此禮).” 하였다. 살펴보건대 이성을 고한다는 것은 『개원례』에서는 찾지 못했는데, 『서의』, 『가례』, 『가례의절』에 모두 있고, 우리나라의 『상례비요』, 『증보사례편람』에도 모두 있다. 『국조오례의』에는 찾을 수 없었다. 지금은 보통의 제사에서도 찾아볼 수 없고, 시동도 없지만 참고로 적어 둔다.

· **납주(納主)** : “신주를 거두어 갑에 넣고 원래자리에 둔다(斂主匣之置故處).” 하였다. 『서의』에는 “영좌에 둔다(置靈座).” 하였다.

· **사신(辭神)** : “주인 이하 곡하고 두 번 절하며 슬픔이 다하면 그친다(主人以下哭再拜盡哀止).” 하였다.

· **분축(焚祝)** : 『상례비요』에 “축이 축문을 들고 불사르고 축판을 남긴다(祝揭祝文而焚之止留版).” 하였다.

“주인이 나와 상차로 가고 집사자는 찬을 거둔다(出就次 執事者徹).” 하였다. 『서의』에 “집사자가 찬을 거둔다(執事者徹饌).” 하였다.

12. 축이 혼백을 묻는다(祝埋魂帛)

『가례』에 “축이 혼백을 취하여 집사자를 거느리고 가려진 깨끗한 땅에 묻는다(祝取魂帛 帥執事者 埋於屛處潔地).” 하였다. 『가례의절』에 “만약 길이 멀어 머무는 곳에서 우제를 지내더라도 반드시 삼우 후 집에 이르러 묻는다(若路遠於所館行之 必須三虞後至家埋之).” 하면서, “요즘 세상에 광중에 묻는 자가 있다(今世有埋於壙中者).” 하였다. 고례에 혼백이 대신하기 전에는 重이 있었는데, 『예기』 잡기에

"重은 우제를 지내고 묻는다(重旣虞而埋之)." 하였는데, 『서의』에 "지금 혼백으로 중을 대신하는 까닭에, 우제는 신주가 있어 역시 혼백을 묻는다(今魂帛以代重 故虞有主亦埋之)." 하였다.

13. 조석전을 그만둔다(罷朝夕奠)

『가례』에 "조석으로 곡하고 슬픔이 이르면 처음처럼 곡한다(朝夕哭 哀至哭如初)." 하였다. 『의례』 기석례에 "조석으로 곡하나 전을 올리지 않는다(猶朝夕哭 不奠)." 하였고, 그 소에 "반곡하여 빈궁에 이르러 전처럼 조석곡은 하지만 전을 올리지 않을 뿐이다(反哭至殯宮猶朝夕哭如前不奠耳)." 하였다.

14. 유일을 만나면 再虞를 지낸다(遇柔日再虞)

『가례』에 "을 정 기 신 계가 유일이 되니 그 예는 초우와 같다(乙丁己辛癸爲柔日其禮如初虞)." 하였다. 『의례』 소뇌궤식례의 소에 "갑병무경임은 강일이되고 을정기신계는 유일이된다(甲丙戊庚壬爲剛日乙丁己辛癸爲柔日)." 하였다. 『의례』 사우례에 초우는 유일을 사용한다(始虞用柔日). 하였으니 재우는 초우를 지낸 다음다음 날이며, 즉 장사지낸 이틀 후다.

"기일 하루 전에 기물을 진설하고 음식을 구비하여, 그 다음날 새벽 일찍 일어나 채소, 과일, 술과 음식을 차리고 날이 밝으면 제사를 지낸다(惟前期一日 陳器具饌 厥明夙興 設蔬果酒饌 質明行事)." 하였다.

"축문은 초우를 재우로 협사를 우사로 고치는 것이 다르다(祝辭改初虞爲再虞 祫事爲虞事 爲異)." 하였다. 위 6. 초헌 조의 축문식을 참조할 수 있다

"만약 묘지가 멀어 도중에 유일을 만나면 머무는 곳에서 재우를 지낸다(若墓遠 途中遇柔日 則亦於所館行之)." 하였다.

15. 강일을 만나면 三虞를 지낸다(遇剛日三虞)

『가례』에 "갑 병 무 경 임이 강일이 되니 그 예는 초우와 같다(甲丙戊庚壬爲剛日 其禮如再虞)." 하였다. 『의례』 사우례에 "삼우, 졸곡, 기타는 강일을 사용한다(三虞, 卒哭, 他, 用剛日)." 하였으니 재우를 지낸 다음 날이 삼우가 된다.

제문은 "단지 재우를 삼우로 우사를 성사로 고친다(惟改再虞爲三虞虞事爲成事)." 하였다. 위 6. 초헌 조의 축문식을 참조할 수 있다

"만약 묘지가 멀어 역시 도중에 강일을 만나면 그것을 하지 않고 모름지기 집에 이른 후 곧 이 제사를 하여야 한다(若墓遠 亦途中遇剛日 且闕之 須至家乃可行此祭)." 하였다.

『가례의절』에 "초우에 혼백을 묻지 않았으면, 이 제사에 이르러 그것을 묻는다(若初虞未埋魂帛至是祭埋之)." 하였다

19

卒哭(졸곡)

『예기』 곡례의 소에 "효자 어버이가 처음 돌아가시면 곡이 밤낮으로 때가 없으나, 장사 후 우제가 끝나면 곧 신의 일을 행한다. 따라서 무시로 곡하는 것을 끝내고 오히려 조석으로 한 번씩 곡하기 때문에 그 제사를 일러 졸곡이라 한다(孝子親始死 哭晝夜無時 葬後虞竟 乃行神事 故卒其無時之哭 猶朝夕各一哭 故謂其祭爲卒哭)." 하였다. 졸곡이란 말 그대로 곡을 끝낸다는 것으로 졸곡 이후는 무시로 곡하는 것을 끝내고 아침저녁으로만 곡한다.

『가례』에 "단궁에 이르기를 졸곡을 성사라 한다. 이날은 상제를 길제로 바꾸기 때문에 이 제사부터는 점차 길례를 쓴다(檀弓曰 卒哭曰成事 是日也 以吉祭易喪祭 故此祭漸用吉禮)." 하였다. 『예기』 단궁에 "졸곡을 성사라 한다(卒哭曰成事)." 하고, 그 주에 "이미 삼우를 지내고 졸곡하고 제사 지내는데, 그 축문에 대개 이르기를 '슬피 성사를 올린다'. 제사하는 일을 이룸이다. 제사는 吉함으로 이룸을 삼는다(旣虞之後 卒哭而祭 其辭蓋曰 哀薦成事 成祭事也 祭以吉爲成)." 하였고, "이날은 길제로 상제를 바꾼다(是日也 以吉祭易喪祭)." 하고, 그 주에 "졸곡은 길제다(卒哭吉祭)." 하였다.

『예기』 상복 소기에 "장사를 빨리 지낸 경우 우제를 빨리 지내나

3개월이 지난 이후에 졸곡을 지낸다(報葬者報虞 三月而後卒哭).” 하였는데, 그 주에 “報는 부질(赴疾)의 부(赴)로 읽고 기일이 미치지 않았는데 장사지냄을 말한다. 이미 장사를 지냈으면 우제를 지낸다. 우제는 신을 편안하게 하는 것이다. 졸곡의 제사는 슬픔이 줄기를 기다린다(報 讀爲赴疾之赴 謂不及期而葬也 旣葬卽虞 虞 安神也 卒哭之祭待哀殺也).” 하였고 그 소에 “부(赴)는 빠른 것인데, 빠른 장사란 가난하거나 혹은 사고로 죽었을 경우 바로 장사지내고 3월을 기다릴 수 없다. 빠른 우제란 장사를 마치고 급히 우제를 지내는 것을 말하는데 이는 신을 안정시키는 고로 마땅히 급함을 말한다. 삼월이 지난 이후에 졸곡을 지낸다는 것은 비록 급하게 바로 우제를 지냈으나 바로 졸곡하지 아니하고 졸곡은 오히려 3월을 기다린다. 그러한 까닭은 졸곡이 애통함에 줄어듦이기 때문에 차마 급하게 할 수 없어 슬픔이 상쇄되어 가지런하기를 기다린다(赴 猶急疾也 急葬謂貧者或因事故死而卽葬 不得待三月也 急虞 謂亦葬竟而急設虞 謂是安神 故宜急也三月而後卒哭者 雖急卽虞而不卽卒哭 卒哭猶待三月 所以然者 卒哭是奪於哀痛故不忍急而待齊哀殺也).” 하였다.

報 : 빠를 부(강희자전(康熙字典)에 “부(赴)와 통용된다(與赴痛).” 하였고, 『예기』 상복소기의 소에 “부는 오히려 빠름이다(赴 猶急疾也).” 하였다.)

1. 삼우 후 강일을 만나면 졸곡 한다. 기일 하루 전에 기물을 진설하고 음식을 준비한다(三虞後遇剛日 卒哭 前期一日 陳器具饌)

『의례』 사우례에 “삼우, 졸곡, 기타 제사는 강일을 쓰는데, 역시 처음처럼 하고 이르기를 슬피 성사를 올립니다(三虞 卒哭 他 用剛日 亦如初 日哀薦成事).” 하였다. 살펴보건대 정상적으로 3개월 지난 후 장사를 지냈다면 삼우 다음에 졸곡을 하는데, 같은 강일을 쓰기 때문에 삼우를 지낸 다음다음날이 졸곡이 된다. 그러나 요즈음은 3-4일장을 지내기 때문에 위에서 언급한 빠른 장사를 지낸 것이 되기 때문에 3개월이 되면 졸곡제를 지내야 할 것이다.

『가례』에 “모두 우제와 같다. 오직 새롭게 술병의 서쪽에 玄酒瓶 하나를 진설한다(並同虞祭 惟更設玄酒瓶一於酒瓶之西).” 하였다. 『예기』 예운에 “고로 현주(玄酒)가 실에 있고, 단술과 약간 맑은 술(醴醆)이 문(戶)에 있고, 맑은 술(粢醍)이 堂에 있고, 맑은술(澄酒)이 아래 있다(故玄酒在室醴醆在戶粢醍在堂澄酒在下).” 하였는데, 그 주에 “粢는 齊(제)라고 읽는데 聲音의 잘못이다(粢讀爲齊聲之誤也).” 하고, 술이 익은 정도를 나타내는 “『주례』 오제는 첫째 범제(泛齊), 둘째 예제(醴齊), 셋째 앙제(盎齊), 넷째 제제(醍祭), 다섯째는 침제(沈齊)인데, 글자는 비록 다르지만 잔(醆)과 앙(盎), 징(澄)과 침(沈)은 대개 같은 물건이다(周禮 五齊 一日 泛齊 二日 醴齊 三日 盎齊 四日 醍祭 五日 沈齊 字雖異 醆與盎, 澄與沈 蓋同物也).” 하였다. 그 소에 “현주는 물을 말하는데 그 색이 검어 현이라 하고 태고에는 술이 없어 이 물이 마땅히 술로 사용되었기 때문에 현주라고 한다. 비록 지금은 오제와 삼주가 있지만 옛날 것을 귀중히 여기는 까닭에 그것을 진설하는데 실내에 있으며 북쪽에 가깝다(玄酒 謂水也 以其色黑謂之玄 而大古無酒 此水當酒所用 故謂之玄酒 以今雖有五齊三酒 貴重古物 故陳設之時 在於室內而近北).” 하였다. 『예기』 예운에 “그 축문을 지어 현주로서 제사 지낸다(作其祝號 玄酒以祭).” 하였는데, 그 소에 “종묘에 제사지낼 때 오제의 상석에 이 현주를 진설하고 귀신에게 제사 지낸다. 이것은 옛것을 중히 여겨 진설하는 것이고, 그 실제는 제사 지내는데 사용하지 않는다(朝踐之時 設此玄酒於五齊之上 以致祭鬼神 此重古設之 其實不用以祭也).” 하였다.

醆 : 맑은 술 잔, 醍 : 맑은 술 제

2. 그 다음날 새벽 아침 일찍 일어나 채소, 과일, 술, 음식을 차린다(厥明夙興 設蔬果酒饌)

『가례』에 “모두 우제와 같고 오직 새롭게 정화수를 떠와 현주를 채운다(並同虞祭 惟更取井花水充玄酒).” 하였다. 『상례비요』의 주에 “아침 일찍 가장 먼저 길은 물이다(卽早朝第一汲水).” 하고, “『예기』의 주를 인용하여 백성을 가르쳐 근본을 잃지 않게 함이나, 그 실제 술잔에 따르는 것은 하지 않는다(禮註 敎民不忘本 其實不用之以酌).” 하였다. 살펴보건대 『예기』 향음주의(鄕飮酒義)에 “현주가 있음을 높이는 것은 백성이 근본을 잊지 않게 가르침이다(尊有玄酒 敎民不忘本也).” 하였고, 그 주에 “태고에 술이 없어 물을 사용했을 뿐이다(大古無酒 用水而已).” 하였다.

3. 날이 밝으면 축이 신주를 내온다(質明祝出主)

『가례』에 “재우와 같다(同再虞).” 하였다. 내가 살펴보니 우제와 같다고 하지 않은 것은 초우(初虞)는 장사지내고 돌아와 일중에 지낸다 하였으나, 날이 밝아 아침에 지내는 것이 재우(再虞)이기 때문에 재우와 같다고 한 듯하다.

4. 주인 이하 모두 들어가 곡하고 강신한다(主人以下 皆入哭降神)

『가례』에 "모두 우제와 같다(並同虞祭)." 하였다.

5. 주인 주부 음식을 올린다(主人主婦進饌)

『가례』에 "주인이 물고기와 육고기를 올린다(主人奉魚肉)." 하였다. "주부는 손을 씻고, 닦고, 밀가루 음식과 쌀 음식을 올린다(主婦盥帨奉麪米食)." 하였다. 살펴보건대 주인도 마땅히 손을 씻어야 하는데 손을 씻는 것이 빠진 것은 주인은 강신을 하고 강신은 우제와 같다 하였는데, 이때 손을 씻는 조항이 있어 강신할 때 손을 씻었기 때문에 여기서는 주부만 손을 씻는 것으로 되어 있다.

"주인은 국을 주부는 밥을 받들어 올리는데, 우제의 진설과 같이 한다(主人奉羹 主婦奉飯以進 如虞祭之設)." 하였다.

6. 초헌(初獻)

『가례』에 "모두 우제와 같은데 오직 축이 축판을 잡고 주인의 좌측으로 나아가 동향으로 꿇어 앉아 축을 읽는 것이 다르다(並同虞祭惟祝執版出於主人之左 東向跪讀 爲異)." 하였다. 살펴보건대 여기서 졸곡이 길제이기 때문인 듯하다. 우제는 주인의 우측에서 서향한다고 하였다.

『가례』에 "축문은 우제와 모두 같은데 다만 삼우(三虞)를 졸(卒)로 고치고 애천성사(哀薦成事) 아래 '내일 조고모관부군에 올려 합사하려하니 흠향 하십시오.' 라고 한다(詞並同虞祭 但改三虞爲卒 哀薦成事下云 來日隮祔於祖考某官府君 尙饗)." 하였고, "여기서 조고라고 이른 것은 죽은 이의 조고를 말한다(按此云祖考 謂亡者之祖考也).” 하였다. 『의례』 사우례에 “졸곡의 축사에 이르기를 ‘애자(哀子) 모는 내일 모에 당신의 황조 모보에게 당신을 올려 합사하려하니 흠향하십시오’(卒辭曰 哀子某 來日某 隮祔爾于爾皇祖某甫 尙饗).” 하였는데 그 주에 “隮는 올림(升)이고 尙은 바람(庶幾) 이다(隮 升也 尙 庶幾也).” 하였다. 내 생각에 졸곡제를 지낼 때, 다음날 부제를 지낸다는 것을 알리는 것이다.

隮 : 올릴 제

7. 아헌, 종헌, 유식, 합문, 계문, 사신(亞獻終獻侑食闔門啓門辭神)

『가례』에 “모두 우제와 같다(並同虞祭).” 하였고

“오직 축이 서계위에서 동쪽을 보고 이성을 고한다(唯祝西階上東面告利成).” 하였다. “우제에서는 주인의 우측에서 서향하고 이성(利成)을 고한다.” 하였다. 우제에서 언급한 것처럼 이성을 고하는 것은 하지 않아도 된다.

8. 이 때부터 아침 저녁의 사이에는 슬퍼도 곡하지 않는다(自是 朝夕之間 哀至不哭)

『가례』에 “오히려 조석으로 곡을 한다(猶朝夕哭).” 하였다. 『의례』 기석례 주에 “졸곡은 삼우제를 지낸 후에 지내는 제사인데 처음 아침 저녁 사이에 슬프면 곡하던 것을 이 제사에 이르러 그친다. 조석으로만 곡할 뿐이다(卒哭 三虞之後祭名 始朝夕之間 哀至則哭 至此祭 止也

朝夕哭而已).” 하였다. 『계원례』 졸곡제 조에 “졸곡 후부터 아침에 한번 곡하고 저녁에 한번 곡한다(自卒哭之後朝一哭夕一哭).” 하였다

9. 주인 형제는 거친 밥을 먹고 물을 마시나 체소나 과일을 먹지 않고 자리를 깔고 목침을 베고 잔다(主人兄弟 疏食水飮 不食采果 寢席枕木)

『의례』 상복에 “이미 우제를 지내고 가린 풀을 깎고 기둥을 받치고 잘 때 자리를 깔고 거친 밥을 먹고 물을 마시며 아침에 한번 곡하고 저녁에 한번 곡할 뿐이다(旣虞 翦屛柱楣 寢有席 食疏食 水飮 朝一哭 夕一哭而已).” 하였다. 그리고 그 소에 “삼우를 지낸 후 옛날 여막을 고쳐 서향으로 문을 내고 문 주변 양쪽 벽을 가린 풀을 깎아 제거하고, 주미(柱楣)는 앞 들보를 미(楣)라 하는데 미(楣) 아래 양 끝에 기둥을 세워 들보를 받친다(三虞之後 乃改舊廬 西鄕開戶 翦去戶傍兩廂屛之餘草 柱楣者 前梁謂之楣 楣下兩頭竪柱 施梁).” 하였고, 『예기』 간전의 “부들을 잘라 끝을 들이지 않는다(苄翦不納).”를 인용하여, “여기에 자리를 베고 잔다는 것은 부들의 거친 자리를 거적 위에 올리는 것이다(此寢有席，謂蒲粗加於苫上也).” 하였으며, 거친 음식을 먹고 물을 마신다는 것은 “우제 전에는 아침저녁으로 일일(溢)의 쌀로 죽을 해먹었는데, 우제 후에는 거친 쌀로서 밥을 하여 그것을 먹는다(未虞以前 朝一溢米 夕一溢米而爲粥 今旣虞之後 用粗疏米爲飯而食之).” 하였다. 『예기』 상대기에 “이미 장사지내고 들보에 기둥을 세워 받치고 여막을 바르는데 드러난 부위는 바르지 않는다(旣葬 柱楣 塗廬 不於顯者).” 하였고, 그 소에 “주미는 처마를 들어 햇볕을 들임이고, 또 진흙으로 발라 바람과 추위를 피함이다(柱楣梢擧 以納日光 又以泥塗辟風寒).” 하였다. 『개원례』 졸곡제 조에 “하루 전날 저녁에

일을 맡은 자가 문의 양 옆에 난 풀을 깎고 들보를 받치고 처마를 들며 여막을 바르되 보이는 면은 바르지 않는다(前一日之夕 掌事者翦屏柱楣塗廬不塗見面).” 하였고 “부들을 잘라 자리를 만드는데 끝을 처리하지 않고 나무로 베개를 만든다(翦蒲爲席不緣以木爲枕).” 하였다.

楣 : 문미 미(문 위의 가로댄 나무)

20
祔(부)

『예기』 단궁의 주에 졸곡 "다음날 할아버지에게 부(祔) 합사(合祀)한다. 제사를 지내 할아버지의 사당에 고한다(明日 祔於祖父 祭告於其祖之廟)." 하였다. 『의례』 사우례에 "다음날 그 차례로 합사한다(明日 以其班祔)." 하면서, 그 주에 "졸곡의 다음날이고 반(班)은 차례(次)이다. 상복소기에 이르기를 합사는 반드시 그 소목으로 하고 없으면 하나를 가운데 두고 위로 한다. 무릇 합사하고 침소로 돌린다. 이미 합사한 것같이 신주는 그 사당으로 돌리고, 연제(練祭)이후에 사당으로 옮긴다(卒哭之明日也 班 次也 喪服小記曰祔必以其昭穆 亡則中一以上 凡祔已 復於寢 如旣祫 主反其廟 練而後遷廟)." 하였다. 내 생각에 반부(班祔)는 사당에 합사할 때 소목의 차례에 따라 합사함을 말한다. 『가례집람』에 "부(祔)라는 것은 붙인다는 附를 말한다. 부제(祔祭)라는 것은 다른 사당으로(廟)로 옮겨 가게 되었음을 그 조부에게 고하고, 새로 죽은 자에게 이 사당(廟)에 들어가게 되었음을 고하는 것이다. 일을 마치면 우제의 신주를 정침(正寢)으로 도로 옮기며 삼년상이 끝나고 사시(四時)의 길제를 만난 후 새 신주를 받들어서 사당에 들인다(祔之爲言附也 祔祭者告其祖父以當遷他廟 而告新死者以當入此廟也 畢事 虞主復于寢 三年喪畢 遇四時之吉祭而後 奉新

主人廟也).” 하였다.

『가례의절』에 “주자의 말을 인용하여 옛날사람은 사당에 소목이 있어, 소는 항상 소, 목은 항상 목이 되었다. 그러므로 할아버지 사당에 새로 죽은 자를 합부할 때, 그 조부에게 다른 사당으로 옮기게 되었음을 고하고, 새로 죽은 자에게 이 사당의 차례에 들어가게 되었음을 고한다(朱子曰告者廟有昭穆 昭常爲昭 穆常爲穆 故祔新死者於祖父之廟 則爲告其祖父以當遷他廟而告新死者 以當入此廟之漸也). 하였다,

『예기』 단궁에 “은나라는 연제를 지내고 부제를 지내고, 주나라는 졸곡을 지내고 부제를 지냈는데 공자가 은나라를 좋아하였다(殷練而祔 周卒哭而祔 孔子善殷).” 하였고, 그 주에 “1년이 지난 뒤에 귀신으로 섬김이 사람의 정이다(期而神之 人情).” 하였는데 『가례』에서 주자는 “그러나 상나라의 예는 이미 없어져 그 본말을 상고할 수 없고 지금 삼우, 졸곡 모두 『주례』를 사용하니 앞으로는 이것만 유독 상나라의 예를 따를 수는 없다(然商禮旣亡 其本末不可考 今三虞卒哭皆用周禮 次第則此不得獨從商禮).” 하였다. 살펴보건대 『개원례에는 담제를 지내고 부제가 있다.

부제는 죽은 자의 할아버지를 이은 宗子가 주관한다.

1. 졸곡 다음날 부제를 지낸다. 졸곡의 제사가 이미 철상되면 바로 기물을 진설하고 음식을 준비한다(卒哭明日而祔 卒哭之祭旣徹 卽陳器具饌)

『가례』에 “기물의 진설은 졸곡과 같은데, 다만 사당에 진설한다(器如卒哭 唯陳之於祠堂).” 하였고, “당이 협소하면 청사에 진설하여 편리함을 따른다(堂狹卽於廳事隨便).” 하였다. 『가례의절』에는 “만약 이 사당이 협소하면 청사나 혹은 편리한 장소 마땅함에 따라 설치한다

(若是祠堂狹於廳事 或便所隨宜).” 하였다.

『가례』에 “죽은 이의 할아버지 할머니의 신위를 중간에 남향으로 서쪽을 위로 진설하고 죽은 이의 신위는 그 동남쪽에 서향으로 진설한다(設亡者祖考妣位於中 南向西上 設亡者位於其東南 西向).” 하였는데, “모상에는 할아버지의 신위는 진설하지 않는다(母喪則不設祖考位).” 하였다. 『예기』 잡기에 “남자를 왕부에게 합부할 때는 배위도 함께 제사지내나 여자를 왕모에게 합부할 때는 배위를 함께 제사지내지 않는다(男子附於王父則配 女子附於王母則不配).” 하였는데, 그 주에 “배(配)는 함께 제사지냄을 말한다(配 謂并祭).” 하였다.

『가례』에 “술병과 현주 병은 동쪽 계단 위에 화로와 탕병은 서쪽 계단 위에 둔다(酒瓶玄酒瓶於阼階上 火爐湯瓶於西階上).” 하였고,

“음식을 준비하는 것은 졸곡과 같되 셋으로 나누고, 모상이면 둘로 나눈다(具饌如卒哭而三分 母喪則兩分).” 하였다. 살펴보건대 셋으로 나눔은 할아버지, 할머니, 돌아가신 아버지 이렇게 3분을 제사지냄이고, 모상일 때는 할아버지가 없으므로 할머니, 돌아가신 어머니 2분에게 제사지냄을 말한다.

『가례』에 “조비가 2인 이상이면 친자로 한다(祖妣二人以上 則以親者).” 하였다. 『예기』 상복소기의 소에 “친자란 시아버지를 낳은 자를 말한다(親者謂舅之所生者).” 하였다.

『의례』 사우례에 “목욕하고 머리 빗고 손톱을 깎는다(沐浴櫛搔翦).” 하였는데, 그 주에 “두루 스스로 꾸밈이다. 조(搔)는 마땅히 조(爪)로 읽어야 한다(彌自飾也搔當音爪).” 하였다.

2. 그 다음날 새벽 일찍 일어나 채소, 과일, 술과 음식을 차린다(厥明夙興 設菜果酒饌)

『가례』에 "모두 졸곡과 같이 한다(並同卒哭)." 하였다

3. 날이 새면 주인 이하는 영좌 앞에서 곡한다(質明主人以下哭於靈座前)

『가례』에 "주인, 형제 모두 계단 아래에서 喪杖을 기대놓고 들어가 곡하되 슬픔이 다하면 그친다(主人兄弟 皆倚杖于階下 入哭盡哀止)." 하였다. 『예기』 상복소기에 "부제에 상장(喪杖)은 당에 오를 수 없다(祔 杖不升於堂)." 하였다. 그러므로 계단 아래 기대어 두고 들어간다.

『가례』에 이르기를 "살펴보건대, 이는 조부를 계승한 종자(宗子)의 상을 말하니, 그 대(世)의 후계가 될 적자(嫡子)가 주상(主喪)이 되어야만 이 예를 쓴다. 만약 상주가 종자가 아니면 모두 망자의 조(祖)를 계승한 종자가 이 부제를 주관한다(按此謂繼祖宗子之喪 其世嫡當爲後者主喪 乃用此禮 若喪主非宗子 則皆以亡者繼祖之宗 主此祔祭)." 하였고, 『예기』 상복소기의 주에 "조묘에 부제를 지낼 때, 존자가 마땅히 그것을 주관한다(祔於祖廟 尊者宜主焉)." 하였다.

4. 사당에 이르러 신주를 받들고 나와 영좌에 놓는다(詣祠堂奉神主出 置於座)

『가례』에 "축이 주렴을 말아 올리고 독을 열어, 합사하는 할아버지의 신주를 받들어 영좌에 놓는다(祝軸簾啓櫝 奉所祔祖考之主 置於座)." 하였다. "내 집사자가 할머니의 신주를 받들어 영좌에 놓는데

서쪽을 위로 한다(內執事者奉祖妣之主 置於座西上).” 하였고,

“만약 다른 곳에 있다면, 서쪽 계단 위의 탁자 위에 놓은 연후에 독을 연다(若在它所 則置於西階上卓子上 然後啓櫝).” 하였다. 부제는 조묘에서 지내는데 위 1조에서 언급한 것처럼 사당이 좁아 청사에서 지낼 경우와 같이 만약 다른 곳에서 지낸다면, 신주를 모셔 내가서 서쪽 계단 위의 탁자에 우선 놓고 독을 열어 신주를 꺼내어 영좌로 옮김을 말한다. 『가례의절』에 “만약 딴 곳에서 예를 행하면 꿇어 앉아 고하여 이르되(曰), ‘모 장소에 이르기(詣)를 신주에게 청합니다.’ 한다(若行禮於他所 則跪告曰 請主詣某所).” 하였다. 『증보사례편람』에 부제를 위하여 사당에 청하는 고사식을 아래에서 볼 수 있다

『가례』에 “만약 상주가 종자가 아니고 할아버지를 계승한 종자와 같은 집에 살지 않으면, 종자가 할아버지에게 고하게 하고 허위를 진설하여 제사지내고 제사를 끝내고 그것을 치운다(若喪主非宗子 而與繼祖之宗異居 則宗子爲告於祖 而設虛位以祭 祭訖除之).” 하였다. 『상례비요』에 “허위를 설치할 때 지방을 쓴다(用紙榜).” 하였다. 『증보사례편람』에 부제를 위하여 사당에 청하는 고사식과 지방식을 아래에서 볼 수 있다

■ [告辭式] 상주가 종자일 때 고사식

維
年號幾年歲次干支幾月干支朔幾日干支 孝曾孫 某 今以隮祔
先考
有事于顯曾祖考 某官 府君 敢請
顯曾祖考 顯曾祖妣 神主出就于座 謹以酒果 用伸虔告謹告

모년 모월 모일 효 증손 모는 이제 돌아가신 아버님을 합사하는 일이 있어 증조할아버지 모관 부군에게 증조할아버지와 증조할머니 신주를 영좌로 내어 나아갈 것을 감히 청하고자 삼가 술과 과일로 정성을 들여 공손히 고합니다.

■ [告辭式] 상주가 종자가 아니고 한집에 살지 않을 때 고사식

維
年號幾年歲次干支幾月干支朔幾日干支 某親 某敢昭告于
顯某考某官府君 今以孫某官 禮當隮祔而所居異宮 不得行
祭於祖廟
將以某日 謹用紙牓 薦于其家 謹以酒果 用伸虔告謹告

모년 모월 모일 모친 모는 모고 모관부군에게 감히 밝게 고합니다. 지금 손자 모관이 예에 따라 합부함이 마땅하고 다른 곳에 거하는바 할아버지 사당에서 제사를 행할 수 없어, 장차 모일에 삼가 지방을 사용하여 그 집으로 옮길 것을 삼가 술과 과일로 정성을 들여 공손히 고합니다.

· 모친(某親)은 부위할 망자에 따라 종자가 부르는 속칭을 쓴다 (상주가 아닌 종자가 고하기 때문이다)
· 현모고모관부군(顯某考某官府君)은 여자의 상(內喪)엔 현모비모봉모씨(顯某妣某封某氏)라하고 부위할 망자에 따라 종자가 부르는 속칭을 쓴다

■ [紙牓式] 지방식

顯某考某官府君神位 顯某妣某封某氏神位

5. 다시 새 신주를 받들고 사당에 들어가 영좌에 놓는다(還奉新主入祠堂 置于座)

『가례』에 "주인 이하가 돌아가 영좌 있는 곳에 이르러 곡한다(主人以下 還詣靈座所哭)." 하였다.

"축이 신주 독을 받들고 사당에 이르러 서쪽 계단 위의 탁자 위에 둔다(祝奉主櫝 詣祠堂西階上卓子)." 하였고, 주인 이하가 곡하며 따르기를 영구를 따르는 순서와 같이 하고 문에 이르러 곡을 그친다(主人以下 哭從如從柩之叙 至門止哭)." 하였다.

"축이 앞의 의식처럼 독을 열고 신주를 낸다(祝啓櫝出主如前儀)." 하였다.

"만약 상주가 종자가 아니면 오직 상주, 주부이하만 다시 맞이한다(若喪主非宗子 則唯喪主主婦以下還迎)". 하였다. 생각건대 상주가 종자가 아니라는 것은 죽은 자가 종자가 아니므로, 종자 및 나른 이는 사당 앞에 있고, 죽은 자의 직계 후손인 상주 이하가 신주를 모셔옴을 이르는 듯하다.

만약 사당에서 부제를 지내지 않고 청사에서 부제를 지낸다면 이 조항은 없어도 될 것 같다.

6. 늘어선다(叙立)

『가례』에 "종자가 상주이면 우제의 의식처럼 늘어서고, 만약 상주가 종자가 아니면 종자와 주부가 양 계단 아래에 나누어 서고, 상주는 종자의 우측에 있고 상주부는 종자 부인의 좌측에 선다. 어른은 앞에 젊은이는 뒤에 서고 나머지는 역시 우제의 의식과 같다(若宗子自爲喪主 則叙立如虞祭之儀 若喪主非宗子 則宗子主婦分立兩階之下 喪主在宗子之右 喪主婦在宗子婦之左 長則居前 少則居後 餘亦如虞祭之儀)." 하였다.

7. 참신(參神)

『가례』에 "제 자리에 있는 자는 모두 두 번 절하여 할아버지, 할머니에게 참신한다(在位者皆再拜 參祖考妣)." 하였다. 신주를 사용하는 경우 그 자리에 신주를 받들었고 그 신주를 허투로 볼 수 없으므로 먼저 신주를 알현하는 절차이다.

8. 강신(降神)

『가례』에 "만약 종자가 상주이면 상주가 하고, 만약 상주가 종자가 아니면 종자가 그것을 하는데, 모두 졸곡과 같다(若宗子自爲喪事 則喪主行之 若喪主非宗子 則宗子行之 並同卒哭)." 하였다.

9. 축이 음식을 올린다(祝進饌)

『가례』에 "모두 우제와 같다(並同虞祭)." 하였다.

10. 초헌(初獻)

『가례』에 "만약 종자가 상주이면 상주가 하고, 만약 상주가 종자가 아니면 종자가 그것을 하는데, 모두 졸곡과 같다(若宗子自爲喪事 則喪主行之 若喪主非宗子 則宗子行之 並同卒哭)." 하였다.

『상례비요』에 "헌작(獻酌)할 때 조고비 앞에 먼저 나아간다(酌獻先詣祖考妣前)." 하고, 그 주에 "축이 판을 들고 주인의 왼쪽에 서서 동쪽을 향하여 꿇어 앉아 축문을 읽는다(祝執版立於主人之左東向跪讀)." 하였다.

『상례비요』에 "모두 곡을 하지 않고 그 다음에 죽은 이의 앞으로 나아간다(皆不哭次詣亡者前)." 하고, 그 주에 "축이 주인의 왼쪽에 서서 남쪽을 향하여 꿇어 앉아 축문을 읽는다(祝立於主人之左 南向跪讀). 하였다.

"만약 죽은이가 종자보다 항렬이 낮거나 어리면 종자는 절하지 않는다(若亡者於宗子爲卑幼 則宗子不拜)." 하였다.

『증보사례편람』을 참고하면 축문은 아래와 같다.

■ **[祖考位祝文式] 조고위축문식**

維
年號幾年歲次干支幾月干支朔幾日干支 孝曾孫 某 謹以淸酌庶羞 適于
顯曾祖考某官府君 隮祔孫某官 尙
饗

모년 모월 모일 효증손자 모는 삼가 맑은 술과 여러 음식을 드려 증조할아버지 모관부군에게 나아가 손자 모관을 합부하오니 흠향하십시오.

· 손모관(孫某官)은 여자의 상(內喪)엔 손부 모봉 모씨(孫婦某封某氏)라 하고, 고자매(姑姊妹) 이하엔 손녀(第幾孫女)라 한다.

■ [新主祝文式] 신주축문식

維
年號幾年歲次干支幾月干支朔幾日干支 孝子 某 謹以淸酌庶羞 哀薦祔事于
顯考某官府君 適于顯曾祖考某官府君 尙
饗

모년 모월 모일 효자 모는 삼가 맑은 술과 여러 음식으로 슬프게도 아버지 모관부군에게 합부하는 일로 증조할아버지 모관부군에게 나아가 제사를 드리니 흠향하십시오.

· 효자(孝子)는 승중(承重)엔 효손(孝孫)이라 하고, 처(妻)에겐 부(夫)라 하고, 방친(旁親) 비유(卑幼)는 속칭(屬稱)에 따르고, 만약 상주가 종자(宗子)가 아니면 종자(宗子) 속칭(屬稱)에 따른다.
· 효자(孝子) 모(某)에서 모(某)는 제(弟) 이하는 쓰지 않는다.
· 근이(謹以)는 처(妻)와 제(弟) 이하는 자이(玆以) 라 한다.
· 애천부사(哀薦祔事)에서 애천(哀薦)는 방친(旁親)엔 천차(薦此)라 하고, 처(妻)와 제(弟) 이하는 진차(陳此)라 한다.
· 현고(顯考)는 어머니에겐 현비(顯妣)라고 하고, 승중(承重)에는 현조고(顯祖考) 또는 현조비(顯祖妣)라 하고, 처(妻)엔 망실(亡室)이라 하고, 방친(旁親) 또는 항렬이 낮거나 어릴 때는 속칭(屬稱)을 따르되 항렬이 낮거나 어릴 때는 현(顯)을 고쳐 망(亡)으로 한다.
· 현고모관부군(顯考某官府君)에서 여자의 상(喪)엔 모관부군(某官府君)은 모봉모씨(某封某氏) 라 하고, 항렬이 낮거나 어릴 때는 부군(府君) 2자를 버린다.
· 속칭(屬稱)에 따라 고치기는 위의 우제에 보인다.

11. 아헌, 종헌(亞獻 終獻)

『가례』에 "만약 종자가 상주이면 주부가 아헌을 하고, 친척이나 손님이 종헌을 한다(若宗子自爲喪主 則主婦爲亞獻 親賓爲終獻).” 하였다.

“만약 상주가 종자가 아니면 상주가 아헌을 하고, 주부가 종헌을 한다(若喪主非宗子 則喪主爲亞獻 主婦爲終獻).” 하였다. 『증보사례편람』의 주에 “주부는 종자의 부인이다(宗子婦也).” 하였는데 『한수재선생문집(寒水齋先生文集)』(寒水齋 : 권상하(權尙夏)) 14권 중 이기보(李器甫)에게 답한 글에서 “이 주부는 상주의 처를 가리킨다(此主婦指喪主之妻也).” 하였으며, 김간(金榦)의 『후재집(厚齋集)』, 현상벽(玄尙璧)의 『관봉유고(冠峯遺稿)』에도 “이 주부는 상주의 처이다.” 하였고, 곽종석(郭鍾錫)의 『면우집(俛宇集)』과 박태한(朴泰漢)의 『박정자유고(朴正字遺稿)』에는 “이 주부는 종자의 부인일 것이다.” 하였다. 내 생각에 이때 주부는 상주의 처가 아닌가 한다. 종자가 상주이면 상주의 부인 즉 종자의 부인이 아헌을 하고, 종헌은 친척이나 손님이 한다고 하였는데, 종자가 상주가 아닌 경우 아헌을 상주가 하고 종헌을 상주의 부인이 하는 것이 나을 듯한데, 무엇이 옳은지 모르겠다.

“모두 졸곡 및 초헌의 의식과 같은데 오직 축을 읽지 않는다(並同卒哭及初獻儀 惟不讀祝).” 하였다.

12. 유식 합문 계문 사신(侑食闔門啓門辭神)

『가례』에 “모두 졸곡과 같은데 다만 곡을 하지 않는다(並同卒哭但不哭).” 하였다.

13. 축이 신주를 받들고 각각 원래 자리로 돌아간다(祝奉主各還故處)

『가례』에 "축이 먼저 할아버지, 할머니의 신주를 감실 안에 들여 갑(匣) 안에 넣는다(祝先納祖考妣神主于龕中 匣之)." 하였다.

"다음 죽은 이의 신주를 서쪽 계단 탁자 위에 들여 갑안에 넣는다(次納亡者神主西階卓子上匣之)." 하였고, "신주를 받들고 영좌로 돌아가되 문을 나오면 주인 이하는 곡하며 따르기를 올 때의 의식처럼 하고 슬픔이 다하면 그친다(奉之反于靈座出門 主人以下 哭從如來儀 盡哀止)." 하였다.

"만약 상주가 종자가 아니면 곡하고 먼저 가고 종자 역시 곡하고 그를 보낸다. 슬픔이 다하면 그친다(若喪主非宗子 則哭而先行 宗子亦哭送之 盡哀止)." 하였다.

"만약 제사를 딴 곳에서 지내면 조고비의 신주(神主)는 역시 신주(新主)처럼 그것을 들인다(若祭於他所 則祖考妣之主 亦如新主納之)." 하였다.

살펴보건대 신주를 원래자리로 돌린다는 것은 할아버지, 할머니 신주는 원래대로 사당으로 모시고, 죽은 이의 신주는 영좌로 옮겨감을 말한다. 이후 영좌에 3년 상을 마치기를 기다렸다 3년 상을 마친 후 사당으로 옮긴다.

21

小祥(소상)

1. 일 년이면 소상을 지낸다(期而小祥)

『가례』에 "상에서부터 여기까지 윤달을 계산하지 않고 13개월이다(自喪至此 不計閏 凡十三月)." 하였다. 『의례』 사우례에 "일 년이면 소상을 지낸다(朞而小祥)." 하였고, 그 주에 "소상은 제사 이름이고, 상은 길하다는 뜻이다(小祥 祭名 祥 吉也)." 하였다.

『가례』에 "옛 사람은 일자를 점쳐 제사를 지냈으나 지금은 그치고 첫 번째 기일을 써 간편함을 따른다(古者 卜日而祭 今止用初忌 以從簡易)." 하였다. 『서의』에 "11월의 말에 주인이 향로를 설치하고 향을 피워 영당(影堂) 밖에서 날짜를 점치는데, 서쪽을 보고 먼저 다음 달 하순에서 날을 택하여 점을 치고, 불길하면 다음 중순에서 택하고, 불길하면 상순의 날짜를 택한다. 이미 길한 날을 얻으면 영좌 앞에 향을 피우고 북쪽을 향해 서고, 축이 축문을 들고 주인의 좌측으로 나아가 동향으로 하여 읽는데 이르기를(於十一月之末 主人設香爐炷香 卜筮日於影堂外 西向 先擇日於 來月下旬 卜筮之 不吉 次擇中旬 不吉 次擇上旬 旣得吉日 主人焚香於靈座前 北向立 祝執辭出於主人之左東向讀曰)," 하였다. 위 치장 3. 택일 조에 곡례를 인용하여 "상사

(喪事)에는 먼 날을 먼저 점치고, 길사(吉事)에는 가까운 날을 먼저 점친다." 하였는데, 졸곡 이후는 길제라 하는데, 뒤에 나올 "담제의 택일을 위한 점은 길제이기 때문에 가까운 날을 먼저 점친다." 하였는데, 『서의』에서는 소상에 날을 점칠 때 먼 날을 먼저 점치고 있다. 『의례』 사우례에 "대상의 제사가 상사를 따르므로 먼저 먼 날을 쓰서 하순으로 그것을 한다(大祥之祭 仍從喪事 先用遠日 下旬爲之)." 하여, 날을 점침에는 소상이나 대상을 길사로 보지 않은 듯하다. 『서의』의 주에 "혹 점치지 않으면 첫 기일의 날을 따른다(或不卜則從初忌日)." 하였다.

■ [命辭式] 날을 점치칠 때 명하는 말

某 將以來月某日　陳常事于亡室某封某氏 尚 饗 모가 장차 다음 달 모일로 처 모봉 모씨의 소상을 행하려 합니다. 흠향하십시오. · 혹 정(丁) 혹 해(亥)인 하순 날로 하되, 길하지 않으면 다시 명을 하여 중순으로 하고, 또 길하지 않으면 바로 점치지 않고 상순의 날을 쓴다.

■ [告辭式] 날을 잡은 후 고사식

某 將以來月某日　陳常事于亡室某封某氏 卜旣得吉 玆告 모가 장차 다음 달 모일로 처 모봉 모씨의 소상을 행하려 하는데 점을 쳐 이미 길한 날을 얻었으므로 이에 고합니다. · 상순 날을 쓰면 점을 쳐 길한 날을 얻었다(卜旣得吉)는 4자를 버림

2. 기일 하루 전에 주인 이하 목욕하고 기물을 진설하고 음식을 준비한다(前期一日 主人以下 沐浴 陳器具饌)

『가례』에 "주인이 여러 장부를 거느리고 물 뿌려 쓸고 씻고 닦는다(主人帥衆丈夫 灑掃滌濯)." 하였다. 『서의』에 "소상 하루 전날 주인 및 여러 아들들은 모두 목욕하고 머리를 빗고 손톱을 깎는다. 여러 장부는 물 뿌려 쓸고 씻고 닦는다(小祥前一日 主人及諸子俱沐浴櫛髮翦爪衆丈夫灑掃滌濯)." 하였다.

"주부는 여러 부인을 거느리고 쇠솥(釜)이나 세발 달린 솥(鼎)을 씻고 제사음식을 준비한다(主婦率衆婦女 滌釜鼎 具祭饌)." 하였다.

"다른 모든 것은 졸곡의 예식과 같다(他皆如卒哭之禮)." 하였다.

■ [主人聞喪 在後月 其亡日前一日 告辭式] 주인이 상을 들은 것이 다음 달인데 죽은 날 하루 전날에 고하는 식

> 某 罪逆凶釁 不克敬孝 昨年聞訃 在於某月某日 將以是日 退行小祥而明日 諱辰 且行一奠之禮 彌增罔極 謹告
>
> 모의 죄가 너무나 커 공경히 효를 다하지 못해 작년 부고를 들은 것이 모월 모일입니다. 장차 이날로 물려 소상을 행하고 내일은 기일로 또 음식을 드리는 예를 행해 망극함을 더하니 삼가 고합니다.

釁 : 피바를 흔, 흠 흔

3. 막차(幕次)를 설치하고 연복을 진설한다(設次陳練服)

『가례』에 "장부(丈夫)와 부인(婦人)은 별도의 장소에 막차(幕次)를

설치하고 그 안에 연복(練服)을 진설한다(丈夫婦人 各設次於別所 置練服於其中).” 하였다. 연포(練布)는 마전한 베이다. 『예기』 단궁에 “연제에는 연의를 입고 황색 안감에 연분홍 가선을 두른다(練 練衣黃裏 縓緣).” 하였는데, 그 주에 “소상에는 연관을 쓰고 연중의를 입는데, 황색으로 속을 만들고 연한분홍으로 장식을 한다(小祥練冠 練中衣 以黃爲內 縓爲飾).” 하였고, 그 소에 “연제는 소상이다. 소상에 연관을 쓰고 연중의를 입는 까닭에 연제라 한다. ... 중의는 정복이 아니고 다만 최복(衰服) 안에 입을 뿐이다(練 小祥也 小祥而著練冠 練中衣 故曰練也...中衣非正服 但承衰而已).” 하였다.

“남자는 연복으로 관을 하고 수질을 벗고, 부판, 벽령, 최를 땐다(男子以練服爲冠 去首絰負版辟領衰).” 하였고, 『예기』 상복소기에 “참최는 13월에 이르러 연제에 수질을 벗고 연관에 흰 끈을 하고 중의에 황색 안감과 연분홍으로 옷깃과 소매에 가선을 하며 베띠를 매고 신을 묶데 장식이 없다. 만약 모 3년 상에 소상이면 역시 그러하다(其斬衰 至十三月 練而除首絰 練冠素纓 中衣黃裏 縓爲領袖緣 布帶繩屨無約 若母三年者小祥 亦然).” 하였다.

『가례』에 “부인은 긴치마를 끊어 땅에 끌지 않게 한다(婦人截長裙不令曳地).” 하였고,

“복의 기간에 따라 길복으로 고친다. 그러나 그 달이 다하도록 금, 구슬, 비단, 수 놓은옷, 울긋불긋한 옷은 입지 않는다. 다만 아내를 위해 복을 입는 사람은 오히려 담복을 입는데, 15 개월이 다하면 벗는다(應服期者改吉服 然猶盡其月 不服金珠錦繡紅紫 唯爲妻者猶服禫 盡十五月而除).” 하였다.

練 : 익힐 연, 누일 연, 縓 : 분홍빛 전, 截 : 끊을 절, 曳 : 끌 예

4. 그 다음날 새벽 일찍 일어나 채소, 과일, 술과 음식을 차린다(厥明夙興 設 蔬菜果酒饌)

『가례』에 "모두 졸곡과 같다(並同卒哭)." 하였다.

5. 날이 새면 축이 신주를 내고 주인 이하는 들어가 곡한다(質明 祝出主 主人以下入哭)

『가례』에 "모두 졸곡처럼 하는데, 다만 주인이 상장을 문밖에 기대고 기년복의 친척과 더불어 각각 그 복을 입고 들어간다(皆如卒哭 但主人倚杖於門外 與期親各服其服而入)." 하였고,

"만약 이미 복을 벗은 자가 와서 제사를 준비하면, 역시 화려한 옷은 벗고 모두 곡하여 슬픔을 다하고 그친다(若已除服者來預祭 亦釋去華盛之服 皆哭盡哀止)." 하였다.

6. 곧 나와 막차로 가 복을 바꿔 입고 다시 들어가 곡한다(乃出就次易服 復入哭)

『가례』에 "축이 그치게 한다(祝止之)." 하였다

『개원례』에 "주인은 상장을 짚고 막차로 나아가고, 주부이하 각각 막차로 나아간다. 주인 및 여러 자식들은 수질을 벗고 연관을 쓴다. 처와 첩과 여자 자식들은 요질을 벗는다. 두루 복이 있는 자는 복을 벗고, 장부는 흰 옷에 길 관과 길신을, 부인은 흰옷에 길신을 신는다. 도우는 자가 주인과 여러 자식들을 인도하는데, 상장을 기대어 놓는 것은 처음과 같고 남녀가 모두 올라서 곡하는 자리로 나아간다(主人杖就次主婦以下各就次 主人及諸子降首絰著練冠妻妾女子子除腰絰 周服者皆除之 丈夫素服吉冠履 婦人素服吉履 相者引主人及諸子倚杖如初

內外俱升就位哭).” 하였다.

7. 강신(降神)

『가례』에 “졸곡처럼 한다(如卒哭).” 하였다.

8. 삼헌(三獻)

『가례』에 “졸곡의 의식과 같은데, 축문은 전과 같고 다만 ‘세월은 머무르지 않아 문득 소상에 이르렀습니다. 아침부터 저녁까지 소심하고 두려워 꺼리고 몸을 게을리 하지 않아 애모하는 마음 편치 못하여 감히 깨끗한 희생인 양(柔毛)과 음식(粢盛)과 약간 맑은 술(醴齊)을 올려 이 상사(常事)를 드리오니 흠향하십시오.’ 한다(如卒哭之儀 祝版同前 但云 日月不居 奄及小祥 夙興夜處 小心畏忌 不惰其身 哀慕不寧 敢用潔牲柔毛 粢盛醴齊 薦此常事 尙饗).” 하였다. 『예기』 곡례에 “종묘에 제사지내는 예에 ... 양을 유모(柔毛)라 한다(凡祭宗廟之禮 ... 羊曰 柔毛).” 하였고 그 소에 양(羊)을 유모(柔毛)라 하는 것은 만약 양이 살이 찌면 털이 가늘고 부드러우며 약해진다(羊曰柔毛者 若羊肥則毛細而柔弱).“ 하였다. 『의례』 사우례에 ”축문에 이르되 ‘이 상사(常事)를 드린다’(曰薦此常事).“ 하였고, 그 주에 ”상(常)을 말한 것은 1년이 되어 제사를 지냄이 예이다(言常者 朞而祭禮也).“ 하였다. 『증보사례편람』에 소상의 축문을 아래에서 참고할 수 있다

■ [祝文式]

維
年號幾年歲次干支幾月干支朔幾日干支 孝子 某 敢昭告于
顯考某官府君 日月不居 奄及小祥 夙興夜處 哀慕不寧 謹以淸酌
庶羞 哀薦常事 尙
饗

모년 모월 모일 효자 모는 돌아가신 아버지 모관 부군께 감히 밝게 고합니다. 해와 달이 멈추지 않아 문득 소상이 되었습니다. 아침부터 저녁까지 슬프게 사모하는 마음 편치 않습니다. 삼가 맑은 술과 여러 음식을 드리오니 흠향하십시오.

9. 유식 합문 계문 사신(侑食闔門啓門辭神)

『가례』에 "모두 졸곡의 의식같이 한다(皆如卒哭之儀)." 하였다.

10. 조석곡을 그친다(止朝夕哭)

『의례』 상복의 소에 "이미 연제 후에 조석곡이 없다(旣練之後 無朝夕哭)." 하였다.

『가례』에 "오직 초하루와 보름에 상복을 벗지 못한 자가 모여서 곡한다(惟朔望未除服者會哭)." 하였다. 『의례』 상복의 소에 "오직 여막 안에서만 10일이나 5일만에 생각이 나면 곡한다(唯有廬中或十日或五日 思憶則哭)." 하였다.

"상을 당한 이래 친척으로 일찍 서로 보지 못한 자가 서로 만나볼 때 비록 이미 상복을 벗었지만 슬픔을 다해 곡한 후에 차례로 절한다(其遭喪以來 親戚之未嘗相見者相見 雖已除服 猶哭盡哀 然後叙拜)." 하였다. 사고전서본 『가례』에는 서배(叙拜)(차례로 절한다)가

허배(許拜)(절을 허용한다)라고 되어 있는데, 원록본 『가례』에 따라 고친다. 『상례비요』에도 서배(叙拜)로 되어 있다.

11. 비로소 채소와 과일을 먹는다(始食菜果)

『의례』 상복에 "이미 연제를 지내고 외침에 머물며, 비로소 채소와 과일을 먹고 밥은 평상시의 밥을 먹고 일정한 때가 없이 곡한다(既練 舍外寢 始食菜果 飯素食 哭無時)." 하였는데, 그 주에 "외침에 머무는데, 중문의 바깥채 아래에 벽돌을 쌓아 만들며 벽을 바르지 않은 이른바 악실이다. 소(素)는 오히려 고(故)로 평소 먹던 것으로 돌아감을 말한다(舍外寢 於中門之外屋下 壘墼爲之 不塗墍所謂堊室也 素猶故也 謂復平生時食也)." 하였다.

墼 : 굽지 않은 벽돌 격

22

大祥(대상)

1. 두 번째 기년이 되어 대상을 지낸다(再期而大祥)

『가례』에 "상에서부터 여기까지 윤달을 계산하지 않고 25개월인데, 역시 단지 두 번째 기일을 사용하여 제사지낸다(自喪至此 不計閏 凡二十五月 亦止用第二忌日祭)." 하였다. 『의례』 사우례에 "또 일년이 지나면 대상이다(又朞而大祥)." 하였다. 『서의』에 "23월의 말에 주인이 점을 치는데 소상의 예식처럼 한다(於二十三月之末 主人卜 如小祥禮)." 하였다.

2. 기일 하루 전에 목욕하고 기물을 진설하고 음식을 준비한다(前期一日 沐浴 陳器具饌)

『가례』에 "모두 소상처럼 한다(皆如小祥)." 하였다.

3. 차를 설치하고 담복을 진설한다(設次陳禫服)

『가례』에 "장부(丈夫)는 수각참사복두(垂脚黲紗幞頭)에 참포삼(黲布衫)과 포로 감싼 각대(角帶)를 착용하니, 아직 대상을 치르기 않은 사이에 잠깐 나가서 사람을 만나는 것이다(丈夫垂脚黲紗幞頭黲布衫布裹角帶 未大祥間 假以出謁者).” 하였다. 수각참사복두는 검푸른 깁으로 만든 다리를 늘어뜨린 머리에 쓰는 두건으로 『가례의절』에 “지금은 수각복두의 제도가 없다(今世無垂脚幞頭之制).” 하였고, “벼슬이 있는 자는 백포로 싼 모자와 백포로 만든 반령포와 포대를 하고, 벼슬이 없는 자는 백포건, 백 직령의 포대를 사용한다(有官者用白布裹帽白布盤領袍布帶 無官者用白布巾白直領衣 布帶).” 하였다.

『가례』에 “부인은 관(冠)을하고, 빗으로 빗고(梳), 머리카락만으로 머리를 묶고(假髻) 아황색(鵝黃), 푸른색(碧), 검은색(皁), 흰색으로 옷과 신을 만든다. 금(金)과 구슬(珠)과 분홍색의 수놓은 것은 모두 사용할 수 없다(婦人冠梳假髻 以鵝黃青碧皂白爲衣履 其金珠紅繡 皆不可用).” 하였다. 『가례의절』에 “부인은 순전히 흰 옷과 신발을 사용한다(婦人純用素衣履).” 하였다.

『예기』 잡기에 “대상은 주인이 상복을 벗는 것이다. 저녁에 기약함에 조복을 입고 대상의 제사 때에 그 옛날 옷을 입는다(祥 主人之除也 於夕爲期 朝服 祥因其故服).” 하면서, 그 주에 “이미 제사를 지냈으면 곧 대상의 흰 명주와 마의를 입는다(既祭 乃服大祥素縞麻衣).” 하였고, 그 소에 “저녁에 기약한다는 것은 상제(祥祭)에 전날 저녁 내일이 상제의 기일임을 미리 고하는 것을 말하고, 조복이란 이에 기일을 위하여 주인이 입는 조복이 치의(緇衣)와 소상(素裳)임을 말하고, 그 관(冠)은 호관(縞冠)이다. 대상의 제사 때에 그 옛날 옷을 입는다는 것은 다음 날 아침 상제를 지낼 때 주인이 전날 저녁의 조복을 그대로 입음을 말한다(於夕爲期者 謂於祥祭前夕 豫告明日祥祭之期 朝服者 於此爲期之時 主人著朝服 謂緇衣素裳 其冠則縞冠也 祥因其故服者 謂明旦祥之時 主人因著其前夕故朝服也).” 하였다. 『예기』

상복소기에 "반드시 길복을 입고서 제사를 지내는 것은 흉(凶)으로 길(吉)에 임할 수 없기 때문이다(必服其吉服以即祭事 不以凶臨吉也)." 하였다.

『상례비요』에 "일이 있으면 고하는데 지금 신주(新主)가 사당에 합부함에 고하지 않을 수 없다(有事則告 今新主祔廟 不可不先告)." 하였다. 고사식은 다음과 같다.

■ [告辭式] 대상제 전날 고하는 축

維
年號幾年歲次干支幾月干支朔幾日干支 五代孫 某 敢昭告于
顯五代祖考某官府君
顯五代祖妣某封某氏
顯高祖考某官府君
顯高祖妣某封某氏
顯曾祖考某官府君
顯曾祖妣某封某氏
顯祖考某官府君
顯祖妣某封某氏 茲以先考 某官 大祥已屆 禮當祔於顯曾祖考 某官府君
不勝感愴 謹以酒果 用伸虔告 謹告

모년 모월 모일에 5대손 아무개는 감히 오대조고(顯五代祖考) 모관 부군 및 오대조비(顯五代祖妣) 모봉 모씨와 고조고 모관 부군 및 현고조비 모봉 모씨와 증조고 모관 부군 및 증조비 모봉 모씨와 조고 모관 부군 및 조비 모봉 모씨께 삼가 밝게 고합니다. 이제 돌아가신 아버님(先考) 모관의 대상이 이미 다가와 예법상 마땅히 증조고 모관 부군께 제부(隮祔)해야 하므로 감회와 슬픔을 견디지 못하겠습니다. 삼가 술과 과일로 경건히 삼가 고합니다.

· 만약 사당에 5대를 모시지 않으면 모시는 대까지만 고한다.

· 승중(承重)에 부모가 합부되어 있으면 역시 고하며, 이때는 육대손(六代孫)이라 하고, 6대 조고비도 함께 열거한다.
· 만약 상주가 종자(宗子)가 아니면 종자(宗子)가 고하고 효현손(孝玄孫) 모관(某官)이라 한다.
· 아버지가 먼저 죽어 어머니 상에는 고(考)까지 나열하여 쓰고 합부하는 위(位)는 쓰지 않는다.
· 만약 상주가 종자가 아니어 종자가 고하면 오대고조고 비(五代高祖考 妣) 이하 죽은 자의 할아버지, 할머니까지만 나열한다.
· 자이선고(玆以先考)의 선고(先考)는 어머니상(母喪)엔 선비(先妣)라 하고, 승중(承重)엔 선조고(先祖考) 또는 선조비(先祖妣)라 하고 처(妻) 엔 망실(亡室)이라 하고, 상주가 종자가 아니어 종자가 고하면 속칭(叔父, 伯父, 從祖考 等)에 따른다.
· 자이선고(玆以先考) 뒤의 모관(某官)은 여자의 상(喪) 엔 모봉모씨(某封某氏)라 한다.

■ **[支子異居始爲禰廟妣位告辭式] 지자가 다른 곳에 살아 처음 아버지 사당을 만들어 어머니를 제부하는 고사식**

(어머니가 먼저 돌아가셨으나 사당이 없다가 아버지가 돌아가셔서 사당을 만들어 어머니를 제부하는 고사식)

維
年號幾年歲次干支幾月干支朔幾日干支 孝子 某 敢昭告于
顯妣某封某氏 玆以先考 喪期已盡 禮當入廟 謹以酒果 用伸虔告 謹告

모년 모월 모일 효자 모가 이에 돌아가신 어머니(先妣) 모봉 모씨에게 감히 밝게 고합니다. 이제 아버지의 대상이 벌써 다가와서 예법상 마땅히 돌아가신 아버님(先考)께 사당에 들여야 하므로 삼가 술과 과일로서 경건히 고합니다.

· 아버지가 먼저 돌아가셔서 아버지의 사당에 어머니를 제부하

는 경우
· 현비모봉모씨(顯妣某封某氏)는 현고모관부군(顯考某官府君)이라 하고
· 자이선고(玆以先考)의 선고(先考)는 선비(先妣)라 한다.

黲 : 검푸를 참, 紗 : 깁 사, 鵝 : 거위 아, 皀 : 검을 조, 하인 조, 마구간 조, 縞 : 명주 호, 屆 : 이를 계

4. 그 다음날 제사를 지내되 모두 소상의 의식처럼 한다(厥明行事皆如小祥之儀)

『가례』에 "오직 축문을 고치되 소상(小祥)은 대상(大祥)으로 하고 상사(常事)는 상사(祥事)라 한다(惟祝版 改小祥曰大祥 常事曰祥事)." 하였다.

5. 마치고 축이 신주를 받들고 사당에 든다(畢祝奉神主 入於祠堂)

『상례비요』에 "축이 꿇어 앉아 '사당으로 드시기를 청합니다.' 한다(祝跪告曰 請入于祠堂)." 하였다.

『가례』에 "주인 이하 곡하고 따르기를 부제(祔祭)의 순서처럼 한다. 사당 앞에 이르러 곡을 그친다(主人以下 哭從如祔祭之敘 至祠堂前哭止)." 하였다.

6. 대상을 마친다(畢大祥)

『가례』에 "영좌를 철거한다(徹靈座)." 하였고,

“상장을 끊어 으슥한 장소에 버린다(斷杖 棄之屛處).” 하였다. 『예기』 상대기에 “상장을 버리는 것은 끊어 은밀한 곳에 버림이다(弃杖者, 斷而弃之於隱者).” 하였고, 그 소에 “비록 대상에 그것을 버리지만 오히려 사람들이 더럽힐까 두려워 그것을 부러뜨려 달리 사용할 수 없도록 그윽하고 은밀한 곳에 버려 더럽히지 못하게 함이다(雖大祥棄之 猶恐人褻慢 斷之不堪他用 棄於幽隱之處 使不穢汚).” 하였다.

“신주를 받들어 옮겨 묘 옆에 묻는다(奉遷主埋于墓側).” 하였고, 『가례의절』에 “상제(祥祭)를 지낸 뒤에는 제기(祭器)를 진설하고 제수(祭需)를 갖추기를 초하루에 제사지내는 의식과 같이 하며, 탁자를 가지고 청사(廳事) 위에 진설한다. 날이 밝음에 주인이 친진(親盡)이 된 신주를 받들어 탁자 위에 놓는다. 제사가 끝나고 집사가 소반에 신주를 담아 받들고 주인이 스스로 보내어 묘지 옆에 이르러 그것을 묻는다(祥祭後陳器具饌 如朔日之儀 用卓子陳廳事上 質明主人奉安 親盡之主於卓子上 祭畢執事者用盤盛主奉之主人自送至廟側埋之).” 하였다. 이는 새로운 신주가 사당에 들어 친함이 다한 신주를 내어 묘에 묻는 것을 말한다.

23

禫(담)

『가례』에 “『의례』 사우례의 정현의 주를 인용하여 담담하여 평안하다는 뜻이다(鄭氏曰 澹澹然平安之意).” 하였다.

『예기』 상복소기에 “부모와 처와 장자를 위해서 담제를 지낸다(爲父母 妻 長子 禫).” 하였다.

1. 대상을 마친 후 한 달을 건너 담제를 지낸다(大祥之後 中月而禫)

『가례』에 “사이가 한 달이다(間一月也).” 하였고, 살펴보건대 대상과 담제 사이가 한 달이라는 것이다. 『예기』 간전에 “한 달을 건너 담제를 지낸다(中月而禫).” 하였는데, 소에 중월이단(中月而禫) 이란 中은 사이라는 간(間)이다. 대상을 지낸 후 다시 1개월을 사이에 두고 담재를 지낸다(中月而禫者 中 間也 大祥之後 更間一月而爲禫祭).“ 하였고,

“상으로부터 여기까지 윤달을 계산하지 아니하고 모두 27개월이다(自喪至此 不計閏 凡二十七月).” 하였다.

2. 한달 전 하순에 날을 점친다(前一月下旬卜日)

『가례』에 "하순의 첫날에 다음 달 상순, 중순, 하순에서 각각 하루를 택하되, 정일(丁日)이나 해일(亥日)로 한다(下旬之首 擇來月三旬各一日 或丁或亥)." 하였다. 『예기』 곡례에 "바깥일은 강일로서 하고 집안일은 유일로서 한다(外事以剛日 內事以柔日)." 하였고, 그 주에 "그 나감을 따름으로 양을 삼는다. 그 안에 거함을 따름으로 음을 삼는다(順其出爲陽也 順其居內爲陰)." 하였다.

"사당의 문밖에 탁자를 진설하고, 그 위에 향로, 향합, 배교(环珓), 쟁반을 서향하여 놓는다(設卓子於祠堂門外 置香爐香合环珓盤子於其上西向)." 하였다. 살펴보건대 배교(环珓)는 점치는 도구이다.

"주인은 담복(禫服)으로 서향하고, 여러 주인들은 다음에 약간 물러나 북쪽을 상석으로 한다. 자손들은 그 뒤에 두 줄로 서되, 북쪽을 상석으로 한다. 집사는 북향하되 동쪽을 상석으로 한다(主人禫服西向 衆主人次之 少退北上 子孫在其後 重行北上 執事者北向東上)." 하였다.

"주인이 향을 피워 배교를 쬐고 상순의 날로서 명하여 이르되 '모가 장차 모월 모일 선고 모관부군에게 담제를 올리려고 하니 흠향하십시오.' 하고 바로 배교를 쟁반에 던지는데, 하나는 엎어지고 하나는 젖혀진 것을 길(吉)로 한다(主人炷香熏珓 命以上旬之日曰 某將以來月某日 祗薦禫事於先考某官府君 尙饗 卽以珓擲於盤 以一俯一仰爲吉)." 하였다. 『예기』 곡례에 "길사는 가까운 날을 우선으로 한다(吉事先近日)." 하였는데, 살펴보건대 상순, 중순, 하순의 날 중에서 가까운 상순을 먼저 점친 것을 알 수 있다.

"불길하면 다시 중순의 날을 명하고, 또 불길하면 하순의 날을 사용한다(不吉 更命中旬之日 又不吉則用下旬之日)." 하였는데, 살펴보건대 두 번에 걸쳐 불길하면 3번째는 점을 치지 않고 그냥 쓰는 것을 알 수 있다. 아래 고사식에서 하순을 쓰면 길함을 얻은 것이 아니므로 복기득길(卜旣得吉)을 쓰지 않는다.

"주인이 이에 사당에 들어가 본감(本龕) 앞에서 재배한다. 자리에 있는 자들도 모두 재배한다(主人乃入祠堂本龕前再拜 在位者皆再拜)." 하였다.

"주인이 분향한다. 축(祝)이 축사(祝辭)를 잡고 주인의 왼편에 섰다가 꿇어앉아 고한다(主人焚香 祝執辭立於主人之左跪告)." 하였다.

"주인은 재배하고 내려와서 자리에 있는 사람들과 함께 모두 재배한다. 축이 문을 닫고 물러난다(主人 再拜降 與在位者皆再拜 祝闔門退)." 하였다.

■ [告辭式]

孝子某將以來月某日 祇禫事于先考某官府君
卜旣得吉 敢告

효자 모가 장차 다음 달 모일에 선고 모관 부군에게 공경히 담제를 올리고자 점을 쳐서 이미 길함을 얻었기에 감히 고합니다.

· 만일 길일을 얻지 못했으면(두 번을 점쳐 불길하면), 점을 쳐서 이미 길함을 얻었기에(卜旣得吉)는 쓰지 않는다.

燻 : 연기 낄 훈, 环 : 구슬 배 珓 : 옥 산통 교, 擲 : 던질 척, 龕 : 감실 감(사당 안에 신주를 모시는 곳)

3. 기일 하루 전에 목욕하고 신위를 설치하고 기물을 진설하고 음식을 준비한다(前期一日 沐浴 設位 陳器具饌)

『가례』에 "영좌의 원래 자리에 신위를 설치한다(設神位於靈座故處)." 하였다

"다른 것은 大祥의 의식처럼 한다(它如大祥之儀)." 하였다

4. 그 다음날 새벽 담제를 지내는데 모두 대상의 의식처럼 한다(厥明行事 皆如大祥之儀)

『가례』에 "다만 주인 이하 사당에 이르러 축이 신주 독을 받들고 서계의 탁자위에 놓고 신주를 내어 영좌에 둔다(但主人以下詣祠堂 祝奉主櫝置于西階卓子上 出主置於座)." 하였고,

"주인 이하 모두 슬픔을 다하여 곡하고 삼헌에 곡을 하지 않는다(主人以下皆哭盡哀 三獻不哭)." 하였다.

"축문을 고쳐 대상은 담제로 하고 상사는 담사로 한다(改祝版大祥爲禫祭 祥事爲禫事)." 하였다.

"사신(辭神 : 신과 헤어짐)에 이르러 이에 슬픔을 다해 곡하고 신주를 보낸다(至辭神乃哭盡哀 送神主)." 하였다.

"사당에 이르러 곡하지 않는다(至祠堂不哭)." 하였다.

5. 담제를 마친다(畢禫)

『예기』 간전에 "담제를 지내고 단술을 마시는데, 처음 술을 마시는 자는 우선 단술을 마신다. 처음 고기를 먹는 자는 우선 말린 고기를 먹는다(禫而飮醴酒 始飮酒者 先飮醴酒 始食肉者 先食乾肉)." 하였다. 『가례』 대상의 조에 "바야흐로 술을 마시고 고기를 먹는다(始飮

酒食肉).” 하였고, 『예기』 상대기에 “대상을 마치고 고기를 먹는다(祥而食肉).” 하였는데, 『가례의절』에는 “‘이 조는 옛날에는 대상 아래에 있었는데 이제 여기로 옮긴다’ 하면서, 살펴보건대 예에 대상 후 한 달을 지내고 담제를 지내는데, 담제를 지내고 술을 먹는다. 바야흐로 술을 먹는 자는 우선 단술을 먹고 바야흐로 고기를 먹는 자는 먼저 마른고기를 먹는다(此條舊在大祥下今移此 按禮 中月而禫 禫而飮酒始飮酒者 先飯醴酒 始食肉者先食乾肉).” 하였다. 따라서 이제 여기 담제로 옮겨 놓는다.

『가례의절』에 “대상에 침실로 돌아가고, 담제에 침상에서 잔다(大祥居復寢 禫而床).” 하였고, “비록 대상 후에 침실로 돌아가지만 여기에 이르러 곧 침상에 눕게 하니, 거의 예의 뜻을 얻을 수 있다(大祥後雖復寢至是乃臥床庶幾得禮之意).” 하였다. 이 조항도 대상에 있었으나 여기로 옮겼다.

24

吉祭(길제)

『가례』에는 없으나 『증보사례편람』을 참고하여 기술한다.

담제를 지내고(삼년상을 마치고) 신주를 사당에 모셔 선대의 신위에 합사하고, 친함이 다한 신주를 다른 곳으로 모시는 제사이며, 상을 마친 후 처음 지내는 사시의 제사이다. 담제가 사시제를 지내는 달이면 그 달에 길제를 지내고, 사시제를 지내는 달이 아니면 달을 넘긴다. 그러므로 제사의 의식은 모두 시제(時祭)의 의식과 같다.

1. 담제의 다음날 날짜를 점친다(禫之明日 卜日)

『증보사례편람』에 "다음 달 三旬에서 각 1일 혹 정(丁)이나 해(亥)를 택한다(擇來月三旬 各一日或丁或亥)." 하였다

『증보사례편람』에 "주인이 담복을 입고 여러 형제 및 자손과 집사를 거느리고 사당 중문 밖에 서향하고 서서, 향을 피워 교에 쬐되 모두 우제 날짜를 점치는 의식같이 한다(主人 服禫 帥衆兄弟及子孫 執事 立於祠堂中門外西向 焚香薰珓 並如虞祭卜日儀)." 하였다. 내가 살펴보건대 우제날짜는 점치지 않는데 우제 날짜를 점치는 의식처럼 한다는 것은 이상하다. 내 생각에는 담제의 날짜를 점치는 의식처럼 하면 될 것이다. 『상례비요』에는 "시제의 날짜를 점치는 의식과 같다

(時祭卜日儀同).” 하였는데, 내가 살펴보니 위 담제의 날짜를 점치는 의식과 같다.

■ [命辭式] 점칠 때 명하는 말

> 某 將以來月某日 諏此歲事 適其祖考 尙
> 饗
>
> 모는 장차 다음 달 모일 이 세사(四時에 올리는 제사)를 도모하기위해 조고에게 가려 합니다. 흠향하십시오.
>
> · 길하지 않으면 중순(中旬)을 명하고, 또 길하지 않으면 하순 날을 바로 사용한다.
> · 조고(祖考)는 처음 아버지 사당을 위해서는 단지 고(考)라고 한다.

■ [告辭式]

> 孝孫　某 將以來月某日 祗薦歲事于
> 祖考 卜旣得吉 敢告
>
> 효손 모는 장차 다음 달 모일 조고에게 공경히 제사지내는 것이 점을 쳐 이미 길함을 얻었음을 감히 고합니다.
>
> · 효손(孝孫)은 처음 아비 사당을 위해서는 효자(孝子)라고 한다
> · 점을 쳐 이미 길함을 얻으니(卜旣得吉)는 하순일을 쓰면 卜旣得吉 4자를 버린다.

焄 : 연기 낄 훈, 諏 : 꾀할 추, 의논할 추

2. 기일 3일전에 재계한다(前期三日齋戒)

『증보사례편람』에 "주인은 여러 남자를 거느리고 밖에서 정성으로(致) 가지런히 하고, 주부는 여러 부녀를 거느리고 안에서 정성으로 가지런히 하되 모두 목욕한다(主人 帥衆丈夫致齊於外 主婦 帥衆婦女致齊於內 皆沐浴)." 하였다.

『가례』의 "시제 전기 3일 재계(前期三日齋戒) 조에 술을 마시되 어지러운데 이르지 말고, 고기를 먹되 매운 냄새나는 채소를 먹지 말며, 조문하지 않으며, 음악을 듣지 않으며, 무릇 흉하고 더러운 일은 모두 참여하지 않는다(飮酒不得至亂 食肉不得茹葷 不弔喪 不聽樂 凡凶穢之事 皆不得預)." 하였다. 『예기』 곡례에 "재계하는 자는 음악을 듣지 않고 조문하지 않는다(齊者不樂不弔)." 하였다.

茹 : 먹을 여, 葷 : 매운 채소 훈.

3. 사당에 옮김을 고한다(告遷於祠堂)

『상례비요』에는 "하루 전날 사당에 옮김을 고한다(前一日告遷於祠堂)." 하였다.

『가례』에 "술과 과일로 초하루의 의식과 같다(以酒果告如朔日之儀)." 하였다. 『상례비요』에 "술과 과일로 아래 초하루와 보름의 의식과 같은데, 다만 별도로 향탁의 동쪽에 하나의 탁자를 설치하고 맑은 물, 분잔, 솔(刷子), 속새(木賊), 벼루, 붓, 먹을 그 위에 갖다 놓는다(以酒果告如下朔望儀 但別設一卓於香卓之東 置淨水粉盞 刷子木賊硯筆墨於其上)." 하였다. 살펴보건대 목적(木賊)은 속새로 풀이름인데 줄기에 규산염을 많이 함유하고 있어 목재나 뿔로 만든 것을 닦는데 사용한다.

『상례비요』에 "주인이 술을 쳐 올리고 두 번 절하기를 마치고 향탁 남쪽에 서면, 축이 축판을 가지고 주인의 왼쪽에 서서 꿇어앉아 축문을 읽어 신주를 옮김을 고한다(主人斟酒再拜 訖立於香卓之南 祝執版立於主人之左 跪讀告遷)." 하였다. 『증보사례편람』에 아래와 같이 고사식을 볼 수 있다.

『상례비요』에 "고하기를 마치면 두 번 절하고, 주인이 앞으로 나아가 고쳐 쓸 신주를 가장 높은 신위부터 받들어 내려서 탁자 위에 눕히면 집사자가 옛 글씨를 씻어 버리고 달리 분을 발라 마르기를 기다린다(畢再拜 主人進奉所改題最尊之主臥置卓上執事者洗去舊字別塗以粉俟乾)." 하였다.

"글씨 잘 쓰는 사람에게 명하여 손을 씻고 서쪽을 향하여 서서 고쳐 쓰도록 하는데, 함중(陷中)의 글자는 고쳐 쓰지 않는다(命善書者盥手西向立 改題之 陷中不改)." 하였고, 모든 위(位)를 앞서와 같이 고쳐 쓰는데 증조고비는 고조고비로 고쳐 쓰고, 조고비위 및 고비위와 부위(祔位)도 이와 같다(改題諸位 如前 曾祖考妣 改題爲高祖考妣 祖考妣 及 考妣 及 祔位 倣此)." 하였다.

"씻은 물은 사당의 네 벽에 뿌리고, 주인이 신주를 받들어 본래의 자리에 모신다(洗水以灑祠堂之四壁 主人 奉主置故處)." 하였다.

"이에 내려와 제 위치로 돌아가고 위치에 있는 이와 함께 모두 두 번 절한 다음 사신(辭神)을 하고 물러난다(乃降復位 與在位者 皆再拜 辭神而退)." 하였다.

■ [告辭式]

維
年號幾年歲次干支幾月干支朔幾日干支 五代孫 某 敢昭告于
顯五代祖考某官府君
顯五代祖妣某封某氏 玆以先考 某官府君 喪期已盡 禮當遷主入廟
顯五代祖考某官府君
顯五代祖妣某封某氏 親盡神主當祧
顯高祖考某官府君
顯高祖妣某封某氏 神主 今將改題 歲次迭遷 不勝感愴 謹以酒果 用伸虔告謹告

모년 모월 모일 오대손 모는 오대할아버지, 오대할머니께 감히 밝게 고합니다. 이제 돌아가신 아버지 모관 부군의 상기가 다하여 예가 신주를 옮겨 사당에 들임이 마땅하여 오대할아버지, 오대할머니 친함이 다한 신주는 조묘로 감이 마땅하고 고조할아버지, 고조할머니 신주는 이제 장차 고쳐 적으려 합니다. 해가 빠르게 바뀌어 슬픔 마음을 이길 수 없어 삼가 술과 과일로 공경히 삼가 고합니다.

· 오대손은 승중(承重)엔 육대손(六代孫)하고 증조(曾祖) 이하를 이은(繼) 맏이(宗)는 속칭(屬稱)에 따른다.
· 먼저 나온 오대할아버지 오대할머니는 이후 고조할아버지에서 할머니까지 열서하고 승중(承重)엔 육대조고비(六代祖考妣)에서 증조고비(曾祖考妣)에 이르기까지 차례로 나열해 쓴다.
· 선고(先考)는 승중(承重)엔 선조고(先祖考)라 한다.
· 승중엔 입묘(入廟) 아래에 “돌아가신 아버지 모관부군이 이미 모년 모일에 할아버지 감실에 합부하였으니 역시 마땅히 신주를 옮겨 사당에 들입니다(先考 某官府君 已於某年某月 祔于祖龕 亦當遷主入廟).” 라 한다.
· 뒤에 나온 오대할아버지 오대할머니는 승중엔 육대조고비(六代祖考妣)를 먼저 쓴다.

· 고조할아버지, 고조할머니는 조고비(祖考妣) 까지 나열하여 쓰고하고 승중엔 증조고비(曾祖考妣)까지 나열해 쓴다.
· 합사한 신위(祔位)에 고쳐 쓰는 자가 있으면 금장개제(今將改題) 아래 마땅히 "모친모관부군 또는 모친모봉모씨 신주도 역시 마땅히 고쳐 쓴다(某親某官府君 某親某封某氏 神主 亦當改題)." 하며, 항렬이 낮거나 어리면 부군(府君)을 쓰지 않는다.

■ **[母先亡父喪畢改題妣位 告辭式] 어머니 먼저 돌아가시고 아버지 상기가 끝나 어머니 위를 고쳐 쓸 때 고하는 식**

維
年號幾年歲次干支幾月干支朔幾日干支 孝子某 敢昭告于
顯妣某封某氏 當初題主時
先考某官府君 爲主故 以其屬書之 今先考 喪期已盡 禮當遷主 入廟
顯妣神主 亦當合亨 某 將以顯妣 改題 歲次迭遷 彌增罔極
謹以酒果 用伸虔告謹告

모년 모월 모일 효자 모는 어머니 모봉 모씨에게 감히 밝게 고합니다. 처음 신주를 쓸 때 돌아가신 아버지 모관 부군이 상주였기 때문에 그에 맞게 썼는데, 이제 돌아가신 아버지의 상기가 다하여 예에 신주를 사당에 옮김이 마땅하여, 어머니 신주 역시 마땅히 함께 누려 모는 장차 어머니 신주를 고쳐 쓰려 합니다. 세월이 빠르게 바뀌어 망극함을 더하니 삼가 술과 과일로 공경히 삼가 고합니다.

■ [承重祖父喪畢改題考位 告辭式] 승중에 할아버지 상기가 끝나 아버지 위를 고쳐 쓸 때 고하는 식

> 維
> 年號幾年歲次干支幾月干支朔幾日干支 孝子某 敢昭告于
> 顯考某官府君 當初題主時
> 先祖考某官府君 爲主故 以其屬書之 今
> 先祖考 喪期已盡 禮當遷主 入廟
> 顯考神主 亦入正位 某 將以
> 顯考 改題 歲次迭遷 彌增罔極 謹以酒果 用伸虔告謹告
>
> 모년 모월 모일 효자 모는 아버지 모관 부군에게 감히 밝게 고합니다. 처음 신주를 쓸 때 돌아가신 할아버지 모관 부군이 상주이기 때문에 그에 맞게 적었는데, 이제 돌아가신 할아버지 상기가 다하여 예에 신주를 옮겨 사당에 들임이 마땅하고, 아버지의 신주도 역시 정 위치로 들여야 함으로, 모는 장차 아버지 신주를 고쳐 적고자 합니다. 세월이 빠르게 바뀌어 망극함이 더하니 삼가 술과 과일로 공경히 삼가 고합니다.
>
> · 아버지 어머니가 모두 돌아 가셨으면 감소고우 현고모관부군(敢昭告于 顯考某官府君) 뒤에 현비모봉모씨(顯妣某封某氏)를 나열해서 쓰니 그 아래 현고(顯考)는 모두 이와 같다.

刷 : 쓸 쇄, 祧 : 조묘조, 원조를 합사하는 사당 조

4. 위를 설치한다(設位)

『증보사례편람』에 "주인이 여러 남자와 집사자를 거느리고 정침(正寢)을 물 뿌려 쓸고 의자(椅)와 탁자(卓)를 씻고 닦고 하여 힘써

깨끗하게 한다(主人 帥衆丈夫及執事者 灑掃正寢 洗拭椅卓 務令蠲潔).” 하였다.

“당(堂)의 서북벽 아래 남향으로 오대조고비의 신위를 설치하되 고(考)는 서쪽 비(妣)는 동쪽으로 하며, 각 한 개의 의자와 탁자를 사용하여 그것을 합설한다(設五代祖考妣位於堂西北壁下南向 考西 妣東 各用一椅一卓而合之).” 하였고, “고조고비, 증조고비, 조고비의 차례로 동(東)으로 하여 모두 오대조고비의 신위처럼 한다(高祖考妣 曾祖考妣 祖考妣以次而東 皆如五代祖考妣之位).” 하였다.

“동쪽 벽 아래 서쪽을 보고 아버지 어머니 신위를 설치하되 아버지는 북쪽, 어머니는 남쪽으로 한다(設考妣位於東壁下西向 考北 妣南).” 하였다. 『상례비요』에 “만약 담제를 지내는 달에 제사를 지낸다면, 고위와 비위의 신위를 달리한다(若禫月行祭則考妣異位).” 하였다.

蠲 : 밝을 견, 깨끗할 견, 제거할 견

5. 제기를 진설하고 희생을 살피고 그릇을 씻고 음식을 준비한다(陳器, 省牲, 滌器, 具饌)

『상례비요』에 “모두 시제의 의식과 같다” 하였는데, 『가례』 시제편에 “당 중앙에 향안을 설치하고 그 위에 향로와 향합을 올려놓고, 띠풀 묶음과 모래를 담아 향안 앞과 각 신위 앞 땅위에 둔다(設香案於堂中 置香爐香合於其上 束茅聚沙於香案前及逐位前地上).” 하였다.

“동쪽 계단 위에 주가(酒架)를 설치하고 별도의 탁자를 그 동쪽에 놓은 다음, 술주전자 한 개, 퇴주잔 한 개, 소반 한 개, 수조반(受胙盤) 한 개, 수저 한 쌍, 수건 하나, 다합(茶盒), 다선(茶筅), 다잔(茶

盞), 탁염접(托鹽楪), 초병(醋甁)을 그 위에 올려놓고, 화로(火爐), 탕병(湯甁), 향시(香匙), 향저(香筯)를 서쪽 계단 위에 놓는다(設酒架於東階上 別置卓子於其東 設酒注一酹酒盞一盤一 受胙盤一匕一巾一 茶合茶筅茶盞托鹽楪醋甁於其上 火爐湯甁香匙火筯於西階上).” 하였다.

“별도로 탁자를 그 서쪽에 놓은 다음 축판을 그 위에 올려놓는다. 세숫대야와 수건 두 개씩을 동쪽 계단 아래의 동서쪽에 설치하되, 서쪽의 것은 받침대와 걸이를 갖춘다. 또 제사음식(祭饌)을 차릴 큰 상(牀)을 그 동쪽에 설치한다(別置卓子於其西 設祝版於其上 設盥盆帨巾各二於阼階下之東西 其西者有臺架 又設陳饌大牀于其東).” 하였다.

『가례』 시제 편에 “주인은 여러 남자를 거느리고 심의를 입고 희생을 도살하는 곳에 가서 희생을 살피고, 주부는 여러 부녀들을 거느리고 배자(背子)를 입고 제기를 세척하고 가마솥을 깨끗이 닦아 제사음식을 갖춘다(主人帥衆丈夫 深衣省牲涖殺 主婦帥衆婦女 背子滌濯祭器 潔釜鼎具祭饌).” 하였다.

제사음식은 “매 위마다 과실 여섯 가지, 소채(蔬菜)와 포해(脯醢) 각각 세 가지, 육고기, 물고기와 만두, 흰떡 각각 한 소반, 국과 밥 각각 한 주발, 간(肝) 각각 한 꼬치, 살코기 각각 두 꼬치를 마련하되, 힘써 정결히 한다(每位果六品 蔬菜及脯醢各三品 肉魚饅頭糕各一盤 羹飯各一椀 肝各一串 肉各二串 務令精潔).” 하였다. 각각은 매 위마다 설치함이다.

“제사를 지내기 전에 사람들이 먼저 먹지 않도록 하고, 고양이나 개, 벌레나 쥐에 의해 더럽혀지지 않도록 한다(未祭之前 勿令人先食及爲猫犬蟲鼠所汚).” 하였다.

逐 : 따를 축, 胙 : 제사지낸 고기 조, 盒 : 합 합, 筅 : 솔 선(대나무를 쪼개어 만든 부엌 솔), 糕 : 떡 고, 椀 : 주발 완

6. 다음날 새벽 일찍 일어나 야채와 과일을 진설한다(厥明夙興 設蔬果)

"주인 이하가 심의를 입고 집사자와 함께 제사지내는 곳(祭所)에 나아가서 손을 씻고, 각 위의 탁자 남쪽 끝줄에 과실 접시를 차린다(主人以下深衣 及執事者俱詣祭所 盥手設果楪於逐位卓子南端)." 하였다.

"소채와 포해를 서로 사이에 섞어 다음 줄에 차린다(蔬菜脯醢 相間次之)." 하였다.

"술잔 받침과 초 접시는 북쪽 끝줄에 차리되, 술잔은 서쪽에 놓고 초 접시는 동쪽에 놓으며, 수저는 가운데에 놓는다(設盞盤醋楪於北端 盞西楪東 匙筯居中)." 하였다

"현주(玄酒)와 술은 각 한 병을 시렁 위에 진설하고, 현주는 그날 정화수(井華水)를 떠다 채워서 술의 서쪽에 둔다(設玄酒及酒各一瓶於架上 玄酒其日取井花水充在酒之西)." 하였다.

"화로에는 숯불을 피우고 병에는 물을 담아둔다. 주부는 배자를 입고 불을 피워 제찬을 데우되, 모두 아주 뜨겁게 데워서 찬합에 담아 내와서, 동쪽 계단 아래 큰 상에 올려놓는다(熾炭於爐 實水於瓶 主婦背子炊煖祭饌 皆令極熱 以盒盛出置東階下大牀上)." 하였다. 사고전서 본『가례』에는 盒盛이 合盛으로 되어 있는데 원록본을 참고하여 고친다.

熾 : 불피울 치

7. 날이 밝으면 신주를 받들고 위로 나아간다(質明 奉主就位)

"주인 이하가 각각 옷을 차려 입고 손을 씻고 닦은 다음 사당 앞으로 나아가면, 뭇 남자들은 고(告)하던 날의 의식과 같이 차례로 서고, 주부는 서쪽 계단 아래에 북쪽을 향하여 선다(主人以下 各盛服盥手帨手 詣祠堂前 衆丈夫叙立 如告日之儀 主婦西階下北向立)." 하였고 『증보사례편람』에는 "삭망의 자리처럼 한다(如朔望之位)." 하였다.

"주인의 어머니가 살아 있을 경우, 주부의 앞에 특별히 자리하고, 여러 백숙모와 여러 고모들이 그 뒤를 잇고, 형수 및 제부, 자매는 주부의 왼쪽에 서되 주모(主母)와 주부보다 어른인 자는 모두 조금씩 나와서 서며, 자손의 부녀와 내 집사자는 주부의 뒤에 두 줄로 모두 북쪽을 향하여 서되, 동쪽을 윗자리로 삼는다(主人有母 則特位於主婦之前 諸伯叔母諸姑繼之 嫂及弟婦姊妹 在主婦之左 其長於主母主婦者皆少進 子孫婦女內執事者 在主婦之後 重行皆北向東上)." 하였다.

"자리가 정해지면, 주인이 동쪽 계단으로 올라가서 홀을 꽂고 향을 피운 다음, 홀을 꺼내고 고한다(立定 主人升自阼階 搢笏焚香 出笏告)." 하였다. 『증보사례편람』에 아래와 같은 고사식을 볼 수 있다.

"고함을 마치고 나서는 홀을 꽂고 주독(主櫝)을 거두어 정위(正位)와 부위(祔位)를 각각 상자 하나씩에 담아서, 상자마다 집사자 한 사람씩을 시켜서 받들게 한다(告訖搢笏斂櫝 正位祔位 各置一笥 各以執事者一人捧之)." 하였다.

"주인은 홀을 꺼내고 앞에서 인도하고 주부는 뒤를 따르며, 항렬이 낮거나 어린 사람들은 주부의 뒤를 따른다(主人出笏前導 主婦從後卑幼在後).” 하였다.

“정침에 와서는 서쪽 계단 탁자 위에 올려놓는다(至正寢置于西階卓子上).” 하였다.

“주인은 홀을 꽂고 주독을 열어 여러 고위(考位)의 신주를 받들어 내어 제위로 나아가고, 주부는 손을 씻은 다음 여러 비위(妣位)의 신주를 받들어 제위로 나아간다(主人搢笏啓櫝 奉諸考神主出就位 主婦盥帨 升奉諸妣神 亦如之).” 하였다.

“부위(祔位)의 경우 자제(子弟) 한 사람이 받들고 간다. 이 절차를 마치고 나면 주인 이하가 모두 내려와서 위치로 돌아온다(其祔位則子弟一人奉之 旣畢 主人以下皆降復位).” 하였다.

■ [告辭式] 신주를 모셔 내올 때 고사식

維
年號幾年歲次干支幾月干支朔幾日干支 五代孫 某 今以遞遷
有事于
顯五代祖考某官府君
顯五代祖妣某封某氏 以某親 某官府君 某親某封某氏 祔食
敢請 神主 出就正寢 恭伸奠獻 尙
饗

모년 모월 모일 오대손 모는 이제 오대할아버지, 오대할머니에게 체천의 일이 있어, 모친 모관 부군 모친 모봉 모씨를 조묘(祖廟)로 옮겨 제사지내(祔食)려고 감히 청하여 신주가 정침으로 나가려고 공손히 전을 올립니다. 흠향하십시오.

· 오대손은 승중엔 육대손이라 한다. 아버지가 먼저 돌아가시고 어머니 상을 마침엔 효현손 모(孝玄孫某), 이제 이미 상기를 마치고(今旣免喪)라 하고, 만약 처음으로 아비사당(禰宗)을 세

웠을 때는 효자 모(孝子某) 이제 편안하게 제사지내(今以妥享)라 하고, 상(喪)이 끝남에 편안하게 제사 지냄(妥享)을 함께 제사지냄(合享)으로 고친다.

· 현오대조고비는 고조고비에서 고비(考妣)까지 나열하여 쓰고, 승중엔 육대조고비에서 고비(考妣)까지 나열해 쓰고, 아버지가 죽고 어머니 상을 끝냄에 고조고비에서 고비(考妣)까지 나열하여 쓰고, 만약 처음으로 아비사당(禰宗) 세웠을 때는 단지 현고 모관 부군이라 하고 모두 죽었으면 현비 모봉 모씨를 나란히 쓴다

· 항렬이 낮거나 어리면 부군(府君) 두자를 버린다.

· 모친은 속칭을 쓴다

遞 : 갈마들 체, 禰 : 아비사당 녜

8. 참신, 강신, 진찬(參神, 降神, 進饌)

· **참신(參神) :** "주인 이하가 사당 앞에서의 의식과 같이 차례로 선다. 서는 자리가 정해지면 두 번 절한다(主人以下叙立如祠堂之儀立定再拜)." 하였다.

· **강신(降神) :** "주인이 올라가서 홀을 꽂고 향을 피우고 홀을 꺼내어 쥐고 뒤로 조금 물러나 선다. 집사자 한 사람은 술병을 열고 수건으로 입구를 닦은 다음 술을 주전자에 담고, 한 사람은 동쪽 계단 탁자 위의 잔대와 술잔을 가져와 주인의 왼쪽에 서고, 또 한 사람은 주전자를 들고 주인의 오른쪽에 선다. 주인이 홀을 꽂고 꿇어앉으면 잔대와 술잔을 받든 자도 꿇어앉아서 주인에게 잔대와 술잔을 올린다. 주인이 받아 들면 주전자를 들고 있던 자

도 꿇어앉아서 술잔에 술을 친다. 주인이 왼손으로는 잔대를, 오른손으로는 잔을 잡고 모사(茅沙) 위에다 술을 부은 다음 잔대와 술잔을 집사자에게 건네주고, 홀을 꺼내어 쥐고 엎드렸다가 일어나 두 번 절하고 내려와서 위치로 돌아온다(主人升 搢笏焚香再拜 出笏少退立 執事者一人開酒 取巾拭瓶口出 實酒於注 一人取東階卓子上盤盞 立於主人之左 一人執注立於主人之右 主人搢笏跪 奉盤盞者亦跪進盤盞 主人受之 執注者亦跪斟酒於盞 主人左手執盤右手執盞 灌於茅上 以盤盞授執事者 出笏俛伏興再拜降復位).” 하였다.

· **진찬(進饌)** : “주인이 올라가고 주부가 뒤를 따라 올라가면, 집사자 한 사람은 소반으로 어물(魚物)과 육물(肉物)을 받들고, 한 사람은 소반으로 미식(米食)과 면식(麪食)을 받들고, 또 한 사람은 소반으로 국과 밥을 받들고 따라 올라간다. 고조의 신위 앞에 이르면, 주인은 홀을 꽂고 육물을 받들어 술잔의 남쪽에 올리며, 주부는 면식을 받들어 육물의 서쪽에 올린다. 주인은 어물을 받들어 초그릇의 남쪽에 올리며, 주부는 미식을 받들어 어물의 동쪽에 올린다. 주인이 국을 받들어 초 접시의 동쪽에 올리며, 주부는 밥을 받들어 술잔의 서쪽에 올린다. 주인이 홀을 꺼내어 쥐고 차례로 여러 정위(正位)의 것을 차린 다음, 여러 자제와 부녀들로 하여금 각기 부위(祔位)의 것을 차리도록 한다. 진설이 다 끝나면 주인 이하가 모두 내려와서 위치로 돌아온다(主人升 主婦從之 執事者一人以盤奉魚肉 一人以盤奉米麪食 一人以盤奉羹飯從升 至高祖位前 主人搢笏 奉肉奠於盤盞之南 主婦奉麪食奠於肉西 主人奉魚奠於醋碟之南 主婦奉米食奠於魚東 主人奉羹奠於醋碟之東 主婦奉盤奠於飯盞之西 主人出 笏以次設諸正位 使諸子弟婦女

各設祔位皆畢 主人以下皆降復位).” 하였다.

楪 : 접시 설 

9. 초헌(初獻)

“주인이 올라가 오대조의 신위 앞에 이르고, 집사자 한 사람이 술 주전자를 들고 그 오른쪽에 선다(主人升詣五代祖位前 執事者一人執酒注 立於其右).” 하였고 그 주에 “겨울철이면 우선 그것(술)을 데운다(冬月 卽先煖之).” 하였다.

“주인이 홀을 꽂은 다음 오대조고(五代祖考)의 잔대와 술잔을 받들고 신위 앞에 동쪽을 향하여 서면, 집사자가 서쪽을 향하여 서서 술잔에 술을 친다. 주인이 술잔을 받들어 술잔의 위치(본래의 위치)에 올린다. 다음 오대조비(五代祖妣)의 잔대와 술잔을 받들고 역시 그렇게 한다(主人搢笏 奉五代祖考盤盞位前 東向立 執事者西向斟酒於盞 主人奉之奠於故處 次奉五代祖妣盤盞 亦如之).” 하였다.

“홀을 꺼내어 쥐고 신위 앞에 북쪽을 향하여 서면 집사자 두 사람이 오대조고비(五代祖考妣)의 잔대와 술잔을 받들고 주인의 왼쪽과 오른쪽에 선다(出笏位前北向立 執事者二人奉五代祖考妣盤盞 立於主人之左右).” 하였다.

“주인이 홀을 꽂고 꿇어앉으면 집사자도 꿇어앉는다. 주인이 오대조고의 잔대와 술잔을 받아 오른손으로 술잔을 들어 띠풀 묶음 위에 부은 다음(제사 지내고) 잔대와 술잔을 집사자에게 건네주어 술잔을 놓는 곳에 도로 갖다 놓는다. 오대조비의 잔대와 잔을 받아 역시 그렇게 한다. (主人搢笏跪 執事者亦跪 主人受五代祖考盤盞 右手取盞 祭

之茅上 以盤盞授執事者 反之故處 受五代祖妣盤盞 亦如之).” 하였다.

“홀을 꺼내고 엎드렸다가 일어나 조금 물러나고 서면, 집사자가 화로에 간(肝)을 구워 접시에 담는다(出笏俛伏興少退立 執事者炙肝於爐 以楪盛之).” 하였다.

“형제 중 나이 많은 한 사람이 그것을 받들어 오대조고비의 앞 수저 남쪽에 올린다(兄弟之長一人奉之 奠於五代祖考妣前匙筯之南).” 하였다. 『상례비요』에 “이에 밥그릇 덮개를 열어 그 남쪽에 놓는다. 다른 각 위의 것도 같이 한다(乃啓飯蓋置其南各位同).” 하였다.

“축이 축판을 들고 주인 왼쪽에 서 있다가 꿇어앉아서 읽는다. 축문을 다 읽고 일어나면 주인이 두 번 절하고 물러나서 다른 여러 신위 앞으로 나아가 처음과 같이 헌작(獻爵)을 하고 축문을 읽는다(祝取版立於主人之左 跪讀 … 畢興 主人再拜 退詣諸位 獻祝如初).” 하였다.

“매 위마다 축문을 다 읽고 나면, 곧 형제나 여러 남자 중 아헌, 종헌을 하지 못한 자들이 차례로 나뉘어 본위(本位)에 속한 부위(祔位)에 나아가 의식대로 헌작을 하는데, 다만 축문은 읽지 않는다. 헌작을 마치고 나서는 모두 내려와서 위치로 돌아온다. 집사자가 다른 그릇으로 술과 간을 거두어 본래 진설했던 곳에 갖다 놓는다(每逐位讀祝畢 卽兄弟衆男之不爲亞終獻者 以次分詣本位所祔之位 酌獻如儀 但不讀祝 獻畢皆降復位 執事者以他器徹酒及肝 置盞故處).” 하였다.

■ [親盡祖考妣位祝文式] 친함이 다한 조고비위에 대한 축문식

維
年號幾年歲次干支幾月干支朔幾日干支 五代孫某 敢昭告于
顯五代祖考某官府君
顯五代祖妣某封某氏 玆以 先考 某官府君 喪期已盡 禮當遷主 入廟 先王制禮 祀止四代
心雖無窮 分則有限 神主當祧 埋于墓所 不勝感愴 謹以淸酌庶羞 日(百)拜告辭 尙
饗

모년 모월 모일 오대손 모가 오대 할아버지, 오대 할머니에게 감히 밝게 고합니다. 이제 돌아가신 아버지 모관 부군의 상기가 이미 끝나 예에 마땅히 신주를 옮겨 사당에 들여야 하는데 선왕이 예를 제정하여 제사가 4대에 그치니 마음은 비록 다함이 없지만 분별이 유한하여 신주를 옮겨 묘소에 묻어야 합니다. 슬픈 마음을 이기지 못하여 삼가 맑은 술과 음식으로 백번 절하고 아뢰니 흠향하십시오.

· 『상례비요』에 "승중이면 육대조고비의 축이 같고 단지 속칭(屬稱)으로 고치고 축은 축판을 달리 한다". 하였다.
· 자이선고(玆以先考)는 속칭(屬稱)에 따라 고친다.
· 묘소에 묻는다(埋于墓所)는 옮기기 않는 위(位)이면 묻는다(埋)를 옮긴다(遷)로 고치고 집안(族人)에 친함이 다하지 않은 자 있어 장차 그 집으로 옮긴(徙)다면 모친 모의 집으로 옮긴다(遷于某親某之房)로 한다.
· 『증보사례편람』에 일배고사(日拜告辭)로 되어 있으나 내 생각에 日은 마땅히 百이 되어야 할 듯하며. 『후재집』, 『상례비요』에도 百拜告辭로 되어 있다. 원래 감실(龕)에 합부한 위(位)가 있으면, 백배고사(百拜告辭) 아래 모친 모관 부군 모친 모봉 모씨의 신주도 마땅히 함께 묻는다(某親 某官府君 某親 某封某氏 神主 亦當竝埋) 라 하고, 만약 정위(正位)를 장방(長房)에 조천(祧遷)하고 묻지 않으면 아울러 묻는다(亦當竝埋)는 4자를 버리고 모씨 신주(某氏神主) 아래에 원 묘지에 묻는다(埋于本墓) 라 한다.

■ [高祖考妣至祖考妣位祝文式] 고조 고비에서 조 고비 위에 이르기까지 축문식

維
年號幾年歲次干支幾月干支朔幾日干支 孝玄孫 某 敢昭告于
顯高祖考某官府君
顯高祖妣某封某氏 某 罪逆不滅 歲及免喪 世次迭遷 昭穆繼序 先王制禮 不敢不至 謹以淸酌庶羞 祗薦歲事 以某親 某官府君 某親某封某氏 祔食 尙
饗

모년 모월 모일 효현손 모는 고조할아버지, 고조할머니에게 감히 밝게 고합니다. 모가 죄 아직 다 가시지 않았는데, 세월은 상을 면할 날이 되어 세대의 순서가 빠르게 바뀌고 소목의 차례를 계승함에 선왕이 제정한 예에 감히 지극하지 않음이 없습니다. 삼가 맑은 술과 여러 음식으로 공경히 세사의 제사를 지내 모친 모관부군과 모친 모봉 모씨로 제사지내니(祔食) 흠향하십시오.

· 『상례비요』에 "세대마다 축판을 달리 한다." 하였다
· 아버지가 먼저 돌아가시고 어머니 상이 끝났을 때 및 할아버지가 먼저 돌아가시고 승중이 할머니 상을 마쳤을 때 이 아래에 세차(世次) 이하 부지(不至) 까지를 버리고 고쳐 이르기를 시기를 쓰고(時維仲春 또는 時維季秋 등) 때에 추모하는 마음이 길이 사모함을 이길수 없습니다(追感歲時 不勝永慕)라 한다.

■ [新主位祝文式] 신주 위에 대한 축문식

維
年號幾年歲次干支幾月干支朔幾日干支 孝子 某 敢昭告于
顯考某官府君 追遠無及 今以吉辰 式遵典禮 隮人于廟 謹以淸酌庶羞 祗薦歲事 尙
饗

모년 모월 모일 효현손 모는 고 모관부군에게 감히 밝게 고합니다. 추념의 정이 멀리 미칠 수 없고, 이제 길일이 되어 삼가 전례를 준수하여 사당에 제부(隮祔)하려고 합니다. 삼가 맑은 술과 여러 음식으로 공경히 세사의 제사를 지내니 흠향하십시오.

· 현고 모관 부군(顯考某官府君)은 어머니가 먼저 돌아가셨을 때는 현비 모봉 모씨(顯妣某封某氏)를 나란히 쓴다.
· 제인(隮入)은 처음 아버지 사당을 만들었으면 타향(妥享)이라 한다.
· 어머니가 먼저 돌아가셨으면 우묘(于廟) 아래 돌아가신 어머니를 배향한다(配以先妣) 4자를 첨가한다.

■ **[父先亡母喪畢考妣位祝文式] 아버지가 먼저 돌아가시고 어머니 상이 끝나 고비 위에 대한 축문식**

維
年號幾年歲次干支幾月干支朔幾日干支 孝子 某 敢昭告于
顯考某官府君
顯妣某封某氏
顯妣喪期已盡 禮當配享 時維仲春 追感歲時 昊天罔極 謹以
淸酌庶羞 祗薦歲事 尙
饗

모년 모월 모일 효자 모가 아버지 어머니에게 감히 밝게 고합니다. 어머니의 상기가 이미 다하여 예에 마땅히 배향하여야 하는데, 때는 중춘으로 시절에 따른 제사에 추모의 감정이 하늘에 다함이 없어, 삼가 맑은 술과 여러 음식으로 공경히 세사의 제사를 지내니 흠향하십시오.

· 시유중춘(時維仲春)에서 중춘(仲春)은 때에 따라 고친다.
· 승중엔 하늘에 다함이 없다(昊天罔極)는 고쳐 길이 사모함을 이길 수 없다(不勝永慕)라 한다.

■ [父先亡母喪畢禫月行祭考位祝文式] 아버지가 먼저 돌아가시고 어머니 상이 끝나 담월에 고위에 제사지내는 축문식

> 維
> 年號幾年歲次干支幾月干支朔幾日干支 孝子 某 敢昭告于
> 顯考某官府君 某 罪逆不滅 歲及免喪 今以吉辰 式遵典禮 將配以先妣某封某氏 時維仲春 追感歲時 昊天罔極 謹以清酌庶羞 祗薦歲事 尙
> 饗
>
> 모년 모월 모일 효자 모는 고 모관부군에게 감히 밝게 고합니다. 모가 죄 아직 다가시지 않았는데 세월은 상을 면할 날이 되어, 이제 길일이 되어 삼가 전례를 준수하여 장차 돌아가신 어머니 모봉 모씨로 배향하고자 하니, 시절은 중춘이고 시절에 따른 제사에 추모의 감정이 하늘에 다함이 없어, 삼가 맑은 술과 여러 음식으로 공경히 세사의 제사를 지내니 흠향하십시오.
>
> · 어머니가 먼저 돌아가셨으면 모 죄 이하 9 자를 고쳐 상제는 기한이 있어 추모의 정이 멀리 미치지 못하니(喪制有期 追遠無及)로 한다.
> · 어머니가 먼저 돌아가셨으면 삼가 전례를 준수하여(式遵典禮) 아래 당연히 사당에 제부한다(隮入于廟) 4자를 첨가하고 처음 아버지 사당을 만들었으면 제인(隮入)을 고쳐 타향(妥享)이라 한다.
> · 현고 모관 부군(顯考某官府君)은 어머니가 먼저 돌아가셨을 때는 현비 모봉 모씨(顯妣某封某氏)를 나란히 쓴다.
> · 어머니가 먼저 돌아가셨으면 시유(時維) 이하 12자를 버린다.

■ [妣位祝文式] 비위 축문식

> 維
> 年號幾年歲次干支幾月干支朔幾日干支 孝子 某 敢昭告于

顯妣某封某氏 喪制有期 追遠無及 今以吉辰 式遵典禮 將配于
先考某官府君 謹以淸酌庶羞 祗薦歲事 尙
饗

모년 모월 모일 효자 모는 어머니 모봉 모씨에게 감히 밝게 고합니다. 상례의 제도에 기한이 있어 멀리 추도하고자하나 미치지 못하고, 이제 길일이 되어 삼가 전례를 준수하여, 장차 돌아가신 아버지 모관부군으로 배향하고자 하니, 삼가 맑은 술과 여러 음식으로 공경히 세사의 제사를 지내니 흠향하십시오.

· 상례의 제도는 기한이 있어 멀리 추도하고자하나 미치지 못하고(喪制有期 追遠無及)는 어머니 먼저 돌아가셨을 때 죄가 다 가시지도 않았는데 세월은 상을 면할 날이 되어(罪逆不滅 歲及免喪)로 고친다

■ [承重祖父喪畢考位祝文式] 승중에 할아버지 상을 마치고 고 위에 축문식

維
年號幾年歲次干支幾月干支朔幾日干支 孝子 某 敢昭告于
顯考某官府君 某 罪逆不滅 歲及免喪 今以吉辰 式遵典禮
先祖考某官府君 隮入于廟 先考 亦以次入正位 世次迭遷 昭穆繼序 追感彌新 昊天罔極 謹以淸酌庶羞 祗薦歲事 尙
饗

모년 모월 모일 효자 모는 고 모관부군에게 감히 밝게 고합니다. 모가 죄 아직 다가시지 않았는데 세월은 상을 면할 날이 되어, 이제 길일로 삼가 전례를 준수하여 돌아가신 할아버지 모관부군으로 사당에 들이고, 돌아가신 아버지를 차례대로 그 바른 자리로 모시려고 하니, 세월의 순서가 빠르게 바뀌어 소목의 순서를 계승하니 추념의 감정이 더욱 새롭고 하늘에 다함이 없어, 삼가 맑은 술과 여러 음식으로 공경히 세사의 제사를 지내니 흠향하십시오.

· 현고 모관 부군(顯考某官府君)은 모두 돌아 가셨으면 현비 모봉 모씨(顯妣某封某氏)라 하고, 아래 선고(先考)는 선비(先妣)를 나열해 쓴다.
· 선조고 모관 부군(先祖考某官府君)은 어머니가 먼저 돌아가셨으면 현조비 모봉 모씨(顯祖妣某封某氏)라 나열해 쓴다.

10. 아헌(亞獻)을 하고 종헌(終獻)을 하고 유식(侑食)을 하고 합문(闔門)을 하고 계문(啓門)을 하고 수조(受胙)를 하고 사신(辭神)을 한다(亞獻, 終獻, 侑食, 闔門, 啓門, 受胙, 辭神)

· **아헌(亞獻)** : "주부가 하는데, 여러 부녀가 산적을 받들어 부위마다 나뉘어 헌작하며 초헌의 의식과 같다. 다만 축문을 읽지 않는 것이 다르다(主婦爲之諸婦女 奉炙肉及分獻 如初獻儀 但不讀祝)." 하였다.

· **종헌(終獻)** : "형제 중의 나이 많은 사람이나 장남 또는 가까운 손님이 하는데, 뭇 자제들이 산적을 받들어 부위마다 나뉘어 헌작하며 아헌의 의식과 같다(兄弟之長 或長或親賓爲之 衆子弟奉炙肉及分獻 如亞獻儀)." 하였다.

· **유식(侑食)** : "주인이 올라가서 홀을 꽂고 주전자를 들고 나아가, 모든 신위의 술이 가득 차도록 첨작(添酌)을 하고 나서 향안(香案)의 동남쪽에 서면, 주부가 올라가서 숟가락을 밥 한가운데에 자루가 서쪽으로 가도록 꽂고 젓가락을 올려놓은 다음 향안의 서남쪽에 선다. 모두 북쪽을 향하여 두 번 절하고 내려와 위치로 돌아온다(主人升搢笏 執注就斟諸位之酒皆滿 立於香案之東南 主婦升扱匙飯中 西柄正筯 立於香案之西南 皆北向再拜降復位)." 하

였다.

· **합문(闔門)** : “주인 이하가 모두 나오면 축이 합문을 하는데, 문이 없는 곳에서는 발을 내려도 된다. 주인이 문 동쪽에 서쪽을 향하여 서고 뭇 남자들은 그 뒤에 서며, 주부가 문 서쪽에 동쪽을 향하여 서고 뭇 부녀자들은 그 뒤에 선다. 존장이 있을 경우 다른 곳에서 조금 쉬도록 한다(主人以下皆出 祝闔門 無門處卽降簾可也 主人立於門東西 衆丈夫在其後 主婦立於門西東向 衆婦女在其後 如有尊長 則少休於他所).” 하였다.

· **계문(啓門)** : “축이 세 번 ‘어흠’ 하고는 계문을 하면, 주인 이하가 모두 들어가고 먼저 다른 곳에서 쉬고 있던 존장도 들어가서 위치로 나아간다. 주인과 주부가 차를 받들고 고위와 비위의 앞으로 나뉘어 나아가 올린다. 부위에 대해서는 여러 자제와 부녀자들로 하여금 올리도록 한다(祝聲三噫歆 乃啓門 主人以下皆入 其尊長先休於他所者 亦入就位 主人主婦奉茶分進於考妣之前 祔位 使諸子弟婦女進之).” 하였다. 우리나라에서는 속(俗)에 물로 대신한다.

· **수조(受胙)** : “집사자가 향안 앞에 자리를 깔면 주인은 자리로 나아가 북쪽을 향하고, 축은 고조고위 앞으로 나아가 잔대와 술잔을 들고 주인의 오른쪽으로 돌아온다. 주인이 꿇어앉으면 축도 꿇어앉는다. 주인이 홀을 꽂고 잔대와 술잔을 받아 술을 모사 그릇에 조금 붓고 술을 조금 마시면, 축이 숟가락과 접시를 가지고 모든 위(位)의 밥을 조금씩 떠서 받들고 주인의 왼쪽으로 돌아와서 주인에게 복[嘏]을 빈다. 주인이 술을 자리 앞에 놓고 홀을 꺼내어 쥐고, 엎드렸다가 일어나 두 번 절하고는 홀을 꽂고 꿇어앉아서 밥을 받아 맛을 본다. 밥을 왼쪽 옷소매에 담은 다음 소매

를 새끼손가락에 걸고는 술을 가져다 다 마신다. 집사자가 술잔을 오른쪽에서 받아 주전자 옆에 놓고, 밥도 왼쪽에서 받아 이와 같이 한다. 주인이 홀을 쥐고 엎드렸다가 일어나 동쪽 계단 위에 서쪽을 향하여 서면, 축이 서쪽 계단 위에 동쪽을 향하여 서서 이성(利成)을 고한다. 내려와 위치로 돌아와서 위치에 서 있던 여러 사람과 함께 모두 두 번 절한다. 주인은 절을 하지 않고 내려와 위치로 돌아온다(執事者設席於香案前 主人就席北面 祝詣高祖考前擧酒盤盞 詣主人之右 主人跪 祝亦跪 主人搢笏受盤盞 祭酒啐酒 祝取匙並盤 抄取諸位之飯各少許 奉以詣主人之左 嘏於主人(嘏辭式) 主人置酒於席前 出笏俛伏興再拜 搢笏跪受飯嘗之 實於左袂 掛袂於季指 取酒卒飮 執事者受盞自右置注旁 受飯自左 亦如之 主人執笏俛伏興 立於東階上西向 祝立於西階上東向 告利成降復位 與在位者皆再拜 主人不拜降復位).” 하였다.

· **사신(辭神)** : “주인 이하가 모두 두 번 절한다(主人以下皆再拜).” 하였다.

■ [嘏辭式]

<table><tr><td>
祖考 命工祝承致多福于汝孝孫 來 汝孝孫 使汝受祿于天 宜稼于田 眉壽永年 勿替引之

조고(祖考)가 공축(工祝)을 명해 너 효손에게 많은 복을 주고자 한다. 오너라 너 효손아. 너로 하여금 하늘로부터 녹을 받고 전답의 곡식도 잘 되며 오래오래 수를 누리도록 할 것이니 그 일이 폐해짐이 없도록 하라

· 래(來)는 음이 리(釐)다.
</td></tr></table>

11. 신주를 들임(納主)

『증보사례편람』에 "주인과 주부가 모두 올라가 각 신주를 받들어 주독(主櫝)에 넣어 고비(考妣) 중에 먼저 죽은 자가 있거든 이 때에 이르러 독에 함께 안치하되, 먼저 친함이 다한 신주를 받들고 좁은 방(夾室)에 안치하고, 상자에 고조(高祖) 이하의 독을 거두어 받들어 사당으로 돌아가기를 마치 올 때의 의식처럼 한다. 차례로(遞) 올리고 새로운 신주 역시 정 위치에 들이고 주렴을 내리고 문을 닫고 물러난다(主人主婦皆升 各奉主 納于櫝 考妣有先亡者 至是合安于櫝 先奉親盡神主 安於夾室 以笥 斂高祖以下之櫝 奉歸祠堂如來儀 以次遞升新主 亦入正位 降簾闔門而退)." 하였다.

12. 음식을 철거한다(徹餕)

"주부가 돌아와서 철상을 감독한다. 술잔과 주전자 및 다른 그릇에 담긴 술을 모두 병에 옮겨 담아서 입구를 봉하는데, 이른바 복주(福酒)이다. 과실과 소채, 육식(肉食) 따위는 모두 평소 쓰는 그릇에 옮겨 담는다. 제기는 주부의 감독 하에 깨끗이 씻어서 간직한다(主婦還監徹酒之左盞注他器中者 皆入於瓶緘封之 所謂福酒果蔬肉食 並傳於燕器 主婦監滌祭器而藏之)." 하였다.

"이날 주인의 감독 하에 제물 고기를 조금씩 나누어 찬합에 담고 술과 함께 봉한 다음, 종을 시켜서 편지를 가지고 제물을 친구들에게 돌리도록 한다(是日主人監分祭胙品 取少許置於合 並酒皆封之 遣僕執

書歸胙於親友).” 하였다.

“드디어 남녀가 다른 곳에 자리를 깐다. 항렬이 높은 사람은 따로 한 줄을 만들어 남향으로 마루 한가운데에 동서로 나누어 앉는다. 만약 단지 한 사람이면 마땅히 가운데에 앉는다. 그 나머지 사람들은 차례로 동쪽과 서쪽에서 마주 보며 앉는다. 웃어른 한 사람이 먼저 나아가 앉으면 뭇 남자들이 차례로 서서는 한 세대로 한 줄을 만들고 동쪽을 윗자리로 삼아 모두 두 번 절한다. 자제(子弟)의 연장자(年長者) 한 사람이 조금 앞으로 나아가서 서고 집사자 한 사람은 주전자를 들고 그 오른쪽에 서고, 한 사람은 술잔과 술잔 받침을 들고 그 왼쪽에 선다. 헌자(獻者)가 홀(笏)을 꽂고 꿇어앉아서 주전자를 받아 술을 친 다음 주전자는 돌려주고 잔을 받는다. '축에 이르기를 제사를 이미 마치고 조고께서 잘 흠향하셨으니, 엎드려 바라건대 모친(某親)께서는 오복을 갖추어 지니시고 일가친척을 잘 보살펴주십시오.' 한다. 잔을 가지고 있던 자에게 주면 항렬이 높은 사람 앞에 갖다 놓는다. 연장자가 홀을 꺼내어 쥐고 항렬이 높은 사람은 술을 들어 마시면, 연장자가 구부려 엎드렸다가 일어나 물러나서 위치로 돌아와 뭇 남자들과 함께 모두 두 번 절한다. 항렬이 높은 사람이 주전자와 연장자의 잔을 가져오도록 명하여 앞에 놓고 스스로 술을 따르고 축사하여 이르기를 '제사가 이미 끝나 오복의 경사스러움이 너와 더불어 함께하라.' 한다. 집사자에게 명하여 차례대로 위치에 나아가 술을 모두 두루 따르게 한다. 연장자가 앞으로 나아와 꿇어앉아서 술을 받아 마신 다음 구부려 엎드렸다가 일어나 물러나 선다. 뭇 남자들이 앞으로 나아가 읍(揖)을 하고 물러나 서서 마시면, 연장자가 뭇 남자들과 함께 모두 두 번 절한다(遂設席 男女異處 尊行自爲一列南面 自堂中東西分首 若止一人 則當中而坐 其餘以次相對分東西向 尊者一人

先就坐 衆男叙立 世爲一行 以東爲上 皆再拜 子弟之長者一人少進立 執事者一人執注立於其右 一人執盤盞立於其左 獻者搢笏跪 受注斟酒 反注受盞 祝曰 祀事旣成 祖考嘉饗 伏願某親 備膺五福 保族宜家 授執盞者置於尊者之前 長者出笏 尊者擧酒畢 長者俛伏興退復位 與衆男皆再拜 尊者命取注及長者之盞置於前自斟之 祝曰 祀事旣成 五福之慶 與汝曹共之 命執事者以次就位斟酒皆徧 長者進跪受飮畢 俛伏興退立 衆男進揖退立飮 長者與衆男皆再拜)." 하였다. "아우가 헌작을 하였을 경우 연장자가 일어서고 자질(子姪)이 헌작을 하였을 경우, 연장자가 앉아 있는다(弟獻則尊者起立 子姪則坐)." 하였다.

"여러 부녀자들은 안에서 여자 존장자에게 올리는데, 뭇 남자의 의식과 같은데 다만 꿇어앉지 않는다(諸婦女獻女尊長於內 如衆男之儀 但不跪)." 하였다.

"(음복을) 마치고 이에 자리에 나아가 앉으면 육식(肉食)을 올리는데, 여러 부녀자들이 당 앞으로 나아가서 남자 존장에게 헌수(獻壽)를 하면, 남자 존장은 잔 돌리는 의식대로 한다. 뭇 남자들은 안마루에 이르러 여자 존장에게 헌수를 하면 여자 존장은 잔 돌리는 의식대로 한다(旣畢 乃就坐薦肉食 諸婦女詣堂前 獻男尊長壽 男尊長酢之如儀 衆男詣中堂獻女尊長壽 女尊長酢之如儀)." 하였다.

"이에 자리에 나아가 앉으면 면식(麪食)을 올리는데, 안팎의 집사자가 각기 안팎의 존장에게 의식대로 헌수를 하며, 답배는 하지 않는다. 드디어 자리에 앉아 있던 사람들 앞에 나아가 두루 술을 치고는 다 마실 때까지 기다렸다가 두 번 절하고 물러난다(乃就坐薦麪食 內外執事者各獻內外尊長壽如儀 而不酢 遂就斟在坐者徧 俟皆擧 乃再拜退)." 하였다.

"드디어 미식(米食)을 올리는데, 그러한 후 두루 술을 돌리고 사이에 제찬(祭饌)도 더 돌린다. 술과 찬이 부족하면 다른 술과 다른 찬을 보탠다(遂薦米食 然後泛行酒間以祭饌 酒饌 不足則以他酒他饌益之)." 하였다.

"자리를 파할 무렵에 주인은 바깥 종들에게 음식을 나누어 주고, 주부는 안에 있는 집사자들에게 음식을 나누어 주며, 미천한 사람들에게까지 고루 미쳐 그날로 모두 없앤다. 받은 자는 모두 두 번 절하고 이에 자리를 거둔다(將罷 主人頒胙於外僕 主婦頒胙於內執事者 徧及微賤 其日皆盡 受者皆再拜 乃徹席)." 하였다.

■ [歸胙所尊書式] 재물 고기를 나눌 때의 편지 서식

> 某 惶恐 白 今月某日 有事于祖考 謹遣歸胙于執事 伏惟 尊慈俯賜 容納　某惶恐再拜 某人執事
>
> 모는 황공하게 아룁니다. 이번 달 모일 할아버지에게 일이 있어 삼가 고기를 나누어 집사에게 보내오니, 엎드려 바라건대 존장께서는 자애롭게 굽혀 받아 주십시오. 모가 모인 집사에게 황공하게 두 번 절합니다.
>
> · 평교(平交) 이하엔 황공(惶恐) 두 자를 버리고 아래 황공재배(惶恐再拜)의 황공(惶恐)도 버린다.
> · 근(謹)은 강등엔 금(今)으로 고친다.
> · 조우집사(胙于執事)는 평교 이하엔 우집사(于執事) 3자를 버린다.
> · 평교엔 존자부사(尊慈俯賜) 4자를 버린다.
> · 평교엔 용납(容納)을 고쳐 유납(留納)으로 하고 강등엔 우집사(于執事)를 포함 아래 11자를 버린다.
> · 견귀(遣歸)은 강등엔 귀(歸)을 고쳐 치(致)로 한다.
> · 강등엔 황공재배를(惶恐再拜)를 고쳐 백(白) 으로 한다.
> · 모인집사(某人執事)는 평교엔 집사(執事)를 고쳐 좌우(左右)로 한다.

■ [皮封式]

狀上
某官執事

모관집사에게 서장을 올립니다.

■ [所尊復書式] 고기를 받고 답장 서식

某白 吾子孝享
祖考 不專有其福 施及老夫 感慰良深
某白 某人

모가 알립니다. 그대는 조고에게 효성스러운 제행을 올리고 그 복을 혼자 오로지 하지 않고 노부에게 베푸시니 감사하는 마음이 매우 깊습니다. 모가 모인에게 알립니다.

· 모백(某白)은 강등엔 황공백(惶恐白)이라 한다. 강등 평교 운운은 모두 감사의 글을 쓰는(復書) 자를 가리켜서 말하니 아래도 같다.
· 오자(吾子)는 평교 이하엔 복승모인(伏承某人) 이라 한다.
· 부전유기복(不專有其福)은 강등엔 욕광기복(欲廣其福) 이라 한다.
· 강등엔 시(施)를 고쳐 욕(辱)이라 한다.
· 급노부(及老夫) 평교엔 천교(賤交)라고 하고 강등엔 천자(賤子) 라고 한다.
· 감위량심(感慰良深)은 평교엔 불승감집(不勝感戢)이라하고 강등엔 과몽은사 불승감대지지(過蒙恩私 不勝感戴之至) 라 한다.
· 모백모인(某白 某人)은 평교엔 모재배모인좌우(某再拜 某人左右)라 하고, 강등엔 모황공재배 모인집사(某惶恐再拜 某人執事)라고 한다.

■ [皮封式]

앞과 같다.

■ [獻者祝辭式] 헌자의 축문식

祀事旣成
祖考嘉饗 伏願
某親 備膺五福 保族宜家

제사를 이미 마치고 조고께서 잘 흠향하셨으니, 엎드려 바라건대 모친(某親)께서는 오복을 갖추어 지니시고 일가친척을 잘 보살펴 주십시오.

■ [尊長酢長少祝辭式] 존장이 어른과 젊은이에게 술을 따르고 축사의 말

祀事旣成 五福之慶 與汝曹共之

제사가 이미 끝나 오복의 경사스러움이 너와 더불어 함께 하라

餕 : 먹다 남은 음식 준, 嘉 : 아름다울 가, 酢 : 잔 돌릴 작(손이 주인에게 돌려줌), 頒 : 나눌 반, 戢 : 그칠 집, 거둘 집, 膺 : 가슴 응

13. 신주를 받들어 옮겨 묘 옆에 묻는다(奉遷主 埋于墓側)

『증보사례편람』에 "친함이 이미 다한 즉 묻는다(親已盡則埋)." 하였다.

"만약 친진(親盡) 의 조상이 있어(若有親盡之祖) 그 별자(別子)이

면 묘소로 옮기고 매장하지 아니한다(其別子也則遷于墓所 不埋).” 하였는데, “우암의 말을 인용하여, 묘소에 사당이 있어 신주를 봉안한다(尤庵曰 墓所 有祠堂 奉安神主).” 하였다. 내가 살펴보건대 우암의 말은 송자대전에 우암이 손자 회석(晦錫)에게 답한 글에서 “신주를 묘소에 갈무리한다고 한 것은 묘소에 사당이 있어 신주를 봉안한다(藏其主於墓所云者 墓所有祠堂 奉安神主也).” 라고 보인다.

“그 지자(支子)로 족인(族人)에 그 친함이 다하지 않은 자가 있으면 가장 어른의 집으로 옮겨 그 제사를 주관하게 한다(其支子也而族人 有親未盡者則遷于最長之房 使主其祭).” 하였다. 『상례비요』에 “신주는 제사를 주관하는 자에 맞추어 고쳐 쓰고 旁題엔 孝字는 쓰지 않는다(神主 以主祭者所稱 改題而房題 不稱孝).” 하였다. 살펴보건대 지자로서 집안의 사당에 소목에 따라 합부하였는데 세월이 흘러 사당에 부했던 할아버지의 친함이 다해 사당에서 체천할 때, 지자로서 부하게 된 신주는 아직 친함이 다하지 않은 족인이 있으면 그중에 최고 존자(최장방)가 그 신주를 집에 모셔 제사를 주관한다.

■ **[當位告辭式] 해당하는 위에 고하는 식**

> 維
> 年號幾年歲次干支幾月干支朔幾日干支 五代孫某官某 敢昭告于
> 顯五代祖考某官府君
> 顯五代祖妣某封某氏之墓 世次迭遷
> 神主已祧 情雖無窮 分則有限 式遵典禮 埋于墓側 不勝感愴
> 謹以酒果 用伸虔告謹告
>
> 모년 모월 모일 5대손 모관 모는 5대 조고 모관부군, 5대 조비 모봉모씨에게 감히 밝게 고합니다. 세월이 빠르게 변하여 신주가

이미 조묘로 옮기었고, 정은 비록 다함이 없어나 분별은 유한하여, 삼가 전례를 준수하여 묘지 옆에 묻는데, 슬픔을 이길 수 없어 삼가 술과 과일로 정성을 펴고 삼가 고합니다.

· 승중(承重)이면 육대조고비위(六代祖考妣位) 고사(告辭) 도 같되 단지 속칭(屬稱)을 고친다.

■ [告辭式] 고사식

維
年號幾年歲次干支幾月干支朔幾日干支 玄孫 某官 某 敢昭告于
顯高祖考某官府君
顯高祖妣某封某氏 今以孝玄孫某 喪制己畢 其子親盡
顯高祖考
顯高祖妣 神主己祧 某 當以次長 奉祀神主 今將改題 謹以酒果 用伸虔告謹告

모년 모월 모일 현손 모관 모는 고조고 모관부군, 고조비 모봉 모씨에게 감히 밝게 고합니다. 이제 효 현손 모의 상기가 이미 끝나 그 아들의 친함이 다해 고조고, 고조비 신주 이미 조묘로 옮기고, 모가 마땅히 다음 어른 신주를 받들어 제사지냅니다. 이제 장차 신주를 고쳐 쓰고, 삼가 술과 과일로 정성을 펴고 삼가 고합니다.

· 현손(玄孫)은 증손(曾孫) 혹 손(孫) 등 속칭을 따른다.
· 고조비(高祖妣)는 증조고비(曾祖考妣) 혹 조고비(祖考妣) 등 속칭을 따른다.

4. 정침으로 돌아 간다(復寢)

『예기』 상대기에 "길제를 지내고 정침으로 돌아간다(吉祭而復寢)." 하였다. 그 소에 "살펴보건대 『예기』 간전에 이미 상제(祥祭)를 지내고 침(寢)으로 돌아간다 한 것은 이 길제에서 복침(復寢)과 같지 않다. 저것(상제)은 중문 밖에서 다시 자지 않고 빈궁(殯宮)의 침소로 돌아감을 말하고 이 길제 후에는 빈궁(殯宮)에서 다시 자지 않고 평상시의 침실로 간다(案 間傳 旣祥 復寢 與此吉祭復寢不同者 彼謂不復宿中門外 復於殯宮之寢 此吉祭後不復宿殯宮 復於平常之寢)." 하였다.

25

合葬(합장)

『시경』 왕풍(王風) 대거(大車)에 "살아서는 실(室)을 달리하지만, 죽어서는 혈(穴)을 같이 한다(穀則異室, 死則同穴)." 하였는데 『시경집전』에서 "곡(穀)은 생(生)이다." 하였다. 『백호통의』에 "합장이란 부부의 도리를 굳게 하는 것이다(合葬者所以固夫婦之道也)." 하였다

『한강집』에 한강이 혹자의 질문에 대답하면서 합장하려고 하면, "먼저 술과 과일로 옛 묘소에 고하고, 그 다음 후토(后土)에 제사지내고, 그대로 치장(治葬)의 절차를 행한다(先用酒果 告于舊墓訖 行后土之祠 遂行治葬節次)." 하였다.

합장하려는 묘소에 고하는 축문은 『한강집』에 한강이 이육에게 답한 글에서 볼 수 있는데, 유세차 운운(云云) 하고 "감히 현고(顯考) 모관부군(某官府君)의 묘소에 밝게 고합니다. 지금 돌아가신 어머니 모봉모씨(先妣某封某氏)를 봉분의 동쪽에 받들어 합장하고자 하오니, 일을 시작하기에 앞서 삼가 경건히 고합니다(敢昭告于顯考某官府君之墓 今以先妣某封某氏奉祔塋封東畔 卽事之始 敢伸虔告謹告)." 하였다. 그리고 선대의 무덤에 고하는 축문은 유세차 운운(云云)하고 "지금 돌아가신 어머니 모봉모씨를 돌아가신 아버지 모관부군의 묘소에 합장하고자 합니다. 일을 시작하기에 앞서 감히 경건히 고합니다(今

以先妣某封某氏　合葬于先考某官府君之墓　卽事之始　敢伸虔告謹告).”
하였다.

치장의 절차는 모두 치장 조에서 볼 수 있다.

26

改葬(개장)

이 조항은 『가례』에 없지만 『가례의절』에 있고 『증보사례편람』을 위주로 하여 전개하였다.

1. 택지, 치관, 염옷을 구비한다(擇地, 治棺, 具斂衣)

『증보사례편람』에 "장차 개장하려고 하면 우선 장지로 가능한 땅을 고르고 관을 만들고 염상(斂牀) 포효(布絞), 금의(衾衣)를 갖춘다(將改葬 先擇地之可葬者 治棺 具斂牀 布絞 衾衣)." 하였다.

"치관은 초상의 의식처럼 하고, 크기는 초상 때 보이는 모양에 의거하나, 없으면 묘를 연후 옛날 관에서 크기를 취한다(治棺 如初喪之儀 大小據初喪時見樣 無則啓墓後 取樣於舊棺)." 하였다.

"염상(斂牀), 자리(席), 요(褥), 효(絞), 금(衾), 옷(衣)을 갖추는 것은 대렴의 의식처럼 한다(具斂牀 席 褥 絞 衾 衣 如大斂儀)." 하였다. "묘를 열어 본 후 만약 관을 바꾸지 않으면 모두 쓰지 않는다(待啓墓後 審視 如不易棺 則竝不用)." 하였다. 이는 옛날 관을 그냥 사용하는 것이다.

『상례비요』에 "옛날의 개장은 분묘가 다른 원인으로 붕괴되어 장차 시구(尸柩)를 잃게 될 경우에 하였는데, 세속에 풍수설에 현혹되어 다른 이유 없이 천장(遷葬)을 하는 자가 있으니 심히 잘못된 것이다(古者改葬 爲墳墓 以他故崩壞 將亡失尸柩也 世俗惑於風水之說 有無故而遷葬者 甚非也).” 하였다.

2. 제복을 갖춘다(具制服)

『증보사례편람』에 “치장에 제복을 갖춘다(治葬 具制服).” 하였는데, 『의례』 상복에 “개장은 시마복이다(改葬 緦).” 하면서, 그 주에 “분묘가 어떤 이유로 붕괴되어 장차 시신이나 널을 잃을 가능성이 있는 것을 말한다(謂墳墓以他故崩壞 將亡失尸柩也).” 하였고, “복이 시마인 것은 신하가 임금을 위해서 자식이 아버지를 위해서 처가 남편을 위해서이다 반드시 복이 시마인 것은 친히 시신과 널을 보는 것은 복이 없을 수 없으므로 시마 3월을 입고 벗는다(服緦者 臣爲君也 子爲父也 妻爲夫也 必服緦者 親見尸柩 不可以無服 緦三月而除之).” 하였으며, 그 소에는 “아버지가 장자를 위해서, 아들이 어머니를 위해서도 역시 이와 같다(父爲長子 子爲母 亦與此同也).” 하였다.

『송자대전』에 우암이 정덕우에게 답한 글에 “3년 내에 이장하는 자는 마땅히 원래 복으로 행하며 개장의 제복인 시마로 바꿀 필요가 없다(三年內遷葬者 當以原服行之 不必改制緦也).” 하였다.

3. 날을 가려 묘를 열고 토지신에게 제사지낸다(擇日 開塋域 祠土地)

“날을 가려서 무덤(塋域)을 열고 토지신에게 제사를 올린 다음, 드디어 광중(壙中)을 파고 회격(灰隔)을 짓는데, 의식은 모두 처음 장례 때와 같다(擇日 開塋域 祠土地 遂穿壙 作灰隔 皆如始葬之儀).” 하였다.

■ [祝文式] 축문식

維
年號幾年歲次干支幾月干支朔幾日干支 某 官姓名 敢昭告于
土地之神 今爲某親某官 宅兆不利 將改葬于此 神其保佑 俾
無後艱 謹以淸酌脯醢 祗薦于神 尙
饗

모년 모월 모일 모관 모는 토지신께 감히 밝게 고합니다. 이제 모친모관의 묘소가 좋지 못하여 장차 이곳으로 개장하려고 하니, 신께서 보우하사 뒤에 어려움이 없도록 하십시오. 삼가 맑은 술과 포와 젓갈로서 공경히 신께 드리오니 흠향하십시오.

· 금위(今爲) 아래 모관성명지(某官姓名之) 다섯 자를 넣거나 주인이 스스로 고하면 모지(某之) 두 자를 넣거나 할 수도 있다.
· 모친모관(某親某官)은 주인이 고하면 이 아래 부군(府君) 두 자를 넣고 여자의 묘인 경우 모봉모씨(某封某氏)라 한다.
· 개장 합폄(合窆)이면 택조(宅兆) 이하 9자를 고쳐 개조합폄우모관모공지묘(改兆合窆于某官某公(혹 모봉모씨(某封某氏))之墓)라한다.

"만약 옛날 묘에 묻은 지석(誌石)을 옮겨 사용하면, 모년모월모일(某年某月某日)에 '무 사건으로 인하여 모향모리모향(某鄕某里某向)으로 개장(改葬)한다'는 글자를 추가하여 새긴다(若移用舊墓所埋者 則添刻某年某月某日 因某事 改葬于某鄕某里某向等字)." 하였다

4. 하루 전날 사당에 고한다(前期一日 告于祠堂)

"하루 전날 사당에 고한다(前期一日 告于祠堂)." 하였는데, "일찍 일어나 사당에 이르러 장지를 옮기는 분의 신위를 취하여 감실 앞에 별도로 향탁(香卓)을 설치하고, 그 앞에서 띠풀(茅)을 묶고 모래를 모

아 술과 과일로 고(告)하되, 일이 있을 때 고(告)하는 의식(儀式)과 같다(夙興 詣祠堂 就所當遷葬之位 別設香卓於龕前 束茅聚沙於其前 以酒果告 如有事則告之儀)." 하였다

"만약 3년 내에 개장하면 상식 때에 영좌에 나아가 고한다(若三年內改葬 則就靈座 因上食告)." 하였다.

■ [當位告辭式] 해당하는 위에 고하는 식

維
年號幾年歲次干支幾月干支朔幾日干支 某親某官某 敢昭告于
顯某親某官府君 體魄托非其地 恐有意外之患 驚動先靈
不勝憂懼 將卜以是月某日 改葬于某所 謹以酒果 用伸虔告謹
告

모년 모월 모일 모친 모관 모는 모친 모관 부군에게 감히 밝게 고합니다. 체백이 그 땅이 아닌 곳을 의탁하니, 뜻하지 않은 화가 있어 선령이 놀랄까 하여 근심과 두려움을 이길 수 없어, 장차 점을 쳐서 이달 모일로 아무 곳으로 개장하려고 합니다. 삼가 술과 과일로 정성을 펴고 삼가 고합니다.

· 모친모관 모(某親某官 某)의 모(某)는 제(弟) 이하는 이름을 안 쓴다.
· 감소고우(敢昭告于)는 처(妻)엔 감(敢) 자를 버리고 제(弟) 이하엔 단지 고우(告于) 라고만 한다.
· 현모친모관부군(顯某親某官府君)의 모관부군은 혹 모봉모씨(某封某氏) 라 하고, 합장한 것을 함께 옮기면 열서(列書)하고 처(妻)와 제(弟) 이하엔 현(顯)을 고쳐 망(亡)이라 하고 비유(卑幼)엔 부군(府君) 2자를 버린다.
· 경동선령(驚動先靈)은 방친엔 선(先)을 고쳐 존(尊)으로 하고 처(妻)와 제(弟) 이하엔 경동선령(驚動先靈) 4자를 버린다.
· 합폄(合窆)인 경우 체백(體魄) 이하 32자를 고쳐 장이모월모일개조합폄우모관부군지묘(將以某月某日 改兆合窆于某官府君(혹

모봉모씨(某封某氏))之墓)라 한다.
· 근이(謹以)는 처(妻)와 제(弟) 이하엔 자이(玆以) 라 한다.
· 용신건고근고(用伸虔告謹告)는 처(妻)와 제(弟) 이하엔 용신(用伸) 이하 6자를 고쳐 용고궐유(用告厥由) 라 한다.

軆 : 몸체(體의 俗字)

5. 장막을 치고 위차를 설치한다(張幕, 設位次)

"집사자가 옛날 묘에 흰 베 장막을 친다(執事者 於舊墓所 張白布幕)." 하였는데, 그 주에 "묘의 서남향에 치고, 베(布) 자리를 깔고 의자와 탁자가 있다(張於墓西南向 布席有椅卓)." 하였다. 『상례비요』에는 "문은 남쪽을 향하여 내고 그 밑에 돗자리를 깐다(開戶向南布席其下)." 하였다.

"남녀의 위차를 마련한다(爲男女位次)." 하였고, 그 주에 "남자는 묘 동쪽에 서쪽을 향하여 북쪽을 높은 자리로 하고, 부인은 묘 서쪽 휘장(幄) 안에 동쪽을 향해 북쪽을 높은 자리로 한다(男子 於墓東 西向北上 婦人 於墓西幄內 東向北上)." 하였다.

"다음날 새벽 내외의 여러 친척이 모두 이르러 각자의 자리에 나아가 주인은 시마복을 입고 나머지는 모두 소복을 입고 位로 나아가 슬픔을 다해 곡한다(厥明 內外諸親 皆至 各就次 主人 服緦 餘皆素服 就位哭盡哀)." 하였다.

6. 토지 신에게 제사지낸다(祠土地之神)

"축관이 토지신에게 제사지낸다(祝 祠土地)." 하였는데, 그 주에 "장차 묘를 열되 먼저 술과 과일로서 묘 좌측에서 토지신에게 제사지냄을 처음 장사지내는 의식처럼 한다(將啓墓 先以酒果 祠土地於墓左 如始葬之儀)." 하였다.

■ [祝文式] 축문식

> 維
> 年號幾年歲次干支幾月干支朔幾日干支 某官姓名 敢昭告于
> 土地之神 玆有 某親某官 卜宅玆地 恐有佗患 將啓窆 遷于佗
> 所 謹以淸酌脯醢 祗薦于
> 神 神其佑之 尙
> 饗
>
> 모년 모월 모일 모관 아무개는 토지신에게 감히 밝게 고합니다. 이제 모친모관이 이 자리를 점친 것이 있는데 장차 다른 우환이 있을까 근심되어 장차 하관한 것을 열어 다른 장소로 이장하려 합니다. 삼가 맑은 술과 포와 젓갈로 신에게 공경히 올리니 신께서 그것을 보우하십시오. 흠향하십시오.
>
> · 만약 합폄을 하여 개장하면 공유타환(恐有佗患) 4자를 고쳐 금위합부(今爲合祔)라 한다.

■ [告辭式] 고사식

> 維
> 年號幾年歲次干支幾月干支朔幾日干支 某親某官某 敢昭告于
> 顯某親某官府君 之墓 曾以某親某官府君 祔葬于此 恐有佗患
> 將啓窆 遷于佗所 謹以酒果 用伸虔告謹告

모년 모월 모일 모친 모관 모는 모친모관 부군의 묘에 감히 밝게 고합니다. 일찍이 모친모관 부군이 여기에 부장되었는데, 다른 우환이 있을까 두려워 장차 열어 다른 곳으로 옮겨 하관하고자 합니다. 삼가 술과 과일로 정성을 펴고 삼가 고합니다.

· 현모친모관부군(顯某親某官府君)의 모관부군(某官府君)은 혹 모봉 모씨(某封某氏)요 위(位)를 합폄(合窆)하면 열서(列書)하며, 뒤도 같다.
· 타소(佗所)는 만약 좁은 내에 있으면 모방(某方)이라 한다.
· 만약 합폄(合窆)을 하여 개장(改葬) 하면 공유(恐有) 이하 11자를 고쳐 장이모월모일 개조합봉우모친모관부군지묘(將以某月某日 改兆合封于某親某官府君(혹 모봉모씨(某封某氏))之墓)라 한다.

■ [告辭式] 고사식

維
年號幾年歲次干支幾月干支朔幾日干支 某親某官某 敢昭告于顯某親某官府君 之墓 曾以顯某親某封某氏 同葬于一岡 恐有佗患 今將啓窆 遷于佗所 追感彌新 謹以酒果 用伸虔告謹告

모년 모월 모일 모친 모관 모는 모친 모관 부군의 묘에 감히 밝게 고합니다. 일찍이 현모친 모봉모씨가 한 언덕에 함께 장사지냈는데, 다른 우환이 있을까 근심되어 이제 장차 하장한 것을 열어 다른 곳으로 이장하려 합니다. 추념하는 마음이 더욱 새롭고 삼가 술과 과일로 경건히 펴서 삼가 고합니다.

· 모친모관 모(某親某官 某)에서 모(某)는 제(弟) 이하는 이름을 안쓴다.
· 현모친모관부군(顯某親某官府君)의 모관부군(某官府君)은 혹 모봉모씨(某封某氏)요. 항열이 낮거나 어릴 때(卑幼)엔 현(顯)을 고쳐 망(亾)으로 하고 부군(府君) 두자를 버린다.

· 증이현모친모봉모씨(曾以顯某親某封某氏)의 모봉모씨(某封某氏)는 혹 모관 부군(某官府君)이다.
· 천우타소(遷于佗所) 아래는 함께 옮길 수 없는 이유를 밝힌다.
· 추감미신(追感彌新)은 고비(考妣)엔 아래 호천망극(昊天罔極) 4 자를 첨가하고 제(弟) 이하엔 추감미신(追感彌新)를 다른 말로 고친다.
· 근이(謹以)는 제(弟) 이하엔 자이(玆以) 라고 한다.
· 용신건고근고(用伸虔告謹告)는 제(弟) 이하엔 용고궐유(用告厥由)라 고친다.

亾 : 亡 同

7. 묘를 연다(啓墓)

"일하는 사람이(役者) 무덤을 연다(役者開墳)." 하였다.

"관을 들어내어 장막 아래 자리 위에 놓는다(擧棺 出置幕下席上)." 하였고, 그 주에 "부인은 휘장(帷) 안으로 물러나 피하고, 집사자가 포 두 조를 사용하여 그것을 접어 널 밑바닥 양쪽 머리에 둘러 관을 들고, 여러 사람이 그것을 도와 내어 장막 아래 자리 위에 머리를 남쪽으로 하여 놓고 주인 이하가 곡하고 따른다(婦人 退避帷中 執事者 用布二條摺之 兜柩底兩頭擧棺 衆 扶助之 出置幕下席上南首 主人以下 哭從)." 하였다.

"축관이 공포로 관을 닦고 이불로 덮는다(祝 以功布 拭棺 覆以衾)." 하였고, 그 주에 "널 남쪽에 휘장(帷)을 치고, 주인 이하 남녀가 위(位)를 위하여 곡하기를 처음처럼 하고, 축이 명정을 취하여 널 동쪽에 받침(跗)을 설치한다(設帷於柩南 主人以下 男女爲位而哭如初喪

祝 取銘旌 設跗于柩東).” 하였다.

■ [告辭式] 고사식

維
年號幾年歲次干支幾月干支朔幾日干支 某親某官某 敢昭告于 顯某親某官府君 葬于茲地 歲月滋久 體魄不寧 今將改葬 伏惟尊靈 不震不驚

모년 모월 모일 모친 모관 모는 모친 모관부군에게 감히 밝게 고합니다. 이곳에 장사지냈는데 세월이 오래되어 체백이 편안하지 못해 이제 장차 개장하려고 합니다. 엎드려 아뢰오니 존령께서는 놀라지 마십시오.

· 합폄(合窆)을 하면 장우(葬于) 이후 16자를 고쳐 장이모월모일합봉우모친모관부군지묘 금방계묘(將以某月某日 合封于某親某官府君(혹 모봉모씨(某封某氏))之墓 今方啓墓)라 한다.
· 복유존령(伏惟尊靈)은 처(妻)와 제(弟) 이하는 단지 유령(惟靈)이라 한다.

摺 : 접을 접, 滋 : 불을 자

8. 전을 차리고 염을 하며 널을 옮긴다(設奠, 斂, 遷柩)

“널 앞에 전을 설치한다(設奠于柩前).” 하였고 그 주에 “대(槐)를 설치하고 휘장(帕)으로 덮고 혹 널 남쪽 휘장 밖에 병풍을 설치하여 의자와 탁자를 그 앞에 두고, 의자위에 남긴 의복을 두고, 탁자 위에 주과(酒果)와 포해(脯醢)를 설치하고, 탁자 앞에 향안을 설치하여 향로(香爐)와 향합(香盒)을 놓고 축관이 손을 씻고 향안(香案) 앞에 이르러 향을 피우고 술을 따르고, 주인 이하 두번 절하고 슬픔을 다하여 곡한다(設椸覆以帕 或設屛於柩南幃外 置椅卓其前 置遺衣服於椅上 設酒果脯醢於卓上 設香案於卓前 置香爐盒 祝 盥手詣香案前 焚香斟酒 主人以下 再拜哭盡哀)." 하였다.

"일하는 자가 새 관(新棺)을 장막문 밖에 마주 들어다 놓고 드디어 장막에 이르면, 집사자가 새 관의 서쪽에 염상(斂牀)을 설치하고 집사자가 관을 열고 시신을 들어 염상(斂牀) 위에 놓고, 마침내 대렴(大斂)의 의식대로 염(斂)을 한다(役者 舁新棺於幕門外 遂詣幕所 執事者 設斂牀於新棺之西 執事者 開棺擧尸 置于斂牀 遂斂如大斂之儀)." 하였다.

"널을 상여로 옮기고 이에 전을 올린다(遷柩就轝 乃設奠)." 하였다. 그리고 그 주에 "기물 설치를 처음 장사지낼 때의 의식(儀式)처럼 하고 장막 문 밖에 큰 상여를 들이고, 집사자가 전(奠)을 철거하고, 축관이 북쪽을 향하여 꿇어 앉아 운운하고 고(告)함에, 드디어 영좌(靈座)를 옮겨 곁에 두고 부인이 장막 속으로 물러나 피하고, 일하는 사람(役夫)를 불러 널을 옮겨 상여로 나아가 곧 싣고(載), 싣기를 마침에 집사자가 널 앞 남향으로 영좌와 탁자를 옮겨 곧 탁자 위에 전(奠)을 올린다. 축관이 손을 씻고 수건으로 닦고(盥帨) 향을 피우고 술을 따르고 꿇어 앉아 운운 하고 告함에 굽혀 엎드렸다(俯伏) 일어남에, 주인 이하가 곡하고 두번 절하고 이윽고 전을 치운다. 영차에 유의(遺衣)를 들이고 향을 피우고, 유의(遺衣)가 없으면 영차에 향로와 향합을 놓고 향을 피운다(陳器 如始葬之儀 納大轝於幕門外 執事者 撤奠 祝 北向跪告云云 遂遷靈座置傍側 婦人 退避幕中 召役夫 遷柩就轝 乃載 載畢 執事者 遷靈座及卓於柩前南向 乃設奠於卓上 祝 盥帨焚香斟酒 跪告云云 俯伏興 主人以下哭再拜遂徹奠 納遺衣於靈車焚香 無遺衣則只置爐盒於靈車而焚香)." 하였다.

"발인은 처음 장례의식과 같게 하고, 구(柩)가 이르지 않았을 때 집사자가 남녀의 자리를 위하여 먼저 휘장과 영좌을 설치하고, 구(柩)가 이르면 주인 남녀가 각 제 위치에서 곡한다. 곧 하관하되 하나같이 처음 장사지내는 의식같이 한다(發引 如始葬之儀 未至 執事者 先設靈幄靈座 爲男女位次 柩至 主人男女 各就位哭 乃窆 一如始葬之儀)." 하였다.

■ [遣奠告辭式] 견전 고사식

靈輀載駕 往卽新宅 載陳遣禮 永訣終天 상여가 이미 매어 가시면 바로 신택입니다. 보내는 예를 거행하니 세상 끝까지 영원히 이별입니다.

9. 옮기려는 새로운 묘에 이르다(及新墓)

『증보사례편람』이나 『상례비요』에 자세하지 않으나 내 생각에 처음 장사지낼 때의 의식처럼 하면 될 것이다.

"묘의 좌측에서 토지신에게 제사지낸다(祠土地於墓左)." 하였다.

■ [祝文式] 축문식

維 年號幾年歲次干支幾月干支朔幾日干支 某官姓名 敢昭告于 土地之神 今爲某官 建茲宅兆 神其保佑 俾無後艱 謹以淸酌 脯醢 祗薦于神 尙 饗 모년 모월 모일 모관 모는 토지의 신에게 감히 밝게 고합니다.

모관을 위해 이 자리를 만드니 신이 보우하사 뒤에 어려움이 없도록 하십시오. 삼가 맑은 술과 포와 젓갈로 신에게 공경히 올리니 흠향하십시오.

· 합폄하면 건자택조(建玆宅兆) 4자를 고쳐 금기장필(今已葬畢)이라 한다.

10. 장사의 일이 끝이 나면 전을 올리고 돌아간다(葬畢奠而歸)

"장사의 일이 끝이 나면 전을 올리고 돌아간다(葬畢奠而歸)." 하였는데, 그 주에 "깨끗한 새 자리를 사용하여 장막 앞에 펴고, 잔(盞)과 주전자(注) 및 음식을 차리고 축관이 손을 씻고 닦아 향을 피우고 술을 따라 북쪽을 보고 꿇어 앉아 운운하고 고함에 일어나 제 자리로 돌아가고, 주인 이하가 슬픔을 다해 곡하고 두 번 절하고 전을 물리고 돌아간다(用新潔席 陳於墓前 設盞注及饌 祝 盥帨 炷香斟酒 北面跪告云云 興復位 主人以下 哭再拜盡哀 徹而歸)." 하였다. 그리고 여기에는 우제가 없는데 만약 새로운 상에 합폄을 겸한 경우에 『증보사례편람』에 "신장(新喪)을 만나 구장(舊葬)을 옮겨 합폄(合窆)하는 자는 마땅히 축을 품고(懷祝) 돌아온 우제(反虞) 때 묘전(墓奠)에 참예할 수가 없고, 마땅히 급히 반곡(反哭)하여 신상(新喪)의 우제를 행해야 하고 묘지에 돌아가 일이 끝나기를 기다려 전을 올리고 돌아옴이 가하다(遭新喪 遷舊葬 合窆者 當其懷祝反虞之時 不可以參墓奠 急宜反哭行虞於新喪 而復至墓所 待事畢奠而歸爲可)." 하였다.

■ [祝文式] 축문식

> 維
> 年號幾年歲次干支幾月干支朔幾日干支 某親某官某 敢昭告于
> 顯某親某官府君之墓 新改幽宅 事畢封塋 伏惟尊靈 永安體魄
>
> 모년 모월 모일 모친 모관 모는 모친 모관부군의 묘에 감히 밝게 고합니다. 유택을 새로 고치고 묘역을 쌓는 것을 끝내었습니다. 엎드려 아뢰오니 존령께서는 체백을 영원히 안식하십시오.

■ [遭新喪遷舊葬合窆先亡位祝文式] 새로운 상을 만나 옛날 장사지낸 것을 옮겨 합폄(合窆) 때 먼저 돌아가신 위에 대한 축문

> 維
> 年號幾年歲次干支幾月干支朔幾日干支 孝子 敢昭告于
> 顯考 某官府君之墓 新改幽宅 合窆以先妣某封某氏 事畢封塋
> 伏惟尊靈 永安體魄
>
> 모년 모월 모일 효자는 아버지 모관 부군의 묘에 감히 밝게 고합니다. 유택을 새로 고치고 돌아가신 어머니 모봉모씨를 합폄하여 묘역을 쌓는 것을 끝내었습니다. 엎드려 아뢰오니 존령께서는 체백을 영원히 안식하십시오.
>
> · 효자(孝子)는 승중엔 효손으로 하고 방친, 비유엔 속칭(屬稱)에 따른다.
> · 현고(顯考)는 어머니가 먼저 돌아가심에 현비(顯妣)요 승중엔 현조고 혹 현조비라 하고 방친, 비유엔 속칭(屬稱)에 따르고 비유(卑幼)엔 현(顯)을 망(亡)으로 고친다.
> · 모관부군(某官府君)은 혹 모봉모씨(某封某氏)로 하고, 비유(卑幼)엔 부군(府君) 두 자를 버린다.
> · 선비(先妣)는 승중엔 선조비(先祖妣)라 한다.
> · 이선비모봉모씨(以先妣某封某氏)는 어머니가 먼저 돌아가심에 이합부우선고모관부군(以合祔于先考某官府君)으로 고치고, 승

중 및 방친, 비유(卑幼)에도 역시 이를 미루어 고친다.
· 복유존령(伏惟尊靈)은 제(弟) 이하엔 단지 유령(惟靈)이라 한다.

11. 사당에 고하고 3개월 후 복을 벗는다(告祠堂, 三月而除服)

"사당에 고해 곡한 후 끝내고, 제사를 지낼 때 정침으로 신주를 내어온다(告廟哭而後畢事 祭告時 出主於寢)." 하였다.

"주인은 시마복을 입고 나머지 사람은 모두 개장(改葬) 때 입던 옷을 입고, 집사자가 정침(正寢)을 물뿌려 쓸고 의자와 탁자를 씻고 닦고, 의자를 마루 중앙 북쪽 벽 아래 설치하고 그 앞에 탁자를 놓고, 탁자 앞에 향안(香案)을 놓고 향로와 향합을 갖추고, 그 앞에 띠풀을 묶고 모래를 취해 기물을 진설하기를 사당 참례의 의식같이 하고, 탁자 위에 음식을 진설하기를 삭전(朔奠)의 의식처럼 한다(主人 緦服 餘人 皆以改葬時所服 及執事者 灑掃正寢 洗拭椅卓 設椅堂中北壁下 置卓於其前 設香案於卓前 具香爐盒 束茅聚沙於其前 陳器 如祠堂參禮之儀 設饌於卓上 如朔奠之儀)." 하였다.

"서쪽 계단 위에 탁자를 하나 설치하고, 주인 이하가 모두 사당에 이르러 주인이 손을 씻고 닦고 올라 본 감실(龕)에 이르러, 주렴을 걷고(軸) 향을 피우고 꿇어 앉아 운운(云云) 하고 고하고, 구부려 엎드려 일어나고 신주를 내어 상자(笥)에 놓고 축관이 그것을 받들고, 주인은 앞서 인도하고 주부 및 비유(卑幼) 뒤를 따라 정침에 이르면 서쪽 계단 탁자 위에 놓고 주인이 신주를 받들고 제자리(位)로 나아가 차례대로 서서 두 번 절하고 슬픔에 젖는다(設一卓於西階上 主人 以下 俱詣祠堂 主人 盥帨 升詣本龕前軸簾 焚香 跪告云云 俯伏興 出

神主 置于笥 祝 奉之 主人 前導 主婦及卑幼從後至正寢 置于西階卓上 主人 奉神主出就位 序立再拜擧哀).” 하였다.

“슬픔을 그치고 강신(降神), 짐주(斟酒), 모두 의식처럼 하고, 밥뚜껑을 열고(啓飯蓋) 숟가락을 꼽고(扱匕), 젓가락을 바로 놓고(正筯) 주인이 향탁(香卓) 앞에 서(立) 꿇어앉고, 축관이 축판을 잡고 주인의 좌측에 서서 동쪽으로 꿇어 앉아 운운(云云)하고 읽기를 마치고 일어나 제자리로 돌아오고, 주인이 두 번 절하고 내려와 제자리로 오고, 식간(食間)에 집사자(執事者)가 국을 빼고 끓인 물을 올리고, 조금 경과한 후 숫가락과 젓가락을 내리고 밥뚜껑을 덮고(合飯 蓋) 사신(辭神)하고, 축문을 불사르고 신주를 거두어(斂主) 받들어 사당으로 돌아가기를 올 때의 의식처럼 하고, 신주를 들이고 주렴을 내리고 합문하고 물러나 철상한다(哀止 降神 斟酒 皆如儀 啓飯蓋扱匕正筯 主人 立於香卓前跪 祝 執板立於主人之左 東向跪 讀云云 畢 興復位 主人 再拜 降復位 食間 執事者 徹羹 進熟水 少頃 下匕筯 合飯蓋 辭神 焚祝文 斂主 奉歸祠堂 如來儀 納主 降簾 闔門而退 徹).” 하였다.

만약 3년 내에 개장(改葬)한 즉 영좌(靈座)를 취하여 삭전(朔奠)의 의식처럼 제사로 고한다(若三年內改葬則就靈座 祭告如朔奠之儀).“ 하였다.

■ [出主告辭式] 출주 고사식

今以顯某親某官府君 改葬事畢 敢請神主 出就正寢 恭伸奠告 이제 모친 모관부군의 개장의 일이 끝나 감히 신주를 모셔 나와 정침으로 나아가길 공손히 펴서 고해 올립니다. · 처(妻)와 제(弟) 이하엔 감(敢) 자를 버린다. · 처(妻)와 제(弟) 이하엔 공신(恭伸)을 고쳐 신차(伸此) 라고 한다.

■ [祝文式] 축문식

維
年號幾年歲次干支幾月干支朔幾日干支 某親某官某 敢昭告于
顯某親某官府君 新改幽宅 禮畢反哭 夙夜靡寧 啼號罔極 謹
以淸酌庶羞 恭伸奠告 尙
饗

모년 모월 모일 모친 모관 모는 현 모친모관 부군에게 감히 밝게 고합니다. 새롭게 유택을 고쳐 예가 끝나 반곡하고 밤낮으로 편치 않습니다. 울부짖고 소리침이 다함이 없습니다. 삼가 맑은 술과 여러 음식으로 공손히 펴서 고해 올립니다. 흠향하십시오.

· 할아버지 이상은 제호망극(啼號罔極) 4자를 고쳐 다른 말로 하고 방친, 처(妻)와 제(弟) 이하는 숙야(夙夜) 이하 8자를 고쳐 다른 말로 한다.

"3개월 후 복을 벗는다(三月而除服)." 하였는데, 그 주에 "묘를 헐고부터 4개월째의 초하루에 허위(虛位)를 설치하고, 그 복을 입고 곡하고 복을 벗는다(自破墳 第四月之朔 設虛位 服其服 哭而除之)." 하였다.

27

居喪雜儀(거상잡의)
- 상을 치를 때의 잡다한 예의

『예기』 단궁에 "막 돌아가셨을 때는 기운이 답답하게 막혀(充充) 막다른 길에 있는 듯하며, 빈(殯)을 한 뒤에는 무엇을 잊어버렸는데 찾아도 보이지 않은 듯(瞿瞿)하여 무엇을 찾아도 얻을 수 없는 듯하며, 장사 지낸 뒤에는 안절부절 못하는 모양(皇皇)으로 바라도 오지 않는 듯하며, 연제(練祭)가 되면 매우 슬퍼(慨然)하며, 대상(大祥)이 되면 마음이 텅 빈 듯(廓然)하다(始死 充充如有窮 旣殯 瞿瞿如有求而弗得 旣葬 皇皇如有望而弗至 練而慨然 祥而廓然)." 하였고, 그 주에 "모두 근심과 슬퍼함이 마음에 있는 모양이다(皆憂悼在心之貌也)." 하였으며, 그 소에 "어버이가 막 돌아가셨을 때는 효자는 기어가 곡하니 마음이 꽉 막히고 몸이 굽어 급히 가는데 길이 다하여 다시는 갈 곳이 없는 것처럼 궁해 급한 모양이다. 빈을 한 뒤 마음은 초초하고 몸은 이완된다. 잃어버린 무엇이 있어 찾아보지만 그렇게 할 수 없는 것 같다. 장사를 지내고 나면 점점 더 이완되고 어버이가 흙으로 돌아가 효자의 마음이 슬프고 몸이 허둥거리고 의탁할 바가 없어, 저 사람이 오기를 바라지만 이르지 않는 것 같다. 연제에는 슬퍼 세월이 달리는 말처럼 빠름을 개탄만 할 뿐이다. 대상에 이르러서는 쓸쓸하여 정의(情意)가 즐겁지 않을 따름이다(親始死 孝子匍匐而哭之

心形充屈 如急行道極無所復去 窮急之容也 殯斂後 心形稍緩也 有所失而求覓之不得然也 旣葬 漸緩也 親歸草土 孝子心形棲棲皇皇 無所依托 如有望彼人來而彼人不至也 練而慨然 至小祥 但歎慨日月若馳之速也 至大祥 而寥廓情意 不樂而已).” 하였다.

『예기』 단궁에 “안정(顔丁)은 거상(居喪)을 잘했다. 막 돌아가셨을 때는 안절부절 못하여 무엇을 찾아도 찾지 못하는 듯했으며, 빈을 한 뒤에는 망망연하여 좇아가도 미치지 못하는 듯했으며, 장사 지낸 뒤에는 슬퍼서 미치지 못하는 듯하고, 돌아올 때에 멈칫멈칫하였다(顔丁善居喪 始死 皇皇焉如有求而弗得 及殯 望望焉如有從而弗及 旣葬 慨焉如不及其反而息).” 하였다.

『예기』 잡기에 “공자가 이르기를 소련(少連)과 대련(大連)은 거상(居喪)을 잘했다. 사흘 동안 태만하지 않았고, 3달 동안 게으르지 않았고, 1년 동안 슬퍼하였고, 3년 동안 근심하였다(孔子曰 少連大連善居喪 三日不怠 三月不解 期悲哀 三年憂).” 하였고, 그 소에 “3일 동안 태만하지 않았다는 것은 어버이의 초상 3일 내에 예가 태만하지 않음은 물이나 장 따위를 입에 넣지 않은 것들이다. 3달이 게으르지 않음은 장사지내기 전 조전, 석전 및 슬픔이 밀려옴에 곡하는 따위이다. 1년 동안 슬퍼함은 항상 슬퍼하며 조곡, 석곡 따위이다. 3년 동안 근심함은 복을 입고 있는 동안 수척하고 파리하며 근심한다(三日不怠者 親之初喪三日之內 禮不怠 謂水漿不入口之屬 三月不解者 以其未葬之前 朝奠 夕奠 及哀至則哭之屬 期悲哀者 謂練以來 常悲哀 朝哭 夕哭之屬 三年憂者 以服未除 憔悴憂戚).” 하였다.

“『예기』 상복사제(喪服四制)에 인자(仁者)는 그 사랑함을 볼 수 있으며, 지자(知者)는 그 이치를 볼 수 있으며, 강자(彊者)는 그 뜻을 볼 수 있다. 예로써 다스리고 의로써 바루니 효성스런 자식과 우애하는 아우와 곧은 부인 모두 살필 수 있다(喪服四制曰 仁者可以觀其愛焉 知者可以觀其理焉 彊者可以觀其志焉 禮以治之 義以正之 孝子弟弟貞婦 皆可得而察焉).” 하였는데, 사고전서본 『가례』에는 知者可以觀其理焉가 知者可以觀其禮焉로 되어 있는데 원록본 및 『예기주소』를 보고 고친다. 그리고 彊자가 『예기』주소에는 强으로 되어 있으나 뜻이 같으므로 그냥두었다.

“『예기』 곡례(曲禮)에 거상 중에, 장사를 지내기 전에는 상례(喪禮)에 관한 글을 읽고, 장사 지낸 뒤에는 제례(祭禮)에 관한 글을 읽고, 거상이 끝나고 일상으로 돌아오면 악장(樂章)을 읽는다(曲禮曰 居喪 未葬讀喪禮 旣葬讀祭禮 喪復常讀樂章).” 하였고, 그 주에 “예를 행함에 각각 그 때에 한다(爲禮各於其時).” 하였으며, 그 소에 “상례는 하실에서 조석전을 올리고 빈궁에서 삭망전을 올리고 장례를 치르는 예를 말하며, 이 예는 모두 장사지내기 전이다. 제례는 우제, 졸곡, 부, 소상, 대상의 예이다. 일상으로 돌아왔다는 것은 대상을 지내고 복을 벗었음을 말한다. 악장은 악서의 편명으로 장(章)은 시를 말한다. 담제 이후가 길례이므로 담제 후에 마땅히 그것을 읽음을 안다(喪禮謂朝夕奠下室 朔望奠殯宮及葬等禮也 此禮皆未葬以前 祭禮, 虞, 卒哭, 祔, 小祥, 大祥之禮也 復常 謂大祥除服之後也 樂章 謂樂書之篇章謂詩也 禫而後吉祭 故知禫後宜讀之).” 하였다.

『예기』 단궁에 “대공(大功)에는 업(業)을 그만둔다. 혹 말하기를 대공에 글을 외워도(誦) 된다고 한다(大功廢業 或曰 大功誦可也).” 하였는데, 그 소에 “업은 배우는 바를 말한다(業謂所學).” 하였다. 『가례』의 주에 “지금 거상에는 다만 악장을 읽지 말면 가하다(今居喪 但勿讀樂章 可也).” 하였다.

“『예기』 잡기에 3년 상에는 말을 하되 다른 사람을 위해 설명하지 않으며, 대답을 하되 묻지 않는다(雜記 三年之喪 言而不語 對而不問).” 하였고, 『가례』의 주에 “언(言)은 자기의 일을 말함이다. 다른 사람을 위해 이야기하는 것이 어(語)이다(言 言己事也 爲人說爲語).” 하였다.

“『예기』 상대기(喪大記)에 부모의 상을 당했을 때는 상사(喪事)가 아니면 말하지 않는다. 장사 지낸 뒤 남과 함께 있을 때는, 군주는 왕사(王事)만 말하고 국사(國事)는 말하지 않으며, 대부와 사는 공사(公事)만 말하고 집안 일은(家事)는 말하지 않는다(喪大記 父母之喪 非喪事不言 旣葬與人立 君言王事 不言國事 大夫言公事 不言家事).” 하였다.

“『예기』 단궁에 고자고(高子皐)는 부모의 상을 치르면서 이를 드러낸 적이 없었다(檀弓 高子皐執親之喪 未嘗見齒).” 하였는데, 그 주 및 『가례』에 “웃음을 숨김을 말한다(言笑之微).” 하였고, 그 소에 “보통사람의 정은 슬픔이 있고 즐거움이 있다. 슬픔이 이르면 피눈물을 흘리고, 즐거움이 이르면 웃음을 감춘다. 보통 사람이 크게 웃으면 이뿌리가 드러나고, 중간쯤 웃으면 이가 드러나고, 웃음을 감추면 이가 보이지 않는다(凡人之情 有哀有樂 哀至則泣血 樂至則微笑 凡人大笑則露齒本 中笑則露齒 微笑則不見齒).” 하였다.

“『예기』 잡기에 소최(疏衰)의 상(齊衰)에는, 장사 지낸 뒤에 남이 보자고 청하면 만나지만, 남에게 보자고 청하지는 않는다. 소공의 상에는 남에게 보자고 청해도 된다(雜記 疏衰之喪 旣葬 人請見之則見不請見人 小功請見人 可也).” 하였다.

『예기』 잡기에 “무릇 상을 당함에 소공 이상은 우제(虞祭)·부제(祔祭)·연제(練祭)·상제(祥祭)를 지낼 때가 아니면 목욕하지 않는다(凡喪 小功以上 非虞 附 練 祥無沐浴).” 하였고, 그 주에 “꾸밀 일이 있지 않으면 목욕하지 않는다(不有飾事則不沐浴).” 하였다.

“『예기』 곡례에 머리에 부스럼이 있으면 머리를 감고, 몸에 종기가 있으면 몸을 씻는다(曲禮 頭有創則沐 身有瘍則浴).” 하였다.

“『예기』 상복사제에 백관(百官)이 갖춰지고 백물(百物)이 갖춰져서 말하지 않아도 일이 행해지는 자는 부축을 받아서 일어난다. 말한 뒤에야 일이 행해지는 자는 상장을 짚고 일어난다. 몸소 스스로 일을 맡아본 뒤에야 일이 행해지는 자는 얼굴에 때가 있어도 그냥 둔다(喪服四制 百官備百物具 不言而事行者 扶而起 言而後事行者 杖而起 身自執事而後行者 面垢而已).” 하였다. 사고전서본 『가례』에 不言而事行者 扶而起가 不言而事行者 杖而起라고 되어 있는데 원록본 및 『예기주소』를 보고 고쳤다.

『가례』에 “무릇 이는 모두 고례(古禮)이지만, 지금의 어질고 효성스런 군자라면 반드시 다 할 수 있는 것들이다. 이 외의 것은 시기를 살피고 역량을 헤아려서 행하는 것이 좋다(凡此皆古禮 今之賢孝君子必有能盡之者 自餘相時量力而行之 可也).” 하였다.

覓 : 찾을 멱, 棲 : 깃들 서, 寥 : 쓸쓸할 요, 憔 : 수척할 초, 悴 : 파리할 췌, 瘍 : 종기 양

28

書式(서식)

1. 부의, 전의를 보낼 때의 서식(致賻奠狀)

具位姓某
某物若干
右謹專送上 某人靈筵聊備 賻儀 伏惟 歆納謹狀
年月日具位姓某狀

부의를 보내는 자의 벼슬 과 성명
어떤 물건 약간(부의 수의 전의 물품과 수량을 적는다)
오른쪽 물품을 삼가 사람을 통해 모인의 영연에 올려 겨우 부의(수의, 또는 전의)를 갖추니 삼가 흠납 하시기 바라며 삼가 글을 올립니다.
년 월 일 아무벼슬 아무개 올림

· 여자의 상에는 모인(某人)을 모봉모씨(某封某氏)라하고, 평교 이하에는 연호를 쓰지 않는다.

■ 皮封(봉투)

狀上某官靈筵 具位姓某謹封

모관모공의 영연에 글을 올립니다. 아무벼슬 아무성 아무개 근봉(謹封)

· 『서의』에 "재물을 보낼 경우에 부의(賻儀)라고 하고, 의복을 보낼 경우에 수의(襚儀)라고 하고, 향이나 술을 보낼 경우에 전의(奠儀)라고 한다(財物曰賻儀 衣服曰襚儀 香酒曰奠儀)." 하였다.

2. 감사의 글(謝狀)

『가례』에 "삼년상에 아직 졸곡을 지내지 않았을 경우, 다만 자녀와 조카(子姪)로 하여금 답서를 발송하게 한다(三年之喪未卒哭 只令子姪發謝書)." 하였다.

具位姓某
某物若干
右伏蒙 尊慈以某 某親違世 特賜賻儀 下誠 不任哀感之至 謹具狀上謝 謹狀
年月日具位姓某狀

부의를 보낸 자의 벼슬과 성명
어떤 물건 약간(받았던 물품과 수량을 적는다)
오른쪽 물품을 삼가 받았습니다. 존자(尊慈)께서 아무개의 부친께서 세상을 버렸다 하여 부의(수의, 또는 전의)를 특별히 주심(特賜)으로, 내린 성의에 감사하는 심정을 견디지 못하겠습니다. 삼가 글발을 갖추어 사례하는 바입니다. 삼가 글을 올립니다. 년 월 일 아무벼슬 아무개 올림

· 존자(尊慈)는 평교 이하에는 인사(仁私)로 쓴다.
· 특사(特賜)는 평교에는 주심(貺)으로 쓴다.
· 하성(下誠)은 평교에는 쓰지 않는다.

· 평교엔 근구상상사(謹具狀上謝)를 삼가 글발을 올려 감사의 말씀을 드립니다(謹奉狀陳謝)라고 한다

■ 皮封(봉투)

狀上 某官座前 具位姓某謹封

모관모공에게 글을 올립니다. 아무벼슬 아무개 근봉(謹封)

貺 : 줄 황.

3. 부모상을 당한 사람을 위문하는 편지(慰人父母亡疏)

『가례』에 "적손으로서 승중한 자를 위문함도 같다(慰嫡孫承重者同)." 하였다.

某 頓首再拜言 不意凶變 先某位 奄棄榮養 承 訃驚怛 不能已已 伏惟 孝心純至 思慕號絶 何可堪居 日月流邁 遽踰旬朔 哀痛柰何 罔極柰何 不審 自罹荼毒 氣力何如 伏乞 强加飦粥 俯從禮制 某役事所縻 未由奔慰 其於憂戀 無任下誠 謹奉疏 伏惟 鑒察 不備謹疏 月日具位 姓某疏上 某官大孝 苫前

모는 머리를 조아리고 두 번 절하고 말씀드립니다. 뜻하지 않은 흉변으로, 아무벼슬께서 갑자기 녹봉으로 봉양하는 영화로운 봉양(榮養)을 버리셔서 부고를 받으매, 놀라움과 슬픔을 견딜 수 없습니다. 삼가 생각건대 순수하고 지극한 효심에 사모하는 울부짖음을 어떻게 견디십니까? 일월이 흘러 벌써 旬朔이 넘었는데, 애통함은 어떠하며 망극함은 어떠하십니까? 살피지 않고 쓰라리고

독한 일에 걸리고부터 기력이 어떠합니까? 삼가 바라건대(伏乞) 강제로 죽을 드시어 예제를 굽어 따르십시오. 모는 일에 얽매여 위문을 가지 못하고 그 근심과 연모로 내려주신 성의를 견딜 수 없습니다. 삼가 글(疎)을 올리니, 삼가 바라건대 감찰하여 주십시오. 예를 갖추지 못하고 삼가 글을 올립니다. 월일에 아무벼슬 아무 성 아무개가 아무관직의 대효에게 글을 올립니다.

· 頓首再拜言은 낮은 이에게는 머리를 조아린다(頓首).라고만 하고, 평교엔 머리를 조아리고 말씀드립니다(頓首言).라 한다.
· 不意凶變은 죽은 이가 벼슬이 높으면 방국불행(邦國不幸)이라 하고, 벼슬이 없으면 선부군(先府君)이라 하고, 인연이 있으면 모위부군(某位府君) 위에 기장(幾丈)이라 더한다, 어머니의 경우 선모봉(先某封)이라 하고, 봉이 없으면 선부인(先夫人)이라한다. 승중이면 존조고모위 존조비모봉(尊祖考某位尊祖妣某封)이라 한다.
· 奄棄榮養은 죽은 이의 벼슬이 높으면, 갑자기 관사를 버리셔서(奄捐館舍)라 하고, 만약 살아있는 이가 벼슬이 없다면, 갑자기 부드러운 낯빛으로 봉양함을 버리셔서(奄違色養)라 한다.
· 伏惟는 평교엔 공손히 생각하건대(恭惟)로 하고, 낮은 이에게는 아득히 생각건대(緬惟)로 한다.
· 遽踰旬朔은 계절이 지났으면 어느듯 계절이 지났는데(已忽經時)라 하고, 이미 장례를 치룬 경우 벌써 양봉이 지났는데(遽經襄奉)로 한다. 졸곡, 소상, 대상, 담 때는 각각 양봉을 졸곡, 소상, 대상, 담으로 바꾼다.
· 荼毒은 아버지 계시는데 어머니 돌아가신 경우 우약(憂若)로 쓴다.
· 氣力何如의 何如는 평교의 경우 어떠한가(何似)로 한다.
· 伏乞은 평교의 경우 삼가 바라건대(伏願)로 하고 강등엔 오직 바라건대(惟冀)로 한다.
· 飦粥은 장례를 치룬 경우 거친밥(疏食)으로 한다.
· 役事所縻는 벼슬 중에 있으면 맡은바 직무가 있어(職業有守)로 한다.
· 未由奔慰 其於憂戀 無任下誠는 평교 이하에 단지 위문하지

못하니 슬픈 심정 한층 더합니다(未由奉慰 悲係增深)로 하고
· 謹奉疏의 疏는 평교의 경우 장(狀)로 쓴다.
· 伏惟鑒察은 평교 이하의 경우 이 4자를 버린다.
· 不備謹疏는 평교의 경우 갖추지 못하고 삼가 글을 올립니다(不宣謹狀)로 한다.
· 月日具位에서 具位는 낮은 이에겐 군망(郡望)을 쓰고, 姓某疏上은 평교일 때 소(疏)를 장(狀)으로 한다.
· 대효는 어머니가 돌아가셨을 경우 지효(至孝)라 하고 점전(苫前)은 평교 이하엔 점차(苫次)라 한다.

■ 皮封

疏上某官大孝 具位姓某謹封

모관 대효에게 글을 올립니다. 아무벼슬 아무성 아무개 근봉

· 疏上은 평교일 때 소(疏)를 장(狀)으로 한다

頓 : 조아릴 돈, 奄 : 갑자기 엄, 緬 : 가는실 면, 생각하는 마음 면,
襄 : 도울 양, 餰 : 죽 전, 縻 : 고삐 미, 얽매일 미

4. 부모상을 당해 남의 위문에 답하는 편지(父母亡答人慰疏)

『가례』에 "적손으로서 승중한 자도 같다(嫡孫承重者同)." 하였다.

某 頓首再拜言 不意凶變 先某位 奄棄榮養 承 訃驚怛 不能已已 伏惟 孝心純至 思慕號絶 何可堪居 日月流邁 遽踰旬朔 哀痛奈何 罔極奈何 不審 自罹荼毒 氣力何如 伏乞 强加餰粥 俯從禮制 某役事所縻 未由奔慰 其於憂戀 無任下誠 謹奉疏

疏 月日 孤子 姓名 疏上某位 座前 謹空

모는 이마를 조아리고 두 번 절하고 말씀드리나이다. 모(某)의 죄가 깊고 중하여 스스로 죽어 없어지지 못하고 재앙이 선고(先考)에게 미치니, 부여잡고 울부짖고 가슴 치고 발을 구르며 오장이 찢어져 무너지나, 땅을 치고 하늘에 소리쳐도 어쩔 수가 없습니다. 날과 달이 머물지 아니하여 훌쩍 달을 넘기니, 참혹하게 고통스런 벌과 죄를 받아 온전히 살까 바라지 못하였는데, 당일 은혜를 입어 단지 영좌(靈座)를 모시고 구차스레 몸을 보존하고 있습니다. 존장께서 몸소 위문해주시니, 슬픈 감정 지극한 중에 내려주신 정성 감당할 수 없고 소리치며 호소할 길도 없어 숨이 끊어질듯 함을 이기지 못하고, 삼가 말씀을 받들어 올립니다. 혼미한 가운데 제대로 적지 못하고 삼가 올리나이다. 월일에 고자(孤子) 아무성 아무개가 아무관직에게 글을 올립니다.

· 稽顙再拜言은 낮은 이에게는 머리를 두드린다(叩首)라 하고 언(言) 자를 없앤다.
· 先考는 어머니인 경우에는 선비(先妣)라 하고 승중이면 조부는 선조고(先祖考), 조모는 선조비(先祖妣) 라 한다.
· 奄踰旬朔는 계절이 지났으면 어느듯 계절이 지났는데(已忽經時)라하고 이미 장례를 치룬 경우 벌써 양봉이 지났는데(遽經襄奉)로 하고 양봉은 졸곡, 소상, 대상, 담 때는 각각 때에 따라 바꾼다.
· 酷罰罪苦는 아버지가 살아계시고 어머니가 돌아 가셨으면 치우친 벌과 죄가 심합니다(偏罰罪深)라고 한다.
· 평교 이하엔 즉일몽언(卽日蒙恩) 4자를 없앤다.
· 伏蒙 尊慈 俯賜 慰問 哀感之至 無任下誠은 평교간에는 우러러 인자한 은혜를 받아 몸을 굽혀 위문해 주시니 그 슬픈 감회가 간절할 따름입니다(仰承仁恩 俯垂慰問 其爲哀感 但切下懷)로 하고 낮은 이에겐 특별히 위문을 받으니 슬픈 마음 진실로 깊습니다(特承慰問 哀感良深)라 한다.
· 謹奉疏 및 謹疏의 疏는 낮은 이에게는 장(狀)이라하고
· 고자는 모상(母喪)에는 애자(哀子)라 하고 부모 모두 사망하

였으면 고애자(孤哀子)라 하며 승중에는 고손(孤孫), 애손(哀孫), 고애손(孤哀孫) 등으로 한다.
· 謹空 두자는 평교 이하엔 없앤다.

■ 皮封

疏上某官大孝　孤子姓某謹封

모관 대효에게 글을 올립니다. 고자(孤子) 모씨 모 근봉

· 疏上은 평교일 때 소(疏)를 장(狀)으로 한다

攀 : 더위잡을 반, 붙잡아 매달릴 반, 酷 : 독할 혹, 진할 혹, 잔인할 혹, 隕 : 떨어질 운, 무너질 운

5. 조부모 상을 당한 사람을 위문하는 계장(慰人祖父母亡啓狀)

『가례』의 주에 "승중이 아닌 자를 말한다. 백숙부모(伯叔父母)·고(姑)·형(兄)·자(姊)·제(弟)·매(妹)·처(妻)·자(子)·질(姪)·손(孫)도 동일하다." 하였다.

某啓 不意凶變 尊祖考某位 奄忽違世 承訃驚怛 不能已已 伏惟孝心純至 哀慟摧裂 何可勝任 孟春猶寒 不審 尊體何似 伏乞深自寬抑 以慰 慈念 某事役所縻 未由趨慰 其於憂想 無任下誠 謹奉狀 伏惟鑒察 不備 謹狀 月日具位姓名 狀上某位服前

모는 아룁니다. 뜻하지 않은 흉변으로 존조고 모위께서 문득 세

상을 떠났다고 하니, 부음을 받자옵고 깜짝 놀라지 않을 수 없었습니다. 엎드려 생각건대 효심이 순수하고 지극하신데 애통하고 찢어지는 마음을 어떻게 이겨내십니까? 맹춘(孟春)의 날씨 여전히 차가운데 존체(尊體)는 어떠하십니까? 엎드려 바라옵건대 깊이 스스로 너그럽게 억제하시어 어머니의 마음을 위로하시기 바랍니다. 저는 일에 매여 달려가 위로할 길 없고, 걱정되는 마음에 내려주신 정성 감당할 수 없습니다. 삼가 말씀을 받들어 올리오니, 살펴주시기를 바랍니다. 예를 갖추지 못하고 삼가 올리나이다. 월일에 아무벼슬 아무 성 아무개가 아무벼슬에게 글을 올립니다.

· 啓는 『상례비요』에 "우리나라에서는 왕에 올리는 글에 모두 啓라고 하니 사사로이 쓰지 못할것 같다. 아뢰다는 백(白)자를 대신 쓰는 것이 어떠한가(本朝進御文字皆稱啓字 私書恐不敢用代以白字如何)." 하였다
· 不意凶變은 자손에 대해서는 이 구(句)를 쓸 수 없다.
· 尊祖考某位는 조모의 경우 존조비모봉(尊祖妣某封)이라 한다. 백숙부모·고의 경우에는 존(尊)자를 더하고, 형(兄)·자(姊)·제(弟)·매(妹)의 경우에는 령(令) 자를 더하고, 낮은 이에게는 모두 현(賢)자를 더한다. 처는 현합모봉(賢閤某封)이라 하고, 봉호가 없으면 다만 현합(賢閤)이라고만 한다. 자(子)에게는 복승령자기모위(伏承令子幾某位)라 하고, 질·손도 아울러 같으며, 낮은 사람이면 현(賢)이라 하고, 관직이 없는 자는 수재(秀才)라 한다.
· 奄忽違世는 백숙부모·고·형·제·자·매·처인 경우에는 경서(傾逝)라 하고, 자·질·손인 경우에는 갑자기 일찍 죽었다(遽爾夭沒)라고 한다.
· 訃驚怛은 처인 경우 달(怛)을 악(愕)이라 고치고, 자·손인 경우에는 다만 깜짝 놀람을 이기지 못했습니다(不勝驚怛)고 한다.
· 伏惟는 평교엔 공손히 생각하건대(恭惟)로 하고, 낮은 이에게는 아득히 생각건대(緬惟)로 한다.
· 孝心純至 哀慟摧裂 何可勝任은 백숙부모·고인 경우에는 친

애함이 더욱 크고 애통함이 너무 깊으신데, 어떻게 견뎌내십니까(親愛加隆 哀慟沈痛 何可堪勝)라 하고 형·자·제·매인 경우에는 우애함이 더욱 크신데(友愛加隆)라고 하며, 처인 경우에는 부부의 의리가 중하니 비통함이 너무 깊으신데(伉儷義重 悲悼沈痛)라고 하고, 자·질·손인 경우에는 자애함이 매우 깊고 비통함이 너무 깊으신데(慈愛隆深 悲慟沈痛)라고 한다.

· 孟春猶寒은 춥고 따뜻함을 계절에 따라 쓴다.
· 尊體何似는 조금 높은 경우 동지(動止)가 어떠하십니까(動止何如)로 하고, 낮은 이에게는 소리(所履)가 어떠하십니까(所履何似)로 한다.
· 伏乞은 평교의 경우 삼가 바라건대(伏願)로 하고 강등엔 오직 바라건대(惟冀)로 한다.
· 深自寬抑 以慰 慈念은 그 사람에게 부모가 없다면 단지 원성(遠誠)이라고 잇달아 쓰고, 줄을 바꿔 올려 쓰지 않는다.
· 役事所縻는 벼슬 중에 있으면 맡은 바 직무가 있어(職業有守)로 한다.
· 未由趨慰 其於憂想 無任下誠는 평교이하에 단지 위문하지 못하니 슬픈 심정 한층 더합니다(未由奉慰 悲係增深)로 한다.
· 평교 이하의 경우 伏惟鑒察 4자를 버린다.
· 不備謹狀은 평교의 경우 갖추지 못하고 삼가 글을 올립니다(不宣謹狀)로 한다.
· 服前은 평교간엔 복차(服次)라 한다.
· 피봉(皮封)과 중봉(重封)은 앞과 동일하다.

啓 : 여쭐 계(아룀), 摧 : 꺾을 최, 막을 최, 乞 : 빌 걸, 구할 걸

6. 조부모 상을 당한 사람이 답하는 계장(祖父母亡答人啓狀)

『가례』의 주에 "승중이 아닌 자를 말한다. 백숙부모(伯叔父母)·

고(姑)·형(兄)·자(姊)·제(弟)·매(妹)·처(妻)·자(子)·질(姪)·손(孫)도 동일하다." 하였다.

某啓家門凶禍 先祖考 奄忽棄背 痛苦摧裂 不自勝堪 伏蒙 尊慈 特賜慰問 哀感之至 不任下誠 孟春猶寒 伏惟 某位尊體起居萬福 某卽日侍奉 幸免他苦 未由面訴 徒增哽塞 謹奉狀上謝 不備 謹狀 月日某郡姓名 狀上某位 座前 謹空

모는 아뢰니다. 가문에 흉악한 재앙이 들어 선조고께서 문득 세상을 떠나셨으니, 쓰리고 찢어지는 아픔을 스스로 견뎌낼 수가 없습니다. 존장께서 특별히 위문해 주시니, 슬픈 감정이 극진하여 내려주신 정성을 견딜 수가 없습니다. 맹춘(孟春)의 날씨 여전히 차가운데 엎드려 생각건대, 모위(某位)의 존체(尊體)께서는 생활하심이 만복(萬福)하시리라 여깁니다. 저는 이 날에 부모님을 받들어 모시면서 다행히 다른 변고가 없으나, 뵙고 하소연할 길이 없어 목만 더욱 메일 뿐입니다. 삼가 말씀을 올립니다 예를 갖추지 못하고 삼가 올립니다. 월일에 모군(某郡)의 아무성 아무개가 아무관직에게 글을 올립니다.

· 백숙부모·고·형·자·제·매인 경우에는 가문에 불행이 끼쳐(家門不幸)라고 한다. 처인 경우에는 사가(私家)에 불행이 끼쳐(私家不幸)라고 하며, 자·질·손인 경우에는 사문(私門)에 불행이 끼쳐(私門不幸)이라 한다.
· 先祖考는 조모이면 선조비(先祖妣), 백숙부모인 경우에는 기백숙부모(幾伯叔父母), 고(姑)인 경우에는 기가고(幾家姑)라 하고, 형·자인 경우에는 기가형(幾家兄), 기가자(幾家姊)라 하며 제·매인 경우에는 기사제(幾舍弟), 기사매(幾舍妹)라 한다. 처인 경우에는 실인(室人)이라 하며, 자인 경우에는 소자모(小子某)라 하고, 질인 경우에는 종자모(從子某)라 하고, 손인 경우에는 유손모(幼孫某)라 한다.
· 棄背는 형제 이하는 상서(喪逝) 라고 하고, 자·질·손인 경우에는 갑가지 요절했으니(遽爾夭折) 라고 한다. 痛苦摧裂는 백숙부모·고·형·자·제·매인 경우에는 찢어지듯 아프고 쓰려 스스로 참을 수 없읍니다(摧痛酸苦 不自堪忍)로 하며,

처인 경우에는 摧痛을 비도(悲悼)로 바꾸며, 자 · 질 · 손인 경우에는 悲悼를 비념(悲念)으로 바꾼다. 伏蒙 尊慈 特賜 慰問 哀感之至 不任下誠은 평교간에는 우러러 인자한 은혜를 받아 몸을 굽혀 위문해 주시니 그 슬픈 감회가 간절할 따름입니다(仰承仁恩 俯垂慰問 其爲哀感 但切下懷)로 하고, 낮은 이에겐 특별히 위문을 받으니 슬픈 마음 진실로 깊습니다(特承慰問 哀感良深)라 한다.

· 孟春猶寒은 춥고 따뜻함을 계절에 따라 쓴다.
· 伏惟는 평교엔 공손히 생각하건대(恭惟)로 하고 낮은 이에게는 아득히 생각건대(緬惟)로 한다.
· 起居는 평교간에는 쓰지 않고 낮은 이에게는 동지만복(動止萬福) 이라 한다.
· 卽日侍奉은 부모가 없으면 쓰지 않는다.
· 上謝는 평교간에는 진사(陳謝)라 한다.
· 謹空 두자는 평교 이하엔 없앤다.
· 피봉(皮封)과 중봉(重封)은 앞과 동일하다.

哽 : 목멜 경(말이 막힘)

7. 조문하고 부의를 보내고 장사에 참여한 사람에게 사례하는 편지(謝人吊賻會葬疏)

『상변통고』와 『가례집해(家禮輯解)』에 보인다.

某稽顙再拜言 某罪逆深重 不自死滅 禍延先考 幸而克襄大事 皆賴諸親 相助之力 旣蒙下吊又賜賻奠 逮其送往又辱寵臨 感德良深 莫如所報 欲效世俗具衰絰 踵門拜謝 奈縲然重服 哀疚在躬 遠離几筵 非獨古無此禮 亦恐賢人君子之不忍見也 故不敢以俗禮上瀆高明 伏惟 尊慈特賜鑑察 哀感之至 無任下誠 謹此代謝 荒迷不次

謹疏 月日 孤子姓名疏上 某位座前 謹空

모는 이마를 조아리고 두 번 절하고 말씀드립니다. 모의 죄가 깊고 중하여 스스로 죽어 없어지지 못해 재앙이 아버지께 미쳤습니다. 다행히 대사를 능히 마칠 수 있었던 것은 모두 여러 친척들께서 서로 도와주신 덕택이었습니다. 이미 조문해주시고 또 부(賻)와 전(奠)을 보내시고, 또 송장(送葬)함에 있어서도 욕되이 은총으로 임해주셨으니, 감사하는 마음이 참으로 깊어서 보답할 길을 모르겠습니다. 세속에서 하는 것처럼 최질(衰絰)을 갖추어 입고 문간에 가서 절을 올리고 감사드리고 싶지만, 무거운 복을 걸치고 있고 슬픈 마음이 몸에 있으니 어찌하겠습니까? 영좌를 멀리 떠나는 것은 예로부터 이러한 예가 없거니와, 현인군자들께서도 차마 못 볼 일입니다. 그러므로 감히 속례를 따라 위로 고명(高明)하신 분을 더럽히지 못합니다. 엎드려 생각건대 존장께서 특별히 살펴주십시오. 슬픈 가운데 지극한 감회 둘 데가 없습니다. 삼가 이것으로 대신 사례를 드리나, 혼미한 가운데 제대로 적지 못하고 삼가 올립니다. 월(月) 일(日). 고자(孤子) 성명(姓名) 소상(疏上). 모위(某位) 좌전(座前)께 삼가 사룁니다.

- 諸親은 친척이 아니면 제현(諸賢)이라 한다.
- 下吊는 평교간에는 임조(臨吊)라 한다.
- 賻奠은 부(賻)만 있으면 부의(賻儀)라 하고, 전(奠)만 있으면 제전(祭奠)이라 한다.
- 逮其送往 又辱寵臨은 송장하지 않았으면 없앤다.
- 上瀆高明은 평교간에는 고명(高明)을 없앤다.
- 謹空 두 자는 평교 이하엔 없앤다.
- 피봉(皮封)과 중봉(重封)은 앞과 동일하다.

寵 : 사랑할 총, 踵 : 발꿈치 종, 縲 : 포승 류, 疚 : 오랜 병 구, 躳 : 몸 궁

附錄(부록) I

복제(服制)

『예기』 대전에 상을 당하여 복을 입는 데 복을 어떻게 결정하는지에 대하여 얘기하고 있다. 그에 따르면 "복 입는 방법은 여섯 가지가 있는데, 첫째는 친족의 친함 정도에 따르는 것이고, 둘째는 존비의 차등에 따르는 것이고, 셋째는 그 이름의 차이에 따르는 것이고, 넷째는 여자로서 아직 집에 있느냐 이미 출가하였느냐의 차이에 따르는 것이고, 다섯째는 장유의 차등에 따르는 것이고, 여섯째는 남이 입는 복을 따라가는 것(從服)이다(服術有六 一曰親親 二曰尊尊 三曰名 四曰出入 五曰長幼 六曰從服)." 하였고, 그에 대한 주에 "친친(親親)은 부모가 으뜸이 되고, 존존(尊尊)은 임금이 으뜸이 되고, 명(名)은 세모(世母)(조부의 장자의 아내: 백모), 숙모 따위이고, 출입(出入)은 딸이 시집간 것과 집에 있는 것이고, 장유(長幼)는 성인과 어린아이의 상인 상(殤)이고, 종복(從服)은 남편이 처의 부모를 위해서나 처가 남편의 집안(黨)을 위해 입는 복과 같다(親親 父母爲首 尊尊 君爲首 名 世母叔母之屬也 出入 女子子嫁者及在室者 長幼 成人及殤也 從服 若夫爲妻之父母 妻爲夫之黨服)." 하였다. 계속하여 『예기』 대전에 종복(從服)

에는 여섯 가지 종류가 있는데(從服有六), 속종(屬從), 도종(徒從), 복이무복(服而無服), 무복이복(無服而服), 종중이경(從重而輕), 종경이중(從輕而重)이며, 그 소에 “속(屬)은 친속(親屬)을 이르는데 아들이 어머니를 따라서 어머니 친족의 상복을 입고, 아내가 남편을 따르고 남편이 아내를 따르는 것이 바로 속종이다(屬謂親屬 子爲母之黨. 妻從夫, 夫從妻並是也).” 하였고, “도(徒)는 공(空)으로 친속의 관계가 아닌데도 괜히 따라서 그 당(黨)의 상복을 입는 것으로, 신하가 임금을 따라서 임금의 친당(親黨)에 대한 상복을 입거나, 아내가 남편을 따라서 남편의 임금에 대한 상복을 입거나, 첩이 남편의 본처(女君)를 따라서 본처의 친당에 대한 상복을 입거나, 서자가 아비의 본처(君母)를 따라서 군모의 부모에 대한 상복을 입거나, 자식이 어머니를 따라서 어머니의 군모에 대한 상복을 입는 것과 같은 것이 바로 도종이다(徒 空也 與彼無親 空服彼之支黨 臣爲君之黨 妻爲夫之君 妾爲女君之黨 庶子爲君母之親 子爲母之君母並是也).” 하였다. 다음은 “상복이 있는 것을 따르면서도 상복이 없는 것인데, 공자(公子)의 아내가 친부모를 위하여서는 기년복을 입는데 반해 공자는 임금이 싫어하는바 되어 상복을 입을 수 없으니, 이는 아내에게는 상복이 있는데도 공자에게는 상복이 없는 것이다. 형수와 남편의 형제가 복이 없는 것이 이것이다(有從有服而無服 其妻爲本生父母期 而公子爲君所厭 不得服從 是妻有服 而公子無服 嫂 叔無服亦是也).” 하였고, 다음은 “상복이 없는 것을 따르면서도 상복이 있는 것인데, 공자가 임금이 싫어하는바 되어 외형제(外兄弟)를 위해 상복을 입지 못하는데 반해, 공자 아내의 경우에는 상복을 입고 (아내가 남편의 형제들을 위해서는 상복을 입지 않는데도) 동서(娣姒)를 위해서는 상복을 입는 것이 이것이다(有從無服而有服 公子被君厭 爲巳外親無服 而妻猶服之 娣 姒

亦是也).” 하였다. 다음은 “상복이 중한 것을 따르면서도 상복이 가벼운 것인데, 아내가 본생부모를 위해서 기년복을 입는 것은 상복이 중한 것이며, 남편이 아내를 따라서 3개월복을 입는 것은 상복이 가벼운 것이다(有從重而輕 妻自爲其父母朞 爲重 夫從妻服之三月 爲輕).” 하였으며, 마지막은 “공자가 임금이 싫어하는바를 위해 스스로 그 어머니를 위하여 연관(練冠)을 쓰는 것은 상복이 가벼운 것이고, 공자의 처가 공자의 어머니를 위하여 기년복을 입는 것은 상복이 중한 것이다. 이것이 바로 상복이 가벼운 것을 따르면서도 상복이 중한 것이다(公子爲君所厭 自爲其母練冠 是輕 其妻猶爲服朞 是 從輕而重也).” 하였다.

『가례』와 『증보사례편람』에서는 친함의 정도에 따라 상복과 상기를 달라지게 나눈 것만으로는 정복(正服)이라고 말하고 상황에 따라 가복(加服)과 강복(降服)을 두고 있으며, 그 친함으로는 이야기 할 수 없어나 의리상으로 마땅함을 쫓아야 하는 의복(義服)으로 분류하여 설명하고 있다. 여기서는 『가례』와 『증보사례편람』에 따라 복의 종류를 간단하게 설명한다.

娣 : 여동생 제, 손아랫동서 제, 姒 : 동서 사

❑ 상복(喪服)

1) 참최(斬衰) 3년

정복(正服)은 아들이 아버지를 위한 것이다(其正服則子爲父也). 『의례』 상복에 “시집가지 않고 집에 있는 딸이 아버지를 위하여(女子子在室為父)나, 시집갔다가 돌아와 집에 있는 딸이 아버지를 위하여 3

년(子嫁 反在父之室 為父三年)이다." 하였다. 『예기』 상복소기에 "며느리는 상을 당하여 쫓겨나면 시부모의 상복을 벗는다. 부모상에 연제 전에 쫓겨나면 3년이요. 이미 연제를 지나고 쫓겨나면 복을 입지 않는다. 쫓겨났다 다시 시집에 가는데 부모의 상이 연제전이면 기년복을 입고 이미 연제를 지낸 뒤에 다시 시집에 가면 3년을 복을 마치고 벗는다(婦當喪而出 則除之 爲父母喪 未練而出則三年 既練而出則已 未練而反則期 既練而反則遂之)." 하였다.

가복(加服)은 "아버지를 일찍 여윈 적손이 할아버지, 증조할아버지나 고조할아버지 같은 승중(承重)한 자를 위해서나, 아버지가 뒤를 이을 적손을 위해 입는다(適孫父卒 爲祖 若曾高祖承重者也 父爲適子當爲後者也)." 하였다. 『의례』 상복 소에 "자기 몸이 할아버지, 아버지를 계승하고 자기에 걸친 3세(世)는 곧 맏아들을 위하여 참최를 입을 수 있다(己身繼祖與禰 通已三世 即得為長子斬)." 하였고 "그러나 비록 승중을 하였더라도 삼년 복을 입지 못하는 경우가 네 가지 있으니, 첫째는 정통의 혈통이 승중을 할 수 없는 경우로, 적장자가 폐질(廢疾)이 있어서 종묘의 주관을 감당할 수 없는 때이고, 둘째는 승중자가 정통의 혈통이 아닌 경우로, 서손(庶孫)이 후사가 된 것이고, 셋째는 혈통이기는 하나 계통이 바르지 못한 경우로, 서자(庶子)를 세워 후사를 삼은 것이고, 넷째는 계통은 바르지만 혈통이 이어지지 않은 경우로, 맏손자를 세워 후사를 삼는 것이 이것이다(然 雖承重不得三年有四種 一則正體不得傳重 謂適子有廢疾 不堪主宗廟也 二則傳重非正體 庶孫為後是也 三則體而不正 立庶子為後是也 四則正而不體 立適孫為後是也)." 하였다. 『예기』 상복소기의 주에 "장차 승중하려는 자가 적자가 아니면 복이 모두 서자 서부와 같다(將所傳重者非適 服之皆如庶子 庶婦也)." 하였다.

"의복(義服)은 며느리가 남편과 같은 복을 입는 것으로, 며느리가 시아버지를 위해서나 남편이 승중한 경우 남편을 따르거나 남의 뒤를 이은자가 뒤를 이은 아버지를 위해서나 뒤를 이은 할아버지의 승중을 위해서와 남편이 남의 뒤를 이었을 때 부인이 남편을 따르거나 처가 남편을 위해서와 첩이 남편을 위해서다(其義服則婦爲舅也 夫承重則從服也 爲人後者爲所後父也 爲所後祖承重也 夫爲人後則妻從服也 妻爲夫也 妾爲君也)." 하였다.

2) 자최(齊衰)

2-1) 3년

정복(正服)은 아들이 어머니를 위한 복이고, 서자가 그 어머니를 위해서도 같으나 아버지의 후사가 되면 강복한다(其正服則子爲母也 庶子爲其母 同爲父後則降也).

가복(加服)은 적손이 아버지가 돌아가신 후 할머니 증조할머니와 고조할머니 같은 승중한 자를 위해서나, 어머니가 뒤를 이은 적자를 위해서 입는 복이다(其加服則適孫父卒 爲祖母 若曾高祖母承重者也 母爲適子當爲後者也). 『의례』 상복 소에 "분명히 어머니가 장자를 위해 입는 복은 아버지가 있고 없음에 관계없다(明母為長子 不問夫之在否也)." 하였다.

의복(義服)은 며느리가 시어머니를 위해서와 남편이 승중한 경우 남편을 따라 입는 복과 계모, 자모(慈母)를 위해서와 계모가 장자를 위해서와 첩이 남편의 장자를 위해서 입는 복이다(其義服則婦爲姑也 夫承重則從服也 爲繼母也 爲慈母也 繼母爲長子也 妾爲君之長子也).

2-2) 장기(杖朞) : 복은 자최를 입고 지팡이를 짚고 기간은 1년이다.

정복(正服)은 적손이 아버지는 돌아가시고 할아버지가 계시는데 할머니를 위한 복이다(其正服則適孫 父卒祖在 爲祖母也). 『증보사례편람』에는 우암의 말을 인용하여 "정복은 가복의 誤자다(尤庵曰正字加之誤)." 하였는데, 우암이 이재숙(載叔 : 李堉)에게 답한 글에서 "『가례』에 조부모를 위한 복은 부장기에 실려 있고 정복이라 하였는데 장기 조에서 정복이라는 것은 응당치 못하므로 일찍이 이 정자를 바로 가자의 오류라고 한 것인데 어떤지 모르겠다(爲祖父母服 載於不杖期 而謂之正服 則不應於杖期條以爲正服 故嘗以爲此正字是加字之誤也 未知如何)." 하였다. 내가 생각하기에 부장기 조는 조부모를 위한 복은 맞지만 적손이 아닌 손자가 할아버지와 할머니를 위해 복을 말하고, 자최3년 조에 할아버지가 돌아 가셨다는 표현은 없지만 적손이 할머니를 위해 가복 자최3년이라고 한 것에서 유추하면 적손의 경우는 할아버지가 살아 계시면 장기 1년이 정복이라 할 수 있다. 따라서 우암의 말은 맞지 않는 것 같다. 『상례비요』에 "증조, 고조할머니를 승중한 경우에도 같다(曾高祖母承重同)." 하였다.

강복(降服)은 아버지가 계시는데 어머니를 위해서 입는다(父在爲母). 그리고 재가한 어머니와 쫓겨난 어머니을 위한 복이다(爲嫁母 出母也). 하였는데, 아버지의 후사가 되면 복이 없다(爲父後則無服).

의복(義服)은 며느리가 시아버지가 살아계실 때 시어머니를 위해서와, 아버지가 죽고 계모가 재가할 때 따라간 자식이 계모를 위하여 입는다(婦舅在爲姑 爲父卒 繼母嫁而 己從之者也). 그리고 남편이 처를 위하여 입는다(夫爲妻也).

2-3) 부장기(不杖朞) : 복은 자최를 입고 지팡이는 짚지 않고 기간은 1년이다.

정복(正服)은 할아버지와 할머니를 위한 복이다(其正服則爲祖父母也). 딸은 시집갔어도 강복하지 않는다(女 雖適人 不降也).

가복(加服)은 적손 또는 증손자・현손자 같이 후사가 될 자를 위하여 입는다(爲適孫若曾玄孫當爲後者也). 여자로서 시집간 자가 형제로 아버지의 후사가 된 자를 위하여 입는다(女適人者爲兄弟之爲父後者也).

강복(降服)은 시집간 어머니와 쫓겨난 어머니가 그 자식을 위하여 입는다. 자식이 비록 아버지의 후사가 되어도 복이 있다(嫁母出母 爲其子 子雖爲父後猶服也).

의복(義服)은 계모가 재가할 때 자기를 따라온 전 남편의 자식을 위하여 입는다(繼母嫁而爲前夫之子從己者也). 백모, 숙모를 위해서와 남편 형제의 자식을 위하여 입는다(爲伯叔母也와 爲夫兄弟之子也). 의붓아들이 계부와 한집에 사는데 아버지와 아들이 모두 대공의 친척이 없는 경우 계부를 위하여와 첩이 적처를 위하여 입는다(繼父同居父子皆無大功之親者也 妾爲女君也). 『의례』 상복 주에 "적처는 첩에 대한 복이 없다(女君於妾無服)." 하였다.

2-4) 5월 : 자최 5월

정복(正服)은 증조할아버지와 할머니를 위한 복이고 딸은 시집갔어도 강복하지 않는다(其正服則爲曾祖父母也 女 雖適人 不降也).

2-5) 3월 : 자최 3월

정복(正服)은 고조할아버지와 할머니를 위한 복이고 딸은 시집갔어도 강복하지 않는다(其正服則爲高祖父母也 女 雖適人 不降也).

의복(義服)은 의붓아들이 계부와 한집에 살지 않는(처음에는 같이 살다가 지금은 같이 살지 않거나 혹 같이 살더라도 아들이 있거나 대공 이상의 친척이 있는 경우) 계부를 위하여 입는데, 원래부터 함께 살지 않던 계부는 복이 없다(繼父不同居者(謂先同今異 或雖同居而繼父有子 己有大功以上親者)也 其元不同居者則不服). 『의례』 상복에 "종친 남자여자는 맏 종자와 맏 종자의 어머니와 처를 위해서 자최 3월을 입는다(同宗男子 女子皆爲大宗子 並宗子母 妻齊衰三月也)." 하였다.

3) **대공**(大功) **9월**

정복(正服)은 종형제자매(백, 숙부의 자식)과 여러 손자, 손녀, 서손 승중 자를 위한 복이다(其正服則爲從父兄弟姊妹(謂伯叔父之子)也 爲衆孫男女也 爲庶孫承重者).

의복(義服)은 여러 자식의 아내, 형제 아들의 아내를 위해서와 남편의 조부모, 백숙부모, 형제 자식의 아내를 위해서 입는다. 남의 후사가 된 자의 처가 그 나아준 시부모를 위해 입는다(其義服則爲衆子婦也 爲兄弟子之婦也 爲夫之祖父母 伯叔父母 兄弟子之婦也 夫爲人後者其妻 爲本生舅姑也).

4) **소공**(小功) **5월**

정복(正服)은 할아버지의 형제 자매, 형제의 손자 손녀, 아버지의 4촌 형제 자매, 4촌 형제의 자식, 6촌 형제 자매 및 외할아버지 할머니, 외숙, 생질, 이모를 위해 입는다 여자는 자매의 자식을 위해 입는다(其正服則爲從祖祖父 從祖祖姑(謂祖之兄弟姊妹)也 爲兄弟之孫 爲從祖父從祖姑(謂父之從父兄弟姊妹)也 爲從父兄弟之子也 爲從祖兄弟

姊妹(謂從祖父之子 所謂再從兄弟姊妹)也 爲外祖父母(謂母之父母)也 爲舅(謂母之兄弟)也 爲甥(謂姊妹之子)也 爲從母(謂母之姊妹)也 女爲姊妹之子).

의복(義服)은 할아버지 형제의 아내, 남편 형제의 손자, 당숙모, 남편의 4촌 형제의 자식, 남편의 고모 자매를 위해 입는다(其義服則爲從祖祖母也 爲夫兄弟之孫也 爲從祖母也 爲夫從兄弟之子也 爲夫之姑姊妹也). 딸이 형제와 조카의 아내를 위하여와 동서를 위하여 입는다(女爲兄弟姪之妻(已適人亦不降)也 爲娣姒婦(謂兄弟之妻相名 長婦謂次婦曰娣婦 娣婦謂長婦曰姒婦)也). 서자가 적모의 부모형제자매를 위하여와 어머니가 쫓겨났을 경우 계모의 부모형제자매를 위하여 입는다(庶子爲適母之父母兄弟姊妹(適母死則不服)也 母出則爲繼母之父母兄弟姊妹也). 자기를 젖을 먹여 길러준 서모를 위하여 입는다(爲庶母之慈己者(謂庶母之乳養己者)也). 적손 또는 증손·현손으로서 후사 될 자의 아내를 위하여 입는다(그 시어머니가 살아 있으면 입지 않는다)(爲適孫若曾玄孫之當爲後者之婦(其姑在則否)也). 형제의 처와 남편의 형제를 위해 입는다(爲兄弟之妻也 爲夫之兄弟也). 어머니는 같으나 아버지가 다른 형제자매를 위하여 입는다(爲同母異父之兄弟姊妹也). 『증보사례편람』에는 어머니는 같으나 아버지가 다른 형제자매를 위한 복이 대공조에 보이고, 그 설명에 "『가례』에는 어머니는 같으나 아버지가 다른 형제자매를 위한 복이 소공조에 보이지만 부주에 회암(주자) 선생의 『의례경전』 보복조에 의거하여 대공조에 넣음이 마땅하고 『상례비요』에 역시 채택하였기로 여기로 옮겨 놓는다(家禮 同母異父兄弟姊妹一段 在小功條而附註 據先生 儀禮 經傳補服條 以爲當添於大功而備要 亦採之故 移置于此)." 하였는데, 내가 살펴보니 『상례비요』의 대공조에 『의례경전』의 보복조에는 어머니는 같으나 아버지가 다른 형제를 위해 입는다(爲同母異父之兄弟)고 되어 있으니 참고하라는 것이고, 어머니는 같으나 아버지가 다른 형제자매를 위해 입는 복은 실제 소공조에 있다. 따라서 『상례비요』에서 채택했기 때문에 여기로 옮겨놓는다는 것은 맞지 않는 듯하고 여러 본의 『가례』 및 『가례의절』에서 어머니는 같으나 아버지가 다른 형제자매를 위해 입는 복은 모두 소공조에 보인다.

5) 시마(緦麻) 3월

정복(正服)은 증조할아버지의 형제, 자매, 형제의 증손 , 할아버지의 4촌 형제, 자매, 4촌 형제의 손자, 재종(7촌)숙, 재종고모, 6촌 형제의 아들, 8촌 형제, 증손, 현손, 외손, 이모의 자식, 고모의 자식, 외숙의 자식을 위해 입는다(其正服則爲族曾祖父族曾祖姑(謂曾祖之兄弟姊妹)也 爲兄弟之曾孫也 爲族祖父族祖姑(謂族曾祖父之子)也 爲從父兄弟之孫也 爲族父族姑(謂族祖父之子)也 爲從祖兄弟之子也 爲族兄弟姊妹(謂族父之子所謂三從兄弟姊妹)也 爲曾孫玄孫也 爲外孫也 爲從母兄弟姊妹(謂從母之子)也 爲外兄弟(謂姑之子)也 爲內兄弟(謂舅之子)也).

강복(降服)은 서자로서 아버지의 후자가 된 자가 그 어머니를 위해 입는다(그 어머니의 부모 형제자매에 대해서는 복이 없다)(其降服則庶子爲父後者爲其母 (爲其母之父母兄弟姊妹則無服)也).

의복(義服)은 증조할아버지 형제의 아내, 남편 형제의 증손, 할아버지 4촌 형제의 아내, 남편 4촌 형제의 손자, 제종숙모, 남편 6촌 형제의 자식, 8촌 형제의 아내, 서손의 아내, 서모(아버지의 첩으로 아들이 있는 자), 유모, 사위, 처의 부모, 남편의 증조, 고조, 남편 할아버지의 형제와 그 아내, 남편 할아버지의 자매(왕고모), 형제 손자의 아내, 남편 형제 손자의 아내, 남편 아버지의 4촌 형제와 그 아내(남편 종숙부모), 남편 아버지의 4촌 자매(남편의 종고모), 4촌 형제 아들의 부인, 남편 4촌 형제 아들의 부인, 남편 4촌 형제의 부인, 남편의 4촌 자매, 남편의 외조부모, 남편의 이모와 외숙, 외손부, 여자가 자매의 며느리, 생질의 아내, 외숙모를 위하여 입는 복이다(其義服則 爲族曾祖母也 爲夫兄弟之曾孫也 爲族祖母也 爲夫從兄弟之孫也 爲族母也 爲夫從祖兄弟之子也 爲庶孫之婦也 爲庶母(謂父妾之有子者)也 爲乳母也 爲壻也 爲妻之父母也 爲夫之曾祖高祖也 爲夫之從祖祖父母也 爲夫之從祖祖姑 爲兄弟孫之婦也 爲夫兄弟孫之婦也 爲夫之從祖父母也 爲夫之從祖姑 爲從父兄弟子之婦也 爲夫從父兄弟子之婦也 爲夫從父兄弟之妻也 爲夫之從父姊妹 爲夫之外祖父母也 爲夫之從母及舅也 爲外孫婦也 女爲姊妹之子婦也 爲甥婦也 爲舅之妻).

❑ 상복(殤服)

어린 나이에 죽은 경우 복을 입는 것을 말하는데, 『가례』에

- **장상(長殤)** : 나이 19세에서 16세까지(凡年十九至十六爲長殤)
- **중상(中殤)** : 15세에서 12세까지(十五至十二爲中殤)
- **하상(下殤)** : 11세에서 8세까지(十一至八歲爲下殤) 이다.

"무릇 상(殤)을 위한 복은 차례로 한 등급씩 내린다(凡爲殤服은 以次降一等)." 하였고,

8세가 못 되면 무복(無服)의 상(殤)이니, 하루를 한 달로 쳐서 곡을 한다(不滿八歲 爲無服之殤 哭之以日易月).

남자가 장가를 들었거나 여자가 허혼을 하였으면, 모두 상(殤)이 되지 않는다(男子已娶 女子許嫁 皆不爲殤).

❑ 강복(降服) : 모두 한 등급 강복한다.

남자로서 남의 후사가 된 자가 자기의 낳아준 어버이를 위해 입는 복

여자로서 시집간 자가

자기를 낳아준 어버이가 남의 후사로 간 남자나, 시집간 딸을 위해서 입는 복이다

『가례』에 "남자로서 남의 후사가 된 자나 여자로서 시집간 자가 자기의 낳아준 어버이를 위해 입는 복으로 모두 한 등급씩 강복한다. 자기를 낳아준 어버이가 남의 후사로 간 경우에도 역시 그러하다(凡男爲人後 女適人者 爲其私親 皆降一等 私親之爲之也 亦然)." 하였다.

❑ 심상(心喪)

비록 복이 짧거나 복이 없는데 마음의 슬픔에 삼년상을 지내는 것처럼 한다.

스승을 위하여 입는다. 『예기』 단궁에 "스승을 위하여 심상 삼년을 지낸다(爲師心喪三年)." 하였다. 그리고 "공자의 상을 당해 문인들이 복 입는 바를 의심하니 자공(子貢)이 이르되 옛날에 스승께서 안연의 상에 마치 자식의 상처럼 하였으나 무복(無服)이었고, 자로(子路)의 상에 또한 그러하셨다. 청컨대 스승의 상은 아버지의 상을 당한 것처럼 하되 복은 없도록 하자(孔子之喪 門人疑所服 子貢曰 昔者夫子之喪顔淵 若喪子而無服 喪子路亦然 請喪夫子若喪父而無服)." 하였다. 『증보사례편람』에 우암의 말을 인용하여 "스승의 심상에는 한 가닥의 환질(環絰)에 백포건(白布巾)을 쓰고 흰 배적삼을 입는 것을 조복가마(吊服加麻)라하고, 띠는 베나 면이 모두 무방하다((尤庵)曰 師服 以單股 環絰 白布巾 並著白布衫 謂之吊服加麻 帶則或布或綿 皆無所妨)." 하였다. 살펴보건대 우암의 말은 『송자대전』 권 80에 윤여

랑(尹汝良)에게 답한 글에 나온다.

붕우를 위해서 입는다. 『의례』 상복에 "붕우를 위해서는 마복을 입는다(朋友麻)." 하였고, 그 주에 "붕우는 비록 친족 관계는 아니나 도(道)를 같이하는 은혜가 있으므로 서로를 위하여 시복(緦服)의 질대(絰帶) 차림을 한다(朋友雖無親 有同道之恩 相爲服緦之絰帶)." 하였다. 『격목요결』에 "벗을 위한 심상은 비록 가장 중하게 입는다고 하더라도 3개월을 넘기지 않는다(友則雖最重 不過三月)." 하였다.

아버지 살아계실 때 어머니를 위하여 입는다. 『의례』 사상례에 "아버지 살아 계실 때 자식은 어머니를 위하여 강복하여 기년복을 입지만 마음으로는 아버지와 동등하게 심상 삼년이다(子於母屈而期 心喪猶三年)." 하였다. 『상례비요』에는 "적모, 계모도 같다(嫡母繼母同)." 하였고, 『증보사례편람』에는 "慈母도 같다(慈母 同)." 하였다. 살펴보건대 『의례』 상복에 "慈母는 첩으로서 아들이 없는 자와 첩의 자식으로 어머니가 없는 자에게 아버지가 첩에게 명하여 네가 자식으로 삼아라하고 자식에게 명하여 어머니로 삼아라(慈母者 何也 妾之無子者 妾子之無母者 父命妾曰 女以爲子 命子曰 女以爲母). 한 어머니를 慈母라 한다."

『증보사례편람』에 "적손이 할아버지 살아계실 때 할머니를 위해서 증조 고조 할머니(증조할아버지가 살아계실 때)도 동일하다(適孫 祖在 爲祖母 曾高祖母(謂曾高祖在者) 同)." 하였다

『증보사례편람』에 "서자로서 아버지의 후사가 되어 그 어머니를 위하여(庶子爲父後者 爲其母)와 부모가 살아계실 때 길러준 부모를 위하여(父母在 爲養父母) 입는다." 하였다.

『증보사례편람』에 "아버지의 뒤를 이은자가 쫓겨난 어미와 시집간 어미를 위해 비록 복은 없어나 역시 심상 3년을 산다(爲父後者 爲出

母嫁母 雖無服 亦伸三年).” 하였다

『상례비요』에 “부인이 시아버지가 계실 때 시어머니를 위하여 남편이 승중하였거나 뒤를 이은 바도 동일하며, 남편의 원래 낳은 부모, 쫓겨난 어머니와 시집간 어머니를 위해서와 서자로 아버지의 후사가 된 자의 처가 남편을 낳은 어머니를 위하여도 같다(舅在爲姑夫承重及所後同 爲夫之本生父母 及嫁母出母 庶子爲父後者之妻爲其夫所生母同).” 하였다.

股 : 넓적다리 고, 사물의 일부분(單股 : 한 가닥), 고 고(직각삼각형의 직각을 이루는 긴변, 짧은변은 句, 빗변은 弦이라 함)

附錄(부록) II

복식(服式)

1) 상의(衣)

윗옷(衣)는 몸통(衣身), 소매(袂), 소맷부리(袪), 의대(衣帶), 옷깃(衽)으로 구성되며, 그 위에 부(負), 적(適), 최(衰)를 붙인다. 그 중 최를 가지고 상복을 부르는 일반적인 이름이 된 것이다. 『의례』 상복에 "옷은 2자 2치이다(衣 二尺有二寸)." 하였고, 그 주에 "이것은 소매 속을 말한다. 옷이라는 것은 몸에 따라 차이가 있음이 분명하고 2자 2치는 그 소매가 충분히 보통 사람의 팔뚝을 허용한다. 옷은 깃에서 허리까지 2자 2치로 그것을 배로 하면 4자 4치, 활중(闊中)(중앙을 제거하여 목을 편안하게 한 것) 8치를 더하여 또 그것을 배로 하면, 무릇 옷은 베 1길(丈) 4치를 사용한다(此謂袂中也 衣者 明與身參齊 二尺二寸 其袖足以容中人之肱也 衣自領至要二尺二寸 倍之四尺四寸 加闊中八寸 而又倍之 凡衣用布一丈四寸)." 하였다. 『의례』 상복에 "무릇 최(衰)는 삭폭(削幅)을 밖으로 한다(凡衰 外削幅)." 하였다. 그 주에 "우선 윗옷을 만들 줄 알아서 폭을 밖으로 잘라 몸에 편하다(先知爲上 外殺其幅 以便體也)." 하였고, 아울러 "후세에 성인이 바꾸어서 이를 상복으로 삼았다(後世聖人易之 以此爲喪服).” 하였다. 『상례비요』에 부인의 경우 “『가례』에 따라 대수(大袖)와 장군(長裙)을 만든다(或依家禮爲大袖長裙).” 하면서 대수는 『국조오례의』에 따르면 “우리나라의 장삼(長衫)이다(卽本國長衫也).” 하였다.

- **소매(袂)** : 『의례』 상복에 “소매는 폭을 붙인다(袂 屬幅).” 하였는데, 그 주에 “촉은 이음(連)과 같다. 폭을 이음은 잘라내지 않음을 말한다(屬猶連也 連幅 謂不削).” 하였고, 그 소에 “폭을 붙임은 정폭(整幅) 2자 2치를 말한다. 무릇 베를 사용함에 모두 폭의 가장자리 1치를 제거하여 봉쇄(縫殺 바느질자리)로 하는데, 이제 폭의 가장자리를 잘라버리지 않고 정폭을 취하여 소매로 함은 윗옷(衣)의 2자 2치와 같게 하고자 함이니, 가로 세로 모두 2자 2치의 정방형이다(屬幅者 謂整幅二尺二寸 凡用布爲衣物及射侯 皆去邊幅一寸 爲縫殺 今此屬連其幅 則不削去其邊幅 取整幅爲袂 必不削幅者 欲取與下文衣二尺二寸同 縱橫皆二尺二寸 正方者也).” 하였다.
- **소맷부리(袪)** : 『의례』 상복에 “거(袪)는 1자 2치이다(袪 尺二寸).” 하였는데, 그 주에 “거(袪)는 소맷부리(袖口)이다. 1자 2치는 충분히 보통 사람의 양손을 용납한다(袪 袖口也 尺二寸 足以容中人之並兩手也).” 하였고 그 소에 “거(袪)가 소맷부리라는 것은 소맷자락(袂) 끝의 소매에 이어지는 부분이다. 1자 2치는 겹쳐 놓은 데 근거하여 말함이니, 둘레는 2자 4치로 심의의 소맷부리와 동일하다(袪 袖口也者 則袂末接袪者也 云尺二寸者 據複攝而言 圍之則二尺四寸 與深衣之袪同).” 하였다.
- **의대(衣帶)** : 『의례』 상복에 “의대(衣帶)는 아래로 1자다(衣帶 下

尺).” 하였고, 그 주에 “의대가 아래로 1자라는 것은 허리이다. 너비 1자면 치마 위의 끝부분을 가리기에 충분하다(衣帶下尺者 要也 廣尺 足以掩裳上際也).” 하였다. 그리고 그 소에 “대(帶)라고 한 것은 옷을 두른다의 대(帶)를 말하는 것이지 대대(大帶)나 혁대(革帶)가 아니다(帶者 此謂帶衣之帶 非大帶 革帶者也).” 하였다. 내 생각에 주에 의하면 의대가 아래로 한 자인데 허리를 의미하고 이것은 그 소에 대대나 혁대의 대가 아니고 허리부분에 해당하는 윗옷을 의미한다고 할 수 있다. 부인의 복에는 없다

- **임(衽)** : 『의례』 상복에 “임은 2자 5치다(衽 二尺有五寸).” 하였고, 그 주에 “임은 치마의 가장자리를 가리는 것이다. 위쪽 정방형이 1자이고 연미(燕尾)는 2자 5치이니, 무릇 베 3자 5치를 쓴다(衽 所以掩裳際也 上正一尺 燕尾二尺五寸 凡用布三尺五寸).” 하였다. 그리고 그 소에 베 “3자 5치를 써서 두 가닥의 임을 얻는다. 임은 각각 2자 5치이니, 두 가닥 모두 베 3자 5치를 쓴다. 이와 같이 한 뒤에 양 곁을 모두 의(衣)에 연결하여 아래로 향하게 드리워 치마 가장자리를 가린다(用布三尺五寸 得兩條衽 衽各二尺五寸 兩條共用布三尺五寸也 然後兩旁皆綴於衣 垂之向下掩裳際).” 하였다. 『증보사례편람』에 임을 재단하는 도식을 살펴보면 “베 2폭 각 길이 3자 5치를 써서, 매폭 위는 좌측의 1자 아래에서 6치를 재단해 들어가고, 아래는 오른쪽 옆 한 자 위에서 6치를 재단해 들어가 다시 끝나는 곳에서 서로 마주보도록 비스듬히 재단한다. 넓은 쪽에서 위를 향해 겹쳐 베의 가장자리가 밖에 있어 서로 교차시켜 덮어 가려(交暎) 제비꼬리와 같이 아래로 드리우고, 옷(衣)의 양 옆 겨드랑이 아래에 꿰매 합친다(用布二幅各長三尺五寸 每幅上於左旁一尺之下 裁入六寸 下於

右旁一尺之上 亦裁入六寸 便於盡處 相望斜裁 以廣頭 向上疊之 布邊 在外交暎 垂之如燕尾狀 沓綴於衣兩旁腋下).” 하였다. 부인의 복에는 없다.

- **부판(負版)** : 부는 상복의 등에 덧붙여 드리운 것으로 『의례』 상복에 “부(負)의 너비는 적보다 1치가 더 나온다(負 廣出於適寸).” 하고, 그 주에 “부는 등 위에 있는 것이다. 적은 벽령이고, 부는 벽령의 바깥 곁으로 1치 더 나온다(負 在背上者也 適 辟領也 負出於辟領外旁一寸).” 하였다. 그 소에 “사각형(方形)의 베로써 등 위에 놓고 윗부분은 바느질하여 깃을 드러내고, 아랫부분은 그대로 드리워 놓는다. 등 위에 있으므로 부판이라는 이름을 얻었다(以一方布置於背上 上畔縫著領 下畔垂放之 以在背上故得負名).” 하였고, “부가 등 위에 있는 것은 그 비통함과 슬픔을 진 것이 등에 있음이다(負在背上者，荷負其悲哀在背也).” 하였다.

- **벽령(辟領)** : 『의례』 상복에 “적(適)은 너비(博)가 4치인데, 최(衰)에서 나온다(適 博四寸 出於衰).” 하였다. 앞의 부판의 설명에서 적(適)은 벽령이다. 하였고 적을 설명하는 주에 “벽령의 너비가 4치이면 활중(闊中)과 함께 8치이고, 두배로 하면 1자 6치이다(辟領廣四寸 則與闊中八寸也 兩之爲尺六寸也).” 하였다. 『의례』 상복의 衰를 설명한 소에 “적이란 슬픔의 정이 오직 부모에게로 향하여 가므로 다른 일을 겸하여 생각하지 못함이다(適者 以哀戚之情 指適緣於父母 不兼念餘事).” 하였다.

- **최(衰)** : 『의례』 상복에 “최는 길이 6치, 너비 4치이다(衰 長六寸 博四寸).” 하였고, 그 주에 “너비와 길이가 심장 부분에 해당한다. 앞에는 최가 있고 뒤에는 부판이 있고 좌우에는 벽령이 있

으니, 효자의 슬픈 마음이 있지 않는 곳이 없다(廣袤當心也 前有衰 後有負板 左右有辟領 孝子哀戚無所不在).” 하였다. 그리고 그 소에 “바깥 옷섶(衿)의 위에 꿰매어 달기 때문에 너비와 길이가 심장 부위에 해당한다(綴於外衿之上 故得廣長當心).” 하였다.

> 袂 : 소매 몌, 袪 : 소맷부리 거, 削 : 얇게 깎을 삭, 疊 : 겹칠 첩, 沓 : 합칠 답, 袤 : 길이 무

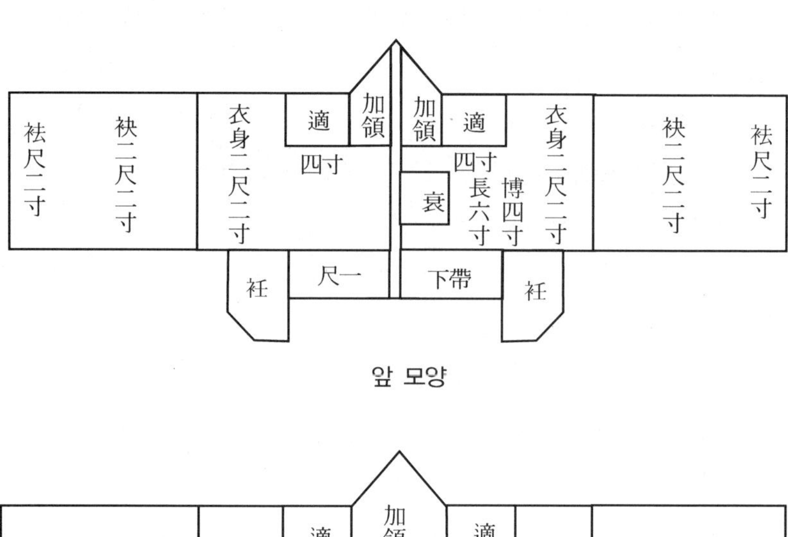

앞 모양

袪
袂
衣身
適
加領
負版
八寸
方尺
尺下帶
衽

뒷 모양

2) 상(裳)

『의례』 상복에 "무릇 최(衰)는 삭폭(削幅)을 밖으로 하고, 치마는 삭폭을 안으로 하며, 폭(幅)마다 3번 주름을 잡는다(凡衰 外削幅 裳內削幅 幅三袧)." 하였고, 그 주에 윗옷 설명에 이어 "뒤에 아랫도리를 만들 줄 알고는 삭폭을 안으로 하여 조금 장식을 두었다(後知爲下內殺其幅 稍有飾也)." 하였다. 그리고 "주름은 양 가장자리를 접고 가운데를 비워놓은 것을 말하는데 제복과 조복은 수없이 여러 번 접는데 무릇 치마는 앞이 3폭이고 뒤가 4폭이다(袧者 謂辟兩側 空中央也 祭服朝服 辟積無數 凡裳 前三幅 後四幅也)." 하였다. 그리고 그 소에 "폭(幅)마다 3번 주름을 잡는다는 것은 치마에 의거하여 말한 것으로 치마를 만드는 법은 앞이 3폭이고 뒤가 4폭으로 폭마다 모두 세 번 접으면 7폭으로 베의 폭이 2자 2치가 된다. 폭마다 모두 양 가장자리를 각기 1치씩을 제하여 삭폭(削幅)을 하면 이칠 십사 1 길 4자 이다. 만약 그 허리 가운데(腰中)를 접지 않으면 몸을 묶지 못한다. 그러므로 모름지기 그 허리 가운데를 접어야 한다. 허리 가운데의 넓고 좁음은 사람의 크기에 달려 있기 때문에 주름의 접는 것은 치수의 다소는 말하지 않고 다만 폭마다 셋으로 한정할 뿐이다(幅三袧者 據裳而言 爲裳之法 前三幅後四幅 幅皆三辟 攝之以其七幅 布幅二尺二寸, 幅皆兩畔各去一寸 爲削幅則二七十四 丈四尺 若不辟積 其要中則束身不得就 故須辟積其要中也 要中廣狹 任人麤細 故袧之 辟攝亦不言寸數多少 但幅別以三爲限耳)." 하였다. 『상례비요』에 부인의 경우 『가례』에 따라 장군(長裙)을 쓰기도 하며, 『국조오례의』에 "우리나라의 장삼, 장군이 바로 치마(裳)다(本國長衫長裙卽裳)." 하였다.

褠 : 주름 구, 辟 : 포갤 벽, 접을 벽.

3) 효대(絞帶)

『가례』에 참최의 "효대(絞帶)는 씨 있는 삼줄(麻繩) 한 가닥을 사용하는데, 크기는 요질(腰絰)의 반이다. 가운데를 접어 두 가닥을 각기 한 자 정도로 만들어 합하면 크기가 질(絰)과 같은데 허리를 둘러 왼편에서 뒤를 지나 앞에 와서 그 오른쪽 끝을 두 가닥 사이에 넣고 뒤집어 오른쪽에 꽂아서, 질(絰) 아래로 둔다(絞帶 用有子麻繩一條 太半腰絰 中屈之爲兩股 各一尺餘 乃合之 其大如絰 圍腰 從左過後至前 乃以其右端 穿兩股間 而反插於右 在絰之下)." 하였고, 자최의 "효대는 베(布)로 만드는데, 오른쪽 끝을 한 자 정도 접는다(絞帶以布爲之 而屈其右端尺餘)." 하였다. 『의례』 상복 주에 "효대는 혁대(革帶)를 본뜬 것으로 자최 이하는 베를 사용한다(絞帶 象革帶 齊衰以下用布)." 하였다. 그 소에 잠최는 "저마로 효대(絞帶)를 한다(以苴麻爲絞帶)." 하였다. 『의례』 상복 소에 "삼을 꼬아 줄을 만들어 띠를 만들기 때문에 효대라 한다(以絞麻爲繩作帶 故云絞帶)." 하였다.

4) 중의(中衣)

중의는 상복 안에 입는 옷이다. 『의례』 상복의 소에 "연은 상복 안에 입는 중의를 말하는데 연은 베를 사용한다(緣謂喪服之內中衣 緣用布)." 하였고, "심의는 윗옷과 치마를 연결한 것으로 채색으로 가선을 두르는데, 흰색의 가선을 두른 것을 장의(長衣)라 하고, 겉(表)이 있으면 중의라 한다. 이것이 이미 상복 내에 있으면 바로 중의일 것이다(深衣 連衣裳而純之以采 素純曰長衣 有表則謂之中衣 此旣在喪服之內 則是中衣矣).” 하였다. 『상례비요』에 “옛날의 심의로 최를 받쳐 입는 것이다(古深衣 所以承衰者).” 하였고, “비록 참최라도 심의는 역시 가장자리에 베로 가선을 댄다(雖斬衰 深衣亦以布緣邊).” 하였다.

5) 관(喪冠)

『의례』 상복 소에 “당우 이전에는 길흉이 같은 복장이고 오직 백포의와 백포관이 있었을 뿐이다. 그러므로 정현이 주에 백포관으로 상관을 삼았다고 하였고 또 살펴보건대 삼왕 이래에 당우의 백포관으로 상관을 삼았다(唐虞已上 吉凶同服 惟有白布衣 白布冠而已 故鄭注云白布冠爲喪冠 又案三王以來 以唐虞白布冠爲喪冠).” 하였다.

『가례』 복제조 참최 3년 설명에 “관은 윗옷과 치마에 비하여 조금 가는 베를 사용하고 종이와 풀로 재료를 삼으며 너비는 3치이고 길이는 정수리 앞뒤로 걸칠 수 있게 하며, 베로 감싸 3개의 주름(輒)을 만드는데, 모두 오른쪽을 향하게 하여 세로로 꿰맨다. 삼(麻) 끈 한 가닥을 사용하여 이마 위에서부터 둘러매어 정수리 뒤쪽에서 교차시켜 앞으로 지나 각각 귀에 이르러 매듭을 지어 무(武)로 삼는다. 관의 양쪽 끝머리 부분을 접어서 무의 안으로 넣고는 밖으로 향해 반대로 접어서 무에 꿰맨다. 무의 나머지 끈은 아래로 늘어뜨려 영(纓)으로 하여 턱 아래에서 묶는다(冠比衣裳 用布稍細 紙糊爲材 廣三寸 長足跨頂前後 裹以布爲三輒 皆向右 縱縫之 用麻繩一條 從額上約之 至頂後交過前各至耳結之以爲武 屈冠兩頭入武內向外反屈之 縫於武 武之餘繩垂下 爲纓 結於頤下).” 하였다. 그런데 상복 소에는 “관의 너비는 2치이고, 정수리 앞뒤로 내려 양쪽 끝을 모두 무(武) 아래에 두고, 밖을 향해 내어서 반대로 접어 무에 꿰매어 만드는데, 양쪽 끝의 꿰매어 마무리한 곳(畢)이 밖을 향하기 때문에 외필이라 한다(冠廣二寸 落頂前後 兩頭皆在武下 鄉外出 反屈之 縫於武而爲之 兩頭縫 畢鄉外 故云外畢)." 하였다. 『가례』는 관의 폭이 3치이고 『의례』 상복에는 2치라 하여 다른 것은 『가례』가 『서의』에 따랐기 때문으로 『서의』 오복제도에 "관은 최포와 비교하여 조금 가는 베를 쓰고 너비는 3치이다(冠比衰布稍細 廣三寸)." 하였다. 자최의 "관은 베로 무와 영을 만들고(冠以布爲武及纓)", 소공 이하에는 "왼쪽으로 향하도록 꿰맨다(冠左縫)." 하였다.

『예기』 단궁에 "상관은 유(緌)를 하지 않는다(喪冠不緌)." 하였고, 그 주에 "장식을 제거함이다(去飾)." 하였다. 오복과 상관의 제도는 관에 끈으로 된 영의 가닥을 붙이고 기워, 바깥쪽으로 마무리를 하고, 관의 주름이 셋이고 폭은 2치로 모두 같으나, 상이 무겁고 가벼움은 거칠고 가는 승수에 차이를 두고, 영의 가닥을 붙일 때는 오른쪽으로 붙이거나 왼쪽으로 붙이고 깨끗하게 잿물을 쓰거나 쓰지 않는 차이가 있다. 부인의 경우 관이 없고 대나무 비녀(竹簪)으로 머리를 고정하며 길이는 5-6치가 된다. 모상의 경우는 개암나무 비녀를 쓴다.

> 糊 : 풀 호, 跨 : 넘을 과, 輒 : 주름 첩, 武 : 康熙字典에 冠卷曰武, 緌 : 갓 끈 유

6) 효건(孝巾)

상중에 착용하는 베로 된 두건의 일종으로 거친 베로 두건을 만든다. 『상례비요』에 "오복(五服)과 시자(侍者)들이 쓰는 것이다(五服及侍者所着)." 하고, "우리나라 풍속 예는 상관 아래에 효건(孝巾)을 쓰는데, 비록 예의 뜻은 아니지만 『가례의절』에 또한 있으니 시속을 따

라도 무방하다(國俗例 於喪冠下施此孝巾 雖非禮意 儀節 亦有之從俗無妨).” 하였다.

7) 수질(首絰)

『의례』 상복 주에 “무릇 服은 위는 최(衰)라하고 아래는 상(裳)이라하고 삼(麻)은 머리에도 있고 허리에도 있는데, 모두 질(絰)이라 한다. 질(絰)은 충실하다(實)란 말로 효자에게 충실한 마음이 있음을 밝힘이다. 수질(首絰)은 치포관의 규항(頍項)을 본떴고, 요질(腰絰)은 큰 띠(大帶)를 본떴다(凡服 上曰衰 下曰裳 麻在首 在要皆曰絰 絰之言實也 明孝子有忠實之心 首絰象緇布冠之缺項 要絰象大帶).” 하였다. 내가 살펴보건대 규항은 규로 머리를 감싸 끈을 턱 밑에 매는 것을 말한다. 마(麻)가 머리에 있거나 허리에 있는 것을 모두 질이라고 하는데, 그것을 구분하여 말하면 머리에 두르는 것은 질(絰)이라 하고, 허리에 두르는 것은 대(帶)라고 한다. 『예기』 단궁에 “질이라는 것은 충실하다는 것이다(絰也者 實也).” 하고 그 주에 “슬픔을 드러내는 것이다(所以表哀戚).” 하였다. 질의 크기는 참최 저질을 한줌으로 시작하여 복이 가벼워질수록 그 5분의 1 씩을 버리고 만든다. 『의례』 상복에 “저질(참최의 질)은 한 움큼으로 만드는데 뿌리 쪽을 왼쪽으로 하고 아래에 있게 한다. 여기에서 5분의 1을 감하여 참최복의 대(帶)를 만든다. 자최복의 絰은 참최복의 帶와 같은 분량의 삼으로 하며, 여기에서 5분의 1을 감하여 자최복의 帶를 만든다. 대공복의 질은 자최복의 대와 같은 분량의 삼으로 하며, 여기에서 5분의 1을 감하여 대를 만든다. 소공복의 질은 대공복의 대와 같은 분량의 삼으로 하며, 여기에서 5분의 1을 감하여 대를 만든다. 시마복의 질은 소공복의 대와 같은 분량의 삼으로 하며, 여기에서 5분의 1을 감하여 대를 만든다(苴絰大搹 左本在下 去五分一以爲帶 齊衰之絰 斬衰之帶也 去五分一以爲帶 大功之絰 齊衰之帶也 去五分一以爲帶 小功之絰 大功之帶也 去五分一以爲帶 緦麻之絰 小功之帶也 去五分一以爲帶).” 하였는데, 이에 대한 주에 “한 움큼에 가득 차는 것을 격(搹)이라고 한다. 격은 손으로 잡는 것(扼)이다. 보통 사람의 손의 둘레는 9치이다. 5분의 1씩 감하여 줄여 나가는 것은 오복(五服)의 수를 상징한 것이다(盈手曰搹 搹 扼也 中人之扼 圍九寸 以五分一爲殺者 象五服之數也).” 하였다.

『가례』 복제 설명에 참최의 “수질(首絰)은 씨 있는 삼(苴麻)로 만드는데, 둘레가 9치이다. 삼의 밑동(麻本)은 왼쪽에 있는데, 이마 앞쪽에서부터 오른쪽을 향해 둘러, 머리의 뒤를 지나 그 끝을 밑동 위에 올린다. 또 끈(繩)으로 영(纓)을 만들어 관(冠)의 제도처럼 고정한다(首絰以有子麻爲之 其圍九寸 麻本在左 從額前向右圍之 從頂過後 以其末加於本上 又以繩爲纓以固之 如冠制).” 하였다. 자최의 “수질은 씨 없는 삼으로 만드는데, 크기가 7치 남짓이다. 밑동은 오른쪽에 있는데, 끝을 밑동 아래에 묶고, 포(布)로 영(纓)을 한다(首絰 以無子麻爲之 大七寸餘 本在右 末繫本下 布纓).” 하였고, “대공(大功)은 5치 남짓, 소공(小功)은 4치 남짓이며, 시마(緦麻)는 3치로, 숙마(熟麻)를 사용한다(大功 首絰 五寸餘 小功 首絰 四寸餘 緦麻 首絰 三寸餘 用熟麻).” 하였다. 『상례비요』에 “참최에는 삼의 밑둥을 왼쪽에 놓고 이마 앞에서 오른쪽으로 돌려 와서 그 끝을 밑둥 위에 올려 놓고, 자최 이하는 삼의 밑둥을 오른쪽에 놓고 이마 앞에서 왼쪽으로 돌려 와서 그 끝을 밑둥 아래에 넣어 묶은 다음, 또 가느다란 노끈으로 갓끈을 만들어 고정시키는데, 갓끈은 아래로 드리워 턱밑에서 묶는다. 자최 이하는 삼베를 쓰는데, 방법은 마찬가지이다(斬衰 麻本在左 從額前向

右圍之 以其末加於本上 齊衰 麻本在右 從額前向左 末繫本下 又以細繩爲纓而 固之垂下而結於頤下 齊衰以下用布亦如之).” 하였다.

『의례』 상복 주에 “질(絰)에 영(纓)이 있음은 무겁기 때문이다. 대공 이상은 질에 영이 있고, 소공 이하는 질에 영이 없다(絰有纓者 爲其重也 自大功以上絰有纓 以一條繩爲之 小功已下絰無纓也).” 하였고 그 소에 “질에 영(纓)이 있음은 질(絰)을 고정하는 것으로 관에 영이 있어 관을 고정하는 것같이 턱 아래에서 묶는다(絰之有纓 所以固絰 猶如冠之有纓 以固冠 亦結於頤下也).” 하였다.

純 : 가선 준, 頍 : 머리들 규, 머리장식 규(치포관은 관을 고정시키는 비녀가 없으므로 머리를 감싸는 규로서 관이 벗겨지지 않게 한다.) 缺 : 머리띠 규(상복 소에 사관례의 치포관 설명을 인용하여 缺項은 頍項 이라 하였다.), 苴 : 열매가 여는 삼 저, 搹 : 쥘 격, 扼 : 움킬 액, 頂 : 머리 정

8) **요질**(腰絰)

요질은 허리에 있는 질로 수질에서 언급한 것처럼 달리 대(帶)라고 한다. 『가례』에 참최의 “요질(腰絰)은 크기가 7치 남짓이며, 두 가닥을 서로 꼬아 양쪽 끝을 묶어, 각기 삼의 밑동을 남겨서 3자를 흩어 드리운다. 서로 묶은 곳의 양쪽 곁에는 각기 가는 줄(繩)을 매어 연결한다(腰絰大七寸有餘 兩股相交 兩頭結之 各存麻本 散垂三尺 其交結處兩旁 各綴細繩繫之).” 하였고, 자최의 “요질은 크기가 5치 남짓이다(腰絰大五寸有餘).” 하였으며, “대공은 4치 남짓(四寸餘), 소공은 3치 남짓(三寸餘), 시마는 2치 남짓으로 숙마(熟麻)를 사용한다(二寸 並用熟麻).” 하였다. 『의례』 사상례에 “요질은 그것(수질)보다 작

고 요질의 띠를 흩어 드리우는 길이는 3자이다(要絰小焉 散帶垂 長三尺).” 하였고, 그 주에 “요질이 그것보다 적은 것은 다섯으로 나누어 하나를 버린다(要絰小焉 五分去一).” 하였고, “띠를 흩어 드리우는 것은 남자의 도리인데, 꾸밈에 변화가 많음이다(散帶之垂者 男子之道 文多變也).” 하였다. 그리고 그 소에 “이 소렴의 질(絰)은 삼(麻)을 흩어 드리웠다가 사흘 만에 성복(成服)할 때 묶는다(此小斂絰 有散麻帶垂之至三日成服 絞之).” 하였다.

『의례』 사상례에 “부인의 대는 숫마(牡麻)로 밑동을 묶는다(婦人之帶 牡麻 結本).” 하였고, 그 주에 “부인 역시 저질(苴絰)인데 다만 띠(帶)라고 말하는 것은 그 다름을 기록함이다. 이는 자최의 부인복이나, 참최의 부인복 역시 저질이다(婦人亦有苴絰 但言帶者 記其異 此齊衰婦人 斬衰婦人亦苴絰也).” 하였으며, 그 소에는 “남자의 띠는 마질(麻絰)을 흩어 드리웠으나, 부인은 밑동을 묶는다(男子帶有散麻 婦人則結本).” 하였다.

『예기』 잡기에 “처음 질을 할 때는 대를 흩는다(其始麻 散帶絰).” 하였는데, 그 소에 “이것은 대공 이상 형제가 그 처음 상을 듣고 처음 수질과 요질을 착용할 때 허리의 대질을 흩어 드리운다. 만약 소공이하의 경우 꼬아 드리우고 흩지 않는다(此謂大功以上 兄弟其初聞喪 始服麻之時 散垂要之帶絰 若小功以下服麻 則糾垂不散也).” 하였다.

牡 : 수컷 모, 糾 : 꼴 규

9) **장**(杖)

『가례』에 참최의 “저장(苴杖)은 대나무를 사용하며, 높이는 심장과 가지런하고 밑동이 아래에 있다(苴杖用竹 高齊心 本在下).” 하였고, 자최의 “상장(喪杖)은 오동나무로 만드는데, 위는 둥글고 아래는 네모나다(丈以桐爲之 上圓下方).” 하였다. 『의례』 상복에 “저장은 대나무이며 삭장(削杖)은 오동나무이다. 상장은 각각 심장과 나란하게 하고 모두 밑동을 아래로 한다(苴杖 竹也 削杖 桐也 杖各齊其心 皆下本).” 하였고, “상장을 짚는 것은 어째서 인가. 작위(爵) 때문이다. 작위가 없는데도 상장을 짚는 것은 어째서 인가. 주인 노릇을 담당하기 때문이다. 주인이 아닌데도 상장을 짚는 것은 어째서 인가. 병을 도우는 것이다(杖者何 爵也 無爵而杖者何 擔主也 非主而杖者何 輔病也).” 하였다. 그 주에 “작(爵)은 천자・제후・경・대부・사를 말한다. 작위가 없음은 서인을 말한다. 담(擔)은 빌림이니, 벼슬이 없는 사람은 상장을 빌려서 그 주인 됨을 존중한다. 주인이 아님은 중자(衆子)를 말한다(爵 謂天子諸侯卿大夫士也 無爵 謂庶人也 擔猶假也 無爵者假之以杖 尊其爲主也 非主 謂衆子也).” 하였다. 그리고 그 소에 “아버지를 위하여 대나무 상장을 짚는 것은 아버지가 아들의 하늘이고, 대나무가 둥근 것은 하늘의 모양을 본뜬 것이기 때문이다. 대나무는 또 밖과 안에 마디가 있으니, 아들이 아버지를 위하여 또한 밖과 안에 아픔이 있음을 본뜬 것이다. 또 대나무는 사계절을 통해 변하지 않으니, 아들이 아버지를 위하여 애통해함이 추울 때나 따뜻할 때나 변하지 않음을 본뜬 것이다. 어머니를 위하여 오동나무(桐) 상장을 짚는 것은 동(桐)은 동(同)라는 뜻인데, 내심(內心)이 아버지의 경우와 동일함이고, 밖에 마디가 없음은 집 안에는 두 존자(尊者)가 없어서 아버지에게 굽혀지는 것을 본뜬 것이다. 깎아서 네모나게 한 것은 어머니의 상(象)을 땅에서 취하기 때문이다(爲父所以杖竹者 父者子之天 竹圓亦象天 竹又外內有節 象子爲父 亦有外內之痛 又竹能貫四時而不

變 子之爲父哀痛亦經寒溫而不改 故用竹也 爲母杖桐者 欲取桐之言同內心同之於父 外無節 象家無二尊 屈於父 爲之齊衰 經時而有變 又案變除削之使方者 取母象於地故也).” 하였고, “상장의 길이를 각각 심장과 나란하게 하는 것은 상장은 병든 사람을 부축하는 것이고, 병은 심장으로부터 일어나기 때문에 상장의 높낮이를 심장의 위치로 단정하였다(杖各齊其心者 杖所以扶病 病從心起 故杖之高下以心爲斷也). 작위가 있는 사람은 반드시 덕이 있으니, 덕이 있으면 능히 부모를 위해 병을 깊이 앓기 때문에 상장으로 병을 부축함을 허여한 것이다(以其有爵之人必有德 有德則能爲父母致病深 故許其以杖扶病). 비록 작위가 없고 덕이 없어나 적자이기 때문에 작위 있는 사람의 상장을 빌려 취하여 상주로 삼고(以其雖無爵無德然 以適子 故假取有爵之杖爲之喪主), 중자는 비록 상주가 아니지만 자식이 부모를 위하다가 병이 났으니, 이는 병자를 돕기 위함이다(衆子雖非爲主 子爲父母致病是同 亦爲輔病也).” 하였다. 『의례』 기석례에 “상장은 밑동을 아래로 하는데, 대나무나 오동나무나 동일하다(杖下本 竹 桐一也).” 하였고, 그 주에 “그 본성을 따름이다(順其性也).” 하였으며, 그 소에는 “그 근본을 아래로 하여 나무의 본성을 따름을 말한다(謂下其根本 順木之性).” 하였다. 자최의 삭장은 껍질을 벗김을 말한다. 『예기』 상복소기에 “질을 줄이는데 다섯 개로 나누어 하나를 버린다. 상장의 크기는 질과 같다(絰殺 五分而去一 杖大如絰).” 하였고, 그 주에 “요질과 같다(如要絰也).” 하였다. 『상변통고』에서 『회성(會成)』의 내용을 인용하여 “상장을 잡을 때는 오른손을 쓰고, 절을 할 때는 양손을 나누어 땅에 대고 꿇어앉아 머리가 땅에 이르도록 한다. 마치면 오른손으로 상장을 버티고 일어난다. 이제 양손으로 함께 상장을 들고 마치 돈수(頓首)하듯 절을 하는 것은 잘못이다(持杖 用右手 拜則兩手分 據地而

跪 首至於地 旣畢 右手 拄杖而起 今有兩手並擧杖 而拜如頓首者 非也).” 하였다. 『증보사례편람』에 “오동나무(桐)가 없으면 버드나무(柳)를 사용한다(無桐 用柳).” 하였다

頓 : 조아릴 돈 

10) 신발(屨)

『의례』 상복에 참최의 “신발은 관구(菅屨)라” 하였고, 그 소에 “관구는 골풀(菅草)로 신을 만든 것이다. 시경 소아 백화(白華) 편에 ‘白華菅兮 白茅束兮 之子之遠 俾我獨兮(백화가 관이 되니 백모로 묶는구나 그대 나를 멀리하니 나로 하여금 외롭게 하네)’ 라 하였고 정현이 이르기를 백화는 이미 물에 담궈서 이름이 관(菅)이니, 물에 젖어 질겨서 사용하기에 알맞다(菅屨者謂以菅草爲屨 詩云 白華菅兮 白茅束兮 鄭云 白華已漚名之爲菅 濡韌中用).” 하였으며, “이 菅은 역시 이 처럼 물에 담군 것이다(此菅亦是已漚者也).” 하였다. 『가례』 복제조 참최 3년 설명에 “신발은 거친 삼으로 만든다(屨亦麤麻爲之).” 하였다 『의례』 상복 수에 “관구는 왕골짚신(菅菲)이다. 외납한다(菅屨者 菅菲也 外納).” 하였고, “주공 때는 구(屨)라 했고, 자하 때는 비(菲)라 했다(周公時謂之屨 子夏時謂之菲).” 하였다. 『의례』 기석례에 “신은 밖에서 들인다(屨外納).” 하였고, 그 주에 “납(納)은 나머지를 거두는 것이다(納 收餘也).” 하였고, 그 소에 “외납은 남은 끝을 거두어 밖으로 향하게 만듦을 말함이니, 추악함을 취하고 장식을 일삼지 않음이다(外納者 謂收餘末鄕外爲之 取醜惡不事飾故也).” 하였다. 『의례』 상복에 “자최에 신는 신(疏屨)는 물고랭이 풀이나 황모 풀로 만

든 집신이다(疏屨者 藨蒯之菲也).” 하였다. 『예기』 곡례의 소에 “참최에는 관구를 쓰고 장기 자체는 苞를 쓰고 부장기 자최의 신발은 마를 사용하고 대공은 승을 쓴다(斬衰用菅屨 杖齊衰用苞 不杖齊衰用麻 大功用繩).” 하였다. 『예기』 상복소기에 “자최 3월과 대공이 같은 것은 승구를 신는다(齊衰三月 與大功同者繩屨).” 하였고 그 소에 “대공 이상은 다 같이 중복(重服)이라 한다. 그러므로 대공과 자최 3월은 같다고 할 수 있다. 승구는 삼끈(麻繩)으로 만든 신을 말한다(大功以上 同名重服 故大功與齊衰三月 可同繩屨 謂以麻繩爲屨).” 하였다. 『의례』 상복 주에 “구설에 소공 이하는 길구(吉屨)를 신는데 신코 장식(絇)이 없다(舊說小功以下 吉屨無絇也).” 하였다.

> 菅 : 골풀(왕골) 관, 난초 관, 漚 : 담글 구, 靭 : 질길 인, 菲 : 집신 비, 藨 : 물고랭이 보(여러해살이풀로 자리나 집신을 삼는다), 蒯 : 황모 괴, 苞 : 그령 포(볏과의 여러해살이풀로 잎이 질겨 노끈을 만든다)

□ 동자(童子)의 복제

『예기』 곡례 소에 “동자는 아직 성인이 되지 않음을 이름이다(童子 未成人之名也).” 하였고, 『예기』 옥조에 “동자는 아직 관례를 올리지 않은 것을 칭한다(童子 未冠之稱也).” 하였다.

『의례』 상복 소에 “서동자는 지팡이를 짚지 않는다(庶童子不杖).” 하였는데, “가장이 되면 문을 하고 지팡이를 짚는다(當室則免而杖矣).” 하였다.

『예기』 잡기에 “동자는 슬피 울지도 않고 발을 구르지도 않고 지팡이도 짚지 않고 짚신을 신지도 않고 여막에 거처하지도 않는다(童

子哭不偯 不踊 不杖 不菲 不廬).” 하였고, 그 주에 “아직 성인이 아니고 예를 준비할 수 없다. 가장이면 지팡이를 짚는다(未成人者 不能備禮也 當室則杖).” 하였다

❑ 오복을 짓는 베의 승수(五服布升數)

『가례』에 “참최는 아주 거친 생포를 사용하고, 자최는 다음 등급의 거친 생포를 사용하고, 자최장기(齊衰杖朞)는 또 다음 등급의 생포를 사용하고, 자최부장기(齊衰不杖朞)는 또 다음 등급의 생포를 사용하고, 자최 5월(齊衰五月)과 자최 3월(齊衰三月)은 위와 같고, 대공은 조금 거친 숙포(熟布)를 사용하고, 소공은 조금 익힌 세포(細布)를 사용하고, 시마는 아주 가는 숙포를 사용한다.” 하였다. 베의 거친 정도를 나타내는 것은 승이라고 하는데, 베 한 폭에 들어가는 실올의 수가 80올일 경우 1승이라 하고 160올이면 2승이 된다. 그러므로 승수가 높으면 실의 올수가 많이 들어가므로 고운 베가 되는 것이다.

『가례』에 “참최는 잇지 않는다. 윗옷와 치마는 모두 아주 거친 생포를 사용하고 옆과 아래 끝 모두 잇지 않는다(斬不緝也 衣裳皆用極麤生布 旁及下際 皆不緝也).” 하였다. “자최는 잇는다. 그 윗옷과 치마, 관(冠)이 제도는 모두 참최와 같은데, 다만 다음 등급의 거친 생포를 쓰고 그 옆과 아래를 모두 잇는다(齊 緝也 其衣裳冠制 並如斬衰但用次等麤生布 緝其旁及下際).” 하였다.

『예기』 간전(間傳)에 “참최는 3승, 자최는 4승 · 5승 · 6승, 대공은 7승 · 8승 · 9승, 소공은 10승 · 11승 · 12승, 시마는 15승에 그 반승을 제거한다(斬衰三升 齊衰四升 五升 六升 大功七升 八升 九升 小功十升 十一升 十二升 緦麻十五升 去其半).” 하였다. 『의례』 상복에 “최복의 베는 3승이고, 그 관은 6승이며, 참최의 의복은 3승 반이고

관은 6승이다. 3년의 자최에는 정복만 있으니, 복은 4승이고 관은 7승이다. 장기(杖朞) 자최에는 정복만 있으니, 최복은 5승이고 관은 8승이다. 부장기(不杖朞) 자최에는 정복이 있고 의복이 있으니, 정복은 5승이고 관은 8승이며, 의복은 6승이고 관은 9승이다. 자최 3월은 모두 의복이니, 최는 6승이고 관은 9승이다. 대공을 입을 때, 강복으로 입으면 복은 7승이고 관은 10승이며, 정복은 8승이고 관은 10승이며, 의복은 9승이고 관은 11승이다. 소공을 입을 때, 강복으로 입으면 10승이고, 정복은 11승이며, 의복은 12승이다. 시마는 복과 관 모두 15승에서 반승을 뽑아내고 쓴다." 하였다. 이렇게 볼 때 복이 가벼우면 고운 베를 사용하는 것을 알 수 있다.

❑ 상복은 수선하지 않고 고치지 않는다(喪服不補不改)

❑ 최복을 잃었으면 다시 지어야 한다(衰服見失改製)

參考文獻(참고문헌)

— 순서 없음

禮記註疏(十三經註疏) : 漢鄭氏註, 唐孔穎達疏

禮記集說(四庫全書本) : 陳澔 撰

儀禮註疏(十三經註疏) : 漢鄭氏註, 唐賈公彦疏

書儀(四庫全書本) : 司馬光 撰

司馬氏書儀(商務印書館發行): 司馬光 撰

疑禮問解 : 金長生 撰

疑禮問解續 : 金集 撰

儀禮經傳通解續(四庫全書本) : 黃幹 撰

增補四禮便覽 : 黃泌秀, 池松旭 編著

家禮考證 : 曹好益 撰

喪禮備要 : 金長生 撰(원래 申義慶 찬 : 김장생이 교정・증보하고 김집(金集)이 교정)

家禮(四庫全書本) : 朱熹 撰

家禮(元祿本) : 朱熹 撰

文公家禮 : 朱熹 撰, 楊復 劉垓孫 集註

文公家禮儀節 : 丘濬 編著

家禮輯覽 : 金長生 撰(사계전서 27-30권)

家禮輯覽圖說 : 金長生 撰(사계전서 24권)

常變通攷 : 柳長源 撰 (동암선생 문집 07-22권)

家禮考疑 : 柳長源 撰(동암선생 문집 30권)

通典(四庫全書薈要本) : 권 79(예39)부터 흉례 1－권 105(예65) 흉례 27 (通典卷第八十四 禮四十四 沿革四十四 凶禮六 喪制之二)
大唐開元禮(四庫全書本) : 唐 蕭嵩 等 撰 (通典 권 106부터)
雲笈七籤(운급칠첨:四庫全書本) : 張君房 撰(권 100 軒轅本記)
漢書補注 : 王先謙 撰 (권 53 臨江王傳)
風俗通義(四庫全書本) : 應劭 撰(권 8)
周禮註疏(十三經註疏) : 漢鄭氏註, 唐賈公彦疏 (권 31)
愚伏集 : 鄭經世 撰(권 14)
退溪集 : 李滉 撰 (언행록 4 유편－예론)
二程全書 伊川文集 : 程頤 撰
二程全書 二程外書 : 程顥, 程頤 撰(권 11)
周易注疏(四庫全書薈要 乾隆御覽本) : 魏 王弼 注, 唐 孔穎達 疏
寒岡集 : 鄭逑 撰 (권 7 노형운(盧亨運)과의 문답)
說文解字(四庫全書薈要 乾隆御覽本) : 許愼 撰
說文解字句讀
厚終禮 : 高閱 撰
喪葬質疑 柳成龍 撰
家禮源流 : 俞棨(유계) 撰
家禮講錄 : 金隆 撰 (勿巖)
家禮考誤 : 金麟厚 撰(河西)
擊蒙要訣 : 李珥 撰(栗谷)
春秋公羊傳注疏(四庫全書薈要本) : 漢 何休 撰
毛氏穀梁註疏正本(汲古閣繡梓) : 晉范甯(범녕) 集解, 唐 楊士勛(양사훈) 疏
春秋左傳註疏正本(汲古閣繡梓) : 晉 杜氏註, 唐孔穎達 疏
鶴峯全集 鶴峯逸稿 : 金誠一 撰(권 4 喪禮考證)
孟子 滕公問章
康熙字典
寒水齋先生文集 : 權尙夏 撰(권 14 李器甫에게 답한 글)
厚齋集 : 金榦 撰

冠峯遺稿 : 玄尙璧 撰

俛宇集 : 郭鍾錫 撰

朴正字遺稿 : 朴泰漢 撰

詩經集傳(四庫全書本) : 宋 朱熹 撰

孝經注疏(四庫全書薈要本) : (권 9 喪親章)

講學論禮 : 朴世采 撰(南溪)

家禮輯解 : 朝鮮後期學者 辛夢參 輯解

喪禮精解

(전통상례의 이해)

지은이 • 이종오

발행인 • 조승식

발행처 • (주) 도서출판 북스힐

등록 • 제22-457호

주소 • 142-877 서울시 강북구 한천로 153길 17

www.bookshill.com

E-mail • bookswin@unitel.co.kr

전화 • 02-994-0071

팩스 • 02-994-0073

2014년 4월 10일 인쇄

2014년 4월 15일 발행

값 12,000원

ISBN : 978-89-5526-910-9